国家社科基金青年项目"近代诸子学与经学关系研究"（17CZX034）结项成果

原儒

与

回归原典

经子关系的视域

黄燕强 ◎ 著

中国出版集团　东方出版中心

图书在版编目（CIP）数据

原儒与回归原典：经子关系的视域 / 黄燕强著 . 一
上海：东方出版中心，2022.10
ISBN 978- 7- 5473- 2051- 8

Ⅰ.①原… Ⅱ.①黄… Ⅲ.①儒学－研究 Ⅳ.
①B222.05

中国版本图书馆CIP数据核字（2022）第161813号

原儒与回归原典——经子关系的视域

著　　者	黄燕强	
特约编辑	刘　旭	
责任编辑	冯　媛	

出 版 人　陈义望
出版发行　东方出版中心
地　　址　上海市仙霞路345号
邮政编码　200336
电　　话　021- 62417400
印 刷 者　上海万卷印刷股份有限公司

开　　本　890mm×1240mm　1/32
印　　张　16.75
字　　数　380千字
版　　次　2024年3月第1版
印　　次　2024年3月第1次印刷
定　　价　98.00元

序

作为还原主义谱系之重要一支的历史还原主义，在中国学术思想史上有着顽强的生命力。古代汉语虽未有现代意义上的"还原"与"主义"二词，然"原道""原君""古始""古之人"等用语，其所表达的思想方法，实即现代汉语中的"还原主义"和历史还原主义之观念。《庄子·天下》篇深刻地追问"神何由降，明何由出"的大问题，对未来的学术方向表示出极大的悲观态度："百家往而不返，……道术将为天下裂。"而他本人则对古人能见天地之醇，天下学术"皆原于一"的圆满状态，表现出无限的向往之情。然而，同样是持一种历史还原主义态度的韩非子，对于上古历史却表现出一种非理想化的设想。从物质生活的角度，他认为上古社会人民少而禽兽多，先民的生活是非常糟糕的。从政治的手段看，上古竞于道德，中古竞争于智力，对他自己所处的时代，则认为是竞于气力。因此，韩非子通过历史还原的手段，得出的是"圣人不期修古，不法常可，论世之事，因为之备"的现实主义政治主张。为了叙述方便，我把庄子式的历史还原主义称为形而上的、理想主义的历史还原主义，而把以韩非子为代表的历史还原主义称为经验性的、现实主义的历史还原主义。当然，在这两种理想性的理论模型之外，还可以有一种派生性的、调和了理想主义与现实主义的综合性的历史还原主义。从我自己所构想的三种历史还原主义来看，燕强君从经子关系的视域所给出的"原儒与回归原典"的话题，大体上可以从上述三种理论模型来加以考察。相比较而言，作为近代古文经学代表的章太炎，其"原儒"的思路偏向于经验性的、现实主义的历史还原方法，从儒名与儒实之辨、经之文本型制等带有实证特征的角度，解构儒、儒经的神圣性；而作为今文经学代表的康有为，他对于儒家与孔子、六经等的认识，则典型地体现了形而上的、理想主义的历史还原方法，即道原儒，以孔子为教主而将儒学提升为儒教，以彰显孔子与儒家的神圣性。而熊十力先生晚年的原儒学术活动，则综合了理想主义与现实主义而偏向于形而上的、理想主义的还原方法，分别从知性的学统与内圣的道统出发，彰显孔子与儒家的神圣性。但其对于儒学、儒道的历史还原，却是立场先行，而非历史学的实证考察，因而其对于儒学、儒道的历史考察，服从于他本人对于儒学和儒道的独特性之理解。

如果上述关于还原主义的三种类型的认识还有一定道理的话，则我们对于燕强本书中所涉及的三位近现代学术思想史上极其重要的思想家的原儒的学术结论，与他们回归原典的学术致思方式、主张，就不必完全采用以追求历史真相为目标的现代历史学的标准与方法，对他们的学术结论进行历史学的单向度的考察，而应当对他们的致思原则有切实的"同情与了解"之后，再来考察他们的学术结论所蕴含的价值追求。当然，这丝毫没有轻视他们的原儒结论，以及回归原典的诚意，而只是提醒我们在考察、研究他们的原儒与回归原典的学术与理论的论断时，应当高度关注他们各自所带有的极强的哲学解释学的意味，从他们极其不同的结论中获得新的启示，即儒和经都是在历史的过程中日生日成而日新的，儒有源而其源绝非单一，往往是源中有流而在不同的历史阶段表现出"汇流而成新源"阶段性之特征，既表现出"源分而流一"（方以智语）的总体趋势，又展现为源中有流、汇流而成新源的动态交互过程。仅就先秦孔子创立的儒家而言，孔子是源亦是流，作为七十子之儒家、儒学的宗师而言，孔子是源；而作为中国上古巫史传统、政治文化传统，特别是周公所建立的周文传统而言，孔子是"集大成"之流。而先秦孔子及其弟子所创立的儒学传统，其对于汉代儒家，汉代经学而言，则是源。而汉代儒家、经学又是孔子及其弟子创立的儒学之流。然而正如蒙文通所言，汉代儒家经学，特别是今文经学，是先秦诸子百家思想精华之集中体现，则我们大体上可以说，汉代经学作为儒学的一个历史时期或阶段之流，其源又并非是单纯或单一的孔子儒学。墨家、黄老道家、法家、阴阳、名家等思想，都深刻地影响了汉代儒家与经学，从而以多源的方式形成了汉代的儒家与儒学。因此，我们大体上可以这样说，儒的历史与现实正是在这种解释过程中表现出极强的生命力。而指向"回归原典"的思想还原行动，在原则上均表现为梁任公所说的"以复古求解放"的思想创新方式与过程。因此，回归原典的学术与思想的诉求，实际上是借助于对经典的再阐释而表现出一种思想的创新现象。

如实地说，对于康有为、章太炎、熊十力三位思想巨人与学术大家，我本人并没有专门的研究，只是读过他们的相关著作、文章，以及一些研究性的文字，因此对于燕强君在本书中所作的相关论断，我并没有直接的评价资格与能力。好在学术是天下之公器，该著作出版之后，其所论的是非得失，自有学界的评价与衡定，因此，在此篇短小的序文中权且避实就虚，暂不对此著的学术成就予以评论，以免误导读者。我想在下面略微介绍一下我们在经子关系与子学研究方面的因缘与合作经历，同时也借此机会表达我对燕强君未来学术研究之期许。

武汉大学国学学院成立之后，在学科建设方面开始招收硕、博士研究生，承蒙当时郭齐勇院长的信任，我在子学方向得以招收博士研究生。燕强君是我在武汉大学国学院子学方向招收的第一位博士生。在他入学后的谈话，以及后面多次的正式和非正式的谈话中，我经常会给他提出一些较高的要求，希望他在子学研究方面能够尽快地站起来。今天回想起来，当时应该是给了他很大的精神压力。好在他不仅受住了压力，如期毕业，而且在攻读博士学位的过程中，曾多次与我展开学术合作，颇能发挥他在文献研读方面甚为广博之长，让我们在子学研究和经子关系研究两个方面的学术合作，不断地有所斩获，联名发表过多篇有关子学和经子关系方面的学术论文。这在我培养的诸多博士生当中，应该是比较少见的。现在，我欣然地看到他能从经子关系的特定视域，考察近现代三位大思想家同时也是大学者的原儒思想与回归原典的学术和理论诉求，独自开辟新的学术领域，斐然成章，实在可喜可贺。他的这一研究成果，是否深化了对康有为、章太炎、熊十力的学术与思想的研究，我不去妄加评论，但有一点是明确且肯定的，即对于我们正在合作的"经子关系研究"的课题而言，将提供非常有价值且厚重的中期学术成果，也让我本人对晚清、近代学术与思想中有关经子关系的主要论述，有了一个比较明确的认识。书中提供的三位大思想家的"原儒"学术研究成果与致思路线，也进一步启发了我对乾嘉时代以考据学形式出现的"历史还原主义"的新认识，本序文开头两段文字，正是在浏览了此书稿之后而获得的新看法。而书中涉及蒙文通的一段研究文字，对于我正在撰写的《蒙文通的经子关系思想探论》一文，亦提供了颇有价值的新材料与新视角。

大家都知道，《论语》中记载了子夏论诗对于孔子的启发，子贡论诗得到孔子肯定的两则故事。而在清代乾嘉时期，戴震在论古韵的分部问题时，最终接受弟子段玉裁关于支、脂、之三韵分部的学术论断。韩愈《师说》一文中所说的"师不必贤于弟子，弟子不必不如师"的理论概括等，均表明师生之间在学术问题上并非是单向的授受关系，而经常有相互启发之处。故孔子所说的"教学相长"原理，其实包含着极为丰富的内容，需要当今的教育者戒除虚骄之心，反身而诚，成己成物，在研究生的培养过程中与研究生一道成长。当代中国日趋平民化的高等教育，让更多普通家庭的子弟能够进入科学研究活动，这是国家之幸、民族之幸。然而，现代高等教育中的研究生教育，如何能从我们古代圣贤的教育、研究活动中吸取有益的教育思想与方法，启迪教师在学术研究的过程中与学生平等交流，切磋琢磨，我想，为人师者应当有更多的思考。

非常有幸，在燕强君此著公开出版之际，我能先睹校样为快，且获得良多启发，感谢燕强君的信任，也希望他在今后的学术研究过程中，继续以经子关系为视域，进一步通观晚清与现代学人、思想家的经学、子学与史学思想，从中国学术内在的脉络去系统地考察中国文化与精神的自我更新的动力，并在经子互动、开放的思想与学术视域里，更进一步地去探索当代中国经典系统的建构问题。

是为序。

武汉大学哲学学院教授　吴根友

壬寅重阳之日初稿，后二日定稿

目　录

绪　论

　　"哲学"和哲学学科是舶来品，在传统四部之学转向现代七科学制的过程中，当人们回归传统思想而提炼哲学的素材或"找哲学"时，通常诉诸经部和子部的学问，冯友兰将"子学时代"和"经学时代"作为"中国哲学史"的叙述框架，就是典型的例证。由此，经子之学的互动与融通构成了中国哲学思想发展演变的内在机制，传统的现代转型在很大程度上就是这两种思想范型生机的重新勃发。本书关注转型时代的思想世界，着重探讨近代的"经子关系"命题，并围绕"原儒"和"回归原典"两大主题而展开，通过比较康有为、章太炎、熊十力对儒家的探源及其创构的新经书系统，呈现近代经学与子学之间的交往互动，据此阐述康、章、熊对经子之学在现代转型的沉思，进而观照中国哲学及其学科的建构是如何回应"中国向何处去""中国文化向何处去"等时代性问题。

一、"经子关系"解题

"关系"是反映事物及其特性之间相互联系的哲学范畴，是不同事物、特性的一种统一形式。"关系"的缘起及其结果的呈现，通常是在物自体间的交往、感通中进行的。从"关系"（communication）的角度说，当我们在思想世界中讨论诸思想形态之间的"关系"时，它是三个维度内涵的统一：交往行动（communicative action）、交往形式（communicative pattern）和交往结构（communicative structure）。参考拉康、胡塞尔、哈贝马斯等人的交往理论，思想的交往本质上是认识主体间的交往互动，认识主体具有移情、统觉和感通等能力，因而在追求思想共识或知识的普遍性时，主体的存在意识及其思想结构是由交往对象中的"他性"所界定的。这种主体间性表明，一种思想文化的主体性是在与"他者"的交往互动中挺立的。由此，思想的交往本质上又可视为精神交往，它依存于物质生产的经验实践，但又具备一定的相对独立性。这种独立性是由道德和语言所决定的，传统儒家赋予"道德"以形而上的先验性，现代语言学家同样赋予"语言"以先验的属性，认识主体间的交往通常表现为道德和语言的形式，两者的先验性意味着思想交往可能在纯粹的逻辑思辨中实现，但如果要使交往得以充分地展开，则需要平等、自由的商谈和论辩环境。同时，交往的行动和形式导向交往的目的性与规律性，两者的统一构成交往的基本结构，它由三个侧面所组成。首先是概念、认识、道德、语言、情感等信息的交流，然后是诸思想形态在交往活动中产生相互作用，如合作与争鸣、对立与融通等行为，最后是通过相互认知而寻求彼此间存在着的一致性和共通性，在此基础上达成一般性的共识或普遍性的知识。需要指明的是，生活世界决定着人们的行动，并展现了所有交往发生的背景。因此，主观的思想世界不可能绝对超离于生活世界的经验实践之外，讨论思想的交往及其相互间的关系结构之源起，归根结底是要回到物质交往和社会活动的场域来探求其动力因与目的因，从而透视历史与逻辑的辩证统一。

那么，经子关系命题着重探讨的是经子之间的交往行动、交往形式和交往结构，通观六经与诸子及经学与子学在语言、概念、精神等层面的互渗和融通，推论经子之间的同质性或相异之处，藉此反思那种排他性的道统观及相对开放的学统论。同时，根据学术史的客观进程，揭示经子关系的发展历程及其内在规律性，由经学与子学相互吸纳、渗透的事实，修正那种"尊经抑子"或"经子对立"的思维，形成"经子一体"的理念，并在古今中西的相互格义与接合中，启发人们致思于如何会通经子之学，为哲学思想史的写作提供一种整合经学与子学的视域，从而在论证传统学术思想的现代性时，凸显其民族性特征及其世界性意义。

首先要确定讨论的知识对象和问题论域，即"经"与"子"的所指究竟为何，然后才能梳理两者的交往形式和结构。我们知道，中国传统学问（知识）体系"以治道为中心"而类分经史子集四部。但无论从学问的内容和性质看，还是从学问的来源和形式（文本体裁）说，四部之学不是相对而不相关的，乃是相类而相通的，追求"知通统类"是古今通儒的理想。一方面，这种相通性或同质性意味着学问的分类和排序可能是变动的，变动的情况不仅发生在某一部类之中，也可能发生于不同的部类之间。另一方面，受四部分类的制约，每一部类所涵括的典籍和学问可能是纯杂参差的。经部相对地较为纯粹，包括儒家的经书和解经类著述。然子部在《隋书·经籍志》以后成了"驱龙蛇而放之菹"的知识门类，除了明道或探究义理的子书外，诸如类书、相书、占侯、谱录、医家等皆掺杂其中，有违刘勰所谓"诸子者，入道见志之书"的定义。

此外，还有三种情况值得注意。一是儒家经书不是单数，而是复数，经目从西汉的"六经"发展为宋代的"十三经"，这是升格解经类传记和儒家类子书的结果。二是从图书的体裁或形式来说，"经"是古代图书共享的文体，并非儒家典籍所私有之名，诸子典籍亦有称"经"的体式，如《墨经》《容经》及汉唐升格道家类的《老子》《庄子》《列子》《文子》等为"经"。三是道教、佛教典籍冠称"经"之名者甚多，而且古代目录书或将二教归入子部，或单独成类而附录于四部之末，然则二教究竟是属"经"，还是属"子"，抑或两者皆不是。凡此种种表明，四部的类目、序列及其图书的体裁、名位等变动甚大，如果是笼统地谈"经"和"子"，实则不能确定其具体所指的知识对象，亦无从谈论这两种思想形态之间的交往关系，因而必须为经、子"正名"。

要说明的是，"正名"是基于传统的目录分类，而非如近现代学者从语文学的角度考证"经"和"子"的字源义，也不是将"经"视为一种"文体"，或把"子"泛化为一种美称，而是根据经部和子部的分类体系，应用"正名"的方法来确定经子关系命题所指涉的知识对象和研究论域。就"经"而言，传统经学非常注重分别经传，刘勰说："常道曰经，述经曰传"，"经"是"真理本身"（the Truth），是对宇宙道体的一种普遍的、确定的、形而上的终极陈述，而"传记"

是"一个真理"（a truth），是对终极陈述的一个解释性范例，或其内在逻辑的必然推演。传记可与六经相表里，但不可与六经相等齐。故从"经"与"常道"的一体性说，"经"唯指六经，"传记"是解经之学，后世升格解经类传记和儒家类子书为"经"，乃如章学诚所云"尊经而并及经之支裔"（《文史通义·经解上》）。章学诚、龚自珍主张分别经传而为六经正名，本书所论及的康有为、章太炎和熊十力等均持如是观。

就"子"而论，我们从三个维度来界定：一者，诸子是"入道见志之书"，是探究形而上义理或哲学思想的典籍。二者，子学的对象如王俭《七志》涵括"今古诸子"，但亦如章太炎所说："诸子学不限于周秦，然必以周秦为主。"（《论诸子学》）三者，子学的范围既以周秦诸子为中心，也包括后世诠解周秦诸子学的典籍和学问。如此，经子关系命题主要围绕六经与周秦诸子书及经学与周秦诸子学而展开，探讨它们之间如何发生交往，并建立了何种关系结构，而它们的交往互动又在何种程度上规范了对方的形态、内涵和性质等，且在何种意义上塑造了国人对宇宙自然、天道性命、伦常纲纪、社会秩序的认识，从而奠定了华夏的民族性和民族历史。

经子关系的首要问题是考察六经与诸子的交往互动，这是一个关涉中国哲学思想溯源的根本性问题。六经究竟是中国哲学思想的根源，抑或只是哲学史或思想史发生的背景性知识？中国轴心时代的"哲学的突破"是要追溯至孔子与六经，还是道术已为天下裂的诸子百家？诸子的道术是否源自六经，二者有无源流关系，其知识的性质是否一致，可否用现代学科中的"哲学"来统一界定？如果说"六经"文本自身就有一个历史演变的过程，并非完全出自周公或孔子，那么，在六经的成书过程中，哪些文献是后出的，其是否采纳了诸子百家之学，彼此间的互动又在何种程度上影响着对方的性质与宗旨？这种交往互动是以什么形式展开的，在精神和语言上的表现如何，又形成了怎样的关系结构？且在周秦思想史中，六经与诸子的真实关系可能如此，然在西汉以后的"经学时代"，有关两者之关系的界定又可能如彼，因崇尚六经的经学家和推尊诸子的子学家均可能根据自我的思想立场来建构和评论经子关系，并以自我认同的思想形态来界定对方的知识性质，从而形成各思想主体之间的交互关系。

且如前述，儒家经书系统是变化的，从"六经"扩展为"十三经"是改解经类传记和儒家类子书为"经"的结果。诸子也可能受到尊崇而被升格为"经"，如《老子》《庄子》《列子》等，这同样是"改子为经"。后来升格的新经书与六经的关系如何？融贯了子书和子学的新经学又怎样规范人们对六经义理的诠释？凡此种种问题，说明经子关系的演变是一个动态而复杂的历史过程，我们的研究既要注重思想内在理路的探寻，也要具备历史主义的视界，从"苟日新，又日新"的历史世界中寻出那些推动观念革新、促成思想交往发生结构性变化的基本要素。申言之，当我们从"长时段"的视域通观古代思想史时，我们不仅要关注历史时间的演进，更重要的是要在"时间之矢"的流向中透析经子之间的互动，及其关系结构的蜕变，以及思想结构的稳定性又在何种程度上规范和制约着历史秩序，塑造人们对历史之起源与目标的认识。

其次，我们将重点考察经学与子学之间的交往互动。首先需要辨析概念，何谓经学？何谓子学？如果从知识分类言，经学是诠释儒家经书的学问，子学指周秦诸子的思想及后世诠解子书的学问，两者的分殊似乎非常明显。但如果从知识性质看，无论经学或子学均为"道器合一"之学，一方面是探究形而上之道，即如古人所谓"义理"，或如今人所谓"哲学"；另一方面是博明形而下之器，乃如古人所谓典章文物，或如今人所谓科学技术。况且，如果《汉书·艺文志》的诸子为"六经之支与流裔"说在某种意义上是成立的，那么，经学与子学的分殊大概如熊十力所言，一者是宗经申义，一者是依经独造，两者取径有别，但其本源相同，其宗旨亦殊途同归。经学独尊的时代，在正统经学家的卫道话语中，通常把经学与子学描述成对立的关系。然"对立"不过是表象，经学与子学往往在表面的对立中自觉或不自觉地发生互动与融通，彼此因在精神和语言层面的相互采纳，而获致创新性发展的思想资源，逐渐融合为精神相通、语言互用的经子一体之学。如汉代经学博采道、墨、名、法、阴阳诸家，宋明道学吸收佛道教义，清代汉学援引子学以证经、释经，当然还有魏晋玄学的会通儒释道，这是我们所熟知的思想史上的真实情形。

由此可见，经学与子学是作为其对象性和有意义的思想形态而存在的，它们通过精神、语言、观念等方面的交往互动而成就彼此，并塑造着对方对宇宙自然、天道性命、伦常纲纪、社会秩序的认识。也就是说，经学或子学的形态、内涵和性质等，并不完全是由其自身所规定的，而是经历了长时段的思想进程，受对方的交互作用才得以成其所然的。因此，用"经学时代"称谓汉代至晚清的思想史，这种全称式的断语是一种化约论，可能对实存的思想史引致虚无化的叙述和论证，因而忽视了子学在汉代以后的赓续和革新，也忽略了经学在子学的交互影响下实现对自身的超越，如此则未能透析中国哲学思想发展演变的内在机制，即经学与子学的交往互动。所以，经子之间类似主体间性的关系，它促使我们打消正统与异端相对立的观念，强调经学与子学皆是中国古代哲学的"主体"，我们应以平等的眼界来观待经子之学及其在哲学思想史上的地位。

最后，我们将考察传统目录典籍的分类体系，进而探析经子之学在思想史的各时段中具体呈现的交往结构。"辨章学术，考镜源流"是目录学的宗旨，其功能略如现代的学术史或思想史。故目录分类的离合增删、互著别裁等变化，既反映了学术思想的发展演变之迹，也可能透露出时人对经子关系的界定，如《汉志》称诸子为六经的流裔就是明证。以经部、子部为例，其类目的增益或合并不仅反映出经学与子学之概念和范围的扩展，我们还可能由此把握不同时代的学人如何界定经子的关系结构。经部中如"语孟"类、"四书"类、性理（道学）类的增设，以及《大学》《中庸》单独成类；子部中如儒家类增设性理、理学等类目，这与经部的相同类目有何差异？这种目录分类的变化关涉两个紧要问题，一是经学与理学的分殊，二是经学与儒学的分殊，实际皆关涉经学与子学的关系。举例而言，明代的《文渊阁书目》《百川书志》在经部增设性理（道学）类，表明明儒把性理之学视为经学。《四库全书总目》的经部删除"性理"和"理学"等类目，表明清儒把性理之学归为儒学。但《明史》依循《宋史》的体例，设置《道学传》而与《儒林传》分立，又显示出分别道学（性理）与儒学的意旨。因而，经学、理学和儒学等三个概念的辨析，还有三种思想形态相互关系的界定，呈现了经学与子学的交往互动，以及在互动中展现了经子之学的交往结构及其历史性变化，并展示了中国传统学术思想的内在更新机制。如果说宋明儒是以理学为经学，清儒则主张"经学即理学"；那么，这两种理念均包含经子关系命题，而经学与理学之辨又涉及宋学与清学的关系问题，以及如何界定宋学与清学的形态、内涵和性质，如何评议汉宋之争的议题。

历史的书写需要借助理性语言的逻辑和功能结构，它从一开始就被打上了理性的烙印，这一特征在思想史的叙述中表现得尤其明显。思想史的写作首先必须证明其自身发展演变的合理性，这种论证是对思想本身的诠释，实际上也是对"历史"的一种理性化建构。正是在此意义上，我们对思想史的考察，应该注意区分历史世界所呈现的真实的思想史和建构的思想史。经子关系命题的探究也应如此，经与子的交往既是在实存的历史世界中展开的，也是在精神世界和语言世界中铺陈的，经子之间的交往形式和交往结构中任何微妙的变化，其动力因主要源自社会存在的变迁，当然还有时代精神和语言词汇的革新。但是，思想意识与社会存在的关系不是单向性的或被动式的，思想意识能动地作用于经验世界的实存状态，思想的创造者还可能怀抱经世致用的理想。如诸子皆务为治者，儒家常讲通经致用，从学术与政治的角度看经子关系，那么，经部和子部类目的扩展，经学和子学的交往形式与交往结构的调整，这显示了经子关系的重新界定，而其深层次的缘由是要回应"中国向何处去""中国文化向何处去"等时代性问题。

要说明的是，本书的立意不在于通观中国古代思想史，以阐明经子关系从周秦至晚清的演变历程。本书的论域主要聚焦于近代经子关系命题，并围绕"原儒"和"回归原典"两大主题，以及康有为、章太炎、熊十力三位思想家而展开，并向前追溯至乾嘉时期。在传统向现代转型的思想变局中，各种中国学术史、思想史、哲学史的写作，或关于古代哲学、史学、文学的研究，均可能涉及如何评论历史上的经子关系，还有如何从现代性视域重新界定经子关系等问题。那么，为何关注"原儒"和"回归原典"，为何选择康有为、章太炎、熊十力？这与前文的论述相关，因近代以来的"原儒"既是对中国哲学思想的溯源，又含摄儒学与经学、儒学与道（理）学、儒学与子学（儒家之外的诸子）之辨等议题，而"回归原典"则略如传统经学家将"六经"扩展为"十三经"，旨在建构新的经书系统和经学思想，其中可能接纳子书和子学，在经学与子学的交往互动中，融创经子一体的思想形态和结构，所以这两大主题均包含经子关系命题。之所以选择这三位思想家，是因康有为、章太炎分别是晚清今文经学与古文经学的殿军，熊十力则是现代新儒学的肇基者，他们皆以"原儒"和"回归原典"的方式探寻传统如何走向现代。尽管他们回向传统所选取的思想资源有别，却以相近的主题和研究方法提出了三套转化传统的方案，也留给了我们如何解说及从中做出选择的思考题，并由此管窥近代学人对经子之学的创造性诠释，及其如何从现代视域重构经子关系。

二、"原儒"述要

转型时代的危机意识源自对国家社会迫切的危亡感与沉沦感，救亡图存的紧迫性促使近代学人热衷于维新与革命的激烈辩论，并由社会制度与秩序的层面扩展至文化思想的领域。在转型时代以前所盛行的"中体西用"论，"仍然希望在传统的思想与制度的基本架构内，对西方文化作适度的调节"，然甲午海战之后，"文化自我批判意识由'用'进入'体'的层次，由文化边缘深入核心，认为当前国家社会的危难反映了文化核心部分或整体的腐烂。这种激进的文化自我批判意识与疏离感，在转型时期日益深化与扩散，常常与政治的危亡感互为表里"。[①] 因为儒家及其经学是传统社会的主流意识形态，文化批判与反思所指向的对象就是儒学与经学。不过，即便在狂飙突进的转型时代，这种批判也是在破和立的双重维度中展开的，反孔与尊孔、批儒与崇儒的对立两面同时流行于近代社会的文化思潮之中。通过考察近代的"原儒"研究，从人们对"儒"和"儒家"的溯源中，既可照见危机意识如何转化为理性批判精神，而对儒经的排遣则引致民族文化认同危机，双重的危机感奏响了"救亡"与"启蒙"的时代强音；又能反映尊孔者原儒时的前瞻意识，他们始终怀抱一种历史理想主义的心态，它"是传统儒家道德理想主义与西方近代启蒙运动中的理想主义的合产物"，[②] 而指引沉沦的现实通向未来理想社会的文化形态，理应是中学与西学的合体，所以如何阐发传统儒家思想的现代性就成了"原儒"的核心议题。

儒家是周秦"九流十家"之一，关于儒家的源流、性质和宗旨，《汉书·艺文志》说是祖述尧舜，宪章文武，宗师仲尼，称其"游文于六经之中，……于道最为高"。儒家的本源是孔子据三代政教典籍而编纂的六经，旨在阐扬先圣的天道性命之理。这是传统儒者的共识，但在近代学者看来，何谓儒家？其本源何在？其与孔子及六经的关系怎样？如何以现代学科界定儒家的知识性质？凡此种种皆成了存

―――――――――

① 张灏：《中国近代思想史的转型时代》，氏著《幽暗意识与民主传统》，新星出版社，2006年，第149页。
② 张灏：《中国近代思想史的转型时代》，氏著《幽暗意识与民主传统》，新星出版社，2006年，第151页。

疑而有待论证的问题。有别于传统儒者的"即道原儒"，因受西方种种思潮、理论和方法的启示，同时因受西方学科体系和知识分类的影响，中国近代学人开始质疑儒家与六经的源流关系，否定儒家与常道的一体性，并应用语文学方法考证"儒"的本义及"儒者"的原初身份，据此说明儒家的本源、性质及其学科归属等。这就是近代流行而持续至今的"原儒"研究，此问题之所以受到普遍的重视，是因为其内含儒家的现代转型及未来理想社会的展望等议题。

中国近代社会经历了千年未有之大变局，这似乎强化了人们心中的信念：历史与逻辑之间存在辩证统一的关系。伴随传统中国向现代转型的进程，整体社会秩序与政治制度的变革投射到思想文化领域，从"中体西用"论到今古文经学之争，从"保存国粹"到"整理国故"，从文化本位论的保守主义到"充分世界化"的激进主义，一系列文化思潮的此起彼伏似乎预示着儒家必然要从作为普世性的价值信仰，逐渐蜕变为地方性的国故学，儒家文献也随之从圣典和确定性常道转变为历史研究的材料，而呼唤一种新的异质"真理"，或主张以西方现代"词汇"来改造儒家中国的"语言"，奏响儒家思想文化的挽歌，这似乎成了现代中国的必然运命。无论这一历史进程的动力因是内生性的，抑或是完全来自西方文化的冲击而做出的回应，人们似乎强调传统与现代之间的对立，同时将儒家与前现代的古典社会描述成一体的关系。那么，中国通向现代化的必由路径就是将儒家送进历史博物馆，并积极地向西方寻求真理。

近代中国的"原儒"问题就是在这样的思想背景下出现和展开的。人们可能通过追溯儒家的本源而重建其学统谱系，阐扬儒家的现代性价值，如康有为、熊十力。人们也可能通过探寻"儒"的字源义、"儒者"的原初身份等，消解儒家"于道最为高"的权威性，如章太炎、胡适。无论持守何种学术立场，人们在原儒时，通常要处理儒家与孔子、儒家与六经、儒学与经学之间的关系，以及考察儒家与道家、孔子与老子的先后问题。具体而言，儒家是否源自六经？是否由孔子创立？儒学可否等同于经学？如果不能，儒学与经学的分殊何在？回到周秦诸子百家的思想世界，老子果真有其人？孔子问礼于老子的故事是否可信？如果是，道家的创立先于孔子和儒家，后者可曾接受前者的思想精神和语言概念？同时，根据现代文化人类学的理论，人类文明的最初形态是充满神秘性和宗教性色彩的巫文化，然后逐渐"祛魅"而从"天文之学"向"人文之学"转化。那么，儒家的最初形态是如同宗教神学，而可称之为"儒教"，抑或是自其创立之初即崇尚理性而如同现代所谓"哲学"？凡此种种问题，关乎如何界定儒家的本源和性质，以及如何对儒家进行创造性诠释和创新性发展，还关乎中国哲学思想史的写作应从何开始叙述。

值得注意的是，近代学者在"原儒"时，或有意地辨析儒学与经学的差异，如章太炎；或有意地将儒学与经学等同，如康有为、熊十力。前者应用的语文学方法蕴含某种历史还原主义的意向，后者是以"即道原儒"的方式重新挺立儒家及其经书的典范价值。尽管彼此的立场和方法可能有别，但他们的"原儒"均蕴含对六经及其经学谱系的溯源之意。因为儒家的核心是经书及其经学，儒家的衰微意味着经书信仰的失落，以及经学思想的式微。于是，人们梳理近百年的学术思想史，通常是以宏观叙事的方式，着力于描述儒经及其经学在近代中国如何退出历史的过程，旨在证明儒经绝对的、普世性的文化价值终将成为过去式的"历史意义"上的历史。儒经的权威性与神圣性的消解，表征的是中国传统经典所内含的确定性与实用性被整体性地、彻底地加以否定，走出经学时代也就等于摆落了经书信仰。

近百年来，中国传统经典的价值已然从经世致用退避到整理国故的领域，即便是在国学运动方兴未艾的当前时代，曾经延续两千年的"经为常道"的信念，如今只是中国知识分子表达文化乡愁的话语，借以宣示他们在情感上对传统的依恋，而在理智上则可能信奉一种不中不西的现代价值。实际上，传统与现代、价值与历史的撕裂很可能将使国人普遍地陷入"文化认同"的危机，由此引发出一系列的问题。如我们在回顾过去的时候，应该如何书写中国历史文化而不致落入虚无主义？我们在面对现实的时候，能否从经典世界中寻求启示，以对治现代性所产生的种种流弊？我们在面向未来的时候，是否要完全疏离中国传统经典，纯粹借鉴西方文明而形塑现代中国的生活方式及其真精神呢？

百年回顾，静心沉思，中国近代社会与政治制度的变革是否必然蕴含解构儒家及其经典信仰的逻辑？这里体现的所谓历史与逻辑的统一关系，是中国近代社会之"势"所蕴含的必然之"理"，还是人们有意地借助现代化的"理"和"势"，而对传统做出矫枉过正的否定？其实，在传统与现代相对立的叙事中，隐含着一种知识进化论的思维模式，人们把优胜劣汰的自然法则带进文化思想的研究领域，将文化思想之形态与社会制度相对应，由社会环境的变迁和社会制度的革新，自然地得出其所对应的文化思想也要随之退出历史。西化论者把儒家与传统社会相捆绑，又将儒家与传统社会一并打倒，这就体现了知识进化论的思维。诚然，儒家是与古代君主官僚制度密切关联的，其中也包含一些时代性和地方性的内容，但又不乏某些普世性和确定性的道理，将其与君主制等同一视而加以否定和淘汰，进而拒斥儒家经书及其经学，这显然是一种形而上学的偏颇之见而已。因此，所谓儒学和经学必将衰亡的判词，未必是中国近代社会变革所蕴含的必然逻辑，而可能是文化上的形式主义与进化主义共谋的结果。

个体生命是有限性的存在，当人们希望超越生命时间的界限，追求无限而永恒的精神时，然后开始思考如何在当代社会建构一个拥有终极关怀的意义世界，希望在其中获得一种超越意义上的自由存在，臻至美善相乐的境界。于是，人们发现世界上多数国家和民族都有他们的《圣经》，因为"经"是民族文化精华的宝库，是国民思维模式、知识含蕴的基础，也是先哲的道德关怀与思想睿智的核心精义，是承载确定性常道而不废江河的作品。由于"经"讲的是常道，树立起真理的标准，因而可以使人的文化生活与自然相协调，使人与人之间的联系取得一种和谐的境界，从而在成己、成人与成物中确认人自身存在的意义，进而赋予意义世界以深沉的价值内涵。[①]那么，中国传统经典是否内含确定性的常道，是否可以成为人们追求超越性的基础？换言之，人们对社会与人伦秩序的寻求，对超越的价值世界的向往，是否能从中国传统经典里获得有益的启示？当人们对此问题作出肯定的回答后，便从传统与现代的对立思维中跳脱出来，把重新阐扬中国传统经典的精神价值作为这个时代的思想主题，并将当代的文艺复兴寄托于经书系统的重构。这便是近年流行的复兴经学、弘扬儒学和回归原典等思潮的初心，其体现在人们的"原儒"或"说儒"的研究

---

① 饶宗颐：《新经学的提出——预期的文艺复兴工作》，《饶宗颐二十世纪学术文集》卷四《经术·礼乐》，中国人民大学出版社，2009 年，第 6 页。

中，那就是放弃了语文学的还原方法，而是强调从思想史的路径，乃至从学统或道统的角度来探寻儒学的本源。

思想史的回顾使人们相信，复兴儒经及其经学的关键是，追寻近代经学之所以终结的事由，而其中原因之一是晚清的今古文经学之争。晚清古文经学信守"六经皆史"的命题，称六经为三代典章政教的历史记录，"经书即史书"所蕴含的逻辑是将儒经历史文献化，使儒经从神圣宝典下降为古史资料的地位，从而破除由经明道、通经致用的经学思维。今文经学在排斥古文经学传统的同时，也打破了儒家的道统与学统，且夷孔子与先秦诸子同列，其辨伪古文经的方法则为疑古史学派所继承。由此，晚清今古文经学之争共同开启了经学向史学的转变，经学因而成了历史研究的材料。所以，周予同宣称"经学时代已经结束了"，范文澜也曾发表"山穷水尽的经学"的断言。

如果我们要接续传统经学，这又应该从何说起？就近年的经学研究看，当代学者相信，晚清今文经学是破坏与建设共存的。就其破坏而言，可能是开启了近代学者重新审查和辨伪古籍，及破除尊古、泥古的新史学风气；然就其建设而论，则是借鉴西方之新学以阐扬儒经的微言大义，进而创构一种新的经学思想体系，为传统经学的现代转型开示了新路径。可是，廖平、康有为等人的今文经学终究是令"疑经"演为"疑古"，经学由是陷入价值与意义的危机。今日如再局囿门户之见，党同伐异而至考辨经书之真伪，亦将可能流于经学史研究的虚无主义。他日是否有人因而惑经、疑经，乃至解构儒家的经书与经学，这是不可不察的事情。况且，表彰今文经学则不能回避古文经学的问题，若今古文经学之争再次兴起，则依然需要在经史关系命题的背景下来谈经学的现代化。即便我们可以像康有为那样主观武断，将古文经学传统彻底地虚无化，然回到康有为即是回到西汉的今文经学，这恐怕免不了将被贴上"复古主义"的标签。

回顾思想史而获得的启发是，传统经学一旦遭遇信仰危机，人们通常是以"回归原典"的方式，选择若干解经类传记、儒家类子书或先秦诸子的典籍，然后将其升格为"经"，由此组成一个新的经书系统，并博采古今中西的思想资源，据此阐释新经典的微言大义，以期实现复兴经学和儒学的目的。古代如"三玄""四书"等经书系统的建构，近代如康有为的"六经五记"、章太炎的"四玄"、熊十力的"四经"等经书系统的构想，皆是以回归原典的方式而致思于挺立经典的思想价值和文化意义。其实，康有为、熊十力的"原儒"是把"儒学"等同于"经学"，他们对经书系统的重建，不仅是要借此复兴经学，也是由此而实现儒家的现代转型，从儒家中开出契合现代性的内圣外王之道。因此，我们如何接续近代的"原儒"问题，在儒家的溯源中如何处理儒家与经学、儒家与道家及其他诸子学的关系，据此阐扬传统经典的现代价值，进而梳理中国哲学思想的源流变化，这仍是值得我们深思的课题。

三、"回归原典"释义

"回归原典"（return to sources）是余英时用以解释明末清初学术思想演变的概念，指儒家内部因理学与心学讼辩无止，于是有学者主张超越两造之分区，回归先秦儒家的原始经典，直接"取证于经书"，通过经典诠释来阐明孔孟之道真。^①这一现象见于儒、释、道、耶的思想传统，汤用彤说："大凡世界圣教演进，如至于繁琐失真，则常生复古之要求。耶稣新教，倡言反求圣经（return to the Bible）。佛教量部称以庆喜（阿难）为师。均斥后世经师失教祖之原旨，而重寻求其最初之根据也。"^②这大概是梁启超所谓"以复古为解放"之意。"回归原典"虽然体现了某种复古主义的倾向，但学者在重新诠释原典时，旨在通古今思想之变，意图建构新的学术类型和思想范式，回应时代给人的存在所带来的诸问题。清初学者便是通过"回归原典"的方式，强调经典的文字、音韵之考证、注疏的重要性，进而提出"经学即理学"的命题，然后从宋明道学的"尊德性"境域中解放出来，由此转向以考据为核心方法的"道问学"传统。

林庆彰最早应用"回归原典"概念描述经学史的演变，并对此概念做了细致的论证。根据他的解析，"原典"具有神圣性和权威性，蕴含颠扑不破的确定性常道，还有高明的写作技巧。"回归"则有两层意涵，一是以原典作为尊崇和效法的对象，用经典来规范社会及人伦秩序；二是以原典作为检讨的对象，详细考辨原典是否与圣人有关及其原始面貌。前者是要回到经典本身，从经典中去体会圣人之道，这也就意味着，凡是背离经书而阐发的即是异端之学；后者旨在分辨真经与伪经，然后以真经作为衡量义理与是非的判准，如清初学者的考辨群经和晚清康有为对古文经传的辨伪，而20世纪初的疑古辨伪和整理国故运动则是要还原经典的本来面目，进而消解经典的神圣性

---

① 参见余英时：《清代学术思想史重要概念通释》，氏著《中国思想传统的现代诠释》，江苏人民出版社，1989年，第233页。
② 汤用彤：《魏晋玄学论稿及其他》，北京大学出版社，2010年，第62页。

与权威性。①经学史上的"回归原典"现象表明，无论是尊经，还是疑经，人们往往都是在回归原始经典中，寻求思想创造的源泉，或思想解放的理据。

如果单纯地以回到经典本身来定义"回归原典"概念，这只是对经学思想演变的一种现象性描述。其实，经学史上的"回归原典"运动，最根本的宗旨是要回到秦汉以前的经典，然后从中选择若干的解经类传记和儒家类子书，证明其赓续圣人之道统，内含确定性的常道，然后将其升格为经书，而与六经组成新的经书系统。从西汉的五经到东汉的七经，到唐代的九经、十二经，再到宋代的十三经，皆是如此。解经类传记和儒家类子书均可升格为常道之"经"，这表明原典的范围不限于六经。如果不局限于经学领域，通观中国古代思想史，我们发现，"回归原典"是传统思想文化自我更新的内在机制。魏晋玄学的兴起就是回到《周易》《老子》和《庄子》，以此组成"三玄"经书系统，并据此讨论本末、有无、体用、言意、天人关系、自然与名教等问题，从而融通儒家经学与道家思想，实现经与子的互动，代表常道的"原典"之范围也因而扩充至诸子典籍。

乾嘉以降，一方面是因清儒对经传的辨伪消解了儒经的神圣性与权威性，另一方面是因汉学与宋学之争解构了"四书"作为"经"的合法性，进而否定了十三经系统的合理性。于是，乾嘉学者尝试通过"回归原典"的方式，由此建构新的经书系统，借以解除经学的危机。如段玉裁的"二十一经"、沈涛的"十经"、刘恭冕的"二十一经"及

---

① 关于经学史上的回归原典运动，参见林庆彰：《明末清初经学研究的回归原典运动》，《孔子研究》1989 年第 2 期。林庆彰：《中国经学史上的回归原典运动》，《中国文化》2009 年第 2 期。

龚自珍的"六艺九种之配"等构想，就是通过回归先秦两汉的经典，然后从中选择若干代表性著作，赋予其经书的名义，并与六经相配而组成一个新经书系统。这种扩展经书系统的构想，刘恭冕称为"广经"理念。

值得注意的是，段、刘、龚等所选取的经典中，除了属于解经类传记的《大戴礼记》，及儒家类子书的《荀子》《春秋繁露》，还包括《国语》《逸周书》《史记》《汉书》《资治通鉴》等史书，还有字书《说文解字》、地理书《水经》，以及属于子部道家类的《阴符经》《弟子职》和算法类的《九章算经》《周髀算经》，集部中的《楚辞》也被纳入其中。由此可见，他们所理解的经典已经超越了经部及子部儒家类的范围，乃扩展至史部、子部和集部的典籍。他们重建经书系统的方法表现为维新式的，而非革命式的，即新经书的升格并不以否定旧经书为前提，新经书系统是在旧经书系统的基础上有所增益，而不是要彻底地颠覆六经的神圣性与权威性。

近代以来，由于西学的冲击和今文经学家对古文经传的辨伪，传统的经书信仰渐趋失落。于是，晚清经学家所面对的，不只是经学是否有效及如何经世致用的问题，也不只是经学能否转型及如何应对西学的问题，还有如何重建经书系统以维持经书信仰的问题，这是解决经学危机的关键所在。康有为的《新学伪经考》打破了"十三经"系统，《孔子改制考》则是重新确立孔子及六经的神圣性与权威性，康氏撰写的《论语注》《礼运注》《中庸注》《孟子微》《春秋董子学》等，旨在阐发六经的微言大义，这五部解经类传记和儒家类子书是用来配六经的，犹龚自珍所谓"六艺九种之配"，由此组成一个"六经五记"的经书系统。章太炎则是师法韩愈的《原道》篇，建构了一个传道谱系，即文王、老子、孔子和庄子，章氏称他们为"域中四圣"，四圣所代表的著作《周易》《老子》《论语》《庄子》等，其思想是一脉相承的，而其一贯之道是"无我"。这四部经典是在魏晋"三玄"的基础上增益《论语》，我们暂且称之为"四玄"经书系统。熊十力则是从先秦儒家的经传中选择四部代表性典籍——《周易》《春秋》《礼运》和《周官》，论证其为孔子所撰述的常道之经，据此重建新的经书系统，此即其所谓"四经"。从思想的渊源看，康有为、章太炎、熊十力或是远绍魏晋的"三玄"，或是效法宋儒的"四书"，或是近承乾嘉的"广经"理念，他们都以"回归原典"的方式建构了新经书系统，并据此阐发新的经学思想，以推动传统经学的现代转型。

那么，近代以来的"回归原典"运动表现出哪些特点，给予我们何种启示？概括而言：一是"改子为经"，前述段玉裁、龚自珍和康有为、章太炎、熊十力等所建构的新经书系统，其中均涵括秦汉以前的诸子典籍，他们将子书升格为经，用三国吴人阚泽的话说，就是"改子为经"，由此组成一个江瑔所谓的"子中有经，经中有子"的系统，表现出"经子一体"的特点。二是维新，即如前文所述，他们的新经书系统并不以否定六经为前提，章太炎虽然没有完全保留六经，但他依然推崇六经，视其为华夏文明的基源。三是论证新经书系统的一贯性、典范性与现代性，一贯性是说明经书的思想是相承、相通的，典范性是说明经书承载着确定而恒常的道体，现代性是说明经书具有致用的价值，可以为当前社会与人伦秩序的建构，提供合适的精神要义。不过，正如"三玄"和"四书"的成立不是在朝夕之间，而是亘百余年，乃至三百余年才被普遍地认同，近代以来的种种新经书系统之构想，亦唯待后来的聪明睿智者之拣择而已。

如果说 20 世纪是经学中衰之期，那么，进入 21 世纪以来，复兴经学的呼声逐渐演变成一种思潮。只是，如何构建当代经学的思想体系？是回到今文经学的传统，还是赓续古文经学的学脉，抑或是接着宋明理学讲？人们的意见可能不一。近代的"回归原典"运动提示我们，应该超越今古文经学之争，摆脱汉学与宋学相对立的思维，进而思考经书系统的重建问题，并依托新系统而致思于今古文经学及汉学与宋学，以及经子之学的调和与融通。饶宗颐先生较早提出"新经学"的构想，他说："'经学'的重建，是一件繁重而具创辟性的文化事业，不仅局限文字上的校勘解释工作，更重要的是把过去经学的材料、经书构成的古代著作成员，重新做一次总检讨。"①所谓"总检讨"，即如康有为、章太炎、熊十力对"十三经"系统所做的辨伪、正名和原经等工作，故饶氏援引龚自珍的"正名"说，称《尔雅》不得列作经书。同时，饶氏主张从《逸周书》《国语》中选取二三十篇，作为弥补《尚书》的文献。又从近年出土的思想文献中选取《经法》《五行》等。饶氏特别强调："儒、道两家是中国本有文化的两大宗教思想基础，儒、道不相抵触，可以互补，各有它的优越性，应予兼容并包。《老子》《庄子》等书原已被前人确认为经（道藏的编纂已兼收《易》家及一些别类的子书，但嫌太广泛，不够严格），自当列入新的经书体系之内，作为一重要成员。"②可见，饶氏认为新经学的重建端赖于新经书体系的建构，而经书的范围应该有所扩充，除了儒家的经

① 饶宗颐：《新经学的提出——预期的文艺复兴工作》，《饶宗颐二十世纪学术文集》卷四《经术·礼乐》，中国人民大学出版社，2009 年，第 6 页。
② 饶宗颐：《新经学的提出——预期的文艺复兴工作》，《饶宗颐二十世纪学术文集》卷四《经术·礼乐》，中国人民大学出版社，2009 年，第 6—7 页。

典之外，可以将史部及子部中的典范性著作升格为经，这不只是"改子为经"，还有"改史为经"，这样的经书体系表现出多元、开放的特性。其后，郭沂的"五经七典"和梁涛的"新四书"等构想，均是通过"回归原典"而建构的新经书系统。只是，这两个系统中的典籍全属经部和子部儒家类，不包括其他先秦诸子及史部、集部的著作。客观地说，饶宗颐只是提出了一种新经书系统的构想，如段玉裁、龚自珍等，郭沂、梁涛则尝试论证经书系统的一贯性、典范性与现代性，其是否成立而使学者信服，这是仁者见仁、智者见智的问题，正如康有为、章太炎、熊十力等人的构想也会引起诸多争议一样。

以上简要地概述儒学与经学的百年发展史，由此展示传统儒学与经学的现代转型历程。自其表而言，儒学与经学作为某种意识形态功能的价值观念，及其作为塑造人伦道德、构建社会秩序的教化意义，已然伴随儒学与经学典范的失落而式微。自其里而论，今人学有根柢，知识视野宏阔，故于注疏所得精湛，又于义理所释渊微，现代儒学与经学研究即在不守古法、务取新奇和会通东西中别出新意、创造新境，可谓是儒学与经学的"变古时代"，而非儒学与经学的中衰时期。笔者认为要想由此转出新的思想典范，锻就一代儒学与经学之宗风，一是必须系统地考察和总结近百年的经学研究成果，从中探寻传统儒学与经学走向现代的内在理路；二是应该超越今古文经学之争，摆脱汉学与宋学相对立的思维，力图将古今东西文化融会贯通于一体；三是需要思考经书系统的重建问题，饶宗颐先生便是将当代中国的文艺复兴寄望于"新经学"，也就是新经书系统的建构和诠释，借此开显出经学的现代性价值，并具体展开于精神世界、社会领域以及天人之际。

笔者探究经子关系命题，源自吴根友师的启发和指导，并获国家社科基金项目的资助，从阅读文献、发现问题，到选择研究对象、思考、论证而结集，至今凡十载有余。本书各篇章都是完成于这一时期，其中部分章节先在相关学术研讨会上宣读过，蒙学界同道指正而修订，再刊载于各种学术期刊。发表情况如下：

绪论《"经子关系"解题》以《"经子关系"义涵及其哲学意蕴》为题，刊于《中国社会科学报》2022 年 7 月 5 日"哲学"版。

《"原儒"述要》，新作。

《"回归原典"释义》以《近世以来的回归原典运动》为题，刊于《中国社会科学报》2020 年 8 月 11 日"哲学"版。

第一章的发表情况：《乾嘉时期经子关系之转向》，《社会科学》2016 年第 7 期，第 141—151 页。

《乾嘉时期的诸子学研究》，《诸子学刊》（第十四辑），上海古籍出版社，2017 年，第 235—248 页。

《"新子学"的思考与展望》，《集美大学学报（哲社版）》2018 年第 3 期，第 30—38 页。

《道器与经史之辨——章学诚的经子关系论探析》，《社会科学战线》2023 年第 2 期，第 39—47 页。

第二章《康有为"原儒"及其经子关系论》，《暨南学报（哲学社会科学版）》2020 年第 7 期，第 23—39 页。

第三章 以《康有为"六经五记"与近代经学转型》为题，刊于《中山大学学报（社会科学版）》2023 年第 6 期，第 20—29 页。

第四章的发表情况:《章太炎"原儒"及其儒学与经学之辨》,《哲学研究》2023 年第 5 期,第 54—65 页。

《章太炎论经子关系》,《诸子学刊》(第十一辑),上海古籍出版社,2013 年,第 375—397 页。

《近代诸子学研究的义理转向》,《光明日报》2021 年 1 月 9 日"国学"版。

第五章 《"四玄":章太炎的"新经学"构想》,《文史哲》2018 年第 2 期,第 105—121 页。

第六章 以《"原儒"视域下的"中国哲学史"探源——熊十力晚年思想定论》为题,刊于《文史哲》2024 年第 1 期,第 77—92 页。

第七章 以《"四经":熊十力晚年经学思想研究》为题,刊于《社会科学》2022 年第 5 期,第 31—41 页。

结论 以《原道·征圣·宗经——康有为、章太炎和熊十力预期文艺复兴的路径》为题,刊于《光明日报》2024 年 2 月 24 日"国学版"。

(说明:部分文稿发表时略有删减。)

由于各篇章写成和发表的年份不一,部分文稿的风格容或有殊异,期间关注的问题、阐述的观点、评论的分寸等,均可能随学思的转移而有前后龃龉出入之势。此次缮写成帙,部分书稿文字略有修订。虽努力汇编成一整体,但与理想中的期待尚有距离。雪泥鸿爪,是耶非耶,权当初出茅庐的学思印记,留予他年说梦痕,如此而已。

　　总之，本书首次将经子关系命题带进中国近现代哲学思想史的研究，通过考察六经与诸子、经学与子学的交往互动及其交往形式和交往结构的演变，由此观照近代诸子学复兴和经学转型的过程，借此展现所谓文化保守主义者如何在千年之大变局下，依然抱持坚定的文化自信心，夙夜孜孜以探索传统的现代转化之路。"保守"是相对于"激进"而言的，康有为、章太炎、熊十力对传统哲学思想怀抱温情与敬意，但他们绝非不通世变的原教旨主义者，他们是在与西方新学的比较和格义中诠释传统，一则是凸显中国哲学思想的民族性特质，二则是推动经学和诸子学参与世界范围内的百家争鸣，三则是解答"中国向何处去""中国文化向何处去"等时代性问题。同时，康、章、熊对儒学的溯源，及其对经书系统的重构，打破了经子对立的思维，这将为中国近现代哲学思想史的写作，为从事于"做哲学"的学人，提供一种经子互动的视域，以及整合经学与子学的理念，从而致思于如何融创经子一体之学。

第一章

乾嘉时期的"回归原典"
及经子关系之转向

　　从"长时段"视域考察思想的发展演变，可能如佛家所云有一个生、住、异、灭的过程，或如托马斯·库恩所谓思想理论出现不可通约的"例外"就可能发生"范式转换"（paradigm shift）。经学史上的"回归原典"现象，其根本宗旨是通过回到原始经典，从中选择具有典范性价值的著作，证明其赓续圣人的道统，然后将其升格为常道之"经"，并与五经组成新的经书系统。这预示着一种新思想范式的创构，也意味着旧思想范式的瓦解。从汉唐的五经、九经到宋代的十三经，经目的增益及经书系统的重建反映了经学范式遇到"例外"的危机，原来的"超稳定结构"失去了维持信仰体系的神圣性与权威性，当时持守儒经信仰的学术共同体便以"回归原典"的方式，打破原有的经书系统和经学范式，进而建立新的概念体系以诠释经典，形成一种可以对本体论、认识论和方法论提供基本承诺的理论模型。

　　"回归原典"的现象同样发生在乾嘉时期。一是因清儒对儒家经传的辨伪消解了儒经的神圣性与权威性，二是因汉学与宋学之争解构了"四书"作为"圣经"的合法性，三是因清儒对常道、经典、诸子学等范畴和思想传统的认知发生了某种变化。凡此种种观念连续积累而在乾嘉及晚清产生了两种效应：一是主张为六经正名，将"十三经"中除六经之外的典籍还原为解经类传记和儒家类子书；二是提出"广经"理念，从四部中选择若干典籍，赋予其以"经书"的名义，而与"十三经"组成新的经书系统，借此解除儒经及其经学所遭遇的范式危机，由此护持儒经作为价值观念和信仰体系的权威。就经子关系命题而论，乾嘉学者提出的新经书系统加入了诸子典籍，这表明他们突破了"诸子为异端"的观念，并在一定程度上对诸子学的思想价值持肯定态度，从而修正"唯有儒经"（only the Confucian Classics）的理念。同时，乾嘉学者因考究儒经的文字、音韵和义理，而注重诸子书的材料性价值，他们应用援子证经、释经的方法，先秦子书亦因朴学的兴起而复活。

学界对乾嘉诸子学做了多方面的研究，[①] 然乾嘉学者在提倡诸子学时，首先要处理的问题是如何界定经子关系，如何在尊经的文化语境中，为诸子学寻求存在的合理性根据。学界就此思考较少，本章尝

---

① 参见罗检秋：《近代诸子学与文化思潮》，中国社会科学出版社，1998 年。刘仲华：《清代诸子学研究》，中国人民大学出版社，2004 年。另外，关于乾嘉时期的荀学研究，参见马积高《荀学源流》中《清代荀学的复兴和尊荀与反荀的论争》章（上海古籍出版社，2000 年），朱维铮《晚清汉学："排荀"与"尊荀"》（氏著《求索真文明：晚清学术史论》，上海古籍出版社，1996 年），邓国宏《戴震章学诚与荀子思想关系研究》（武汉大学哲学学院博士学位论文，2013 年 11 月）。关于乾嘉时期的老学研究，参见刘思禾《清代老学史稿》（学苑出版社，2017 年）。关于乾嘉时期的庄学研究，参见方勇《庄子学史》的相关章节（人民出版社，2008 年）。关于乾嘉时期的墨学研究，参见郑杰文《中国墨学通史》的相关章节（人民出版社，2006 年）。

试从经子关系的角度考察乾嘉学术，围绕道论、经书系统、以子证经等议题和方法而展开，阐明乾嘉时期经书与子书、经学与子学之间的交往互动，展现经子由正统与异端的对立转向整合与融通的过程，以及诸子学参与儒经的诠释后，如何影响乾嘉经学的内涵、性质和宗旨。这一问题的探究可为乾嘉学术的研讨提供一种经子互动的视域，拓展"清代新义理学"的研究范围，并为现代诸子研究之方法、类型和范式等追本溯源，进而窥见中国近代知识转型和现代性价值观念的初生历程。

第一节　道论与经子的源流关系

一般认为，在经学史传统中，"经为常道""道在六经"等话语是独断之论，把"道"或真理规范于儒经之中，即是把知识的合法性与合理性囿限于古老文本，或者说是局促于历史之陈迹。虽然说儒家关于"道"的形而上学通常是表现于人伦日用之中，并试图吸收各种历史经验而与归纳性实证科学的经验一道"增长"，但形而上学希望为一切事物如何植根于"绝对实体"提供一种假设性的和总体性的观点，可能诉诸具有先验色彩的世界图式理念，或者纯粹思辨的数理逻辑。"正是出于这种原因——而不是由于历史变迁，形而上学的社会学存在形式才必然是一个以一位'圣贤'作为其中心的'学派'。"① 传统经学家的道论形而上学未必是诉诸数理逻辑，但他们虔诚地相

---

① ［德］马克斯·舍勒著，艾彦译：《知识社会学问题》，北京联合出版公司，2014年，第117页。

信，圣贤穷通万事之终始，道德比合于天地，故圣贤撰述的经典该摄内圣外王之道，乃至涵摄宇宙、自然与性命的一切真理。因此，儒经是社会-政治与文化-道德秩序之建构所唯一合适的精神要义，历史世界中的一切伦常和制度的安排必须遵循这一精神要义所展现的理性逻辑。如此，历史进程中的过去、现在与未来就具有了一贯性和连续性的条理。因确定性世界是不能容忍支离破碎的历史事件和笼统模糊的意识形态的，而"条理"一词所呈现的有始有终的连续性秩序图景，很能体现经学家对常道之"经"的绝对自信。

儒家对道论形而上学之解释权的强化，实则是对存在、道德、信仰等价值问题，以及如何描述历史之起源与目标的知识问题，给出确定性和终极性的答案。那么，与常道之经相对，诸子学是离经叛道的异端邪说，故须"攻乎异端"，将其罢黜，以止"斯害"。这种"尊经抑子"的声音常见于汉宋儒者的卫道话语中。然在乾嘉时期，一是理学与心学的论辩在某种程度上动摇了道统论及儒经信仰，二是实学思潮促使部分学者提倡经世致用的诸子学，三是汉代实事求是的考据学传统之回归让学者注意到诸子学的材料性价值。同时，乾嘉考据学的实证精神，以及乾嘉史学研究中的还原主义思维与方法，皆促使人们去思索历史的起源是否为高贵的、庄严的，是否存在一个形而上的超越性本体作为历史进程的承载者，又是否有一个全知全能的圣王为万世制法，制定一种既理想又可行的历史终结模式。凡此启发了乾嘉学者重新思考价值、知识和历史等问题，并伴随着实事求是之知识理性或智识主义的兴起，人们开始认同先秦诸子的思想价值及其实用价值，通过论证"经"与"子"的源流关系而说明诸子学的知识合法性（legality of knowledge）。

乾嘉是经学权威方兴未艾的时代，作为异端和边缘的诸子学，如要争取合乎法统的发展空间，就必须证明其与正统经学的同质性，即从道体的角度说明诸子学与六经及其经学是本质相同的知识类型，也就是突破"道在六经"的观念，而把道体的范畴开放至诸子学，承认"离经书而言"的诸子之道的合法性。其实，在儒经与常道的一体性中，传统儒家依据经书而建立学术统系或传道谱系时，往往强调群经之"道"是确定、恒常和一以贯之的，但从长时段的思想史视域看，汉唐经学与宋明道学呈现出迥异的思想形态，这表明儒者依托经书而诠释的道体始终是在常中求变、在变中守常。变通旨在回应经验世界无形或有形的"理"和"势"，为了适应理势的新情况而对普遍性知识进行重新论证，这一过程显然受到社会文化的影响，诸如政治思想、道德伦理、宗教观念、典章制度等，凡此共同构成了知识生产者的"理解前结构"，并在与经典文本的对话或循环解释中，寻求知识之确定性的衡准。因从知识社会学的角度看，知识源自社会群体的生活实践，是社会群体历史经验的集合，故知识的产生、发展和应用，及其形态、本质之所然与所以然，显然与社会群体、文化制度、时代精神、民族文化心理等存在密切联系，抽离了社会关系、社会文化、社会现象等来谈论知识的确定性，或者寻求确定性的常道和真理，将难以说明思想意识反映社会存在的真实程度，也无法建立起检验知识或思想的客观标准。所以在历史情境发生变迁的时代，需要借助新的思想资源重新诠释"道"的内涵。

章学诚特别关注"道"与历史之"理"和"势"的内在关联，他的"原道"就是立足于社会存在（"势"）与社会文化（"理"）来探究知识（"道"）的本源和流变问题。作为"刺猬型"的思想家，章学诚既反对经学家将"道"规限于儒经之中，也不满考据学琐碎饾饤而缺乏条理连贯的统系。一方面，他提出"六经皆史"的命题，而"史"兼具双重意涵，一是指实存的历史世界，二是指包含天道与人事的"先王之政典"，两者分别对应于社会存在与社会文化。另一方面，章氏指出"盈天地间，凡涉著作之林，皆是史学"，[①] 这种宣称"史学为一切学问之源"的主张，不仅将六经还原为史书，解构了"道在六经"或"六艺该摄一切学术"的观念，及取消并否定以往与学问典籍分类之尊经而首列经部的合理性，其深层的意涵是指示了知识论的根本任务，那就是从"史"的维度探究知识的产生、发展、实质及各种思想观念之间的互动与关联，进而阐明社会变迁的内在逻辑与规律，以及人类整体文明形态的演化之道。

由于社会文化作为源远流长的思想传统，在强调"学统"或"道统"的儒家经典诠释学中，构成了知识生产及其价值评判的依准。如果"道"是常与变的统一，六经不过是陈述"道之迹"；那么，六经是否为知识之源，又是否足以究明道体，通经是否一定能够致用，凡此均成了存疑的问题。如章学诚说："彼舍天下事物、人伦日用，而守六籍以言道，则固不可与言夫道也。"[②] "六籍"指代表社会文化的六经，"天下事物"和"人伦日用"指实存的社会存在，章氏并未从根本上否定六经与道体的关系，但他反对把一切合理性的知识规限于六经之中，他要提醒同时代的汉学家和宋学家，知识的探源及其普遍性

---

① 章学诚：《报孙渊如书》，章学诚著，仓修良编注：《文史通义新编新注》，浙江古籍出版社，2005年，第721页。
② 章学诚著，仓修良编注：《文史通义新编新注·原道中》，浙江古籍出版社，2005年，第101页。

和实用性的论证，不能完全诉诸六经，应转向经验事物和人伦实践中来寻求。此即章氏所谓"约六经之旨而随时撰述以究大道"，[①]"时"的概念表明章学诚是从变化、发展的角度来论"道"，"他把'道'看成一种'活的现在'（living present），而不仅是像多数考证学者一样，把'道'当作'古典的过去'（classical past）也"。[②] 这是一种基于历史经验的立场，即是主张在社会存在与社会文化的统一中，探索知识的产生、发展及其实质，并建立起检验知识的普遍性和实用性的标准。

章学诚的"道论"不仅是针对汉学而言的，也以宋学为批评对象。宋明理学和心学探求形而上的性命之道，如果我们用"道问学"和"尊德性"来分疏其特质，偏向"尊德性"的形而上学固然表现为超越感觉经验与社会实践的先天综合知识，注重"道问学"的形而上学虽然表现出逻辑思辨与格物明理相结合的求是精神，但两者均从先验的角度来构想其关于世界观的纯粹理论。前者是自觉地放弃了实证科学的原则，后者的格物是为了明理，天理的探寻和体证是在逻辑思辨中完成的，所以这两种类型的形而上学都疏于对历史世界中的经验事物做客观细致的调查研究。尽管宋明儒发明的形而上的性命之道，不完全脱离历史性的实践经验，但它集中关注的是其思辨性的哲学基础，更多的是讨论天理、性命、良知、诚敬等范畴和命题，把历史经验和实践活动置于较低级的层面。他们相信，人类历史在相当长的时间内存在一种恒常不变的价值秩序，它不是由各种现实因素发挥作用

---

① 章学诚著，仓修良编注：《文史通义新编新注·原道下》，浙江古籍出版社，2005年，第104页。
② 余英时：《论戴震与章学诚》，生活·读书·新知三联书店，2005年，第55—56页。

而形成的，乃是由思想文化所唤醒的精神意识所构筑的。由此，"道"或真理的获得及其功能不是指向外在世界的认知和改造，而是指向超越层面的天道，及超越性如何转化为内在的道德性命。这种忽略了真实的历史过程的"单一意义的"决定论，实质上是一种向内转的思想路线。及其末流之弊端，由尊德性而至束书不观，因道问学而主文字训诂，反而偏离了形而上的求道之途，乃至解构了形而上学的哲学基础。

章学诚的"原道"是针对上述两种流弊而发的。他一方面批评理学家脱离实践经验来探究性命之道，"则是有道而无器矣"；[①]另一方面指出汉学家耽溺于文字音韵之中，然"训诂章句，疏解义理，考求名物，皆不足以言道也"。[②]在章氏看来，这两种求道方法及其所论之道的本质有别，却又同是离器而明道，他因而重申"道器合一"的命题，"道"不离于"器"，故须即"器"以明"道"。"器"指称有形迹的事物及其所构成的经验世界，它是具体的、现实的和无定限的真实存在，而非纯粹无形的、思辨的、假定性的理念图式。章学诚强调"道器合一"，就是用实存的器物来规范"道"，进而重新界定"道"的本质及求道的方法。他曾表示："道之大原出于天，天固谆谆然命之乎？曰：天地之前，则吾不得而知也。"[③]形上之道是否具有超时间、超空间的外在超越性，经验世界中的一切事物之存在基础是否植根于先验性的绝对实体？章学诚对此不置可否。相对于理学家

---

① 章学诚著，仓修良编注：《文史通义新编新注·与朱沧湄中翰论学书》，浙江古籍出版社，2005年，第709页。
② 章学诚著，仓修良编注：《文史通义新编新注·原道下》，浙江古籍出版社，2005年，第103页。
③ 章学诚著，仓修良编注：《文史通义新编新注·原道下》，浙江古籍出版社，2005年，第94页。

以"天"为"道"之原，"章学诚一反历史上'一阴一阳之谓道'的说法，着重从人类文明形成的历史角度来描述道的形成过程及其所具有的客观性特征，不再从自然哲学或气化论的角度来讨论抽象的哲学之道"。①当章学诚把"天"与"道"的联系悬隔之后，也就拒斥了那种传统的、关于世界为绝对不变的观念，同时消解了形而上之道被赋予的神秘主义色彩，对"道"的探寻不再是单纯地诉诸被建构起来的圣经和圣贤，亦未必表现为虔诚式的、充满感性的、含糊不清的直觉，而是从人类自身、社会文化及经验事物之所然与所以然等实存基础，来说明"道"（知识）的起源、发展及其本质。②如此，章学诚不是预先假定了"道"的义涵，他认为"道无定体"，道体随历史之理势而变迁，实则是因器物的演化将重新定义"道"，故章氏反复申论"道不离器"，唯有"知道器合一，方可言学"。③

章学诚的"道器合一"观蕴含经子关系命题。在儒经诠释传统中，"道"是指向形上之域的思与辨，"器"则是指向形下之域的物质世界，属于经验层面的"器"通常被悬置于等而次之的地位。但从知识社会学的角度出发，对"道"的探源就不全是指向形上之天，也不仅是诉诸思辨或逻辑推理，更重要的是关注经验世界中的生活方式及其秩序的组织形式。因而，章学诚强调"道"与"器"的合一，

---

① 吴根友、孙邦金等：《戴震、乾嘉学术与中国文化》中册，福建教育出版社，2015年，第719页。

② 章学诚《原道上》说："故道者，非圣人智力之所能为，皆其事势自然，渐形渐著，不得已而出之，故曰'天也'。……圣人求道，道无可见，即众人之不知其然而然，圣人所藉以见道者也。"（章学诚著，仓修良编注：《文史通义新编新注·原道上》，浙江古籍出版社，2005年，第94—95页）

③ 章学诚：《与陈鉴亭论学》，《文史通义新编新注》，浙江古籍出版社，2005年，第718页。

就是把经验世界的展开和现实存有的器物视为"道"之所在，甚至是"道"之所以然的基础。章学诚当然不否定儒经及其经学之与道体的一致性，但他不赞同"舍经无所谓道"的说法。他说："圣人所以合乎道，非可即以为道也。"① 又说："守六蓺以言道，则固不可与言夫道矣。"② 圣人之言虽与道体相合，但非道之全体，如固守六经以言道，则必有所遗失、有所不周。可见，他"反对以戴震为代表的乾嘉时代的考据学者在六经中求道的思想"，③ 而认为经书之外的文章学问、百家之学，"毋论偏全平奇"，"同期于明道"。如果说戴震把道（知识）从天人性命的道德纠缠中解放出来，但仍将"道问学"的方向局促于儒家经典的诠释中；那么，章学诚的"即史明道"强调了知识与经验世界之间的互动关系，试图用因果链将知识与经验世界及社会实践联系起来，启发人们将知识视野从形上之天理和内在之性命，转向宇宙中客观实在的器物，及其与人之间如何发生联系和建立了何种联系，促使人们去思考知识是在什么样的社会历史条件下产生的，在何种社会历史条件下是真实有效的。这就突破了"离经书而言道，此异端之所谓道也"④ 的独断论。在对道体的探寻中，章学诚把眼界转向史学的同时，也肯定诸子是"有得于大道之一端"，⑤ 是宇宙道体

---

① 章学诚著，仓修良编注：《文史通义新编新注·原道上》，浙江古籍出版社，2005年，第95页。
② 章学诚著，仓修良编注：《文史通义新编新注·原道上》，浙江古籍出版社，2005年，第95页。
③ 吴根友：《乾嘉时代的"道论"思想及其哲学的形上学追求——以戴震、章学诚、钱大昕为例》，《浙江工商大学学报》2010年第5期。
④ 汤斌：《汤子遗书》卷3《重修苏州府儒学碑记》，范志亭、范哲辑校：《汤斌集》上册，中州古籍出版社，2003年，第132页。
⑤ 章学诚著，仓修良编注：《文史通义新编新注·言公上》，浙江古籍出版社，2005年，第201页。

的散殊，子学也在某种意义上构成人类对其自身所生活的经验世界，及其所创造的社会存在和社会文化之认识。

章学诚道论思想隐含的观念性转变，不仅打破了经学家所谓"经为常道"的理念，也修正了"天不变，道亦不变"的历史哲学。从经验立场或社会学视角论证知识的来源及其合理性，这使章氏的道论形而上学不再以"圣贤"为中心，即不再把形而上学的基础建立在圣贤（孔孟等）之上，也就不再把形而上之道的范畴规限于儒经之中，而是开放至诸子学，肯认诸子之道的合理性，从而排解了"诸子为异端"的偏见。这种"言公"的观点并非章学诚的一家之言，而是许多乾嘉学者所分享的知识观。焦循作《攻乎异端解》的本意，就是基于这种见识。

> 然则"异端"之云，第谓说之不同耳，……则凡异己者，通称为异端，……盖"异端"者，各为一端，彼此各异，……有以攻治之，所谓序异端也，斯害也已，谓使不相悖也。……人异于己，亦必己异于人，互有是非，则相观而各归于善。是以我之善观彼，以摩彼之不善，亦以彼之善观我，以摩我之不善也。①

在焦循看来，"异端"之"异"，不是贬义的"邪异"之"异"，而是中性的"异同"之"异"，其中没有"肯定的"或"否定的"之价值

---

① 焦循：《雕菰集》卷九《攻乎异端解上》，焦循著，刘建臻点校：《焦循诗文集》上，广陵书社，2009年，第166—167页。

偏向。所谓"异端"，乃学说立场的不同，或立论的出发点有别，人之异于己者，亦犹己之异于人，不得以一己之是非来是非他者。他认为，不同的知识对象应相互切磋攻错，以彼此为价值评判的参照系，开放地接受和分享各自内在的独特价值，而评判的标准是与一定历史情境中的实践活动息息相关的。所谓"序者，时也"，"序异端"就是因应一定的时代精神和具体的物质实体所提供的条件，损益、融通诸家思想，最终令实践与知识达致和谐地统一，犹如王阳明提倡的"知行合一"。

明末清初，"学术思想出现了新的整合，活跃于整个中世纪的思想异端，开始蜕化为力图冲决网罗、走出中世纪的新的启蒙意识"。[1]焦循的"序异端"体现了乾嘉时期"破块启蒙"的思想转折。既然"异端"不是对圣经和常道的叛教或亵渎，那么，诸子就不是邪僻外道，诸子学与儒经及其经学是同质且相通的。故焦循说，孟子对杨朱、墨子、子莫等辞而辟之，是因诸人固执一端，未能"依时而用之"，假使"杨思兼爱之说不可废，墨思为我之说不可废，则恕矣，则不执一矣。圣人之道，贯乎为我、兼爱、执中者也"。[2]他们如能抱持多元的、开放的态度来相互接纳、会通，那就不会偏离中道，也就无所谓异端了。在焦循看来，为我、兼爱和执中等学说虽有所偏执，但其立说的宗旨并非不善的或不合理的，只是固执之而不知通权达变，就可能演绎为形式化的极端主义，悖逆了超越差别、圆融统一

---

[1] 萧萐父：《道家·隐者·思想异端》，氏著《吹沙集》，巴蜀书社，2007年，第170页。

[2] 焦循：《雕菰集》卷九《攻乎异端解下》，焦循著，刘建臻点校：《焦循诗文集》上，广陵书社，2009年，第168页。

的"中道"理念。假使诸子摆脱非此即彼的思维模式，将为我、兼爱和执中等融会贯通，这不但契合不偏不倚的中正之道，还能使思想学说作用于经验世界的实践活动，从而有益于世道人心，如圣贤之"博施于民而能济众"。

焦循的"序异端"同样强调"时"的概念，略如章学诚从变化、发展的角度来论"道"，意图在社会存在与社会文化的统一中确立知识评判的价值标准。知识社会学拒斥那种关于世界是预先给定的、绝对不变的信条，并引进关于这个世界的相对的自然观点，以取代"天不变，道亦不变"的确定性世界观与知识论。大概是因历史之理势和时代之主题的变迁，许多乾嘉学者皆如章学诚、焦循一般，对于那种宣称有着某种确定不变的法则始终如一地存在于人类意识以及相关的各个对象领域中，决定着人类关于终极实在的知识的来源、性质和宗旨等，他们通常持守存疑的态度，或是存而不论，或是消解形而上学，或是突破"舍经无所谓道"的观念，将道论形而上学的范畴开放至先秦诸子，肯认诸子之道的合法性。如关于老庄，徐大椿谓：

> 五千言又皆道也。……[1]
> 老氏之学与六经旨趣各有不同。……其于修己治人之道，岂云小补。[2]

---

[1] 徐大椿：《道德经注·自序》，严灵峰编：《无求备斋老子集成续编》第三函，台北艺文印书馆，1970年，第1页。
[2] 徐大椿：《道德经注·凡例》，严灵峰编：《无求备斋老子集成续编》第三函，台北艺文印书馆，1970年，第2页。

"道"作为哲学或形而上学的概念，它从最初的日常语义（道路、言说和原则等）而被赋予了哲学意义（无、本体），成为中国轴心时代"哲学的突破"的重要标尺，老子及其《道德经》可谓是"中国哲学史第一座里程碑"。①从正本清源的思想史视角看，肯定"五千言皆道也"，接受"老氏之学与六经旨趣各有不同"的事实，这是一种如章学诚一般的"言公"理念，"道"既在六经，且散殊于诸子典籍，两者的旨趣不同乃表明"道"具有多元性与开放性。正统儒者认为，相对于儒家的仁义道德而言，道家围绕自然、无为、玄德等概念建立起来的伦理学是一种"反伦理学"和消极避世的人生态度，徐大椿则谓老子的养生、修德、治国、用兵之法，皆本上古圣人相传之精意，不仅于修己治人之道有所补益，乃至侪《道德经》与六经等类，也就是把老子之道视为社会-政治与文化-道德秩序之建构所应遵循的精神要义，其思想性和实用性价值均得以彰扬。

类似言论常见于乾嘉学者的著述。如戴名世说，孔子适周问礼于老子，曾聆听老子的妙论而不以为非，故老子也是圣贤之流，《道德经》是：

> 谆谆乎反覆言之而深切，不见其有谬戾圣人者也。②

吴世尚说：

---

① 任继愈：《中国哲学史的里程碑——老子的"无"》，《中国哲学史》1997 年第 1 期。
② 戴名世撰，王树民编校：《戴名世集》卷一十四《老子论下》，中华书局，1986 年，第 402 页。

> 庄子之学，所见极高，其尊信孔子，亦在千古诸儒未开
> 口之前。[①]

陆树芝说：

> 《庄子》，诸子之冠也。……（有）维持六经之功。[②]

黄文莲说：

> 玩其词（引者按：《道德经》），知其旨与子思所称"天
> 道""人道"，孟子所言"性之""身之"者，略同也。[③]

所谓非"有谬戾圣人""尊信孔子""维持六经之功"及其宗旨与思孟天道性命之论略同，凡此是在与孔孟及六经的比照中，肯定老庄之道的合法性。尽管这些话语显示出上述学者先在地预设了六经及孔孟之言为常道，而以老庄之学是否与之相契为认同的前提，但这样的表达只是一种"语言艺术"，是在正统经学权威盛炽之时而提倡边缘学说的"迂回"方式。

形而上学（道论）是人们针对作为一个整体而存在的世界的实存

---

① 吴世尚：《庄子解》，《四库全书存目丛书》子部第 257 册，齐鲁书社，1995 年，第 406 页。

② 陆树芝撰，张京华点校：《庄子雪·自序》，华东师范大学出版社，2011 年，第 3—4 页。

③ 黄文莲：《老子道德经订注自序》，王昶辑：《湖海文传》，上海古籍出版社，2013 年，第 262 页。

之根源及其基本结构的探寻，出于维护和保全人类群体的存在，人们通常希望追求一种具有压倒性优势的和神圣的、最高的善，以作为一切事物的实存基础，或是争取对自然界的进程、对各种社会过程及人的心理过程进行支配和导向。如果说世界的实存是源于"一"，那么，描述这个"一"的形而上学，就学理而言可能是多元的，就信仰而论则应该是一元的，这在西方的中世纪是基督哲学，在中国的尊经时代则为六经及其经学。尽管乾嘉学者把"道论"形而上学开放至先秦诸子，但在他们的论证里，诸子之道丰富了形而上学的内容，而其之所以具备知识的合法性，是因其尊信孔子、无谬戾圣人、有维持六经之功等。这寓涵的一种观念是，诸子之道源自六经，经子之间是源与流的关系。

《汉书·艺文志》曾提出"诸子者六经之支与流裔"的命题，经子之间的源流关系意味着，诸子学的知识性质与六经相类，用传统学术话语来表述是"明道"，用现代学术名词来表述是"哲学"。无论是刘歆或班固，他们在尊经的同时还强调应博采诸子百家之所长，可见他们把六经视为真理本身（the Truth），但也承认诸子学是对真理本身的一种诠释（a truth），尤其是"游文于六经之中"的儒家。章学诚接受和发展了《汉志》的说法，称六经是载道之书、知识之源，诸子所以能持之有故而言之成理，是因百家之学"其源皆出于六艺"，因而"有得于道体之一端"。① 如《老子》的阴阳之义，《庄子》《列子》的寓言假象，这是源于《易》教；邹衍的五德终始说，关尹的天文五行论，这

---

① 章学诚著，仓修良编注：《文史通义新编新注·诗教上》，浙江古籍出版社，2005年，第45页。

是源于《书》教；管子、商鞅的法制之学是源于《礼》教；申不害、韩非的刑名之术是源于《春秋》教。另如杨、墨、尹文之言，苏、张、孙、吴之术，百家之学均是从六经中汲取思想资源。凡此种种源流关系表明，六经与诸子的知识性质存在一定的同质性，诸子学不是异端，而可能与六经之道相印证。因百家之学也是"大道之散著"，故应"收百家之用"，否则乃是"忘本源"而致令"失道体之全"。① 章氏此说可与乾嘉学者的以子证经、释经相呼应，他运用互著、别裁之法把某些子部典籍著录于经部，就有以子证经、释经的意思。

前文论述的"六经皆史""六经皆器"和"即史明道"等说法表明，章学诚并不把道体规限于六经之中，也不把"道"和"器"所指称的知识对象局限于经部之内。当章学诚将这种道器观贯彻于其目录学时，他认为四部的学问和典籍均体现了"道器合一"的特点。如子部，《校雠通义·补校汉艺文志》云：

> 夫《兵书略》中孙、吴诸书，与《方技略》中内外诸经，即《诸子略》中一家之言，所谓形而上之道也。《兵书略》中形势、阴阳、技巧三条，与《方技略》中经方、房中、神仙三条，皆著法术名数，所谓形而下之器也。②

---

① 章学诚：《校雠通义·汉志诸子》，叶瑛校注：《文史通义校注》下，中华书局，1985 年，第 1045 页。

② 章学诚：《校雠通义·补校汉艺文志》，叶瑛校注：《文史通义校注》下，中华书局，1985 年，第 994—995 页。类似言论还见于此篇，如："后世法律之书甚多，不特萧何所次律令而已也。就诸子中掇取申、韩议法家言，部于首条，所谓道也。其承用律令格式之属，附条别次，所谓器也。……贾谊、董仲舒（治安之奏，天人之策，皆论治体。《汉志》入于儒家类矣。）诸家之言，部于首条，所谓道也。其相沿典章故事之属，附条别次，所谓器也。"

传统经学家的"道器合一"观通常是把关于"道"和"器"的知识统摄于儒经及其经学之中，充其量是把经学以外的知识视为形而下之"器"，有时可能包括诸子学。但章学诚目录学中的道器观并不完全体现为以经学为道，而以其他部类的知识为器。在他看来，诸子百家有得于六经道体之一端，故其"一家之言"亦属"形而上之道"；子部中的"兵书"和"方技"类收录的形势、阴阳、技巧、经方、房中、神仙等类目及其典籍，凡此皆为博明数度名物之学，亦如六经所阐述的形而下之器。如此，形而上之道并非经学所独有，诸子及其他部类中大凡能成一家之言者，亦可谓明道之学，而与经学同属一种类型的学问，或可互见于经部之中。

所以，章学诚非常重视"互著"和"别裁"的方法，认为礼经类的《中庸说》当互见于子部儒家类，大小《戴记》中的通论性著作亦可归入儒家类，而儒家类收录《董仲舒》中的《玉杯》《繁露》《清明》《竹林》等篇章，原属诠解《春秋经》的作品，理应著录于经部《春秋》类。他还称许《七略》将道家类《管子》的《弟子职》裁入六艺略的小学类，又谓经部《易》类的部分著作与子部的五行阴阳家之书相出入，因而可以重复互著。凡此互著和别裁的说法，在一定程度上打破了经部与子部的界限，也就是突破了"以道相从"的法则，[①]而体现出现代图书分类所注重的"以类相从"，四部典籍的分析

---

① 章学诚指出，互著、别裁之法见于《七略》，然《七略》有无互著、别裁的体例，学者的意见不一。孙德谦曾举例说明班固依《七略》而编撰的《汉书·艺文志》有互著、别裁法（《〈汉书艺文志〉举例·互著》）。姚名达对此表示怀疑："《七略》是否原有此例（按：互著），尚为疑问。"《七略》是否原有此例（按：别裁），亦为疑问。"（姚名达：《中国目录学史》，上海古籍出版社，2002年，第43、44页）吕绍虞明确指出："《七略》既无互著，也没有别裁。"（吕绍虞：《中国目录学史稿》，安徽（转下页）

著录则构筑了一个"四部皆通"的学术图景。[①]

在章学诚的道器观中，作为史之器的六经，相对于道而言，受到具体历史时空的限制，并非万世不易的法度。但是，作为先王政典的六经并非纯粹是历史之陈迹，只有呈现历史原貌而供后世做知识考古之文献的意义，章学诚并未完全放弃"通经致用"的思维，因他相信六经依然具备指导现实、引领未来的意义。那么，如何让六经突破时空的规限，关键在于"约六经之旨而随时撰述以究大道"。[②]依据时代性的"理"和"势"来诠解六经，即如今人所谓传统的创造性诠释和创新性发展。先秦诸子之所以值得重视，是因为其有得于道之一端，既可用以证史，又可用以释经，故经史关系的探究及其思想的阐发，自然要兼及诸子学。

结合章学诚的"六经皆史"说，他称诸子源于六艺，亦可如其所言："子集诸家，其源皆出于史。"归结起来，"盈天地间，凡涉著作之林，皆是史学"。[③]从"史"的角度探究知识的本源及其性质，就是注重各类知识与社会存在及社会文化中诸因素之间的联系，而不再是纯粹地以六经作为知识的本源，甚至是不再以六经作为道体的终极典范，其他知识门类的合法性与合理性亦非源自六经，而是具有相对于

（接上页）教育出版社，1984 年，第 34 页）。笔者认为，《七略》中的互著、别裁的例子，大概如姚名达所言，乃因校雠者既非一人，无意中致有复见二类而不及删正。因《七略》遵循"以道相从"的法则，图书的隶属是依据其与六经道体之远近深浅而定，互著、别裁则属于"以类相从"的体例，刘歆、班固皆谨守"经为常道"的信念，而非注重从知识的本质或特征来进行分门别类。

① 章益国：《从"六经皆史"到"四部皆通"——论章学诚的知识分类学》，《学术月刊》2017 年第 11 期。

② 章学诚著，仓修良编注：《文史通义新编新注·原道下》，浙江古籍出版社，2005 年，第 104 页。

③ 章学诚：《报孙渊如书》，章学诚著，仓修良编注：《文史通义新编新注》，浙江古籍出版社，2005 年，第 721 页。

经学的独立性和实用性。这种内含知识社会学倾向的观点，表明章学诚超越了尊经的思维，踏上了独立知识论的道路。

综上所述，乾嘉学者逐渐从汉唐的素王说和宋明的道统论中解放出来，他们打破了"舍经无所谓道"的信条，通过对那变动不居的历史秩序及其内在驱力之"理"和"势"的探析，即在社会存在与社会文化的统一中探求道体，由此注意到诸子学的思想性和实用性价值，肯认诸子之道的合理性。诚然，章学诚等仍持守"经为常道"的信念，他们先在地预设了六经及其经学为常道之正宗，而诸子之道的合理性是在以六经为本源的前提下得以确认的，否则其道论的合理性仍是存疑的。如乾嘉学者只认可法家在政术方面的实用价值，但不承认法家在道论上的哲学意义。以是否契合六经之道为评判诸子学的前提，这当然是出于维护六经及其经学的正统地位。可见，乾嘉学者在一定程度上接纳诸子学，但因受政治上尊经的意识形态及两千年来经书信仰的心灵积习之影响，他们仍未能完全地消解儒经的权威性和神圣性，故其对道体作开放性解释时，仍坚持"诸子为六经之支与流裔"说，以"经"为主而"子"为辅，推崇六经及其经学为确定性常道，而视诸子学为诠释常道的一个可能性真理，前者该摄内圣外王之道，后者于外王之学有所补益，如此而已。但较诸绝对一元的道统论，已然消解了所谓"正统"与"异端"相对立的认识，显示了经子关系在乾嘉时期出现某种重要的转向。

第二节　六经正名与传记的还原

"正名"之义旨在辨正名器，令名与实相副，这是孔子政治哲学的重要议题，也是先秦诸子的逻辑学方法。"名"指称伦理角色和社会责任的名位、名分，并不等同于西方逻辑学中的概念或范畴。然先秦名学的"立说轨范"包括"谓辞"和"故辞"，前者表达事理之所然，后者表达事理之所以然。① 如此，探究某一立说所蕴含的意义，及其立说所依据的证明，进而评判此学说的价值，这是"正名"的题中之义。颇具意味的是，章学诚、龚自珍等不是在政治哲学或逻辑学的维度讲"正名"，他们的"正名"指向儒家的经书系统，通过还原"经"的名实，把经目之数从"十三经"还原为"六经"，并据此评判汉学与宋学的思想价值。他们的"六经正名"说取消了"四书"的圣经名分，打破了"十三经"系统。尤其是章学诚对"经"之名的考证，把"经"从儒家典籍的私名转化为诸子书所共享的类名，肯认诸子书称"经"的事实。这种具有还原主义色彩的正名方法，透露出乾嘉学者对经子关系的重新界定。

我们知道，相对于基督教传统中的"Only the Bible"（唯有《圣经》）而言，儒家的经书是复数，并非只有单一的经典文本。从汉代的六经发展为唐代的九经、宋代的十三经，这是通过升格解经类传记和儒家类子书而实现的。经书系统的演变历程表明，无论是汉唐和清代的经学家，还是宋明的道学家，他们对经典的神圣性与普遍性的尊崇中，蕴含一种因应时义而诠释经书，乃至调整经书系统的通变性思维。他们升格传记和儒书为经，旨在回应业已变迁的社会环境及时代问题。这种扩展经书系统的方法，反映了经子之间的互动与融通。同

---

① 关于先秦名学中的谓辞、故辞问题，参见伍非百：《中国古名家言》，四川大学出版社，2009 年，第 77—79 页。

时，他们共同分享"经为常道"的理念，宣称"道"在儒经之中，舍此则无所谓"道"，或是异端之道。在儒经与常道的一体性中，相对而言，"经"虽是神圣而权威的，但"经"所开显出来的"道"是随着社会存在的变迁，实践经验的增长，以及人们对整体世界和价值秩序之认识的改变，而发生诠释典范的转移。这就暗示了，"道"既在儒经之中，"道"也随宇宙大化的流行和变迁，理应有所维新或损益。申言之，随着人们对"道"之大原及其内涵的重新诠释，原来的经书系统可能不足以究明道体的奥义，或未能承载新道统的传衍谱系，升格新的经典而重建新经书系统也就成了应然之事。因在儒家的经典诠释史上，一个经书系统之所以成立的前提，是基于"经书—道体—圣人"三位一体的理论预设，略如佛教所谓"三宝"——佛、法、僧，基督教所谓"三重"——耶稣、《圣经》和宣道。[1]

就经子关系命题论，儒家经书系统的扩大可能加入了诸子典籍，而经书的诠释则杂糅了诸子百家之学，由此形成一种如江瑔所谓"经中有子，子中有经"的思想形态。一方面，清初学者以复古求解放，因反对宋学而回归汉唐经学，故汉学与宋学之争是清代学术的一大主题。汉学家批判宋明理学和心学，进而打破宋明儒建构的道统，这促使人们重新思考"道是什么"，如何定义"道"的内涵，进而将求道方法从"体证"改变为"实证"，将知识类型从"尊德性"转换为"道问学"。另一方面，汉学家推崇怀疑与求是的学术精神，清初阎若璩、胡渭等针对儒家经书的真伪问题，进行了实证性的辨析和考订，

---

[1] 杨儒宾称之为"教义—圣人—经典"三位一体，笔者的说法略有不同。参见杨儒宾：《作为性命之学的经学》，氏著《从〈五经〉到〈新五经〉》，上海古籍出版社，2019年，第20—24页。

乾嘉学者对儒经的考辨亦有所推进。这在一定程度上动摇了儒经的权威性与神圣性，从而"将信仰的对象一变为研究的对象"。①前者是关于世界实在的道论形而上学，乾嘉学者在回答"道是什么"的问题时，把道体的范畴开放至先秦诸子学，这已如前述。后者关系到经书系统和信仰体系的重建问题，既然经书中存在伪造的内容，未必能代表所谓最高的善和一切事物的实存基础，也未必能满足整个人类所追求的持续存在的、精神性命方面的需要，且未必能圆融地解释历史的起源与目标，并为人类历史进程构造一种确定性的理想模式。于是，乾嘉学者尝试通过两种方式来重建儒经的信仰体系：一是回到六经，为六经正名而将传记还原为经学；二是回归原典，从四部典籍中选择若干典范性著作，将其升格为常道之经，并与六经组成新的经书系统。在此先论前者，后者留待下节叙述。

"六经正名"概念是龚自珍提出来的，但这种观点首倡于章学诚。隋唐以前的经学家非常注重分别经传，刘勰说："常道曰经，述经曰传。"②"经"代表确定性的常道，即是"真理本身"（the Truth），是对宇宙道体的一种完满的、普遍的、确定的终极陈述；"传"是对常道的诠释，是对宇宙道体的一个解释性范例。尽管诠释行为是以"宗经"为前提，但传记不是唯一的，每一部（篇）传记对常道之"经"的诠释只代表理解"常道"的一种可能面向，或者说是"一个真理"（a truth），而非确定性的真理本身。章学诚提倡"六经皆史""六经

---

① 梁启超：《中国近三百年学术史》，梁启超著，汤志钧、汤仁泽编：《梁启超全集》第十二集，中国人民大学出版社，2018年，第372页。
② 刘勰撰，范文澜注：《文心雕龙注》卷九《总术》，人民文学出版社，1958年，第655页。

皆器", 六经是即器存道之书,"经为常道"是一个有待论证, 且需要某种充分条件才可能成立的命题, 而非一个无条件的、必然如是的真命题。"经非常道"的观念促使章学诚回归典籍的形式、体裁来说明"经"的本义, 如《文史通义·经解》三篇就是从文体发生史的角度来"原经"。章氏指出:"依经而有传, ……因传而有经之名。"① "经"与"传"是两种相对的文体, 前者是指纲要性知识, 后者是诠释此纲要性知识的作品。根据章学诚的论述, 作为文体的"经", 其在先秦包括三层含义。

一者,"其义亦取综要, 非如后世之严也",② 凡记载纲要性知识的篇章均可称之为"经"。如果说"经"之名是因孔门弟子及其后学诠释"六艺"而起, 先秦时期的解经类传记原属自成一家之言的诸子学, 因而"经"之名是如章学诚所谓, 乃子学兴起和发展过程中的产物, 只是形式的表征, 而无神圣的意味。章学诚从文体形式的角度来分别经传, 与一般经学家从"常道"与"述经"的角度来分别经传, 其一大转变是取消了"经"与"常道"的一体性。当然, 章学诚注意到"儒家者流, 乃尊六艺而奉以为经, 则又不独对传为名也",③ 经学史上的"经"不是单纯地与"传"相对之文体, 而是被尊崇为确定性的常道,"传"则是"经"的流裔,"经"定义和规范了"传"的性质、内容及宗旨等, 二者是源与流的关系, 不能等同一视。

---

① 章学诚著, 仓修良编注:《文史通义新编新注·经解上》, 浙江古籍出版社, 2005年, 第76页。
② 章学诚著, 仓修良编注:《文史通义新编新注·经解上》, 浙江古籍出版社, 2005年, 第77页。
③ 章学诚著, 仓修良编注:《文史通义新编新注·经解上》, 浙江古籍出版社, 2005年, 第76页。

二者，"六经初不为尊称，义取经纶为世法耳"，[①] 六经之名本无尊崇的意思，因其为王官政典，包含经世之法，于是称之为"经"，其他官书亦可如此。既然"经"不是尊称，宋儒升格"四书"为"经"就是无意义之举，理应取消其"圣经"的名义而还原为传记或儒书。

> 后世著录之家，因文字之繁多，不尽关于纲纪，于是取先圣之微言与群经之羽翼，皆称为经，如《论语》《孟子》《孝经》与夫大小《戴记》之别于《礼》，《左氏》《公》《谷》之别于《春秋》，皆题为经，乃有九经、十经、十三经、十四诸经，以为专部，盖尊经而并及经之支裔也。[②]

章学诚赞成《汉志》的"序六艺为九种"说，认为经书只有六部，其余三者是"传"而非"经"，他反对"尊经而并及经之支裔"，认为六经与传记不可等同，因而以"正名"的方式分别经传。章氏特别指出，《论语》《孝经》《尔雅》（包括《大学》《中庸》《孟子》和《春秋》三传）是"传体"，而"非六经之本体"，虽然"可以与六经相表里，而不可以与六经为并列"。[③] 从正名的意义上说，"经之有六，著于《礼记》，标于《庄子》，损为五而不可，增为七而不

① 章学诚著，仓修良编注：《文史通义新编新注·经解下》，浙江古籍出版社，2005年，第87页。
② 章学诚著，仓修良编注：《文史通义新编新注·经解上》，浙江古籍出版社，2005年，第77页。
③ 章学诚：《校雠通义·汉志六艺》，章学诚著，叶瑛校注：《文史通义校注》下，中华书局，1985年，第1022页。

能，以为常道也"。^①如果要强调"经"与"道"的一体性，那么，载道之"经"仅指六经，"十三经"中除了六经之外，其余典籍是"述道"的解经类传记或儒家类子书，是六经及其道体的流裔，不得因尊崇六经而兼及传记和儒书。否则乃僭名乱实，名既不正，言也不顺，实亦不真，故应正名，将经目还原为"六"，把《春秋》三传及"四书"等还原为传记和儒书，使"经"与"传"名副其实而分流并行。这不仅打破了十三经系统，还原"四书"的说法不啻是对宋学的釜底抽薪，因《大学》《中庸》《孟子》将同时被取消"经"的名分，故在一定程度上解构了宋明道学的正统性及其道统论，也呼应了清初学者以考辨《易图》《古文尚书》《周礼》《大学》等而批判程朱陆王之学的做法。

三者，"经"不是儒家典籍的私名，而为诸子书所共享的类名。章学诚特别指出，六经是周公之旧典，孔子是述六经而非作六经，亦未赋予六艺文本以"经"之名。"经"是因诸子撰文（传记）诠释元典而来，这是一个百家典籍所共享的"类名"，故诸子著书"往往自分经传"，《管子》《墨子》《韩非子》皆是如此。章学诚考察了先秦子书中经传并存的情况：

> 当时诸子著书，往往自分经传，如撰辑《管子》者之分别经言，《墨子》亦有《经》篇，《韩非》则有《储说》经传，盖亦因时立义，自以其说相经纬尔，非有所拟而僭其名也。

---

① 章学诚：《校雠通义·汉志六艺》，章学诚著，叶瑛校注：《文史通义校注》下，中华书局，1985 年，第 1022 页。

经同尊称，其义亦取综要，非如后世之严也。圣如夫子，而不必为经。诸子有经，以贯其传，其义各有攸当也。①

就先秦诸子典籍的体例言，往往一书之中"经"与"传"并存。如《管子》有"经言"九篇，《墨子》有《经上》《经下》和《经说上》《经说下》四篇，《韩非子》的《内储说》《外储说》先"经"而后"传"。由此，章学诚认为，"经"虽是尊称，但并非指"经"该摄宇宙之道体，而是说"经"乃综合性和纲要性的知识，诸子书中论述综合性和纲要性知识的篇章，均可称为"经"，解"经"之作即为"传"，"经"和"传"之名为诸子典籍所共享，非儒家所独擅。这里隐含两层意思：其一，"经"非必然地是常道，未必代表确定性和普遍性的知识；其二，子书亦可称"经"，或者说子书可以升格为经书，即"改子为经"。乾嘉以降的学者要重建经书系统，且在新系统中加入某些子书，大概是受了章学诚的启发。

作为目录学家，章学诚非常清楚地知道古代图书之称"经"者，不只有儒经和诸子典籍，亦常见于道教和佛教的著作，即其所谓"佛老皆列经科"的现象。可见，即便是在所谓的"经学时代"，"经"依然是一种开放性的文体，而非儒家典籍的私名。确认诸子书称"经"的事实，一方面是在某种程度上消解了儒经的权威性与神圣性，反击了汉学与宋学的"即经明道"之挑战；另一方面是在一定意义上祛除了诸子的"异端"之名，肯定了诸子学的思想性价值。相对于正统

---

① 章学诚著，仓修良编注：《文史通义新编新注·经解上》，浙江古籍出版社，2005年，第77页。

经学家称"离经无所谓道",诸子学是离经叛道之术,章学诚的"言公"论强调"道"的公共性,"道"不是儒经及其解经之学的私属,六经和诸子书皆是道体的散殊。尽管章氏仍说诸子是六经的"支与流裔",然由肯认六经与诸子学的同质性,他主张融贯经子之学。章氏说:"盖百家之言,亦大道之散著也。奉经典而临治之,则收百家之用;忘本源而矗析之,则失道体之全。"①诸子学既有经世的实用性,还有辅益六经之道的价值,融通经子方能求得整全之道体。

章学诚生活于乾嘉考据学鼎盛的时期,他的"六经皆史"观和"六经正名"论表现出"刺猬型"的思想特质。这一"刺猬"所具有的批判精神不仅是针对考据学,同时指向儒经的权威性和神圣性,他对"经"的字源义的考察,及其将"经"还原为周秦典籍共享的文体,这否定了正统经学家所谓"经书—道体—圣人"三位一体的信念。与其相对的乾嘉考据学者尽管仍奉守儒经的信仰,如"狐狸型"的戴震始终坚持"经为常道"的信念。但如梁启超所言,考据方法已将信仰的对象转变为客观研究的对象,科学的求是精神在一定程度上突破了虔诚主义式的崇拜和信仰。艾尔曼指出,18 世纪的乾嘉学者对帝国正统学术的批判达到高潮,"传统儒学经典一度拥有的不容置疑的权威性,在那时即受到知识阶层日益尖锐的挑战",学者"在学术上反对迷信权威,追求更高层次的一致性",又相信"只要正确研究并恢复古代经典的纯洁语言,就会建立这种永恒秩序"。②当然,

---

① 章学诚:《校雠通义·汉志诸子》,章学诚著,叶瑛校注:《文史通义校注》下,中华书局,1985 年,第 1045 页。
② [美]本杰明·艾尔曼著,赵刚译:《从理学到朴学——中华帝国晚期思想与社会变化面面观》,江苏人民出版社,1995 年,第 1、5 页。

"永恒秩序"的寻求建立在确定性常道的基础上,但"常道"不必局限于儒经之中,至少是对"常道"的阐明应开放性地接受经学和儒学之外的知识,如先秦诸子学。

如果说对儒经之权威性与神圣性的挑战是乾嘉学术的特征,然章学诚与考据学家的批判方式殊途异辙。作为朴学思潮中的一个"异类",章学诚时常感受到思想上的孤独,足以引为"同调"的却非同时代的学者,而是思想成熟于嘉道年间的龚自珍,其"六经皆史"观和"六经正名"论皆承续自章学诚。① 龚自珍首度揭橥"六经正名"一词,并撰写专文申论这一观点。

> 六经、六艺之名,由来久远,不可以臆增益。善夫,汉刘向之为《七略》也!班固仍之,造《艺文志》,序六艺为九种,有经、有传、有记、有群书。传则附于经,记则附于经,群书颇关经,则附于经。……世有七经、九经、十经、十二经、十三经、十四经之喋喋也。或以传为经,……或以记为经,……或以群书为经,……序六艺矣,七十子以来,尊《论语》而谈《孝经》,小学者,又经之户枢也;

① 较早指出章学诚与龚自珍的思想关联者,如梁启超《论中国学术思想变迁之大势》说龚自珍"喜章实斋之学,言六经皆史"。金蓉镜称:"定庵之学,影接实斋。"刘师培的《近儒学术统系论》分析龚自珍的思想渊源,亦提示其学"出于章学诚"。章太炎的《说林下》《与支伟成论清代学术书》和钱穆的《中国近三百年学术史》等均有所评述。今人对此做了细致的梳理,参见梁绍杰《章学诚对龚自珍学术思想的影响衍论》(陈仕华编:《章学诚研究论丛:第四届中国文献学学术研讨会论文集》,台北学生书局,2005 年)、张寿安《六经皆史?且听经学家怎么说——章学诚、龚自珍"论学术流辨"》(《国学学刊》2011 年第 4 期)。不过,诸家主要围绕"六经皆史"说辨析章、龚思想的源流和异同,较少注意两人的"六经正名"论之关联。

不敢以《论语》夷于记，夷于群书也；不以《孝经》还之记，还之群书也；又非传，于是以三种为经之贰。虽为经之贰，而仍不敢悍然加以经之名。向与固可谓博学明辨慎思之君子者哉！……后世以《论语》《孝经》为经，假使《论语》《孝经》可名经，则向早名之；且曰序八经，不曰序六艺矣。……传记也者，弟子传其师，记其师之言也；诸子也者，一师之自言也。传记犹天子畿内卿大夫也，诸子犹公侯各君其国，各子其民，不专事天子者也。……后世以传为经，以记为经，以群书为经，以子为经，犹以为未快意，则以经之舆台为经，《尔雅》是也。①

根据张寿安的分析，龚自珍反对七经、九经、十三经、十四经等说法，主张把经目还原为"六"的理由，是因经目的增益源于四种情形：一是改"传"为经，如《春秋》"三传"；二是改"记"为经，如大小戴记；三是改"群书"为经，如《论语》《孝经》；四是改"子"为经，如《孟子》。②这是龚自珍于文章中明白表述的，他批评这种"升经"的行为，犹章学诚反对"尊经而并及经之支裔"，他们担心僭名乱实的结果将令"尊经"演变为"疑经"。

那么，龚自珍如何分别经与传记等，它们的分殊何在？龚氏称引《汉志》的"序六艺为九种"说，意在从这部早期的目录著作所

---

① 龚自珍：《六经正名》，龚自珍著，王佩净校：《龚自珍全集》，上海人民出版社，1975年，第37—38页。
② 参见张寿安：《从"六经"到"二十一经"——十九世纪经学的知识扩张与典范转移》，《学海》2011年第1期。张寿安：《龚自珍论"六经"与"六艺"——传统学术知识分化的第一步》，《清史研究》2009年第3期。

确立的图书分类原则中，为其"正名"说寻找理论依据。《汉志》遵循"以道相从"的分类原则，其"知识谱系是以儒经代表的常道为核心，六略中各种知识分类的排序，是根据各类知识与六经的远近深浅关系而定"，[①]"六艺略"收录《论语》《孝经》和小学类图书，不过是以此为诠解六艺的户枢与喉衿，而非赋予其常道之"经"的名分，即未将经与传记相等同。这种分殊还体现在图书著录的体例上，《汉志》在叙录各经的典籍时，首列经书白文及其卷数和版本等，然后才著录各种解经类作品，由此从价值序列上分别经与传记。这种分殊是基于"经为常道"的理念，而"五经传记，师所诵说"（《汉书·元后传》），经与传记之间的价值等差之别，乃如前引刘勰所谓："常道曰经，述经曰传"，经师对常道之经的诵说和诠解，至多不过是一个解释性范例，或者说代表了一个真理（a truth），终究不是真理本身（the Truth）。可见，《汉志》是从作与述、常道与述道的角度分别经传，前述章学诚大概也是如此，龚自珍亦作如是观。

在孔子与六经之关系的问题上，龚自珍接受孔子"述"六经而非"作"六经的说法。但龚自珍相信，孔子之"述"包含改制立法的微言大义，六经存有孔子笔削的经世思想，即其《五经大义终始论》所谓"天人终始之道"和"三世进化之理"，既该摄形而下的经验世界中的饮食、制作之事，也涵括形而上的性与天道之义，并支配着人们对终极实在及自然与时空之本源的理解，且从起源角度始终如一地决定和影响着经验世界中的器物的存在形式及历史秩序的运行模式。因

---

① 参见黄燕强：《道器之间——〈汉书·艺文志〉的知识谱系及其经子关系论》，《诸子学刊》第二十一辑，上海古籍出版社，2020 年 11 月。

此，六经具有超越历史时空的"意义的连续性"和"价值的普遍性"，而解经类传记也许能契合经书的义理，但也可能悖逆经书的内圣外王之道。如龚氏认为"三传"中唯《公羊》《左传》发明《春秋》的改制大义，但它们不过是代表一种"经解"的可能性，未必能穷尽《春秋经》蕴含的确定性常道，故可用以"配"《春秋》，却不可赋予"圣经"的名分，直接尊崇其为常道之"经"。其他解经类传记是否具备"配经"的资格，要视其能否恰如其分地阐明六经的微言大义。

表面看来，龚自珍把经目从"十三"之数还原为"六"，乃强化了经书系统的封闭性，较之扩展经目者而显得保守、不通世变。深层追究，他的历史哲学尤其注重"时"的概念，这体现在学术源流的辨章和考镜上，是把知识的发生放在思想史脉络中来考察，旨在证明六经之上升为中华文化的主体性精神，既有历史的偶然性，也有其自身的必然性，绝非周公、孔子或后世经学家、道学家所能决定或左右的。所以，他认为后世升格传记等为"经"，是对中国学术思想史缺乏清晰的认知。因华夏民族的文化思想虽源于周史，但其形态、性质和宗旨等皆奠定于六经，孔子发明的微言大义规范了国人对历史之起源与目标的认识，国人在寻求精神信仰、建构意义世界时，通常是诉诸六经，而非传记、诸子或群书。

比较而言，章学诚的分别经传是基于"道器合一"与"六经皆史"的理论，龚自珍的说法则主要体现了今文经学的立场。章学诚一方面从"道器合一"的角度讲六经载道，然"道"不尽在六经，六经同时也是"器"；另一方面又从"六经皆史"的角度证明六经不过是上古历史材料的汇编，六经解释的指导者是理性，而不是虔诚主义式的信仰。龚自珍从未明言"六经皆史"，尽管他说六经是"周史之宗子",六经与周代典章政教存在源与流的关系,但他认为经史同源而分流,孔子之"述"蕴含思想创造的意义,六经该摄天人性命之理,具有经世致用的价值,绝非单纯的史书或政典而已。[①]因而,相对于章学诚把"经"还原为一种公共性的文体,确认四部及释道典籍皆可以称"经"的事实,龚自珍的"正名"则持守"经为常道"的理念,"经"代表了真理本身,非唯与传记、子书等相对的一种文体而已。所以他强调"经自经,子自子",传记可以"配经",[②]但诸子、传记及其他部类的典籍称"经",这是僭名乱实而不足以为典训的。龚氏还把传记比喻为"天子畿内卿大夫",六经自然是犹承受天命的"天子",既可以被视为某种形式的权力,也是现实世界中的权力意志和工具的体现。无论是从价值、权力或信仰的等序看,六经与传记及诸子的性质、名分均不可相比拟。

就思想的核心要义论,章学诚、龚自珍的"六经正名"和分别经传蕴含相近的主题和宗旨,通过把传记、论孟等还原为解经类著作和儒家类子书,从而打破十三经系统,取消"四书"的"圣经"名分,进而排遣宋明儒建构的道统及其道学。汉学与宋学之争是清代学术的核心议题之一,章、龚均非正宗意义上的汉学家,他们也不是宋学的嫡系。尽管他们都不废考据,又喜谈论天道性命,但他们都属于"刺猬型"的学者,能够发掘深刻的理论,构建连贯而条理明晰的体系,创造一种有别于汉学与宋学的特质,或者说综合了汉学与宋学之

---

① 参见张寿安:《龚自珍学术思想研究》,台北文史哲出版社,1997年,第62—67页。
② 龚自珍:《六经正名》,龚自珍著,王佩净校:《龚自珍全集》,上海人民出版社,1975年,第38页。

优长的思想范式。章学诚建构"浙东学派"的学术谱系，龚自珍强调清代学术"非汉非宋"，即透显出"意在独造，不循古先"的治学境界，意在转移清代学术之典范，构筑经世致用之宏图。如果说，他们的"六经皆史"观还有深厚的思想史渊源；那么，其"六经正名"论确然是夐夐独造，渊渊入微，为传统经学的现代转型指示路径。正是在此意义上，梁启超认为章学诚《文史通义》"实为乾嘉后思想解放之源泉"，[①]开启了"后乾嘉之学"，而"晚清思想之解放，自珍确与有功焉"。[②]后来，康有为、章太炎和熊十力以"回归原典"的方式重建经书系统，实则是奠立在章、龚"六经正名"论的基础上。

第三节 "回归原典"与经书系统的重建

经典诠释是中国传统哲学思想发展演变的基本模式。如果说，一时代有一时代的哲学；那么，一时代亦有一时代所崇尚的经典。然则，何谓"经典"？传统儒家称"经为常道"，经典具有确定性和普遍性的价值，但它所指称的对象是儒家经书。我们知道，儒经不是单数的，而是持续增益的复数，"六经"或"十三经"所构成的是一个经书系统，每部经书都具备特殊的价值和功能，并共同构筑成一个意义连贯的整体，如《礼记·经解》篇对六经之教的解题。经书系统具

---

① 梁启超：《清代学术概论》，梁启超著，汤志钧、汤仁泽编：《梁启超全集》第十集，中国人民大学出版社，2018年，第265页。山口久和指出："在中国，章学诚的学术就像绵延不绝的水脉一样流淌于晚清思想史的底流。"（[日]山口久和著，王标译：《章学诚的知识论》，上海古籍出版社，2006年，第13页）
② 梁启超：《清代学术概论》，梁启超著，汤志钧、汤仁泽编：《梁启超全集》第十集，中国人民大学出版社，2018年，第270页。

有一定的扩展性和开放性，这不仅意味着经典文本的诠释蕴含广阔的空间，也预示着经书系统将经历一个发生、形成、破坏和重建的过程。我们把这一过程称为“回归原典”运动。儒家在“回归原典”而重建经书系统时，他们选择的“经典”是如龚自珍所谓“以传为经，以记为经，以群书为经，以子为经，以经之舆台为经”，“经典”的范围及其结构随系统的重建而扩展。在某种意义上，各类典籍均具有“常道之经”的潜质，及被升格为“经”的可能性。当然，这种可能性只是在理论上的，实则经学史上的“回归原典”运动中被升格的“经典”，基本上局限于解经类传记和儒家类子书。但无论如何，这提示人们要重新审视各类典籍的思想价值，及其与六经、常道的关联性，且为重建经书系统提供了理论上的依据和典范性的示例。

“回归原典”所指向的经书系统的重建，其内在的动力因与目的因，一是源于社会环境的变迁，二是由于新思想和方法的冲击，三是在于维持经书的信仰及其作为历史之起源与目标的解释力。当现有经书系统及其经学思想已不足以对治经验世界所呈现的种种时代性问题，且新思想和方法为人们开启了探究形而上之道与形而下之器的全新视域，原有经书系统作为价值信仰体系的力量乃渐趋瓦解。如何重建“经为常道”的信念，并在体证确定性常道中寻求内在心性的超越性和外在秩序的稳定性，从而避免走向不确定的无序状态或历史虚无主义，这是处于社会与思想变局中的知识分子需要思考的问题。同时，经书系统的重建应采取何种方式，原有的经目是要减损或是增益，儒家经书从“六经”扩展为“十三经”，这是对经目做加法的结果。那么，新经书与六经的关系如何？人们依据新经书系统所诠释的经学思想，在吸纳和消化新思想元素以回应时代性问题时，又如何处理其与原经学思想的关系？由此，经书系统的重建既打破了原有的经书系统及其经学思想，但新系统亦孕育着新的思想范式，因而是破坏与建设相统一。

乾嘉时期的"回归原典"呈现出三种模式，一是以正名的方式打破十三经系统，提倡回到轴心时代的六经，从民族历史文化的本源处探寻"道器合一"的传统，如前文叙述的章学诚和龚自珍。二是以减损的方式"裁剪"十三经，借此彰显某些经书的独特性价值，以经书的重新理解和诠释作为基础来转化经学，期望与当下社会的实体实事和价值观念相衔接，如惠栋的《九经古义》和戴震的《七经小记》。三是以增益的方式升格新经典，将"十三经"扩展为"二十一经"，或是从四部典籍中选择若干代表性作品而与六经相配，如段玉裁、刘恭冕和龚自珍。无论是何种模式，其动力因皆源于乾隆后期所引发的"嘉道中衰"的社会情实，以及汉学与宋学之争所导致的经书信仰的逐渐失落，而其目的因是要重建"经为常道"的信念，以及维持"通经致用"的有效性。因而，戴震、章学诚、段玉裁、龚自珍等既不放弃探求那种绝对超越的形而上之道，并对经验世界中实存的形而下之器及其经世致用的实用性予以肯定。对于人们重新认识经书的范畴、突破原来的经书系统及超越固有的道统理念，其根本目的始终是为拯救日渐动摇的社会秩序与信仰体系，维护常道之"经"对于如何陈述终极实在的形而上学的解释力，以及"经"作为永恒的法典将为社会—政治与文化—道德秩序的建构继续提供合乎人类社会发展之目的性与规律性的启示。

章学诚、龚自珍的"六经正名"论已见前述，通过"正名"的方式回归六经，略如惠栋、戴震等以减损的方式提出九经、七经说，凡此均体现了某种历史还原主义的思想倾向。惠栋的《九经古义》是由《九经会最》增补而成的，《四库总目提要》说"古义"特指"汉儒专门训诂之学"，这道破了惠氏本书的真意及其治学的宗旨。惠氏尊崇两汉经学，提倡实证方法，"致力于以'汉学'解经的治学门径，确立它为一种经学的解释典范，"① 推动了清代学术的范式转移。那么，惠栋为何仅依据"九经"申述汉学，他把《大学》《中庸》还归《礼记》，且完全忽略《孟子》，是否要取消这三部典籍的"圣经"名义？我们知道，自二程"表章《大学》《中庸》二篇，与《语》《孟》并行"（《宋史·程颢程颐传》），在道统的名义下，宋儒开始了"改记为经"和"改子为经"的过程，至朱熹编撰《四书章句集注》，正式确立了"四书"的"圣经"名位。元明两代尊尚"四书"，立于学官。明儒编《文渊阁书目》设立"四书"类，学、庸从《礼记》中独立出来，《孟子》也由子部儒家类升入经部，"四书"各自成为经部中的一种知识门类，其后如《千顷堂书目》《内阁藏书目录》《百川书志》《晁氏宝文堂书目》等皆遵循这一体例。

　　与目录分类相应，学、庸与《礼记》的关系出现了新变。元儒吴澄《礼记纂言·序》称："《大学》《中庸》，程子、朱子既表章之，《论语》《孟子》并而为《四书》，固不容复厕之礼篇。"陈澔《礼记集说·序》亦谓学、庸是"千万世道学之渊源"，其价值、地位与《礼记》中的其他篇章不可同日而语。元明两代学者在编纂《礼记》注本时，大多仿效吴、陈的体例，遂不载学、庸二书，仅存篇目而已。如

---

① 张素卿：《"经之义存乎训"的解释观念——惠栋经学管窥》，林庆彰、张寿安主编：《乾嘉学者的义理学》，台北"中央研究院"中国文哲研究所，2003 年，第318 页。

胡广等奉敕纂修的《礼记大全》，还有徐师曾的《礼记集注》、汤道衡的《礼记纂注》、贡汝成的《三礼纂注》、黄干行的《礼记日录》、汤三才的《礼记新义》、姚舜牧的《礼记疑问》、朱泰桢的《礼记意评》、朱朝瑛的《读礼记略记》等，或仅录存篇目，有些甚至篇目亦不载。因在他们看来，一方面是学、庸应属"四书"所代表的理学系统，而非属于《礼记》所代表的礼学系统；另一方面，《大学》《中庸》及《孟子》已是完全独立的经书，卢翰的《崇道》篇就将此三书与六经等合称为"十三经"，吴勉学则是将学、庸与宋代确立的"十三经"并称为"十五经"。既然是经书，自然不能与七十子及其后学的著作相等侪。然而，明代的祝允明开始提出异议，他明白表示："《大学》《中庸》终是《礼记》之一篇"，又说《孟子》"终是子部儒家之一编耳"[1]，不只学、庸应还之礼家，而且《论语》和《孝经》应合为一经，如此则"四书"亦不再作为经目。

可见，在学、庸是否应该完全脱离《礼记》而独立成类的问题上，明儒的意见是存在分歧的。四库馆臣评论这一现象时指出：

> 然明人所说《大学》《中庸》皆为"四书"而解，非为《礼记》而解。即《论语》《孟子》亦因"四书"而说，非若古人之别为一经，专门授受。其分合殊为不当。(《四库全书总目提要·史部·目录类一·〈千顷堂书目〉》)

清儒把学、庸的研究区分为两大思想传统，一是《礼记》代表的礼学

---

[1] 祝允明：《贡举私议》，祝允明著，孙宝点校：《怀星堂集》，西泠印社出版社，2012年，第272页。

系统，一是"四书"代表的理学系统，明儒是从"四书"学的维度诠释学、庸，相关著述自然应归属"四书"类，而不得列入礼经类。《论语》《孟子》同样属于"四书"学系统，而非独立的经书，不得单独成为一类，应该归入"四书"类。所以，《四库全书总目》只有"四书"类，不再为这四部经典单独设立类目。明清两代学者在学、庸与《礼记》之关系问题上，明显存在不同的认识。

围绕学、庸应否回归《礼记》的问题，清儒的争论仍在继续。一般而言，持守理学立场的学者如方东树、梁章巨、方苞等仍坚称学、庸属于"四书"与理学系统，不应录入《礼记》。与此相对，汉学家大多主张恢复《礼记》的原貌，如朱彝尊、毛奇龄、李惇、汪中、凌廷堪、四库馆臣等。关于这两派的论辩，石立善做了详细的考证。①值得注意的是，程朱理学是清廷之官学，汉唐经学则盛行于乾嘉学界，当学者完全从汉学立场来界定学、庸时，其还原主义的意愿就更为强烈了。如凌廷堪说：

> 《大学》《中庸》，《小戴》之篇也，《论语》《孟子》，传记之类也，而谓圣人之道在是焉，别取而注之，命以《四书》之名，加诸《六经》之上。其于汉唐诸儒之说，视之若弁髦，弃之若土苴，天下靡然而从之，较汉魏之尊传注，隋唐之信义疏，殆又甚焉。②

---

① 文中叙述明清学者关于学、庸的讨论，其中所引文献大多参考石立善《〈大学〉〈中庸〉重返〈礼记〉的历程及其地位的下降》(《国学学刊》2012 年第 3 期）一文。
② 凌廷堪：《校礼堂文集》卷二十三《与胡敬仲书（癸丑夏）》，凌廷堪撰，纪健生校点：《凌廷堪全集》叁，黄山书社，2009 年，第 196 页。

凌氏重点强调六经与传记的区别，六经代表常道，传记是注解经书、诠释道体的著作，所以他说圣人之道在六经，不在传记之"四书"。他批评宋明儒尊"四书"而凌越于六经之上，乃至鄙薄汉唐经学，这是本末倒置，遮蔽道体。可见，"在否定《大学》《中庸》的背后，汉学家们的矛头所指乃四书学体系，四书学体系正是程朱理学的理论基盘，否定与摧毁四书学体系即意味着程朱理学体系的瓦解"，①然后回归六经及汉唐经学。惠栋似未明确否定《大学》《中庸》和《孟子》的"圣经"地位，但相对于宋学家的尊崇之意，他把学、庸还归《礼记》，于"九经"中忽略《孟子》，隐然反映了其所谓"宋儒之祸，甚于秦灰"的反宋学立场。

戴震治学不像惠栋那般悬隔汉宋，他是用训诂方法探究形而上的天道性命之理，故章太炎称其"实为宋学家，非汉学家"②。在戴震宏大的著述计划中，最重要的当属《七经小记》，段玉裁对此论之甚为明晰。

> 《七经小记》者，先生朝夕常言之，欲为此以治经也。所谓《七经》者，先生云："《诗》《书》《礼》《易》《春秋》《论语》《孟子》是也。"治经必分数大端以从事，各究洞原委，始于六书、九数，故有《诂训》篇，有《原象》篇，继以《学礼》篇，继以《水地》篇，约之于《原善》篇，圣人

---

① 石立善《〈大学〉〈中庸〉重返〈礼记〉的历程及其地位的下降》，《国学学刊》2012 年第 3 期。

② 章太炎：《清代学术之系统》，《章太炎全集》第十四册，上海人民出版社，2018年，第 427 页。

之学，如是而已矣。①

戴震倡导"由字通词，由词通道"的人文实证主义方法，训诂音义是治学的最初门径，典章制度、自然地理的考证是要在知识考古中求其致用之效，求知的目的最终归结于天道性命之理的探究。因此，戴震的"七经"涵括了"四书"，尽管他和惠栋一般地将《大学》《中庸》还归《礼记》，但他特别推崇《论语》和《孟子》，其《七经小记》中的《原善》篇和《孟子字义疏证》实乃调和汉宋之作。

　　表面上看，惠栋的"九经"和戴震的"七经"不过是对"十三经"的减损，类似的经目之数在其之前或与其同时代就有学者论证过，他们提出的经书系统算不上是戛戛独造的。然自里而论，他们围绕"九经"和"七经"所阐述的方法论及思想体系，实现了宋学向汉学的范式转移。稍有差异的是，惠栋的"九经古义"持守纯正汉学的立场，专注于文字音韵的考究，关于终极实在的"道"被悬置了，宋学家那种以圣贤为中心、围绕道统谱系而诠释的形上学智慧也被消解了；戴震的"七经小记"则旨在融通汉学与宋学，他探求的天道性命之理是建立在天文地理及实证方法的基础上，他所阐述的形而上学始终表现着关于本质的先天综合知识和实证科学的归纳结果、演绎结果之间的某种相互联系，从而极大地祛除了宋学家的形而上学及其工夫论中的神秘主义。其后，段玉裁、刘恭冕、龚自珍及康有为、章太炎、熊十力等在"回归原典"和创构新经学思想时，大体上是赓续汉宋调和的路径。

――――――――――

① 杨应芹：《段著东原年谱订补》，杨应芹、诸伟奇主编：《戴震全书（修订本）》第七册，黄山书社，2010年，第179页。

在乾嘉的"回归原典"运动中，以增益经目的方式重建经书系统的，乃由段玉裁首先揭橥。段氏通晓其师戴震的"七经"说，他对经书系统的调整或受戴氏的启发，但取径有所不同。他的"二十一经"构想由改子为经、改史为经而来，又隐含"六经正名"之义，似是受了章学诚的影响。其《十经斋记》云：

> 余自幼时读四子书，注中语信之唯恐不笃也。既壮乃疑焉，既而熟读《六经》孔孟之言，以核之四子书注中之言，乃知其言心、言理、言性、言道，皆与《六经》孔、孟之言大异。……余谓言学但求诸经而足矣。六经，汉谓之六艺，乐经亡散在五经中。礼经，《周礼》之辅，小戴《记》也；《春秋》之辅，左、公羊、谷三《传》也；《孝经》《论语》《孟子》，五经之木铎也；《尔雅》，五经之鼓吹也。昔人并左氏于经，合集为十三经，其意善矣。愚谓当广之为二十一经。礼益以《大戴礼》，《春秋》益以《国语》《史记》《汉书》《资治通鉴》，《周礼》六艺之书、数，《尔雅》未足当之也，取《说文解字》《九章算经》《周髀算经》以益之。[①]

此文是段玉裁晚年的思想定论，专为其弟子沈涛的"十经斋"室名而作。[②]因"段玉裁以廿一经自名其室，而沈涛乃有取于《南史》周续

---

① 段玉裁：《经韵楼集》卷九《十经斋记》，段玉裁撰，赵航、薛正兴整理：《经韵楼集·附补编·两考》，凤凰出版社，2010年，第236页。

② 沈涛：《十经斋文集》卷一《与段茂堂先生书》，《清代诗文集汇编》第578册，上海古籍出版社，2010年，第317页。另参见《十经斋文集》卷一《十经斋考室记》《廿一经堂记》《答段茂堂先生书》等篇。

之五经五纬之言，名所居曰'十经斋'"。[1]由此可知：一者，段玉裁提出"二十一经"应早于沈涛的"十经"，后者应是受了前者的启发；二者，沈涛的"十经"并非新说，而是来自南朝的周续之；三者，段玉裁的"二十一经"和沈涛的"十经"均以"五经"为根本，其余经典则是襄辅"五经"；四者，沈涛的"十经"涵括汉代的纬书，实乃崇古过甚，背离乾嘉朴学崇尚理性主义与智识主义的学风，段玉裁的"二十一经"通过增益经目而扩展知识的范畴，契合乾嘉朴学讲究实证和理性的精神。因此，乾嘉以降的"回归原典"运动实由段玉裁导乎先路。

　　那么，生活于考据学盛行的乾嘉时代，奉持"道在六经"理念的段玉裁因何要打破十三经系统，又没有像章学诚那样地回归六经，反而以增益的方式重建新经书系统？段玉裁陈述其"回归原典"的宗旨在于"明道"，他早年体道的从入之途是宋学，后来因受朴学风气的熏染，以为宋儒所言心、性、道、理等完全乖违六经及孔孟之道，乃摒绝空疏无根之谈，转向实事求是的训诂之学。其所谓"言学但求诸经"，实为顾炎武"经学即理学"的注脚。可见，汉学与宋学之争是段玉裁重建经书系统的思想背景，段氏并未放弃对形而上之道的探寻，只是对"道"的理解及在求道方法上，表现出区别于宋学的特点。汉宋之分殊略如章太炎所谓："朴学稽之于古，而玄理验之于心。"[2]汉学家讲究实证求是的方法，经典文本的字词、音韵及其道理的稽考，不是如"尊德性"的学者单纯地诉诸"心证"，乃是根据训

---

① 张舜徽：《清人文集别录》，华中师范大学出版社，2004年，第212页。
② 章太炎：《与吴承仕》，《章太炎全集》第十二册，上海人民出版社，2018年，第398页。

诂明而后义理明的论点，博采经部以外的诸部类文献资料，应用归纳与演绎相结合的推理方法，以求得"人心之所同然"的必然之理。

同时，段玉裁增益经目之数，把经书的范畴扩展至史部、子部等，不仅如龚自珍所谓"改子为经""改传记为经""改群书为经"，还明确地将章学诚"六经皆史"理念中的"改史为经"转变为事实，故其"二十一经"是经史子等三类知识融合一体的系统。段玉裁突破儒家经书及其传记，肯认部分史书和子书的思想价值，及其与六经的源流关系，表明他在某种程度上修正了"诸子为异端"的观念，而知识范畴的扩展则体现了"道问学"所追求的智识主义的精神。

从"二十一经"看段玉裁对经子关系的思考，也许我们不能乐观地说，段氏整体性地肯定"异端"之子书与子学的价值，主张将经部之学与子部之学完全地融会贯通。这样的概述有过度诠释之嫌，因"二十一经"的"改子为经"所指称的知识对象，仅为"天文算法"类的两部典籍。段玉裁升格《周髀算经》《九章算经》为经书的本意，或因康熙、乾隆表彰天文历算类知识，于科举中增列"明算"科，考核《周髀算经》《九章算经》的内容，算经由此获得政治上的和思想上的权威地位。天文历法作为古老而渊奥的知识，因朝廷修订历法及列入科考，故引起了崇尚智识主义的乾嘉学者的强烈兴趣。段玉裁的老师戴震在编修《四库全书》时，即利用《永乐大典》等类书辑录出多部算经，算学亦可谓清代的显学，此观之阮元编纂的《畴人传》便可知。所以，从政治角度和学术理路看，算经的升格似乎与其是否类属子部的关联不大，段玉裁未必考虑过算经作为子书的类别。但是，算经类属子部而为子书，这是客观的事实。段氏将两部算经由子书升格为"经"，从目录分类看仍是"改子为经",这使其"二十一经"系统具有了一定程度的整合经学与子学的特点。更具实质性意义的是,从"五经"到"十三经"的演变虽然采取"改子为经"的方式,然所升格的子书如《孟子》乃属子部儒家类,段玉裁则突破了儒家对经书的"垄断",升格儒家之外的子书为"经"。这提示后来者,不仅诸子之道值得肯定,诸子之书亦可能具有常道的性质,可赋予其"圣经"的名分,而与"十三经"共存于一个系统之中。

在"回归原典"的运动中,经目的增益须说明"新经"与原有经书之间的关系。儒家经书系统是变动的,且汉唐以"五经"为中心,宋明特别注重"四书",段玉裁持守汉学立场而崇尚"五经",他的"二十一经"就是以"五经"为根基,其他经书的思想性价值是等而次之的,它们的功能在于襄辅"五经"。段氏用"辅"字说明"五经"与其他经书的关系,略如其外孙龚自珍的"六艺九种之配"说(详见下文)。不过,龚氏主张"六经正名",严格分别经与传记的名义,并未赋予其他"配"六经的典籍以"圣经"的名分。借用"辅"的名义增益经目,段氏称此为"广之"。由此,"经"所代表的确定性常道因而得以扩展,多种知识门类的典籍之合法性与合理性因而得到认可。"广"之一语透露了相对开放和包容的学术精神,启发了宝应刘氏的"广经"理念。

"宝应刘氏"指刘台拱、刘宝楠和刘恭冕等三代学人。台拱与段玉裁交情紧密,书信往来谈及学问和家务事;① 宝楠与沈涛相从问学,

---

① 关于刘台拱家族与段玉裁的交往,参见罗检秋:《清代汉学家族研究》,中华书局,2019年,第203、338—339页。

曾撰写《十经斋文集序》赞扬沈氏"发明纬书以求合六书之旨"，[①]刘恭冕则认为"纬书杂出附会"，不可与经书相拟。[②]可见，他们熟知段氏的"二十一经"和沈氏的"十经"说，并在此启发下提出"广经"理念与"二十一经"的构想。刘恭冕《广经室文记》叙述了刘氏的"广经"说：

广经室者，家君授恭冕读书之所。既以所闻思述前业，而旁及百氏，凡周秦汉人所述遗文逸礼，皆尝深究其旨趣，略涉其章句，欲撰为一编，以附学官、群经之后，而因请于家君为书以榜之，复私为之记。曰：今世治经者言十三经尚矣。金坛段若膺先生谓宜以《国语》《大戴》《史记》《汉书》《资治通鉴》《说文解字》《九章算术》《周髀算经》为"二十一经"。嘉兴沈匏庐先生又以五经合诸纬书，取周续之言为"十经"，若膺先生为之记。冕谓纬书杂出附会，不足拟经，而《史》《汉》《通鉴》又别自为史，不比《国语》之与《左氏传》相辅以行也。冕则取《国语》《大戴礼》《周髀算经》《九章算术》《说文解字》，而益以《逸周书》《荀子》入焉。《汉书·艺文志》："《周书》七十一篇，周史记"，此明是百篇之遗，与张霸、梅赜《书》不同。《荀子》源出圣学，当时与孟子并称，故太史公以孟荀合传；《汉书古今人表》孟荀同列大贤；《艺文志》孟荀并列诸子，而《劝学》

---

① 刘宝楠：《十经斋文集序》，《念楼集》卷6，台北文海出版社，1975年，第284页。
② 刘恭冕：《广经室记》，氏著《广经室文钞》，《清代诗文集汇编》第695册，上海古籍出版社，2010年，第751页。

《修身》《礼论》《乐论》《大略》《哀公》诸篇，大、小《戴记》并见称述，则信乎为圣门大义之所系矣。[①]

刘氏以"广经"名其书室，略仿段玉裁的"廿一经堂"和沈涛的"十经斋"，意在宣示其治学的宗旨，特别是其"回归原典"而重建经书系统的理念。刘恭冕述及段氏和沈氏的观点，注明其"广经"理念的直接渊源，但他不完全赞同段氏的"二十一经"和沈氏的"十经"。刘恭冕认为，纬书掺杂神学迷信的附会成分，不足以拟范常道之"经"，而《史记》《汉书》《资治通鉴》等类属史籍，既与经部不同科，且非专门的解经之作。他主张博采《国语》《大戴礼》《周髀算经》《九章算术》《说文解字》《逸周书》《荀子》，另加《楚辞》而与"十三经"组成"二十一经"的系统。

因在他看来，《国语》和《左传》内容相近，《逸周书》是古文《尚书》百篇之遗，《大戴礼》多记孔子、曾子的精言粹义，《楚辞》是千古辞章之典范。《周髀算经》《九章算术》《荀子》均属子部典籍，刘氏升格算经的缘由大概略如段玉裁。至于《荀子》，他解释说："荀子源出圣学，……为圣门微言大义之所系矣。……六艺之传，赖以不绝者，荀卿也。周公作之，孔子述之，荀卿子传之，其揆一也。"[②]荀

---

① 刘恭冕：《广经室记》，氏著《广经室文钞》，《清代诗文集汇编》第695册，上海古籍出版社，2010年，第751页。刘恭冕对经书系统的重构有前后不同之说，前期的说法可参见《刘叔俛致刘伯山书》，这是刘恭冕写给刘毓崧的信。张舜徽《清代扬州学记》载录此文，并加案语："此书载《国粹学报》第三期撰录门，而《广经室文钞》无之。"（张舜徽：《清代扬州学记》，上海人民出版社，1962年，第47—48页）
② 刘恭冕：《广经室记》，氏著《广经室文钞》，《清代诗文集汇编》第695册，上海古籍出版社，2010年，第751页。

子传周孔之道，六经学脉赖其传衍而不绝，故当增列为"经"。乾嘉学者有"尊孟"与"尊荀"之争，姚湛、严可均等请奏以荀子配享孔庙，刘恭冕更进一步，赋予《荀子》一书以常道之"经"的名分。因此，刘恭冕的"二十一经"既是对乾嘉学术的回应，如将算经、《荀子》等升"经"，改写了儒家的学统；且其经书涵括四部典籍，知识的范畴因而得以扩展，体现了智识主义的学术精神，故其"广经"理念较之段玉裁更为开放、包容。

另一位尝试重建经书系统的学者也和段玉裁关系密切，那是段氏的外孙龚自珍。龚氏幼承段氏的文字音韵之学，谙通段氏的学术思想，应该了解段氏的"广经"理念及其"二十一经"说。然龚自珍似乎并不赞成段氏的构想，他接受章学诚的六经正名和分别经传的说法，撰写《六经正名》申论章学诚的观点，此如前文所述。龚氏的"正名"把"十三经"还原为"六经"，但不意味着他将经书的范围规限于六经之中，他还师法段玉裁而对经书系统进行改造，选取部分史书、子书和集书等"配"六经，即其所谓："六艺九种，以谁氏为配"？[①] 龚自珍用以配六艺的典籍包括：

> 配《今文尚书》:《周书》(18篇),《穆天子传》(6篇),百篇书序,三代宗彝之铭(19篇),《秦阴》(1篇,《阴符经》),桑钦《水经》(1篇)。
>
> 配《春秋》:《左氏春秋》(剔去刘歆所窜益),《春秋公羊传》,《郑语》(1篇),《太史公书》。

---

① 龚自珍:《六经正名答问五》,《龚自珍全集》,上海人民出版社,1975年,第40页。

　　配《礼》古经：《大戴记》（存十之四），《小戴记》（存十之七），《周髀算经》，《九章算经》，《考工记》，《弟子职》，《汉官旧仪》。

　　配《诗经》：《屈原赋》（25篇），《汉房中歌》，《郊祀歌》，《铙歌》。

　　配"小学"：许慎《说文》。①

以上是龚自珍的"六艺九种之配"，概括言之："《书》之配六，《诗》之配四，《春秋》之配四，《礼》之配七，小学之配一。"还有虽不能配"经"而可"附属通籍"者：

　　焦氏《易林》、伏生《尚书大传》，（惠栋辑逸。）《世本》、（洪饴孙辑逸。）董仲舒书之第二十三篇，（卢文弨校本。）《周官》五篇，此五者，附于《易》、《书》、《春秋》、《礼》经之尾，如附庸之臣王者，虽不得为配，得以其属籍通，已为之尊矣！尽之矣，尽之矣！②

"配"者，犹"配享"之"配"，如朱熹所云"合而有助"，③亦如段玉裁的六经之"辅"。因此，配经的典籍既未获得常道之"经"的名分，其价值与地位自不得等侪于"经"，"附属通籍"者更是等而次之。因

---

① 龚自珍：《六经正名答问五》，《龚自珍全集》，上海人民出版社，1975年，第40页。
② 龚自珍：《六经正名答问五》，《龚自珍全集》，上海人民出版社，1975年，第41页。
③ 朱熹：《孟子集注》卷三《公孙丑章句上》，氏著《四书章句集注》，中华书局，1983年，第233页。

从龚自珍的《五经大义终始论》看，他还持守"经为常道"的信念，并未如章学诚将六经还原为"史"，故配经或附属于经的典籍虽非等同于常道或真理（the Truth）本身，但应是常道之"经"的流裔，彼此存在源与流的关系。

那么，龚自珍因何调整经书系统，又为何选择上述典籍来配"六艺九种"，其取舍的标准何在？龚氏曾做出说明，根据张寿安的疏通分析，龚自珍试图汇理清初以来学术发展的新趋向，及在清代渐趋发展成熟的几种专门知识，结合自己对《汉志》"六艺略"的认识，将新兴的学问及其典籍附属于"六艺九种"之下。一方面是从新兴学问中析理出与六艺略、诗赋略相关的知识内容，另一方面要使这些在乾嘉发展成熟的知识被独立出来，不再含浑概括于六经之下，而是单列成为某种知识门类。这种"六艺分化"的学术理念，旨在以六艺伸展出六经之学的历史变化，建立"经学学术史"的研究视角，由此探寻华夏文明的本源与流变。相较于段玉裁的"二十一经"说未能把握住六经作为古代政教大本的地位，张寿安指出："龚自珍则从'辨章学术，考镜源流'的学术史大视角，肯定六经/六艺的源流关系，同时重新思考经、史、子、集的定位。他想要分辨出：古史与经的关系、经的出现与流传、经学与子学的差别、秦焚书与汉初的经学传衍、西汉以后的经与家法等等。"① 只是，龚自珍倾向今文经学的立场，他对经学史的考辨未能完全客观，他把各种新兴学问置于"六艺九种"之下，体现了传统目录学中"以道相从"的原则，而非如现代图书分类

① 张寿安：《龚自珍论"六经"与"六艺"——传统学术知识分化的第一步》，《清史研究》2009 年第 3 期。以上论述参考此文。

中的"以类相从"。

从"回归原典"而重建新经书系统的视角看，龚自珍的"六艺九种之配"承续了段玉裁和宝应刘氏的"广经"理念，以"六艺"为中心而扩展知识范畴，尤其重视学问的分类及其源流的梳理，反映了传统学术向现代转型的脉络。如果将龚自珍的"六艺九种之配"视为新的经书系统，龚氏虽曾说明选取诸典籍配"六艺九种"的缘由，亦曾解释不取《穀梁传》《国语》《越绝书》《战国策》《周官》《诗小序》的原因，但他所钩沉的古史、文献等涵括四部，较之段玉裁、刘恭冕的"二十一经"略嫌芜杂。龚氏既未明确考辨所选取《周书》十八篇、三代宗彝之铭十九篇、《大戴记》存十之四、《小戴记》存十之七的定本，亦未明白阐释其选定的典籍（配经与附属通籍）与六经之关系，更未论证所有经典是否存在一贯之道，此新经书系统的合理性因而是存疑的。

不过，就经子关系命题论，龚自珍的"六艺九种之配"增列多部子书，如配《尚书》的《秦阴》，即道家类的《阴符经》；配《礼》的《周髀算经》《九章算经》和《弟子职》，前二书属天文算法类，后者原是《管子》中的篇章，《汉书·艺文志》隶之《孝经》类，实应与《管子》同属道家类。"附属通籍"中还包括子部儒家类的《春秋繁露》。与"十三经""二十一经"等系统相比，道家类子书的加入是一大突破。尽管龚自珍未必承认上述子书具有常道的性质，但它们显然是六经的"支与流裔"，而非正统经学家所谓的"异端"。龚氏倡导经世致用的治学宗旨，子书得以配经意味着诸子学将与六经及其经学共同为社会-政治与文化-道德秩序的建构提供合适的精神要义。

乾嘉时期经书系统的解构与重建，正反映了知识结构和思想观念的再生产。其一方面是受社会存在之发展、变迁的影响，另一方面是受"很辽远的社会影响"之"暗中支配"，^①即社会文化或儒家所谓的学统和道统。汉学与宋学之争是乾嘉学术的核心主题之一，上述诸家突破"十三经"而重建新的经书系统，虽然保留了宋明儒所注重的"四书"，但他们所重视的经书已然发生转移，即由"四书"而回归轴心时代的"六经"，且由宋明的理学、心学而回向两汉的经学及其实证求是的方法。不过，段玉裁、刘恭冕、龚自珍等人的学术根柢虽在汉学，却未固执是此非彼的门户之见，他们并不完全排斥宋学，仍然关注天道性命的议题。段玉裁曾自述"弟落魄无似，时观理学之书"，^②当时汉学家谓其学术不甚纯粹。宝应"在清代二百几十年中，一直有着理学的传统"，^③刘台拱考证名物、研精理义而"于汉、宋诸儒绝无依傍门户之见"，^④刘宝楠、刘恭冕《论语正义》既"复汉唐之古"，亦兼采宋学，通过援宋入汉而于文字训释中阐明心性道理。龚自珍批评汉学的琐碎饾饤，也反对空谈性理，他说："圣人之道，有制度名物以为之表，有穷理尽性以为之里，有诂训实事以为子迹，有知来藏往以为之神。"^⑤天道性理之

---

① 张东荪：《思想言语与文化》，氏著《知识与文化》"附录三"，岳麓书社，2011年，第206页。
② 段玉裁：《经韵楼文集补编》卷下《与王怀祖第三书》，段玉裁撰，赵航、薛正兴整理：《经韵楼集：附补编·两考》，凤凰出版社，2010年，第52页。
③ 张舜徽：《清儒学记》，华中师范大学出版社，2005年，第318页。
④ 朱彬：《刘端临行状》，《游道堂集》卷三，《清代诗文集汇编》第437册，上海古籍出版社，2010年，第630页。
⑤ 龚自珍：《江子屏所著书序》，《龚自珍全集》，上海人民出版社，1975年，第193页。

学与名物制度之学皆为阐释圣人之道，不可拘守一端，而应会通诸家之大成，发扬先王之圣治。其实，段玉裁等人的"广经"理念就蕴含博通之意，在扩展知识范畴的同时博通经史子集，且在经书的诠释中博通汉学与宋学，其博通的程度或有主次浅深之别，却均为晚清的"汉宋调和"论导乎先路。

经书系统的重建旨在创构新的思想范式，段玉裁等皆有意为之，其给予后来者的启发是：一者，段玉裁、刘恭冕的"二十一经"均保留了"四书"，龚自珍的"六经正名"说把"四书"还原为解经类传记和儒家类子书，但他们都没有否定六经的经书名分，仍然奉持"经为常道"的理念，表明他们在重建经书系统时，并不以否定六经为前提，而是在六经的基础上升格新经书，从而使新与旧结合为一体。故其重建方法是"维新式"的，而非"革命式"的，即对传统有所认同和转化，而非简单地全盘否定之，体现了"在常中求变，在变中守常"的文化观。二者，经学史上的"回归原典"运动反映了经书"以时义为大"的特点，新经书系统的扩展往往是改传记、诸子、群书等为"经"的结果，"十三经"的建构是这样，段玉裁、刘恭冕的"二十一经"和龚自珍的"六艺九种之配"也是如此。这种"广经"理念在一定程度上突破了"唯有儒经"的信念，经书的对象不再局限于六经、解经类传记和儒家类著述，确定性常道的探求须超越儒经的范畴而兼顾四部典籍，新经学范式的创构应整合四部之学，以彰显知识的多元性及其实用性。三者，较之宋儒因"四书"而发明道统、创建理学和心学体系，段玉裁等未曾为其新经书系统建立一贯之道，也没有根据新系统而阐释出新的思想范式，只是提出一个"构想"供后来的聪明睿智者拣择而已。

第四节　乾嘉以降的经子关系论

乾嘉朴学是所谓"经学时代"最后的光辉，同时导引中国学术向"子学时代"的回归。这一时期的经学与子学相互印证、渗透和会通，推动了中国传统学术的内在更新及现代转型。从经子互动的视域审察清代学术，将呈现经学研究的多元面向，及近代诸子学复兴的内在理路，并足以证明中国传统学术的现代转型，不是单纯地源自西学的冲击，本质上是自身思想逻辑发展的必然结果。

关于清代学术的性质，清儒或以汉学自承，如江藩的《国朝汉学师承记》；或以宋学自持，如方东树的《汉学商兑》；或以为皆未然，如龚自珍《与江子屏笺》说"本朝自有学"，既非汉学，也非宋学，毋宁称"清学"。诸家评论清学的性质容或不尽相同，然究其所言清学的研究对象及其内容，凡所谓汉学、宋学和清学等，其实都归结为儒家的经学。然而，"清学即经学"的说法未免太过笼统，造成单一刻板的印象，不仅忽略了清代的文史之学，且似乎诸子学在清代是沉寂而无人问津的，或者清代的诸子学与经学全无关涉。这样的认识并不符合清代学术的真相。梁启超说，清儒"以复古为解放"，复两汉之古虽对宋明而得解放，但仍未超越经学的范围，复周秦之古乃超越经学而回归周秦诸子学。如梁氏的说法，清学以经学为主体，然在经学的盛衰兴替过程中，隐含着子学复兴的端倪，晚清学术就是经学的渐次解体而子学的渐居上流。如胡适指出："到了最近，如孙诒让、章炳麟诸君，竟用全副精力发明诸子学，于是从前作经学附属品的诸子学，到此时代，竟成专门学。"①

其实，清学未必是对宋学的极端反动，也不是完全地仪型两汉经学，甚至在某种程度上是与两汉经学背道而驰的。如在道论、经书系统等重要问题上，汉儒尊六经为确定性常道，斥诸子学为异端邪说，乾嘉学者很少做如此绝对的"真理宣称"，他们对孔子与六经的推崇已然褪去了神性色彩，不把孔子当教主，不将形而上学与圣人相系托，也不再固执"道在六经"的理念，且在承认子部典籍的材料性价值的同时，表彰诸子学的思想性和实用性价值。他们不但打破了宋学道统，也突破了六经对道体的独断，并通过"以子证经""提倡荀学"等方式，尝试整合经学与子学，据此建构一种非汉非宋的思想形态，进而回应乾嘉时代的智识主义精神，乃至发挥思想文化的经世致用的社会功能。这是宋学蕴含的崇尚知识主体性之精神的转益，也是明末李贽、傅山等提倡经子平等之观念的转进，亦可谓赓续了清初学者的求是求真和经世致用的治学理想。因此，清代学术虽与两汉经学渊源至深，但毕竟不能简单地以"汉学"界定之，莫若如龚自珍称之为"清学"。近年来，学者聚焦乾嘉时期的新义理学和道论形而上学等，意图阐明清学区别于汉学和宋学的独特性，即在理论和方法上开创了一种新范式，为传统学术的现代转型铺设了路径。

乾嘉学者将学问类分为三科，即考据、义理和辞章。因辞章与思想的关联较浅，暂且略而不论。乾嘉学者考证经书而兼及诸子，旨在"以子证经"，发明经书承载的确定性常道。至于周秦诸子书的义

---

① 胡适：《中国哲学史大纲》，东方出版社，1996年，第6页。

理，乾嘉学者虽有留意，但缺乏系统性的研究，他们最感兴趣的是儒家类的荀子学，在汉学与宋学之争的思想背景下，颇有提倡荀学以修正思孟学的用心。其实，"以子证经"和"提倡荀学"都有经世的意图，虽然乾嘉学者是将经世之子学限定于器用和政术的层面，仍尊奉儒家经书为常道，即用道器和体用的模式来定义经子关系，以经为道而子为器，或以经为体而子为用。这与宋儒的"体用不二"论相异。然如章学诚所说，道在器之中，器可变道，体用范畴亦如道器关系一般，可以相互地转化。那么，作为器用之学的诸子，最终可能转变为道体，因而有以"子"为道（体）而"经"为器（用）之说。这并非大胆的假设，实乃晚清学术所呈现的事实。在此将围绕"经子关系"命题，从以子证经、提倡荀学、经子的道器体用关系之转变等三个维度，论证经学与子学在清代的互动与会通，由此展现清代学术的新面貌及其内在发展理路。

一、以子证经、释经

乾嘉学者普遍奉守"经为常道"的信念，执持"经学即理学"的求道原则，《四库全书总目·经部总叙》说："经者非他，即天下之公理而已。"有志于探究道体或公理的学者，乃如钱谦益说："必自反经始，诚欲反经，必自正经学始。"[①] 天道性命之说载录于儒经，而"正经学"的方法是顾炎武所谓："读九经自考文始，考文自知音始。"[②] 戴震的表述是"由字通词，由词通道"，亦即钱大昕说的"有文字而

---

① 钱谦益著，钱曾笺注，钱仲联点校：《牧斋初学集》（中）卷二十八《新刻十三经注疏序》，上海古籍出版社，2009年第2版，第851页。
② 顾炎武著，华忱之点校：《顾亭林诗文集》卷四《答李子德书》，中华书局，1983年第2版，第73页。

后有诂训，有诂训而后有义理，训诂者，义理之所由出，非别有义理出乎训诂之外者也"，[1] 由文字、音韵之训诂而研求经书内在的确定性常道。因古人"造一字必有一字之本义"，[2] 要考证经书中某一字的本义，不但要重视本证、内证，还应参考他证、旁证，突破儒经的范畴以寻得征信的材料，"其结果惹起许多古书之复活，内中最重要者为秦汉以前子书之研究"。[3]

子部典籍因朴学的兴起而复活，尤其是周秦时期的子书，因其撰著时代与六经相近。俞樾说："西汉经师之绪论，已可宝贵，况又在其前欤？"[4] 俞氏之言实乃乾嘉考据学者的共识。他们认为，周秦子书撰于秦火以前，其文字的音、形、义与儒家经传相关联，可以旁通音韵训诂，校订脱漏错讹，乃至佐证事实义理。[5] 类似表述常见于乾嘉学者的论学话语中：

（惠士奇）周秦诸子，其文虽不尽训，然皆可引为礼经

---

① 钱大昕：《潜研堂文集》卷二十四《经籍纂诂序》，钱大昕撰，吕友仁校点：《潜研堂集》上，上海古籍出版社，2009 年，第 377 页。钱氏又说："尝谓六经者，圣人之言，因其言以求其义，则必自训诂始；谓训诂之外别有义理，如桑门以不立文字为最上乘者，非吾儒之学也。"（钱大昕：《潜研堂文集》卷二十四《臧玉林经义杂识序》，钱大昕撰，吕友仁校点：《潜研堂集》上，上海古籍出版社，2009 年，第 375 页）治经必自文字、音韵之训诂始，是乃乾嘉朴学家之恒言。
② 阮元：《揅经室集续集》卷一《释敬》，《清代诗文集汇编》第 477 册，上海古籍出版社，2010 年，第 604 页。
③ 梁启超：《中国近三百年学术史》，梁启超著，汤志钧、汤仁泽编：《梁启超全集》第十二集，中国人民大学出版社，2018 年，第 507 页。
④ 俞樾著：《诸子平议·序目》，上海书店，1988 年，第 1—2 页。
⑤ 张之洞《𬨎轩语·读诸子》说："子有益于经者三：一证佐事实，一证补诸经伪文、佚文，一兼通古训、古音韵。"（张之洞：《𬨎轩语》，赵德馨主编：《张之洞全集》第十二册，武汉出版社，2008 年，第 202 页）

之证，以其近古也。①

（王引之）古之治经史者，……证之诸子、传记以发其旨。②

（焦循）经学者，以经文为主，以百家子史、天文术算、阴阳五行……为辅，汇而通之，析而辨之，求其训诂，核其制度，明其道义，得圣贤立言之指，以正立身经世之法。以己之性灵，合诸古圣之性灵，并贯通于千百家。③

凡此可见，乾嘉学者考证经书的文字、音韵和义理，莫不寻绎诸子百家的典籍。

训诂考据原是寻求对古圣先哲之道的切实理解，但是有的学者"于大道不敢承"，囿限于文字的音韵、形构之训释中，遗落了形而上道体的探寻。如此，"以子证经"的子书仅是佐证故训的材料，只有材料学的意义，没有澄明道体的价值。然而，"就自然界的任何一个领域而言，科学都不可能学会将其兴趣局限在这个世界的各种可以测量的和可以量化的方面之上"。④朴学固然体现了求是求真的科学精神，但并不意味着它将放弃对形而上学的沉思。马克斯·舍勒指

---

① 江藩著，钟哲整理：《国朝汉学师承记》卷二《惠周惕》，中华书局，1983年，第21页。

② 王引之：《王文简公遗文（稿本）》卷四《詹事府少詹事钱先生神道碑铭》，国家图书馆编：《国家图书馆藏钞稿本乾嘉名人别集丛刊》，国家图书馆出版社，2010年，第548页。

③ 焦循：《雕菰集》卷十三《与孙渊如观察论考据著作书》，焦循著，刘建臻点校：《焦循诗文集》上，广陵书社，2009年，第246页。

④［德］马克斯·舍勒著，艾彦译：《知识社会学问题》，北京联合出版社，2014年，第125页。

出："各种流行的形而上学体系永远都不会被实证科学制服，而实证科学本身却是由形而上学所决定的——而且，这种决定的程度要比实证科学所推测的大得多。"[1]就乾嘉朴学而论，其"由字通词，由词通道"的方法论，即因文字、音韵的考据，进而证之于本心的语言哲学，并不以拒斥形而上学为目的。因此，朴学的流行并不意味着将学术研究导向消解形而上学，对那些有志于"明道"的学者，子书不仅是语言文字的材料，还有助于经学家考核经书的制度和发明经书的道义（"核其制度，明其道义"）。从这方面来评价子书，子书就不再是异端，而是六经道体的流衍，既与六经之道同质相通，其悖逆六经之道者，只要是言之成理，亦可谓自成一家之言。如前述章学诚、焦循等对诸子学的肯认，及其主张儒经义理的阐明须贯通于千百家，整合经学与子学。由此知，乾嘉学者的"以子证经"不限于材料学境域。晚清叶德辉概括道：

> 以子证经，诸子皆六艺之支流，其学多于七十子。周秦两汉九流分驰，诸儒往往摭其书之遗言，以发明诸经之古学。[2]

叶氏肯定《汉书·艺文志》的"诸子皆六经之支与流裔"说，章学诚、龚自珍等皆持如是观，意谓六经与诸子是同质相通的源流关系，

---

[1]　［德］马克斯·舍勒著，艾彦译：《知识社会学问题》，北京联合出版社，2014年，第120页。
[2]　徐珂：《经术类·经有六证》，徐珂编撰：《清稗类钞》第八册，中华书局，1984年，第3806页。

历代儒者往往博采诸子言论，借以阐明儒经的义理。所谓"其学多于七十子"，指周秦诸子学和孔门弟子的传记之学皆为孔学之宗裔，前者对孔子思想的理解和诠释甚至较后者为多、为精深，故周秦诸子学可与经书义理相发明。这是乾嘉学者"以子证经"的治学宗旨。

因此，"以子证经"的方法论表明，乾嘉学者对子书和子学的理解有两种向度：一是材料，一是义理。前者看似客观而无关义理，但相比理学家之斥诸子为异端，且完全漠视其价值，考据学家总算是包容的，至少是超越了诸如"好与坏""正与邪""是与非"等简单机械的评价标准，愿意将子书和子学置于价值范畴之内来作理性的认识。[1]如果我们不否认评价活动受人的兴趣、情感的驱动，那么，价值内容就是人的心理态度和感性直觉的对象，人对某一知识对象的尊重或欣赏，定然包含个人的、情感的性质。换言之，乾嘉学者之承认子书的材料性价值，是他们的心理已然对子书产生了一定的兴趣和情感，在客观、理性的考证过程中，也有一种对子书的主观的、感性的价值认同。

或以为，从经验的实证主义立场看，涉及"情感"的评价是毫无意义的。这显然是偏见，即便在自然科学的实证领域，情感也是不可或缺的验证科学真理的"证据"，何况是在人文学科的实证领域，其实证精神也带有人文的性质，蕴含情感的因素，而非纯粹客观的材料主义。吴根友将乾嘉朴学的方法论概括为"人文实证主义"，揭示了朴学之求是、求真的精神中，蕴含一种普遍的人类自我关怀的人文精

---

[1] 罗检秋对乾嘉学者超越"以子证经"的实证方法有所论述，参见罗检秋：《清代思想史上的诸子学》，《安徽史学》2015年第3期。

神。这一方法论所追求的学术思想，既尊重人的价值，又关心人的精神生活，以及人的自然本真的情感。因而，乾嘉朴学不是单纯地诉诸材料以求真知，而是证之本心以明道体。戴震的"大其心，以体古贤圣与天地之心相协"的说法，就包含解释者主体之心与被解释的经典文本中的圣人之心及天地之心等三者之间的解释循环。[①] 焦循认为，经典的诠释应"以己之性灵，合诸古圣贤之性灵，并贯通于千百家著书立说者之性灵。……盖唯经学可言性灵，无性灵不可以言经学"。[②] 性灵即是主体性意识，情感和兴趣并非与理性的道体天然地相分离，探究道体的行为常常是由情感和兴趣所驱动，二者的密切关系表明，"以子证经"蕴含的材料向度，其实关联着义理向度。

乾嘉学者大多认同《汉书·艺文志》的诸子为六经之支与流裔说，相信六经"于道无所不通，于义无所不赅"，[③]"凡古礼乐制度名物之昭著，义理性命之精微，求之六经，无不可得"，[④] 诸子则如章

[①] 参见吴根友：《从经学解释学到经典解释学——戴震的经学解释学及其当代的活化》，《社会科学战线》2019 年第 6 期。

[②] 焦循：《雕菰集》卷十三《与孙渊如观察论考据著作书》，焦循著，刘建臻点校：《焦循诗文集》上，广陵书社，2009 年，第 246 页。焦循在《里堂家训》中说："唯自经论经，自汉论汉，自宋论宋，且自晋六朝论魏晋六朝，自李唐五代论李唐五代，自元论元，自明论明，抑且自郑论郑，自朱论朱，各得其意，而以我之精神血气临之，斯可也。"所谓"我之精神血气"，即是人的主体性。又，戴震论治学方法，学者应"大其心以体古之圣贤之心"；王引之《经义述闻序》主张，说经者可"以己意逆经意"，所谓"大其心""以己意"，都是强调经典考据（解释）者的主体性。吴根友称乾嘉学术为"人文实证主义"，大概也是强调其中的主体性的情感性质。参见吴根友：《人文实证主义：乾嘉时代的哲学方法》上、下，《中国社会科学报》2011 年 2 月 15 日、2011 年 3 月 1 日。

[③] 钱大昕：《潜研堂文集》卷二十一《抱经楼记》，钱大昕撰，吕友仁校点：《潜研堂集》上，上海古籍出版社，2009 年，第 349 页。

[④] 段玉裁：《经韵楼集》卷六《江氏音学序》，段玉裁撰，赵航、薛正兴整理：《经韵楼集：附补编·两考》，凤凰出版社，2010 年，第 120 页。

学诚所说，有得于六经道体之一端，诸子学是六经之道的散殊。申言之，乾嘉学者认为六经是"真理本身"（the Truth），是对宇宙自然的一种完满的、普遍的、确定的终极陈述；诸子只是"一个真理"（a truth），是对终极陈述的一个解释性范例，或其内在逻辑的必然推演。但这"一个真理"乃推本于六经，非谓与六经的性质有异，故六经与诸子存在源流关系，不应彼此对立或互相排斥，理应求其会通。乾嘉学者为求最大可能地证明真理本身，就采用"以子证经"的方法，借助子书材料来确保经书解释的准确性，使考据的结果尽可能地接近真理本身。陈居渊说："为了检验和获取真理，乾嘉学者提供了一条切实可行的道路和操作方法，那就是接纳先秦诸子的思想，以诸子来考证经典的合理性，通过整合经子思想来探索真文明。"①这样做的前提是承认诸子学具有真理的性质，是合乎理性的学问和知识。

乾嘉学者应用"由字通词、由词通道"的人文实证主义方法论，表现出极大的怀疑精神，认为真理应该经由客观的、科学的论证和分析，接受逻辑与证据的考验。且真理是可以且必须言说的，即人们可以对真理进行细致的辨析，乃至辨伪，如清初辨伪学者之所为。这样的话，经由"真理宣称"而获致确定性的经书，就不必然地是"真理本身"，因经书的真伪是一问题（辨伪学伴随清代学术的始终），经书的合法性又是一问题（如对"四书"的"圣经"名分的质疑），经书解释的信与否也是一问题（如对唐代注疏、宋明"四书"注解的批评），这三个问题对应的是道体、经书与经学等范畴，探求真理的过

---

① 陈居渊：《十八世纪汉学的建构与转型》,《学术月刊》2009 年第 2 期。

程必须解决这些问题，乾嘉学者的答案是：打破宋明道统，乃至汉儒宣称的六经学统，同时打破十三经系统，并重建新的经书系统，据此诠释新的经学思想体系，回应经验世界与时代精神的变迁。这种"回归原典"的运动让我们看到，乾嘉学者相信真理是多元的，不必限于经学（虽以孔学为主）；真理的载体也是多元的，不必限于六经；除了"以经解经"外，追求真理的方法还有"以子证经"或"援子释经"，而为了最大可能地把握真理，应该扩大知识的范畴，突破经学道统的封闭性，将知识与价值开放给向来被判作异端的知识对象——诸子学，这种"以子证经"就突破了材料的范围而指向义理的向度。

二、荀学与经学的互动

晚清学者的"尊荀"源于乾嘉时期的荀学复兴。汪中甚是表彰荀子，他认为汉唐经学皆荀学，经学家推尊荀子为传授经传的先师，孟子则是子部儒家类的诸子之一。宋明理学取代汉唐经学后，理学家尊崇孟子为圣贤，升格其书为圣经，荀子则由"先师"降格而与九流诸子同科，将其排摒于道统谱系之外，甚至说荀子不是儒家，乃是法家或黄老之流。清初至乾嘉的理学家往往贬斥荀子及其学说，熊赐履《学统》就将《荀子》归为"杂学"，批评荀子"见道不明，师心自是"，说荀学是"杂引物类，踳驳蔓衍，务驰骋于文词，而不能一轨于义理之域"。[①]张伯行指责荀子的性恶论："荀、杨辈或云性恶，或云善恶混，邪僻之见，足以害道。"[②]王棻不满荀子非议儒门诸子："荀子所最可讥者，非十二子而及史鱼、子思、孟子，又以子张、

① 熊赐履：《学统》卷四十三《荀子》，凤凰出版社，2011 年，第 462 页。
② 张伯行：《正谊堂续集》卷四《性理正宗序》，《清代诗文集汇编》第 182 册，上海古籍出版社，2010 年，第 273 页。

子游、子夏为贱儒也。"① 历代学者还批判荀子的"法后王"说，把韩非、李斯之过归咎于荀子。

针对这些非难，乾嘉学者一一为荀子翻案。这主要表现在四个方面：

其一，关于荀子的性恶论。

> （卢文弨）世之讥荀子者，徒以其言性恶耳，然其本意则欲人之矫不善而之乎善，其教在礼，其功在学。②
>
> （钱大昕）夫孟子言性善，欲人之尽性而乐于善；荀子言性恶，欲人之化性而勉于善。③
>
> （郝懿行）孟荀之意，其归一耳。至于性恶、性善，非有异趣。性虽善，不能废教；性即恶，必假人为。④

另如余廷杰、谢墉、严可均等亦曾为荀子的性恶论辩护。因宋明理学探究心性命题，且预设了先验的道德善性，故宋明的心性本体论和涵养工夫论皆指向性善论。本体论是证验人性之善的"所以然"，工夫论是说明人性之善的"所当然"。后因意识形态过分强调义理之性而演变成"以理杀人"，故乾嘉学者欲矫而正之，乃提扬荀子的性恶论，

---

① 王棻：《柔桥文钞》卷十《读荀子》，《清代诗文集汇编》第707册，上海古籍出版社，2010年，第719页。
② 卢文弨：《抱经堂文集》卷十《书荀子后》，《清代诗文集汇编》第342册，上海古籍出版社，2010年，第412页。
③ 钱大昕：《潜研堂文集》卷二十七《跋荀子》，钱大昕撰，吕友仁校点：《潜研堂集》上，上海古籍出版社，2009年，第475页。
④ 郝懿行：《与王伯申引之侍郎论孙卿书》，郝懿行著，安作璋主编：《郝懿行集》第六册，齐鲁书社，2010年，第4655页。

承认人欲人情与气质之性的合理性。

其二，关于荀子对思孟的非议。《四库全书总目》解释说：

> 子思、孟子后来论定为圣贤耳。其在当时，固亦卿之曹
> 偶，是犹朱、陆之相非，不足诧也。[①]

诚然，孟、荀在当时皆九流诸子之一，其名分和地位相等，从自由立说而成一家之言的角度看，后来者自然可以是非和批判前贤。《荀子提要》的作者从学术史的视野立论，这无疑是通达之见。

其三，关于韩非、李斯之过。谢墉说，因弟子之过而归罪于其师，乃"欲加之罪"而已。实则，荀子之教授李斯，纯以仁义之道，观《议兵》篇对李斯问可知。[②]章棱也说：

> 韩非、李斯皆荀子之徒，而其末也，流为法家。……要
> 之，不善学礼之所致也，乌足以归罪荀卿？[③]

荀子向韩非、李斯传授的是"礼"，二人乖违师说而变礼为"法"，这并非荀子的错。且人有思想的自由，又有道德自主性，由自觉和自愿原则所引起的行为后果，应由道德主体负担责任，岂可归咎于

---

① 《四库全书》研究所整理：《钦定四库全书总目》（整理本）卷九十一《子部·儒家类一·荀子》，中华书局，1997年，第1195页。
② 谢墉：《重刊〈荀子〉序》，王昶辑：《湖海文传》卷二十八，上海古籍出版社，2013年，第267页。
③ 章棱：《一山文存》卷六《校荀子跋》，民国七年吴兴刘氏嘉业堂刊本，第7页。

他者。①

其四，关于荀子的"法后王"说。钱大昕特意撰写《法后王》一文解释其立论之旨：

> 方是时，老庄之言盛行，皆妄托于三皇，故特称后王，以针砭荒唐谬悠之谈，非谓三代不足法也。②

荀子的"后王"究竟所指为何？廖名春曾将古今学者的见解概括为三种：一是认为"后王"系"当今之王""当时之王""近时之王"，从汉代的司马迁到唐代的杨倞都持此说，当代学者据此肯定荀子的"法后王"是厚今薄古的社会进化论。二是以为"后王"即周文王、周武王，因此断定荀子的"法后王"与孟子的"尊先王"是一回事，没有什么积极意义。清人刘台拱首倡此论，王念孙、冯友兰、郭沫若等皆作如是观。三是以为"后王"即有位或无位的圣人——王或素王，是一位虚悬的期待中的将来的王天下者。此说倡自章太炎《尊荀》一文，后经梁启雄《荀子简释》阐发，在现当代学界也颇有影响。③钱大昕认为，荀子是因时义而立说，以回应老庄理想化的"小国寡民"，故其理解的"后王"应如上述第一种观点，因而区别于老庄依托的"三皇"及王安石取法的周代君王。钱氏特别指出，相比王安石等"不揆时势"，妄法先王而复行井田、封建等制度，导致乱国败政的结

---

① 以上列举的四点及引证的材料参考刘仲华：《清代诸子学研究》，中国人民大学出版社，2004年，第191—209页。
② 钱大昕：《十驾斋养新录》卷十八《法后王》，上海书店，1983年，第428页。
③ 廖名春：《荀子"法后王"说考辨》，《管子学刊》1995年第4期。

果，"是不如法后王之说为无弊矣"。① 因荀子在思维结构和心理认知上似显示出"法古"的意向，实则在理性思辨和学术逻辑上表现出现实主义的"重今"观念。钱大昕如此为荀子的"法后王"辩护，大概有阐扬荀学以经世致用之意。

以上四点，《四库全书总目·子部·荀子提要》均有所辨正，且说："平心而论，卿之学源出孔门，在诸子之中最为近正。"② 作为官修之书如此称许荀学，跻荀卿与思孟同侪，这表明荀学在乾嘉时期获得主流学界的认同，荀学的研究亦渐趋复兴，至晚清而发展为章太炎的"尊荀"。

在汉学与宋学之争的思想背景下，乾嘉的汉学家或同情汉学者大多肯定荀子和荀学。因其相信孔子之道在六经，荀子是传经的先师，是经学的不祧之祖。如严可均说："孔子之道在六经，自《尚书》外，皆由荀子得传。"③ 姚湛曰："昔者圣王既没，大道不行，其政教之所遗，载在六籍。六籍之文，自孔子后唯荀卿得其传。"④ 当汪中说："六艺之传赖以不绝者，荀卿也。周公作之，孔子述之，荀卿传之，其揆一也。"⑤ 其隐含之意是要打破孔曾思孟的道统及圣贤谱系，重建周孔荀的学统和圣贤谱系。严氏、姚氏还建议把荀子请进孔庙从祀，这和宋儒当年发起的孟子升格运动是一致的。直至晚清，这一尊荀运

---

① 钱大昕：《十驾斋养新录》卷十八《法后王》，上海书店出版社，1983年，第428页。
②《四库全书》研究所整理：《钦定四库全书总目》（整理本）卷九十一《子部·儒家类一·荀子》，中华书局，1997年，第1195页。
③ 严可均：《铁桥漫稿》卷三《荀子当从祀议》，《清代诗文集汇编》第470册，上海古籍出版社，2010年，第617页。
④ 姚湛：《拟上荀子从祀议》，沈粹芬等辑：《清文汇》（下）丁集卷十一，北京出版社，1996年，第2977页。
⑤ 汪中：《荀卿子通论》，汪中著，田汉云点校：《新编汪中集》，广陵书社，2005年，第412页。前引刘恭冕《广经室记》也有相同的话语，表明这种以荀子承续周公、孔子学统的观念，在当时非一人之言，而为不少学者接受。

动还在继续，章太炎就称荀子为"后圣"，是孔子后之第一人。章氏之表彰荀子，一是清学内在理路的逻辑推衍，二是与晚清的时政有关系，还有就是章太炎的汉学家身份，他自觉继承汉学传统，这使他自然地成了荀学的同情者。

如前所述，"以子证经"隐含义理的向度，复兴荀学，即其一例。乾嘉学者崇尚实事求是的"求真"精神，虽有人"于大道不敢承"，但也有学者通过"援子释经"的方法来整合经学与荀学，进而建立一种区别于宋明的思想范式。戴震把乾嘉考据学的方法论概括为"由字通词，由词通道"，这反映了戴震哲学的语言学自觉与形而上学追求。①语言不是目的，而是探究形上道体的工具，因字义而通乎文理，志存乎闻道，故体道才是目的。戴震对确定性常道的体察，表现为对宋明理学的改造。他不满天理人欲说对心性的禁锢，批评宋明儒不懂文字训诂，把一己之意见说成是古圣贤之义理，如从字词本义而直探形上道体，宋明理学实非孔孟之本旨。戴震撰写《孟子字义疏证》一书，实践他的语言学理论，由字词的训诂而发明形上道体，即孔孟陈述的"真理本身"（the Truth）。戴震宣称，他要清除经学中的杨、墨、老、庄、佛、道之言，使经学复归孔孟醇正的道统之中。可是，作为哲学解释学者，戴震的下意识里内含对解释对象的"认识预期"，这一理解前结构包含某种学术立场，其解释的结果就可能带有主体性因素。换言之，戴震所自信的语言哲学解释方法不大可能是纯粹客观而没有个人的、情感的因素，故其对经书文本的训释，也不可

---

① 吴根友：《言、心、道——戴震语言哲学的形上学追求及其理论的开放性》，《哲学研究》2004 年第 11 期。

能是绝对忠实的孔孟之道，实则融贯了荀子之学。如在探讨人性善恶的问题时，他指责宋儒言气质之性"非孔、孟之所谓性，……乃荀、杨之所谓性"，[①] 宋儒之说"似同于孔、孟而实同于荀、杨"，这话更像是"夫子自道"。因戴震的才、性、命的自然人性论，由此而来的"理欲之辨"，及其人性社会结构模式的欲、情、知三层次，虽自以为祖述孟子，却与荀子性、情、欲的层次结构说更为相近。戴震的"解蔽莫如学"之说也来自荀子"解蔽""劝学"与"化性起伪"等思想的启发。[②] 这与乾嘉学者之肯定荀子的性恶论思潮是一致的，也与乾嘉学者之"援子释经"而融通经学与荀学的运动相应。

戴震如此，乾嘉时期提倡荀学的学者亦如是。他们所重视者非荀书的材料，而是荀子的义理，不仅是荀子的人性论，还有荀子的礼学。乾嘉学者不满宋明的天理人欲说，更不满由此而来的礼教，他们彰扬荀子的礼学以敌之。前引卢文弨的"其教在礼"，即是此意。方苞也说："周末诸子言礼者，莫笃于荀卿。"[③] 乾嘉礼学一返汉唐之本，而汉唐经学皆荀学，[④] 谢墉亦谓《荀子》之文在二《戴记》者尚多。[⑤]

---

① 戴震：《孟子字义疏证·性》，戴震撰，杨应芹、诸伟奇主编：《戴震全书（修订本）》第六册，黄山书社，2010 年，第 191 页。

② 容肇祖：《戴震说的理及求理的方法》，《国学季刊》第二卷第一号。（1925 年 12 月）戴震思想与荀学相通者颇多，前人已言之，如章太炎《释戴》说："极震所议，与孙卿若合符"。（章太炎：《释戴》，《章太炎全集》第八册，上海人民出版社，2018 年，第 124 页）钱穆《中国近三百年学术史》说："今考东原思想，亦多推本晚周，……而其言时近荀卿。"（钱穆：《中国近三百年学术史》，九州出版社，2011 年，第 388 页）

③ 方苞著，刘季高校点：《方苞集》卷一《读尚书记》，上海古籍出版社，1983 年，第 3 页。

④ 参见汪中：《荀卿子通论》，汪中著，田汉云点校：《新编汪中集》，广陵书社，2005 年，第 412 页。凌廷堪著，王文锦点校：《校礼堂文集》卷十《荀卿颂》，中华书局，1998 年，第 76—77 页。

⑤ 谢墉：《重刊荀子序》，王昶辑：《湖海文传》卷二十八，上海古籍出版社，2013 年，第 267 页。

故乾嘉"以礼代理"（张寿安语）的思潮是以周孔荀的礼学来取代宋明的理学，而主要是以荀学来取代"四书"学或曾思孟之学，因荀子"在秩序规范原则问题上的相对开放性"，[①]更适合当时社会人心之现实。

乾嘉学者对荀子人性论的肯定，是接续其内圣的道德哲学；他们对荀子礼学思想的发扬，是继承其外王的政治哲学。李泽厚指出："如果说，孟子对孔学的发扬主要在'内圣'，那么荀子则主要在'外王'。'外王'比'内圣'具有更为充分的现实实践品格，也是更为基础的方面。……在荀子所有的思想观念中，最重要最突出的便是上述这点，即追溯'礼'的起源及其服务于人群秩序的需要，从而认为人必须努力学习，自觉地用社会的规范法度来约束和改造自己，利用和支配自然。"[②]乾嘉以降的学者援引荀学诠释经书，是要突破已流于空疏的宋明性理之学，试图借荀子精深实用的外王之礼学来改造经学内容，使其与经验器物界的变化相适应，能够为社会-政治与文化-道德秩序之建构提供合适的精神要义，从而将日渐失序的传统社会重新导入规范性的法度之内，而令日益飘摇的历史秩序重归于稳定。正是在此实践效应的意义上，我们说"援子释经"的调适思维隐含着乾嘉学者的经世之思和致用之学，他们希望且致力于发明新的思想范式，以解除盛世之后的社会与文化可能要沉沦的隐忧，确保传统经学的精神要义具有恒常的、普遍的确定性，能够适应正处于变局的社会情实，让未来延续过去及现在的历史本质，亘古不易。

---

① 韩德民：《荀子与儒家的社会理想》，齐鲁书社，2001 年，第 539 页。
② 李泽厚：《中国古代思想史论》，生活·读书·新知三联书店，2009 年，第 117 页。

　　乾嘉学者援引荀学以诠释经书，旨在改造经学的内涵，转变思想的范式，建构某种程度上的"经子一体"之学。在此意义上，张寿安说："清代礼学的兴起，应视为儒学型态和性质的转变，如同两汉经学、魏晋玄学、宋明理学，分别代表儒学的历史发展。"[①]我们从乾嘉学者对经学与荀学的融通中见出，此时的儒学形态和性质较之宋明理学确然有所转变，而这种转变也和魏晋玄学、宋明理学之"援子释经"相似，既是儒学内部的自觉调整，也是中国哲学的自我更新机制的自动运作，故可谓经学与儒学发展史上的重要阶段。比较而言，宋明得益于历史秩序的相对安稳，这一调适运动能够在和平的环境中成功地进行和完成，使曾子、子思和孟子得以尊奉为"圣"，其书乃升格为"经"。然在晚清，中国处于三千年未有之变局，以经学精神而建构的历史秩序摇摇欲坠。尽管还有不少学者曾努力地调适经学，或转化道体的内涵，或重建经书系统，或建立周孔荀的学统，或复兴公羊学传统，但经学思想范式的转型及智识主义的扩展，始终未能使经学与变动的经验世界再次相契，而经学渐渐与现代所寻求的精神意义背道而驰。相对的是，周秦诸子学则自咸丰、同治以下，因其义理与历史精神的相契而渐受重视。

　　三、经子：道器体用关系及其转向

　　追求确定性知识是中国文化的传统，古代哲人以"常道"定义确定性，而周秦的六经和诸子确立了"道"为中国哲学的最高范畴，"道"包含天道与人道的双重维度。天行有常，人事多变，故"道者

[①]　张寿安：《我的清代礼学研究》，中国社会科学院历史所思想史研究室编：《中国思想史研究通讯》第五辑，第8页。

体常而尽变"(《荀子·解蔽》)。常者，恒也，恒常之道就是确定性的知识。故"道"是理性自足的、意义完全的，它规范了宇宙论和本体论的内涵与形态，及人的存在形式和认知方式，具有普遍必然的、永恒神圣的特质。"道"又是切于人事、安于人心的，属于想象和感性类型的信仰，它不疏离于人们的心灵世界和生活世界，不独立于我们感知经验和实践经验的世界之外，而与变化的世界紧密地关联着。其自足的、通变的性质可以回应变动不居的世界，即使演化中的世界已面临崩溃瓦解的境地，"道"也不会随之陷入意义的危机。换言之，中国古代哲人相信，不论是在终极超越的形而上的天理界，还是在日生日成的形而下的器物界，确定性常道始终周旋不息地流行其中，故作为理念的"道"和融贯于行动的"道"是体用一源、显微无间的。

中国哲人在追求确定性知识的同时，也在处理知与行的关系。比较而言，古希腊哲学家往往把实践活动贬抑为一种低级的事务，直到近世的实验论者才肯定了经验世界的变化也具备稳定性特征，[①] 中国自"轴心时代"开始，哲人们就同等地重视知与行，并在知与行的统一中论证确定性常道。因而，"道"不完全是纯粹理性的逻辑建构，"道"在经验世界的实践活动中走向完满，故类似西方哲学和神学中的思辨与经验、理性与感性、客观与主观之间的紧张对立，中国哲学几乎是没有的。

如果说，关于"道"的形而上学相当于亚里士多德所称的"第一哲学"，那么，在一定意义上，关于"器"的形而下之学就相当于亚

---

① 关于古希腊哲学对经验实践与器物世界的轻视，参见［美］约翰·杜威著，傅通先译：《确定性的寻求：关于知行关系的研究》第一章《逃避危险》，上海世纪出版集团，2005年，第12—14页。

里士多德所谓的"实践智慧",其中包括自然科学与社会科学,故道器之辨略近于哲学与科学的关系。然古希腊哲学家不轻视科学,因其将科学与逻辑理性而非经验界相关联,逻辑方法保证了科学知识的可靠性,近世西方哲人由"第一哲学"转向科学而寻求确定性,这是古希腊哲学传统所蕴含的应然逻辑。但在中国,无论是儒家的六经,还是周秦的诸子,都没有像柏拉图等那般地轻视经验和器物世界。[①]《周易·系辞上》云:"形而上者谓之道,形而下者谓之器。"形而上的理念世界与形而下的器物世界并非绝对地相隔碍,确定性的"道"与非确定性的"器"亦非完全地对立而无关涉。《周易·贲卦》又云:"观乎天文以察时变,观乎人文以化成天下。"天文与人文是"道"在两个世界的形著,以"道"的法则观察时势之变迁,未来就是"道"所决定了的定数,"道"的化成作用透显了形而上之道与形而下之器物世界相即,"道"为社会-政治与文化-道德秩序的建构提供合适的

---

① 柏拉图认为,人们在实践经验中所把握的物理世界,是处于一定时空环境中的变动的、非理性的和趋向死亡的物质实体,既然不存在确定的状态,我们关于它的一切思考与认识都要随时空之变换而改变,也就等于从不能获得任何知识。于是,柏拉图设计了一个超越时空的"理念世界",它是一个抽象的精神实体,具有永恒的、不变的、理念性的和完美的形式,因而是超越经验的对象,不为人类的感官所把握,必须经由"理性"的心灵的沉思,才能建立人与理念世界的联系。柏拉图的"两个世界"的观念对西方哲学产生深远的影响,如亚里士多德的形式与质料的二元论、奥古斯丁的心灵与肉体的二元论、康德的本体与现象界的二元论,都应溯源于柏拉图的理念世界与物理世界的二元论。而且,这些二元论中的第一项都是指向确定、永恒的存在,这一存在被视为知识的源泉和对象。中国哲学的道与器、天文与人文的范畴,在某种程度上可与柏拉图等人的二元论相对,但中国哲人所论的道与器或天文与人文的两个世界,并非截然对立的,而是相互贯通的,故道必须形显为器,天文必须化成为人文。由是,关于器或人文的思考与认识,不像柏拉图等说的关于物理世界的思考与认识那样地无定性而与知识的性质相背反,中国哲人讲"即器求道",就是要人们在日常经验的物理世界中,根据一定的时空环境来进行哲学的沉思,从而追求最高的、终极的知识。

精神要义，并规范了秩序的性质与形态。

周秦诸子对器物之学表达了兴趣，故论道之余也兼明器。韩非说："故万物必有盛衰，万事必有弛张。"（《韩非子·喻老》）这里的"物"与"事"对举，如郑玄注《大学》称"物，犹事也"。"物"外在于人的意识世界，"事"内在于人的认知活动，对"物"的把握关乎事实层面的认知，而对"事"的理解即是对价值意义的关切，前者一般涉及物质之器的研究，后者往往指向心性之道的体知。"然而，在中国文化中，作用于'物'和成就于'事'并非相互分离，所谓'开物成务'，便表明了这一点：这里的'务'也就是'事'，物非本然，可以因人而开。在此意义上，物与事彼此相通：物可通过'开'而化为事，事也可以通过'成'而体现于物，两者在人的活动中相互关联。"① 与事物相对应的道器范畴亦如此，彼此相关而可以沟通。因此，诸子并没有将普遍性与器物相分离，也没有使超越性与经验相隔断，他们即器以言道，对经验世界的一切器物表现出浓厚兴趣，并广泛地探究器技之学和数理逻辑等，从而使周秦诸子学具有了"道器合一"的特质。

器物和经验是与实践直接关联的，实践是人类认识世界和认识自我相结合的物质感性活动。申言之，实践包含"成己"与"成物"的双重意义，而"成己"是目的，"成物"是为了"成己"。就六经与周秦诸子学而言，实践固然与变化关联，但人类正是通过实践动作而创造性地安排变化的器物与变动的世界，由此成就一个"独立不改，周

---

① 杨国荣：《以人观之、以道观之与以类观之——以先秦为中心看中国文化的认知取向》，《中国社会科学》2014 年第 3 期。

行不殆"的确定世界，并在这一过程中成就自我，人在自我德性之圆成的同时，进而建构多元和谐的意义世界与多样形态的器物世界。比较而言，现代实践哲学是由"成物"进而"成己"，六经与周秦诸子所代表的中国哲学则把二者的逻辑关系倒转来论证，"成己"在"成物"之先，在实存的世界面前，较之器物和经验，与天道贯通的心性及其道德哲学更具本体论意义。《中庸》讲"天命之谓性，率性之谓道"，性体与道体的合一成就"内圣"的君子，其为天地立心，为生民立命，厚德载物，开万世之太平，因而是器物世界所以繁衍不息的保证。道家持论亦如此。杨朱"全性保真"的"贵己""为我"之学，绝非单纯的利己主义，他把心内之治，即生命的存在、个体的发展和自我的圆成置于首位，但他没有要超脱于外在的器物和经验之意，他知道个体之域与公共之域在观念层面及实践活动中保持着内在而紧密的相关性，故曰："以我之治内，可推之于天下。"（《列子·杨朱》）主体道德的圆满是公共领域的政治实践，乃至整个物理世界之建设的基础。庄子的"逍遥游"境界也契合此义。主体的"逍遥"是因德性之升华，而道德主体生活在有机地联系着的公共领域中，故"作为一个历史过程，每个人的自由发展与一切人自由发展之间的互融、互动，内在地关联着成己与成物的过程"。[①] 在庄子哲学里，"成己"显然具有优先性，他所揭橥的"内圣外王"一词，阐明了"成己"与"成物"的关系，并准确地概括了周秦诸子学的思想特质。

传统儒家常用"内圣外王""道器合一"等概念界定六经的性质

[①] 杨国荣：《成己与成物——意义世界的生成》，北京大学出版社，2011年，第314页。关于"成己"与"成物""个体之域"与"公共之域"等概念及其相互关系，参见此书的相关章节。

和宗旨，周秦诸子亦如是。他们强调成己之学的优先性，但从来不把作为道德意识活动的"成己"，独立于器物世界和经验实践之外，而认为自我道德的圆成发生在变动的生活世界中。那么，关于"成己"与"成物"的知识，也是在实践活动中获取的，不能离开实践而只诉诸逻辑思辨，更不能以逻辑论证或科学方法代替真理本身。同时，"成己"的方法是"化理论为德性"。所谓"理论"，除却指向心性而作为当然之则的道德哲学，还包括作为客观规律的必然之理和器技之学。主体通过认知道德的内容、规定和行为模式等，理解伦理之善的本质，形成对善的内在要求，将所体知的当然之则内化为道德情感、意志、信念和品质等。与主观知识相对的、关于物理规律的客观知识，同样可能转化为内在的道德善性。冯契指出，道德规范的合理性、正当性不仅因其合乎人性发展的要求，还因其符合社会发展规律，有客观规律的根据。[①]认识自我离不开认识世界的前提，伦理之善须建立在真理性认识的基础上，必然之理与科学知识是德性的必然内容。如宣扬兼爱、非攻的墨子具有博大的同情心和仁慈心，他那悲天悯人的道德情怀，既来自他对伦理之善的体知和他对道德规范的践行，又与其科学知识修养有莫大关系。《墨经》的许多条目就是应用逻辑推理方法来解释有关数学、物理学、天文学等研究器物本质的知识。如《经上》篇以"审辨名分"和"以名举实"的方式定义各类数学概念（圆、方、平、直、厚、始、端、间、次、仳、盈、损、体、穷、倍），这在逻辑学上是以语词符号指称实体的概念分析功能。墨

---

① 冯契：《人的自由与真善美》增订版，华东师范大学出版社，2016年，第174页。参见冯契《认识世界与认识自己》一书中论真与善、客观真理与主观德性之关系的相关章节。

子持守圉之器而不辞千里地由鲁国步行至郢都，阻止楚之攻宋，其实践行为所体现的德性，就是将客观知识与科学精神涵化为自我的本质力量及将科技伦理自觉地内化为自我的良心、责任与义务之结果。

墨子以知行合一的行为展示善与真、成己与成物的统一，周秦诸子的人格与哲学大率如此。庄子讲"道进乎技"，魏源倒言之曰"技进乎道"，似可反衬出庄子哲学里，成己之道与成物之技不可分离，真理性的器技之学可促进人的思维能力、培养人的道德品性。荀子提出"制天命而用之"的命题，"天命"指自然法则，"制"有探究自然而形成科学理论之意，而"用之"的前提是将理论内化为自我的本质力量。借用冯契的话语来解释，此命题的寓意就在引导"人们根据科学理论提供的可能性，将其与人的需要结合起来形成理想，并运用想象力将理想具体化，以指导行动，改造世界。在这个认识世界、改造世界的过程中，人的精神整体——理性和非理性、意识和无意识得到表现，人的评价意识客观化为价值，从而在现实上打下了人的烙印，同时也提高了自己的能力、锻炼了自己的性情。这样，人类凭借其本质力量，化理想为现实，使可能的东西变为有价值的东西，创造了价值界，在评价经验与价值的创造活动中，人类实现了自我，培养、发展了自己的德性"，① 使善与真、成己与成物统一于自我德性之中。

"道器合一"表明诸子学的思想内容与形态是多元的，晚清的"西学中源"论者称，近代西方的自然科学和社会科学知识，诸如天文、算学、重学、机器、测量、植物、农务、数学、声学、热学、光

---

① 冯契:《人的自由与真善美》增订版，华东师范大学出版社，2016 年，第 132—133 页。

学、电学、气象、地理、化学、医学及法学、商学、经济学、政治学、宗教学等，悉以诸子学为权舆。这些说法在学理上不能成立，然比较西学与诸子学的异同，无论在当时还是今日，都有一定的合理性与必要性。事实上，周秦诸子学几乎涉及所有的知识领域，故诸子典籍乃如刘勰所谓"博明万事"之书。事者，物也，内含道与理，明物与明理是谓论道而不离器，是谓即器以明道，旨在把形而上的道体落实于具体的经验器物界，从而使道器合一。因诸子的"道"一般是关涉伦理道德的"成己"哲学，"器"则一般是关涉技艺制度的"成物"科学，前者呈现的是人的存在状态和存在意义，后者是为存在的继续提供物质基础，故道器合一不仅是知行合一，还是成己与成物的合一。

六经与周秦诸子的"道器合一"观，在"经学时代"逐渐演变成道器分离之势。汉儒尊经，宣称"经为常道"，如董仲舒说：《春秋》大一统者，天地之常经，古今之通谊也。"（《汉书·董仲舒传》）《春秋》隐括了六经，而"六经"代表的常道并非经过逻辑推理来论证其确定性，乃经由政治威权的确认，获致其外在的权威性与神圣性。古代经学家虔诚地相信，六经承载之道贯通天地古今，是完满自足、确定恒常的，诠释经书的经学是建构社会-政治与文化-道德秩序所唯一合适的精神要义，故常道寓含于六经之中，真理为孔子与六经所独有。因而，如果人们围绕一个圣人的形象（孔子）而构筑经典的信仰，据此建立形而上学的理论基础，常道或真理便是圣人的所有物，经典的诠释者自然就成为源初真理的"承继者"，而与六经相对的诸子则被判为异端，故"诸不在六艺之科孔子之术者，皆绝其道，勿使并进"（《汉书·董仲舒传》）。申言之，常道之"经"先在地规范了物理时间与物理空间中一切实存的人、事、物之状态与意义，及其相互间的存在关系（主要是伦理关系）。这意味着，世界是确定的，未来是一个定数，没有什么能摆脱"天命"的作用（公羊家的阴阳五行天人感应论），因圣人与圣经为人类建构了一种永久稳定的世界秩序及确定不易的存在方式。时间与未来的前定性又意味着，时间是可逆的而非流向性的，历史是循环的而非进化的，过去、现在和未来同属一个完全确定和固定不易的超稳定系统之中，只要理解了经书的精神要义，就能描绘出宇宙状态与世界秩序，由此预测或推演出整个的历史过程。公羊家的"三世""三统"说是典型的历史循环论，他们描绘了一个无时间的、确定性的世界。在这个世界里，时间是可逆的，世界图景与历史过程的重现是可能的，某种先验的预示已为世界安排了永恒的、必然的秩序。董仲舒说："天不变，道亦不变。"（《汉书·董仲舒传》）世界结构是稳定的，关于这一结构的知识（道）因而是确定的。董氏大概认为，"如果在宇宙间没有固定的法则使我们有可能进行确切的预测，那么这个宇宙就是一个受混乱所统治的世界了"。[①]但是，这样一个以固定的模型和联系为其本质特征的世界，通常不容许有独特个体的存在，个体也不会对自我主体性有自觉澄明的认知，人的能动创造性和参与世界的积极主动性皆萎靡不振，任何新奇的和真正的变化都很难获得由衷的赞赏和正常地成长的机会。这个世界诚然不是机械的，它有时玄妙神秘得让人吃惊（汉代谶纬流行），但缺乏欣欣向荣的活泼的生机，经学家全身心地投入经书的诠释中（"日

---

① ［美］约翰·杜威著，傅通先译：《确定性的寻求：关于知行关系的研究》，上海世纪出版集团，2005 年，第 161 页。

若稽古"四字可以解释十万言），不再像周秦诸子那般关心器物的创造及器物之学的发展了。

孔颖达将汉儒的道器观概述为"道先器后"，"道"虽与"器"相分，但还保留了"器"的位置，还认同"器"的价值，故其经世理想是与经验世界的具体事物相即。宋明理学家则相信，完全确定性的寻求只能在纯粹认知活动中才能实现，故更为彻底地向内转，把"道"限定于心性道德学之内，从形而上学的本体论上轻视具体的经验世界及与器物相关的知识。理性主义与经验主义的对立随理学与心学的发展而达致紧张态势，这由永嘉事功派与理学家、心学家的争论可知。叶适说："物之所在，道则在焉"（《水心别集·进卷诗》），道不离物，道即物之道，而物者，器也，所谓"无考于器者，其道不化"（《水心别集·总义》），亦如薛季宣云："道非器可名，然不远物，则常存乎形器之内。"（《浪语集》卷二十三《答陈同父书》）道非超验的，形而上之道与经验界之器相即，故道器合一、理物合一，器物是道和理的存在基础，离物言道的心性理学未免流于空疏。①

明代中后期，资本主义商业经济的发展催生了中国现代价值观念的萌芽，其一大特征是"相对于传统内倾型的'自我中心'主义价值观来说，主要表现为一种外倾的事功型'个体利益'至上的观念。"②伴随着由内向外、由心性向经验的转变而来的是，人们再次认识到"器"是"第一性"的，开始扭转"崇道黜器"的价值取向。罗钦顺

---

① 参见李明友：《叶适的道器观及其对心性之学的批评》，《浙江大学学报（人文社会科学版）》2001年第1期。
② 吴根友：《从道器观、公私观——看传统价值的近代性蜕变》，《船山学刊》1996年第1期。

由气一元论引出"道器为一"说，但仍未摆脱程朱"道体器用"的理论模式。王艮讲"百姓日用即道"，日用者，器物也，用器、制器等实践活动是道的根源，应该从具体的器物界来追求确定性的道，而非用理性论辩或逻辑推演的形式来叙述最高实有的故事（"无极而太极"）。李贽的批评更为直接，他说："穿衣吃饭，即是人伦物理；除却穿衣吃饭，无伦物矣。世间种种皆衣与饭类耳，故举衣与饭而世间种种自然在其中，非衣饭之外更有所谓种种绝与百姓不相同也。"（《焚书》卷一《答邓石阳书》）没有什么"纯粹的活动"，只有物质化的、实践性的行为，确定性的道与变化的世界关联着，它必须关涉经验界的物质生活。

　　明清之际，王夫之提出"天下唯器""尽器则道在其中"说，同时代的方以智、黄宗羲、顾炎武等都表达了类似的观点——即器求道，就是从经验中寻求不变的、必然的真理性知识。这里蕴含的知行关系命题，旨在贯通形上与形下的两个世界。[1] 所以，明清之际的思想家承续了周秦诸子"道器合一"的传统，然如杨国荣指出的，"他们诚然由注目于'技'而偏离了君子不器的儒学向度，但并没有完全隔绝于儒学传统"。[2] 换言之，他们仍旧梦想从儒家经书中寻求确定性，故其关注之点"首先在于科学之'用'，由科学之'用'，又进而指向科学知识借以获得的思维方法，其中逻辑、数学方法与实证的原则被提到了尤为突出的地位"。[3] 可惜，清儒的逻辑方法和实证原则

---

[1]　如王廷相、罗钦顺的"理气为一"说和"道器合一"说，均尝试消解形上与形下间的紧张对立之危机。

[2]　杨国荣：《科学的形上之维》，华东师范大学出版社，2009年，第24页。

[3]　杨国荣：《科学的形上之维》，华东师范大学出版社，2009年，第9页。

并非应用于器物内在结构与原理的探究，而是用在经典的文字、音韵之训诂、考订上。

如胡适所称，乾嘉考据学是归纳与演绎相互为用的科学方法。[①]以逻辑方法来追求确定性，这与胡适宣扬的实证主义相近，但二者的内在实质又颇相远。考据学方法论的经典表述是戴震的"经之至者道也，所以明道者其词也，所以成词者字也。由字以通其词，由词以通其道，必有渐"。[②]确定性的知识只在儒经中，其寻求方法是分析语词的概念系统和语句的意义功能，进而揭示其所蕴含的文化信息。[③]戴震的语言哲学与西方实证主义、语言分析哲学的不同是，他没有消解形而上学的意思，他还为形而上学的确定性找到了新的发展路径，即语言、语义的分析，用朴学的话语来说，就是文字的考订与训释。[④]戴震阐述的考据学方法是清代学术的主流，他所论述的以"道论"为中心的形而上学，则影响了乾嘉以降的扬州学者和文史学者等。只是，这种"道论"虽关注经验世界的实体实事，不完全忽视器物之学，但道与器始终是相分的，盖乾嘉学术毕竟重求真求是，而相

---

① 胡适：《清代学者的治学方法》，季羡林主编：《胡适全集》第1卷，安徽教育出版社，2003年，第364页。

② 戴震：《与是仲明论学书》，戴震撰，杨应芹、诸伟奇主编：《戴震全书（修订本）》第六册，黄山书社，2010年，第368页。

③ 吴根友：《言、心、道——戴震语言哲学的形上学追求及其理论的开放性》，《哲学研究》2004年第11期。

④ 李开将戴震透过语言来思考哲学问题的新哲学形态称为"语言解释哲学"，在与西方近代以来的语言哲学相比较中，李开指出："西方语言哲学往往把语言看作与世界有相同的逻辑结构，从而以语言解释代替对世界的认识，戴震的语言解释哲学则以语言文字解释为逻辑起点，通过书本知识，寻求道德哲学本体及其具体表现。在语言和世界的关系上，西方是代替论，戴震是凭借论。"（李开：《戴震评传》，南京大学出版社，1992年，第288页）诚然，以戴震为代表的乾嘉朴学并非以语言代替形而上学，乃是凭借语言而探究形而上学。

对地忽略了经世致用。

概括说来，汉唐经学、宋明理学体现出道器疏离或道器相分的特点。然而，人们可以在理念世界中疏离器物，追求浪漫主义的或逻各斯中心主义的确定性，在经验世界中则必须"即器明道"，乃至承认器对道的决定性作用。但经学家和理学家重道轻器，他们自然不赞成"用器变道"，或重拾周秦诸子"道器合一"的传统。他们也不放弃对确定性知识的追求，故每当疑经辨伪思潮兴起，经书信仰出现危机时，他们便通过"回归原典"来重构确定性知识的形态，即升格某些解经类传记或儒家类子书为常道之"经"，通过增益经目的方式，扩展经学的知识范围，使解经之学更为丰富广博，以求适应变化了的社会存在，及更好地解释社会发展的原理、规律及其未来状态。于是，刘歆《七略》"序六艺为九种"，把《论语》《孝经》和小学类图书纳入经部，作为"附属通籍"（龚自珍语）而与五经并行，东汉经学家则升格《论语》《孝经》为"经"而有"七经"之目。[1]他们始终怀抱的信念是，世界是确定的，未来是一个定数，指引人们建构历史秩序与心灵秩序的精神要义，只能回到孔子及其代表的经书中去寻求。

把确定性局限于几部儒家经书，这是汉代尊经的儒生为后来者规范的追求确定性的思维模式。如唐人的九经、十二经及宋儒的十三经，无非是在解经类传记和儒家类典籍中转圈子。经书系统的扩大虽是通过"改传记为经""改子书为经"的方式来实现，即升格某些解经类传记和儒家类子书为经，这较之基督教传统"唯有《圣经》"的

---

① 关于"七经"的具体所指，说法不一，参见许道勋、徐洪兴：《中国经学史》，上海人民出版社，2006年，第65—67页。

绝对权威，多少表现出某种程度的开放性和包容性，而经书诠释史上的经学玄学化（魏晋）和经学释道化（宋明）也表明传统经学并不如现代激进主义者批评的那样的专制、独断。但是，主观地宣称某种知识具有绝对的神圣性和权威性，以垄断对"常道"的解释力，从而排遣其余一切知识为"异端"，在关系知与行的认知领域、伦理领域和实践领域，都只从圣人与经书的境域去寻求确定性，这终究显示了某种狭隘主义的偏执。韩愈倡始的道统论更凸显了经学在追求确定性时的狭隘倾向，因道统论者自信孔曾思孟与"四书"揭示了最高实有的本质、人的性体与心体及伦理秩序的目的与原理，而其他一切思想学说的内容与方法皆被宣判为"异端"。尽管宋明理学家往往是心安理得地从道家、道教和佛学中汲取思想资源，他们又非常斩截地在言辞上排斥诸家，拒绝承认其思想与释道之间的关联。

乾嘉学者也尝试重建新经书系统，如段玉裁的"二十一经"、刘恭冕的"二十一经"和龚自珍的"六艺九种之配"等，其知识范围由儒家经典扩大为经史子集四部。尤其是被斥为异端之子书的加入，既体现了"经子一体"的特点，又接续了诸子"道器合一"的传统。这修正了那种将儒经等同于确定性常道的观念，而经书系统的扩大还诉说着一种对儒经所代表的知识（经学、理学、心学等）的不确定感。因新系统的重建虽不以彻底地否定旧系统为前提，但至少是承认旧系统的知识已不再是必然的、永恒的常道，不一定是普遍性的真理，需要进行适当的修正，以适应变迁了的社会情实。应该指出，由不确定感到确定性的寻求，即由旧系统向新系统的转变，表明传统经学具有一定程度的开放性与包容性，其神圣的权威里并不奉行绝对的文化一元主义。

不确定感促使乾嘉学者自觉地重建经书系统，而作为异端的子书的升格，预示了"道器合一"传统的回归。章学诚提倡"道不离器""即器存道"和"道因器显"的观点，如吴根友指出的，其道论思想"隐含着一些革命性见解，即所有现存的人伦法则都可以根据具体的历史情境而加以修改的，因为这些人伦法则都只是道运动过程中的陈迹，都是具体的器物，而不是道本身"。① 这就意味着，构成社会存在的"器"是社会历史发展的决定力量，是一切意识与思维发生的根源。由此来观照经子关系，作为器用的"子"就比作为道体的"经"更具有推动社会历史发展变化的能量。事实上，当乾嘉学者以"道器"范畴来定义经子关系时，就预示了诸子学将取代经学而成为社会-政治与文化-道德秩序之建构所要遵循的精神要义，即经子关系将发生颠倒式的转向，晚清民初的学术思想史印证了这一点。

要指出的是，乾嘉学者的"开放道体""改子为经"等行为，不是要对经书、经学和儒学进行革命性的转化，而是对其加以调适性的改造，为经书注入新的思想资源，从而调整经学的知识结构，以创构新的经学思想范式及内圣外王之道。艾尔曼指出："汉学本身从来不是革命性的，尽管考据学者要求变革，但仍停留于儒家基本理论限定的范围之内，他们再一次确定经典理想的现代价值。对他们而言，儒学仍然是新的信仰与政治行为模式的起点即不容置疑的要素。"② 孔子与六经作为确定性常道的信仰，仍在乾嘉学者的心灵中积习甚深。但儒经不再代表全部的宇宙道体，他们承认诸子之道的合法性，把诸子

① 吴根友：《乾嘉时代的"道论"思想及其哲学的形上学追求——以戴震、章学诚、钱大昕为例》，《浙江工商大学学报》2010 年第 5 期。
② ［美］本杰明·艾尔曼：《再说考据学》，《读书》1997 年第 2 期。

学定义为工具性的器用之学，而与代表价值和信仰的常道之"经"相辅并行。

尽管乾嘉学者关注诸子的义理学（道），但基本上局限于荀子的礼学和人性论，他们对周秦诸子学的提倡，主要表彰其经验性和实用性的经世价值，即是"通子致用"。如墨子，毕沅说墨学的节用、节葬、非乐、非命、兼爱、非攻、尊天、明鬼、尚贤、尚同等主张，皆为"通达经权"之说，其《备城门》诸篇的兵家言也有实用价值。汪中最推崇墨学，他欣赏墨子的"十义"，称赞其救世之术甚多，认为荀子、墨子之说"相反相成"，墨学足以挽救衰世之弊。[①] 如老子，徐大椿说《老子》中有养生、修德、治国、用兵之法，可用以修己治人。[②] 钱大昕明确表示："《老子》五千言，救世之书也。"[③] 魏源的《论老子二》也有此等语。又如法家，虽然乾嘉儒生大多批评法家，方苞说："管氏之书，其本真盖无几，以其学既离道而趋于术。"[④] 经学是道，法家是术，但刑名之术可为治国之用。姚鼐的《诸子考略》就把诸子之言比作"良药"，能救衰世之疾。这些反映了乾嘉学者接续了司马谈的"诸子皆务为治者"说，他们研治诸子学的目的，是要以周秦诸子的治道来解决当下社会的种种危机。因嘉庆后期，王朝显露出由盛转衰的迹象，而乾嘉经典考据学把经学研究引入文字音韵的

---

① 汪中：《墨子序》，汪中著，田汉云点校：《新编汪中集》，广陵书社，2005 年，第 410 页。

② 徐大椿：《道德经注·凡例》，氏著《道德经注 阴符经注》，商务印书馆，2018 年，第 2 页。

③ 钱大昕：《潜研堂文集》卷二十五《老子新解序》，钱大昕撰，吕友仁校点：《潜研堂集》，上海古籍出版社，2009 年，第 418 页。

④ 方苞著，刘季高校点：《方苞集》卷四《删定〈荀子〉〈管子〉序》，上海古籍出版社，1983 年，第 86 页。

训诂、考证之中，使得学术思想与经验世界严重脱节，故学者要提倡器用之诸子学来推动社会与政治的变革。

乾嘉学者表彰诸子学的实用价值时，也在义理上把墨子"兼爱"、老子"自然"等与儒家"仁义"相会通，以此肯定墨、老的思想价值。只是，这样的尝试仅限于少数学者，不足以改变"经为道"而"子为器"的社会观念。然而，作为器用的"子"与作为道体的"经"之关系是否恒定不变？抑或"子"与"经"可能相互地转换其道器关系，即"子"将上升为道体而取代"经"的地位呢？这在乾嘉时期当然是不可能的，但却成了晚清学术史的事实。那么，乾嘉的"经道子器"是如何转向晚清的"子道经器"的呢？为了理清这一学术发展的内在理路，我们需要超越乾嘉时期，将研究视域扩展至道光、咸丰、同治及光绪朝的学术思想史，以追寻经与子之道器关系的转向轨迹。

道光、咸丰之世，太平军起义和西方强国的入侵加速了王朝的衰败，为纾解严重的内忧外患，许多学者主张"通子致用"，提扬诸子学的实用价值。如姚莹反对儒家批评佛老，认为老庄哲学是救世的良方，能使衰颓的社会起死回生。他还说《管子》包含古今王霸之治道，与孔子思想相通。[①] 魏源撰有《老子本义》，并为《墨子》《孙子》《六韬》《吴子》等书作注解，发明老、墨、兵家的救世思想。曾国藩说，诸子皆可师法，故游心要如老庄之虚静，治身要如墨翟之勤俭，齐民要如管、商之严整。[②] 余例尚多，不赘举。值得注

---

① 姚莹：《东溟文集》卷一《罪言》，《清代诗文集汇编》第 549 册，上海古籍出版社，2010 年，第 316—317 页。
② 曾国藩：《曾国藩全集·日记一》"咸丰十一年八月十六日"条，岳麓书社，1987 年，第 652—653 页。

意者，他们还阐释老子、管子的心性道德学，使其与儒学融通。姚莹的《管子言敬静》认为，《管子》性情论中的内静外敬和心能执敬说与理学的心性静敬说相近。魏源说："自然者，性之谓也。人而复性，则道之量无不全矣。"[1] 他是用自然简质之性来矫正浇漓之世的多欲之俗。

降至同治、光绪朝，中国处于三千年未有之变局中，然西方高度发达的物质文明令天朝上国的士子们惊叹之余，尚不失文化的自尊与自信。面对东渐的西学，他们抛出"西学中源"说，宣称那创造了声光化电的西学，皆源自中国两千年前已有的学问，没有什么特别的，更不必崇拜之而自卑。因科技属器用之物，西学的"中源"自然不是含摄形而上道体的儒家经书，而是那研究形而下之器物的周秦诸子。晚清学界流行的说法是，近代西方科学皆源于周秦诸子学。如张自牧说：西方天文、算学、重学、机器、测量、植物、农务、数学、声学、热学、光学、电学、气象、地理、化学、医学等"实皆卓然可观，其源多出于《墨子》及《关尹》《淮南》《亢仓》《论衡》诸书"。[2] 许多学者坚持"西学源于诸子"说，他们把子学与西学相缘附，借机复兴周秦诸子学。有人甚至提出"西学源出墨学"，后来的栾调甫概括说："道咸以降，西学东来，声光化电，皆为时务。学人微古，经传蒺如。《墨子》书多论光、重、几何之理，足以颃颉西学，此其由微而著者。"[3] 这话指出了晚清墨学的复兴之机是西学的冲击，

① 魏源：《老子本义》，上海书店出版社，1987年，第27页。
② 张自牧：《蠡测卮言》，王锡祺辑：《小方壶斋舆地丛钞（七）》十一帙，南清河王氏铸版，第499页。
③ 栾调甫：《墨子研究论文集》，人民出版社，1957年，第140页。

但其复兴的远因则是乾嘉学者对墨学的提倡。所谓"经传蔑如"，显示出墨学的价值超越了经传之学，即作为器用的"子"较之作为道体的"经"更受人们的重视。非唯墨学如此，晚清学者将先秦诸子学与西方的社会科学作了类比，认为西方经济学见于管、商，自由、民主思想载于老、庄，凡进化、民约、民权之论，诸子书中皆有之，却是"六经之内所未讲"者。^① 所以，人们主张通"子"以救国、富国、强国的呼声愈来愈多，诸子学受到的推崇逐渐超越经书与经学，经与子的关系亦趋向平等。

然在晚清，经书作为确定性之常道和信仰的知识对象，依旧发挥着维系人心的作用。多数士人仍持守"中学为体，西学为用"的文化立场，如变法家冯桂芬、郭嵩焘、王韬、郑观应、薛福成、何启及洋务运动的代表人物曾国藩、李鸿章、左宗棠、张之洞等均赞成"中体西用"论。郑观应《盛世危言》"增订新编凡例"说："道为本，器为末，器可变，道不可变，庶知所变者富强之权术，非孔孟之常经也。"^② 王韬在声应郑氏时说："盖万世不变者，孔子之道也，儒道也。"^③ 他们还宣称经学与儒学是普遍的、确定性的形而上道体，西学与诸子学等仅有应用性的工具价值。

不过，"经道子器"或"经体子用"说对"器"和"用"的高度重视，已蕴含了对道体的某种修正，而"器"之上升为"道"也是其内在的必然性逻辑。谭嗣同说："故道，用也；器，体也。体立而用

---

① 薛福成：《出使英法义比四国日记》，岳麓书社，1985 年，第 499 页。
② 郑观应著，王贻梁评注：《盛世危言》，中州古籍出版社，1998 年，第 55 页。
③ 王韬：《杞忧生〈易言〉跋》，氏著《弢园文录外编》，上海书店出版社，2002 年，第 266 页。

行，器存而道不亡。……器既变，道安得独不变？"①即揭示了此中消息。因经验世界之"器"的变化必然引起理念世界之"道"的相应变化，即变"器"以为"道"，"道"与"器"之间发生相互转向。清末民初之际，"道"与"器"所指称的知识对象果然发生了转变，即原先作为器用的诸子学上升为道体，进而取代了经学。江瑔《读子卮言》说："古之学术，曰道曰器。道者形而上，器者形而下。形而下者有形，形而上者无形。诸子百家之学，……皆纯然为无形之学，故其为道诚为百学之冠。"②这不仅是尊诸子学为形而上道体，且称诸子之道为"百学之冠"，超过了常道之"经"。

以上梳理乾嘉至晚清的学术思想史，展现了经子关系由"经道子器"转变为"子道经器"的过程。这种转变是乾嘉学者开放道体、改子为经及通子致用的必然结果，晚清诸子学的兴起，其主要原因应归结于此，而非单纯地回应西学之冲击。同时，这种转变启发了民国学者批判经学及提出"子学即哲学"的命题，故从经子关系的角度来考察清代学术思想史，也能展现其演变的内在理路。由此可见，从乾嘉至晚清，再回溯至晚明的启蒙时代，这三百年间的中国社会日渐演化，且与变局中的世界遥相呼应，以此为转变的内在契机，中国传统价值观念的现代化运动即发端、内生于是。换言之，这三百年学术思想史蕴含着中国传统文化的代谢过程，且"是一个

---

① 谭嗣同：《报贝元征》，蔡尚思、方行编：《谭嗣同全集》下，中华书局，1981年，第196—197页。
② 江瑔：《读子卮言》，华东师范大学出版社，2012年，第3页。晚清经子之间道与器、体与用关系的转变，是与当时思想界流行的道器升替思潮息息相关的。关于这一思潮，参见陈卫平：《道器升替：中国近代进化论的历程》，《学术界》1997年第1期。然此文是对学术史的宏观考察，没有叙及经子间的器道升替现象。

同质的文化历程"。① 尽管明末清初的诸子学与三百年后孙诒让、章太炎的诸子学所要回应和处理的时代问题存在差异，但前后的思想脉络却是贯通的，而承接晚明且启发晚清之诸子学的是乾嘉学者对经子关系的思考。

乾嘉经子关系的转向还表明，智识主义的求真精神引导人们打破那种"唯有儒经"的道统和学统，尝试超越汉学与宋学之嚣争、今文与古文之聚讼，在推崇周孔所编纂之六经的同时（"六经正名"），考核六经之道在四部典籍中的流衍，从中选择若干足以襄辅或匹配六经的典籍，由此重建一个"经史子集"共存互通的经书系统，并据此诠释新的经学思想范式（"回归原典"），最终促使诸子学的价值认同由器用之学转变为确定性的常道。然而，经书系统之所以成立的首要前提，在于其内含一以贯之的道体，而道体的核心义旨可以让人们重新理解和定义历史的起源与目标，也可以为当下社会-政治与文化-道德秩序之建构提供合适的精神要义。遗憾的是，段玉裁、刘恭冕、龚自珍等重建的经书系统，却仅停留于构想而已，既未曾为其创构一以贯之的道体，也没有周详地论证新系统对中国历史文化传统的解释力与涵摄力，更未阐明新系统能否及如何回应日益变迁中的经验世界，也就未能创造出新的经学思想范式，以致影响有限而几乎被遗忘。不过，晚清康有为、章太炎及后来的熊十力皆师法乾嘉学者的"六经正名"和"回归原典"，他们不仅建构了新的经书系统，也创构了新的经学思想体系，但他们面对的是传统

---

① 萧萐父、许苏民：《明清启蒙学术流变·导论》，辽宁人民出版社，1995年，第24页。

文化的信仰、价值和秩序遽然瓦解的时代，故其思想亦不为同时代人所同情和理解。他们所致思的是"中国向何处去""中国文化向何处去"等时代性议题，其学说中颇有值得称道和叙述者，今人或可从中收获诸多启益。

康有为"原儒"及其
经子关系论

近代以来的"原儒"研究，论者通常以为始于章太炎的《国故论衡·原儒》篇，其后胡适作《说儒》一文，他的大胆假设近乎想象，而小心考证又不尽可信，乃引起郭沫若、冯友兰、钱穆等著文讨论。[①]如果把语言学的考订视为思想的探源，章太炎的《原儒》确有开风气的意义。如果从思想演变的视角探究儒家的起源及其在先秦的流衍，进而考察儒家与孔子及六经的关系，这也是一种原儒的工作，那么，在章氏之前的康有为，已经提出一套系统的理论，章氏的原儒大概是对康说的回应。或因康有为并非运用客观实证的方法，其出发点又旨

---

① 20 世纪有关原儒、说儒的讨论，参见王尔敏《当代学者对于儒家起源之探讨及其时代意义》（王尔敏：《中国近代思想史论》，社会科学文献出版社，2003 年）、陈来《说说儒——古今原儒说及其研究之反省》（陈明主编：《原道》第二辑，团结出版社，1995 年）、尤小立《胡适之〈说儒〉内外：学术史和思想史的研究》（北京大学出版社，2018 年）。根据王、陈、尤的研究，在章太炎撰写《原儒》之前，刘师培已提出原儒的问题。在胡适发表《说儒》之前，张尔田、江瑔、刘咸炘、许地山等亦曾撰文讨论儒家的起源问题。

在建立儒教或孔教，故论者往往忽视他对近代原儒工作的影响。诚然，康氏的说法虽不免主观，但必须承认的是，它与传统的儒家观念一脉相承，而康氏在探究儒家思想的源流时，阐述了他对经子关系的思考。

第一节　儒、儒家与儒教

推原儒家的本源及其流衍，古今学者均有尝试，然其方法和出发点或有不同，结论可能殊异。大致说来，一派是用语言学或历史学的方法，考证"儒"字的本义，进而探讨儒家的起源及儒家与孔子的关系，如章太炎、胡适等。一派是用思想史的方法，考察儒家的思想渊源与特质，证明孔子奠定了儒家的核心之道，具有一定的开创性意义，如冯友兰、陈来等。还有一派是"即道原儒"，宣称儒家是孔子所创，儒家的本源即在六经，并在探源的同时，又追溯儒家学统的流衍，如康有为、熊十力等。第一派被视为科学方法，信从者较多，影响亦较大。

关于儒家的起源，《汉书·艺文志》的说法代表了古代儒者的认识。《汉志》称儒家"游文于六经之中，留意于仁义之际，祖述尧舜，宪章文武，宗师仲尼，以重其言，于道最为高"，这是"即道原儒"，从先王之道的流衍角度追溯儒家思想的起源，肯定孔子对儒家之创立的作用，并提出了经子关系问题，作为诸子之一的儒家是"六经之支与流裔"。近代以来，各种原儒、说儒、释儒的论著不少，学者应用傅斯年所谓"语学的"方法，[1] 从语文学或字源学的进路考究"儒"

---

① 傅斯年《性命古训辨证·引语》："以语言学的观点解释思想史中的问题。"（欧阳哲生主编：《傅斯年全集》第二卷，湖南教育出版社，2003年，第505—509页）近代学者的原儒就多用"语学"或"语言学"的方法。

的本义，据此推论儒家的思想渊源和特质，以及儒家与孔子及六经的关系。这样的研究具有还原主义的特点，既从本源上解构了儒家言道、论道的历史，消解了儒家"于道最为高"的权威性，也从本源上否定了孔子诠释六经道体而创立儒家的传统说法，从而呼应20世纪所流行的"批儒反孔"思潮。但如陈来指出："这些研究都是语学的或史学的方法，都不是思想史的方法。"所以，"这种字源的研究往往游离了儒家思想探源的方向，甚至产生误导的作用"。[①]其对理解儒家思想的起源究竟有多大意义，实在值得商榷。

陈来的话提示了一个问题，即在原儒的过程中应注意"儒"与"儒家"的区别。尽管"儒"字见于甲骨文中，[②]"儒"作为一种职业，在殷商时代已经存在，巫史传统中的儒士，他们的职业性活动及其所掌握的知识，构成了儒家的思想资源，这是思想史的事实。但如韩非所云："儒之所至，孔丘也。"（《韩非子·显学》）这不只是说孔子乃职业性之"儒"的最高代表，更是说孔子创立了儒家思想，就像墨翟创立墨家思想一般。（《韩非子·显学》："墨之所至，墨翟也。"）其实，现代学者从思想史角度探究儒家的起源时，他们注意到"儒"的本义与儒家思想的内在关联，然他们大多强调，作为一种思想流派的儒家应溯源于孔子。冯友兰就指出，"儒"与"儒家"并不是同一意义，"儒"指以教书相礼等为职业的一种人群，"儒家"指先秦诸子中的一个学派。"孔子不是儒之创始者，但乃是儒家之创始

---

① 陈来：《古代宗教与伦理——儒家思想的根源》，生活·读书·新知三联书店，1996年，第15页。
② 徐中舒：《论甲骨文中所见的儒》，载《徐中舒历史论文选辑》下册，中华书局，1998年。

者。"① 周予同认为，"说儒"首先要把"儒""儒家"和"儒教"区分清楚，孔子以前已经有了"儒"字和"儒士"群体，然"孔子是儒家的开创者"。② 劳思光亦承认，"儒"可能是由职业礼生演进而成，"但就'儒学'而论，则孔子以前实无所谓'儒学'，'儒学'之基本方向及理论，均由孔子提出，故'儒学'必以孔子为创建人"。③ 胡适《说儒》强调儒家思想特质与"儒"字柔弱之义的关联，但他也肯定孔子对儒家创立的贡献：一是把殷商民族的部落性的儒扩大为"仁以为己任"的儒，二是把柔懦的儒改变为刚毅进取的儒。④ 用孔子的话说，就是把"小人儒"改造为"君子儒"，两者的分际反映了"儒"与"儒家"的区别，孔子的改造最终使得儒家思想得以确立。

康有为的"原儒"便是直接从儒家与孔子的关系说起，而观点前后略有变化。在早期的《教学通义》中，康有为还是"尊周公、崇《周礼》"，称儒者是守先王之道，依据六艺而"自为功夫"，即发明六艺道体，开创一种思想流派，"使先王之道灿著者"。⑤ 他说："孔子不幸生失官之后，搜拾文、武、周公之道，以六者传其徒，其徒尊之，

---

① 冯友兰：《原儒墨》，《清华大学学报（自然科学版）》1935 年第 2 期。
② 周予同：《有关讨论孔子的几点意见》，《学术月刊》1962 年第 7 期。
③ 劳思光：《新编中国哲学史》第一卷，广西师范大学出版社，2005 年，第 78 页。李源澄《评胡适说儒》（载《国风》半月刊，第六卷第三、四合期）、陈恭禄《中国史》"说儒"一节，均主张儒家以孔子为始。郭齐勇"原儒"时指出："儒的前身不可考，儒家的正式形成当在春秋末期的孔子时代"，强调作为思想流派的儒家，其创始人是孔子。（郭齐勇：《中国儒学之精神》，复旦大学出版社，2009 年，第 14 页）
④ 胡适：《说儒》，季羡林主编：《胡适全集》第四卷，安徽教育出版社，2003 年，第 1 页。
⑤ 康有为：《教学通义》，《康有为全集》第一集，中国人民大学出版社，2007 年，第 34 页。

因奉为‘六经’。习其学，守其道者，命为儒。”①这延续了《汉志》的说法，从思想史的角度来原儒，确认六经与文、武、周公之道是儒家思想的本源，六经“皆王教之典籍”，“周之典章”，“经义皆周道也”。②孔子根据周文化诠释六经，发扬先王之道，孔门后学传习其道而形成儒家思想。换言之，孔子既未曾作六经，儒家亦非孔子所创始，儒家更不是一种宗教。但儒家“于道最为高”，儒与道是一体的关系，因其游文于六经，其与六经乃源与流的关系，此即《汉志》的“支与流裔”说。

转向今文经学后的康有为，因受西方传教士宣扬的“教强国强”理论之启发，他开始走上建立儒教的文化复兴之路。一方面，他把儒、儒家和儒教等概念等同使用，完全不考究“儒”字的本义，也不考虑“儒”与“儒家”“儒教”的区别。另一方面，他和晚清的今文经学家一般，宣称孔子以前不得有经，并把这种观念移用到“原儒”的工作上，认为孔子以前不得有儒和儒家。③他在《新学伪经考》《孔子改制考》等书中反复申论：

> 儒者，孔子之教名也。……夫儒家，即孔子也，七十子
> 后学者，即孔子之学也。④

---

① 康有为：《教学通义》，《康有为全集》第一集，中国人民大学出版社，2007年，第35页。
② 康有为：《教学通义》，《康有为全集》第一集，中国人民大学出版社，2007年，第41、44页。
③ 日本学者狩野直喜于1920年1月、7月发表《儒的意义（上、下）》，文章指出："康有为等公羊学者，以孔子为儒教开山祖师，他们认为孔子自己首创‘儒’之名称，并以‘儒’自居。对此我不敢苟同。"（见［日］狩野直喜著，周先民译：《中国学文薮》，中华书局，2011年，第81—82页）
④ 康有为：《新学伪经考》，《康有为全集》第一集，中国人民大学出版社，2007年，第415页。

> 儒教，孔子特立。传道立教，皆谓之儒。①
>
> 儒为孔子时创教名。……当时称孔子书为儒书。②
>
> 儒创自孔子。……儒为通道艺之人，而儒尊焉。③

儒、儒家和儒教等概念是同义的，均由孔子所创立，非承袭先王而来。盖"先王即孔子"，④孔子就是改制的"文王"，即创立文明法则的圣王。"儒书"指六经，康氏说《尚书》二十八篇皆儒书，"全经孔子点窜，故亦为孔子之作"，蕴含"孔子大经大法……实是儒者之道"。⑤不只是今文《尚书》，康氏称六经皆孔子所作，寄寓着微言大义。诵儒书、行儒道者，即是孔子儒教中人，绝非助祭相礼之徒。在义理层面，六经宣扬的亲亲、尊贤、丧服、亲迎之义，"皆孔子所创，而非先王之旧"。⑥从儒书、义理及下文提及的儒服等来看，这些都是孔子所创造，故康氏相信："儒之为孔教，遂成铁证矣。"⑦按照他

① 康有为：《康南海先生讲学记》，《康有为全集》第二集，中国人民大学出版社，2007年，第108页。
② 康有为：《孔子改制考》，《康有为全集》第三集，中国人民大学出版社，2007年，第87页。
③ 康有为：《孔子改制考》，《康有为全集》第三集，中国人民大学出版社，2007年，第88页。
④ 康有为：《孔子改制考》，《康有为全集》第三集，中国人民大学出版社，2007年，第117页。康有为《春秋笔削大义微言考》："此孔子自命之辞，可见孔子为文明之王也。故王愆期曰：文王，孔子也。此又一义也。孔子以人世宜由草昧而日进于文明，故孔子日以进化为义，以文明为主。"（《康有为全集》第六集，中国人民大学出版社，2007年，第11页）
⑤ 康有为：《孔子改制考》，《康有为全集》第三集，中国人民大学出版社，2007年，第129页。
⑥ 康有为：《孔子改制考》，《康有为全集》第三集，中国人民大学出版社，2007年，第92页。
⑦ 康有为：《孔子改制考》，《康有为全集》第三集，中国人民大学出版社，2007年，第92页。

的意思，凡脱离孔教或儒教来原儒、说儒，其结论都是不能成立的。

从历史视角看康有为的原儒，自然很难认同其观点。不过，站在今文经学的立场来看，大概就能理解其立说的意旨。作为今文经学家，康氏明确宣称，六经皆孔子所作，非先王之典籍，经义当然是孔子所发明的微言大义，而非尧舜文武之道。他说："六经为孔子所定，以为儒书。"① 把六经称为"儒书"，多见于《孔子改制考》：

> 凡从孔子教，衣儒衣冠、读儒书者，便谓之儒。②
> 凡后世诵儒书，任儒统，衣儒服，皆所谓继文王之体，守文王之法度者。③
> 当时称孔子书为儒书……鲁人皆从儒教。④

第二条材料中的"文王"乃指孔子，孔子就是创立文明法则的圣王。这一方面是说儒家依托六经而演绎其思想，另一种隐含的意思是，六经为孔子所作，儒家既然是"游文于六经之中"，自然也是孔子所创。故曰："学立于孔子，教亦立于孔子。"⑤ 儒学、儒教均为孔子所立，它不只是构成中国文明和支撑这个帝国延续两千年的思想体系，也是

---

① 康有为：《孔子改制考》，《康有为全集》第三集，中国人民大学出版社，2007年，第92页。
② 康有为：《孔子改制考》，《康有为全集》第三集，中国人民大学出版社，2007年，第98页。
③ 康有为：《孔子改制考》，《康有为全集》第三集，中国人民大学出版社，2007年，第153页。
④ 康有为：《孔子改制考》，《康有为全集》第三集，中国人民大学出版社，2007年，第222页。
⑤ 康有为：《万木草堂讲义》，《康有为全集》第二集，中国人民大学出版社，2007年，第298页。

为万世及全球所建构的具有普遍性的文明模式。

我们知道，康有为建立儒教的本意是进行宗教改革，通过保教进而实现保国保种的目的，建立小康礼教的社会，然后由中国推扩于环球，成就一个天下大同的世界，此即其三世进化之义。康氏说"孔子为儒教之祖"，[①]孔子和耶稣基督同是创教的神人，[②]孔子开创了一种名为"儒教"的人文宗教。显然，康有为是要"侪孔子于基督"，[③]意在仿效马丁·路德的方法，制定中国现代的宗教改革路线。如研究者指出："康有为作《孔子改制考》《新学伪经考》，相当于路德的《九十五条论纲》；主神、教主、教会、教义……一一仿照耶教，不是相似，是神似。"[④]这种中西文明的比较视域，其实内含一种普遍主义的世界观，而将儒家宗教化的设想则促使康有为采取一种与语言考证完全不同的方法来原儒。同时，正因为康氏的原儒是立场先行，缺少实事求是的维度，既然不是客观地考究思想史，便非可信可据的论断，故民国及当代学者在原儒、说儒时，基本不会提及。但作为一家之言，亦自有其学术史的意义。

康有为从建立儒教的角度来原儒，既有思想史的依据，也有其现实的关怀。在儒学诠释史上，汉代以前的学者在原儒、说儒时，往往强调儒与道及孔子的关系。《周礼·天官·大宰》曰："儒，以道得

---

① 康有为：《孔子改制考》，《康有为全集》第三集，中国人民大学出版社，2007 年，第 117 页。
② 康有为《孔子改制考》："儒之极者为圣儒，……盖儒教中之极品名号，创教者不能名之，只能谓之神人矣。"（《康有为全集》第三集，中国人民大学出版社，2007 年，第 234 页）康氏认为孔子是圣儒，又是神人。
③ 梁启超：《清代学术概论》，梁启超著，汤志钧、汤仁泽编：《梁启超全集》第十集，中国人民大学出版社，2018 年，第 273 页。
④ 李天纲：《中国宗教改革的两种版本》，《探索与争鸣》2017 年第 9 期。

民。"儒不是一种相礼的职业，而是得道、论道、守道之人。儒所传习的道，不是三代圣王之道，乃如高诱注《淮南子·俶真训》所云："儒，孔子道也。"①儒之道是孔子所创。韩婴的《韩诗外传》说得更明白："儒者，儒也。儒之为言无也，不易之术也。千举万变，其道不穷，六经是也。"②儒的本义就是指得道之儒家，儒家传习的是承载于孔子所编撰之六经的亘古不易的确定性常道。即便是以训诂学考订"儒"字的郑玄，他也表示："儒者，濡也，以先王之道能濡其身。"③这仍然是突出儒与道是一体的关系。其所谓"先王"，在康有为看来就是孔子。不过，《说文》曰："濡，从水需声。"胡适以为，凡从"需"的字都有柔弱或濡滞之义，儒从需，儒者是文弱迂缓之人，④绝非所谓传道立教者。各种职业说也"只是把儒看作一种传授某种知识的人，视儒为一种'艺'，而没有把儒作为一种'道'，把儒家作为一种思想体系来把握"。⑤这种用实证方法得来的结论，也许更为客观真实。但在传统儒者看来，即便是作为职业的"师儒"，也是"乡里

---

① 刘文典撰，冯逸、乔华点校：《淮南鸿烈集解》卷二《俶真训》，中华书局，2017年，第79页。

② 韩婴撰，许维遹校释：《韩诗外传集释》卷五《第十四章》，中华书局，1980年，第182页。

③ 郑玄注，孔颖达疏：《礼记正义》卷五十九《儒行》，北京大学出版社，1999年，第1577页。

④ 胡适：《说儒》，季羡林主编：《胡适全集》第四卷，安徽教育出版社，2003年，第8页。不少学者信从胡适的训解，饶宗颐一面赞成训"儒"为"柔"，一面指出"柔"字本义当为"安"之意，而"儒"字原义当为"安和"之意，儒家"即能安人能服人"，能"以道得民""以道安人"。孔子统一了"师""儒"的工作，是历史上最伟大的教育家，所以孔子被尊为儒宗。（饶宗颐：《释儒——从文字训诂学上论儒的意义》，《东方文化》）饶氏之说综合了语文学的与思想史的方法。

⑤ 陈来：《说说儒——古今原儒说及其研究之反省》，陈明主编：《原道》第二辑，团结出版社，1995年，第281页。

教以道艺者"，① 郑玄把"濡"与道相关联来释"儒"，正是强调儒与道的一体性。这是传统儒者普遍认同的观点，康有为也是如此。

当然，康有为的原儒与传统儒者及现代学者均有不同，他不仅注重儒与道的关联，他同时强调儒与宗教的一体性。这是出于现实的文化关怀，因儒家在晚清备受西方宗教的冲击。他颇为沉痛地说：

> 圣人防儒教之弊，而忧异教之害焉。……古之儒者，咸闻大道之统，绝不在"六艺"之科，故无辟儒之患，而异学不行焉。……今则正学衰息，异教流行，盖难言矣。②

康氏的话再次强调，儒与儒教是同义的。凡称为"儒"的人，必定是闻道、体道的信教者，是六经道体的传习者。此处的"异教"，既指先秦诸子创立的宗教，因康氏认为，诸子和孔子一样，都是改制立教之人。同时，"异教"还指西方传来的天主教和基督教。东渐之西学引发传统儒学与经学的信仰危机，康氏要仿效马丁·路德的宗教改革，建立孔教会，成立制度化的教会组织，借以护持儒教信仰，进而干预现实政治。他说："儒是以教任职，如外国教士之入议院者。"③ 这表明，康氏的儒教说既要防止异教之害，又是即世间而非出世间的，且内含政教合一的制度构想，借由立教而推动政制改革，实现变法强国的目的。

---

① 郑玄注，贾公彦疏：《周礼注疏》卷十《大司徒》，北京大学出版社，1999年，第263页。
② 康有为：《子曰学而不思则罔》，《康有为全集》第二集，中国人民大学出版社，2007年，第7页。
③ 康有为：《孔子改制考》，《康有为全集》第三集，中国人民大学出版社，2007年，第99页。

　　宗教通常拥有统一的服饰，康有为在原儒时特别提出"儒服"的问题，借以证明"儒"的宗教性。他说："当时凡入儒教者，必易其服，乃号为儒，可望而识，略如今僧道衣服殊异矣。"[①]先秦的儒服是否即为教士服饰，这固然可以讨论。但孔子确曾说过"生今之世，志古之道；居今之俗，服古之服"（《大戴礼记·哀公问五义》）的话。对于儒士，孔子主张要内观其志，外观其服。儒服之说，大概渊源于此。故康氏谓："凡从孔子教，衣儒衣冠、读儒书者，便谓之儒。"[②]儒服和儒书一样重要，成了"儒"的一大特征。由"儒服"一例可见，康有为努力为其儒教理论寻求历史依据，并证明"儒"是孔子所立，儒、儒家和儒教的含义是连贯相依的。

　　比较而言，康有为与现代学者原儒的最大不同，可能是在方法论上，而不一定是在观点和结论上。如前所述，康有为是立场先行，他从建立儒教的角度来原儒，而不在意"儒"的本义及其演变。章太炎、胡适等则是从历史视角来原儒，他们运用实证方法来考究"儒"的原初意涵及其演变过程，尤其注重考察相礼之儒如何转变为诸子流派之一的儒家，及孔子对儒家的创立有何贡献，从而使儒家的本源不再模糊笼统，而展现出历史成长的轨迹。胡适表彰章太炎的《原儒》有开山之功，即因章氏首先提出"题号由今古异"的历史见解，这使人们知道"'儒'字的意义经过了一种历史的变化"。[③]传统儒者和康

---

① 康有为：《孔子改制考》，《康有为全集》第三集，中国人民大学出版社，2007年，第93页。
② 康有为：《孔子改制考》，《康有为全集》第三集，中国人民大学出版社，2007年，第98页。
③ 胡适：《说儒》，季羡林主编：《胡适全集》第四卷，安徽教育出版社，2003年，第3页。

有为的研究都不甚注重历史维度。然在观点和结论方面，康有为与熊十力、冯友兰等在相对中亦有相近者。如他们肯定孔子是儒家的开创者，前引文献已见康有为、冯友兰、周予同、劳思光等均持此说。此外，李源澄、熊十力等在原儒时，同样主张儒家、儒学为孔子所创。熊氏谓："中国学术思想当上追晚周，儒家为正统派，孔子则儒家之大祖也。"① 这样的说法未必来自康有为，却与康说相近、相通。

值得注意的是，胡适和康有为一般，在原儒时带入了宗教视角，他把孔子和耶稣做对比，颇像康有为欲"侪孔子于耶稣"。为了证明孔子是立教之教主，胡适特别考证了儒服、三年之丧等，将其看成孔子从殷文化中继承的宗教制度。因此，胡适和康有为都认为原初的"儒"是教士，孔子建立了一种带有宗教性的儒教。正是在此意义上，冯友兰说："胡先生的对于儒及孔子之看法，是有点与今文经学家相同。"② 不同的是，康有为宣称孔子以前不得有儒、儒家和儒教，胡适认为"儒"是殷民族的教士阶级，"儒教"原为殷商亡国遗民的宗教，孔子对此做了改进而为"儒的中兴领袖"，但孔子"不是儒教的创始者"。③ 这应该是针对康有为的儒教说而发的。还有一点显著的差异

---

① 熊十力：《原儒》，上海书店出版社，2009 年，第 96 页。另参见李源澄的《评胡适说儒》一文，载《国风》半月刊，第六卷第三、四合期。陈恭禄《中国史》中的"说儒"一节，也主张儒家以孔子为始。

② 冯友兰：《原儒墨》，《清华大学学报（自然科学版）》1935 年第 2 期。

③ 胡适：《说儒》，季羡林主编：《胡适全集》第四卷，安徽教育出版社，2003 年，第 40 页。在胡适撰写《说儒》之前，许地山已经发表《原始的儒、儒家与儒教》一文（《生命》第 3 卷第 10 集，1923 年 6 月 15 日；又见《晨报副刊》第 171—175 号，1923 年 7 月 2—7 日）。其中讨论了这三个概念与孔子的关系，尽管他和胡适一样，是以历史的方法来原儒，不赞成孔子创立儒家、儒教的说法。但他结合儒教来考察儒与儒家的起源，这种视角与康有为相近。此外，任继愈曾提出建立儒教的理论，而就儒家或儒教的起源问题，他的观点和胡适、许地山接近。他认为儒家或儒教不是（转下页）

是，在康有为那里，孔子创作六经，并据此诠释义理而开创了儒家思想，其他诸子学均渊源于此。胡适乃别出新见，认为先秦既无道家之名，亦无道家之思想流派，老子并非道家，而是殷商老派的正宗的儒。老子的教义代表了"儒"的古义，孔子曾问礼于老子，故孔子之儒家实源出于老子，并非孔子所独创。胡适此说旨在证明老子的年岁早于孔子，呼应其《中国哲学史大纲》的说法。关于老、孔的年代先后问题，涉及下文将要论述的经子关系命题，在此暂且不予评论，我们只是借以说明康、胡原儒的异同而已。

我们把康有为的原儒放在思想史脉络中来考察，一方面是看到康氏的原儒有着深厚的思想史基础，其以道释儒、肯定孔子与儒家的渊源关系，均见于传统儒者的论说之中。而他强调"儒"的宗教性，把儒、儒家和儒教等同一视，借此论证其建立儒教/孔教的理论，这是他与前贤的别异之处。其目的在于，借由立教而进行改制，推动传统政治制度的革新，达致保国保种的效果。所以，康有为没有应用客观考史的方法，直接从宗教的角度原儒，把儒与儒教视为同义，是与其变法主张密切相关的。康氏的儒教论在民国学者看来是一种保守主义，但在戊戌变法以前，他的儒教论所内含的改制说，却是进步的、现代的。另一方面，比较康有为与近代学者的原儒工作，既看到他们在方法应用上的差异，也看到康氏的观点或隐或显地影响着后来者的研究。如章太炎的原儒可能是对康氏的回应，通过语言的考证来还原

（接上页）孔子的发明，而是有一个发展的过程，孔子对儒家的创立有贡献，然孔子是在继承殷周的天命神学和祖宗崇拜的宗教思想上建立儒家学说的。（参见任继愈《从儒家到儒教》《论儒教的形成》等文章）任继愈及现当代学者的儒教论不能说与康有为完全没有关系，不过他们未必认同康氏对儒家起源的看法。

"儒"的本义，否定康氏的儒教论。[①]胡适的"说儒"带入了宗教视角，这与康氏的方法和观点略显相近。可见，康有为的原儒有着承前启后的意义。当代学者在回顾近百年来的原儒研究时，往往忽略康有为，而直接从章太炎、胡适讲起，这是有失公允的。

第二节　先秦儒家的源流与学统

概念或思想的探源，往往带有某种历史还原主义的倾向。就"原儒"而论，章太炎、胡适等通过字词的考证，从本原上取消了儒与道的关联性，从而解构了儒家的道统说及儒教信仰。康有为则与之相反，他的原儒抛开了历史主义维度，直接确认儒、儒家和儒教是孔子所创，乃传孔子之道者，故其原儒的目的旨在确立儒与道的一体性。由此，康氏的原儒与章、胡等的极大不同是，他非常注重儒家与孔子之道的传承关系，并在论述中建立了一种儒道的传承谱系，据此评骘儒家中各派学说。

关于先秦儒家内部的分派问题，《韩非子·显学》篇说，孔子之后，儒分为八，"有子张之儒，有子思之儒，有颜氏之儒，有孟氏之儒，有漆雕氏之儒，有仲良氏之儒，有孙氏之儒，有乐正氏之儒"。

---

① 章太炎与康有为是论敌，他的原儒及其对"儒"字本义的考订，或许存有回应康有为的意思，因他始终反对康氏建立儒教、孔教的做法。章氏的《驳建立孔教议》说："今人猥见耶苏、路德之法，渐入域中，乃欲建树孔教，以相抗衡，是犹素无创痍，无故灼以成瘢，乃徒师其鄙劣，而未有以相君也。……孔子于中国，为保民开化之宗，不为教主。"这是针对康有为而发的。尽管此文写在《原儒》之后，然章氏反对孔教的说法早见于其写在《原儒》之前的"诋孔"文章中，如《驳康有为论革命书》。可见，章太炎很早就明确反对立孔子为教主，至于先秦的儒、儒家等概念，自然不能等同于儒教，他的《原儒》篇便是发明此义，暗含对康氏原儒说的反驳。

这是现存最早、最完整的描述儒家内部分化的文献。问题在于，韩非是法家人物，他对儒家八派的划分是否可信？即便我们承认"儒分为八"说大体上呈现了早期儒家发生与发展的形态，仍然值得追问的是，先秦儒家是否真有八派之多，抑或不止此数？如此分派的依据何在？八派的代表人物是否真如韩非所言，为何曾子、子游、子夏等不在其列？而八派分别继承孔子的何种经书和经义，其相互间的关系如何？这些是探究原儒命题时所应关注的。因原儒的工作既要追溯儒家的发生，又要梳理儒学的发展。

近代学者在原儒的同时，亦往往根据韩非的话，考究先秦儒学的授受源流。康有为即是如此。他认同韩非所云"儒之所至，孔丘也"（《韩非子·显学》），曾说"儒之极者为圣儒"，[①]圣儒就是孔子，孔子为儒、儒家和儒教的开创者。但康氏并不认可韩非的"儒分为八"说，他根据其对先秦儒家的考察，提出了一种别出心裁的见解。

> 《论语》开章于孔子之后，即继以有子、曾子，又孔门诸弟子皆称字，虽颜子亦然，唯有子、曾子独称子，盖孔门传学二大派，而有子、曾子为巨子宗师也。自颜子之外，无如有子者，故以子夏之学，子游之礼，子张之才，尚愿事以为师，唯曾子不可，故别开学派。今观子夏、子张、子游之学，可推见有子之学矣。子游传大同之学，有子必更深，其

---

① 康有为：《孔子改制考》，《康有为全集》第三集，中国人民大学出版社，2007年，第 234 页。

与曾子之专言省躬寡过、规模狭隘者，盖甚远矣。后人并孟子不考，以曾子、颜子、子思、孟子为四配，而置有子于子夏、子张、子游之下，不通学派甚矣。大约颜子、子贡无所不闻，故孔子问子贡与回也孰愈，而叹性与天道。子贡传太平之学，曰：我不欲人之加诸我，吾亦欲无加诸人。人己皆平。庄子传之，故为"在宥"之说，其轨道甚远。有子传升平之学，其传在子游、子张、子夏，而子游得大同，传之子思、孟子。曾子传据乱世之学，故以省躬寡过为主，规模少狭隘矣。曾子最老寿，九十余乃卒，弟子最多，故其道最行。而有子亦早卒，其道不昌，于是孔子之学隘矣，此儒教之不幸也。……然则，子思、孟子传子游、有子之学者也。程子以子思为曾子门人，盖王肃伪《家语》之误。[①]

这段话语指出了儒家的核心及其分派与流衍，此中蕴含康有为对汉学与宋学的评骘。

首先，孔门弟子中，颜回悟道最高，然不幸早逝。孔、颜之后，儒家主要分为两大派，即有子代表的仁学、大同一派和曾子代表的孝悌、守约一派。康有为以仁学及三世进化学说为儒家分派的衡准，他认为有子传孔子的升平之学，子游、子张、子夏曾师事有子，其中子张宣扬"博爱容众"，[②] 与墨家的"兼爱"说相近，而与儒家的仁爱说

---

① 康有为：《孟子微》，《康有为全集》第五集，中国人民大学出版社，2007年，第496页。
② 郭沫若：《儒家八派的批判》，氏著《十批判书》，东方出版社，1996年，第126页。

略偏。子夏是传经之儒，"经学全是子夏传出来"，[①]《春秋》就是子夏所传，孔子的"素王"之尊称也是出自子夏。[②] 其后有荀子传经学，而荀子于《春秋》乃传《穀梁》，子夏应也如是。且子夏与曾子共同编撰《论语》，康氏认为，《论语》只是随意记载孔子的语录，"《论语》之微言尚少"[③]。因在康氏看来，《春秋》的微言大义载于《公羊》，《穀梁》《论语》并非正宗，故"曾、夏皆传粗学"，[④] 子夏和曾子尚未体认孔学之精义。《春秋》三世进化的制度，唯"子游受孔子大同之道"，[⑤] 深得孔学之道真，其后有圣孙子思"兼传有子、子游之统，备知盛德至道之全体。……著三世三统之变"。[⑥] 孟子受业于子思之门，同样"深得孔子《春秋》之学而神明之"。[⑦] 先秦以后，汉儒董仲舒"为《春秋》宗"，[⑧] 最能明达三世三统之变，于孔子的仁学发明最精。

---

① 康有为：《万木草堂讲义》，《康有为全集》第二集，中国人民大学出版社，2007年，第281页。

② 康有为《康南海先生讲学记》："孔子之后，曾子、子夏分为二派。二子笃信、谨守，故传经最多。……以《春秋》传子夏。"（《康有为全集》第二集，中国人民大学出版社，2007年，第115页）康有为《孔子改制考》："孔子为素王，乃出于子夏等尊师之名。素王，空王也。佛亦号空王，又号法王。"（《康有为全集》第三集，中国人民大学出版社，2007年，第104页）

③ 康有为：《南海师承记》，《康有为全集》第二集，中国人民大学出版社，2007年，第238页。

④ 康有为：《万木草堂口说》，《康有为全集》第二集，中国人民大学出版社，2007年，第133页。

⑤ 康有为：《孟子微》，《康有为全集》第五集，中国人民大学出版社，2007年，第411页。

⑥ 康有为：《中庸注》，《康有为全集》第五集，中国人民大学出版社，2007年，第369页。

⑦ 康有为：《孟子微》，《康有为全集》第五集，中国人民大学出版社，2007年，第411页。

⑧ 康有为：《春秋董氏学》，《康有为全集》第二集，中国人民大学出版社，2007年，第357页。

由此可见，康有为尝试建构一种传道谱系，即孔子—有子—子游—子思—孟子—董仲舒，道的核心是仁学及三世三统之义。

其次，引文提及性与天道，而《春秋》之学重在人道，孔子的天道性命之学载于《周易》。康有为多次强调：“《易》言天道，《春秋》言人事。”① 此二经各自蕴含独特的义理和功能，在六经之中最为重要。康氏甚至说：“有《易》、《春秋》，无余经可也。”② 前文叙述的是《春秋》之人道的传承，而《周易》之天道的流衍则与此稍有不同。汉儒相传《易》在先秦的授受过程，康有为并不信从。他说，馯臂子弓、孟子、荀子等均不传易，唯子思传孔子的易学，故“《中庸》全与《易》合”。③《易》的大哉乾元之论即是天道，而利贞修道之教则为性命之学，《中庸》首章的性道之谈、中和之说，完全是由《易》的乾元之义演绎而来的。康氏甚至断言，《系辞》非孔子所作，乃出自子思。他说：“孔子多言百世，故圣人作《春秋》以俟后圣，著《易》明天人之理。自七十子后学，知孔子者莫如子思。”④ 子思既通《春秋》，又明易理，最得孔学之宗传。

---

① 康有为：《孟子微》，《康有为全集》第五集，中国人民大学出版社，2007年，第494页。康有为《康南海先生讲学记》：“《易经》阐明天道，兼及人道。《春秋》发明人道，兼及天道。……原孔子‘六经’，大《易》阐天道，《春秋》阐人道。”（《康有为全集》第二集，中国人民大学出版社，2007年，第107页）康有为《万木草堂口说》：“《春秋》虽言天道，实言人事。”（《康有为全集》第二集，中国人民大学出版社，2007年，第133页）康有为《万木草堂口说》：“《春秋》专言人事，《易》兼言天道，所以《中庸》必讲本诸身。”（《康有为全集》第二集，中国人民大学出版社，2007年，第147页）
② 康有为：《万木草堂口说》，《康有为全集》第二集，中国人民大学出版社，2007年，第149页。
③ 康有为：《万木草堂口说》，《康有为全集》第二集，中国人民大学出版社，2007年，第171页。
④ 康有为：《万木草堂口说》，《康有为全集》第二集，中国人民大学出版社，2007年，第171页。

孟子传子思之学，康氏认为，孟子虽不传《易》，也寡言天道之精微，对于孔学之全体仍有体悟未尽者。

> 虽然，孟子乎真得孔子大道之本者也。……传仲尼、子游、子思之道。今考之《中庸》而义合，本之《礼运》而道同，证之《春秋》、《公》、《穀》而说符。然则，孟子乎真传子游、子思之道者也。……欲得孔子性道之原，平世大同之义，舍孟子乎莫之求矣。颜子之道不可得传，得见子游、子思之道，斯可矣！孟子乎，真孔门之龙树、保罗乎！①

孟子是公羊学家，故明"平世大同之义"，又尽得子思之传，故能探"性道之原"，因而是"真得孔子大道之本者"，犹佛家的龙树、耶教的保罗，是儒学传承和发扬光大的功臣。

　　有意思的是，康氏认为子贡虽曾慨叹孔子的性与天道之学不可得而闻，实则"颜子、子贡无所不闻"，于天道性命之义皆体悟精微，故二子亦传太平大同之学。不过，子贡之学非由子思承继，乃由庄子发扬，庄子的"在宥"说就蕴含大同思想。此论颇为特别，下文再作详解。

　　其三，引文显示了康有为对宋儒的"子思为曾子之门人"说持有异议，这透露的意思是，康氏希望打破宋学的道统。如果说康有为叙述《易》与《春秋》义理的授受，及仁学、大同思想的传承，这是要建立一种新的道统谱系；那么，为了确立新道统的可信性，他一方面

---

① 康有为：《孟子微》，《康有为全集》第五集，中国人民大学出版社，2007年，第412页。

坚决宣称古文经传都是伪书，极力否定东汉古文家的经学研究，称其篡夺了今文学之大统及孔子之圣统，孔学由此而亡。[①]另一方面，他要打破宋学道统的权威。学者或以为康氏继承了朱次琦"本性理以通之史"的学脉，[②]或以为康氏在为学功夫上最服膺陆、王心学。[③]应该说，宋明理学和心学都在康有为思想中留有深刻烙印，但又不能简单地把康氏归入程朱或陆王的学脉，因他对这两派均有不满。这表现在：一者，宋明儒以为曾子传孔学，思、孟之学出自曾子，康氏则说曾子传守约省躬之绪言，而非孔子改制立教、仁学大同之道，思、孟源自子游学派，而非承袭曾子，故宋明的道统谱系不能成立。二者，程朱以"四书"为教，阐释心性之理，但未发明孔子的改制之道，令孔子的改制立教说隐而不彰。[④]三者，宋学舍政教而言心性，虽有可取，然孔子思想的核心要义不在心性，而在礼制，陆王和程朱均遗漏了孔子改制立教之宗旨。[⑤]四者，宋明儒学采用佛理，混同儒释，于道体而言，不甚纯粹。[⑥]五者，宋明儒最重《中庸》，发挥

---

① 康有为：《新学伪经考》，《康有为全集》第一集，中国人民大学出版社，2007年，第451—453页。

② 唐文明：《敷教在宽——康有为孔教思想申论》，中国人民大学出版社，2012年，第11页。

③ 贺麟：《五十年来的中国哲学》，商务印书馆，2002年，第3页。

④ 康有为：《教学通义》，《康有为全集》第一集，中国人民大学出版社，2007年，第46页。

⑤ 康有为：《康子内外篇》，《康有为全集》第一集，中国人民大学出版社，2007年，第111页。康有为：《桂学答问》，《康有为全集》第二集，中国人民大学出版社，2007年，第19页。

⑥ 康有为：《万木草堂口说》，《康有为全集》第二集，中国人民大学出版社，2007年，第174页。康有为：《南海师承记》，《康有为全集》第二集，中国人民大学出版社，2007年，第245页。康有为：《万木草堂讲义》，《康有为全集》第二集，中国人民大学出版社，2007年，第288页。

《中庸》最透，但在康氏看来，程子解《中庸》的训诂之学，非孔子大义，陆、王近于高明而不"中庸"，他们都未能真正把握"中庸"之义，故于孔子之道无与焉。[①] 六者，宋学为性理之学，然宋明儒讲性理不及董仲舒，董是以天心为主，发扬《易经》的天人性命之学，宋明儒是以理为性，限制天赋人性的自由。[②] 七者，朱子多言义而寡言仁，宋明其他儒者亦多如此，他们对孔子的仁学体察不足、发明未精。[③] 总之，"宋儒自是一种学问，非孔子全体也"。[④] "若'宋学'变为'心学'，'汉学'变为名物训诂，又歧中之歧也。"[⑤] 尽管汉学和宋学不算是异教，却都不是孔学的嫡传。

显然，康有为描述的儒学源流与宋儒建构的传道谱系极为不同。这表明：一者，康有为意在打破宋学道统，并提出一种新的道统说。二者，新道统依托于新的经书系统，即康氏的"六经五记"。三者，原儒与原道是相关的命题，探究儒家之源就是要原孔子之道，而追溯儒家之流则是梳理孔子之道的传承谱系。康有为之后，蒙文通、熊十

---

① 康有为：《万木草堂口说》，《康有为全集》第二集，中国人民大学出版社，2007年，第166、171—174页。或以为，"《中庸》是作为'四书'之一被注解的，康氏的矛头直指朱子。"［马永康：《康有为的〈中庸注〉与孔教》，《中山大学学报（社会科学版）》2014年第4期］康氏的确在《中庸注》批评朱子的理学，但《中庸》并非作为《四书》之一被注解的，而是作为"六经五记"之一而被选注的。申言之，反对理学只是康氏《中庸注》的题中之义，而非其治学的根本宗旨，其目的是要会通《易》与《中庸》，建构其天元性命之学。

② 康有为：《南海师承记》，《康有为全集》第二集，中国人民大学出版社，2007年，第233页。

③ 康有为：《孔子改制考》，《康有为全集》第三集，中国人民大学出版社，2007年，第3页。

④ 康有为：《万木草堂口说》，《康有为全集》第二集，中国人民大学出版社，2007年，第173页。

⑤ 康有为：《长兴学记》，《康有为全集》第一集，中国人民大学出版社，2007年，第347页。

力都把原儒与"原道"结合起来。在此意义上，丁纪把蒙氏的《儒家哲学思想之发展》一文视为其"原儒"篇，并指出蒙氏原儒工作的特点，一是以"义"为中心之关切，二是以孔子为界，原儒当"原"孔子以后之儒，而不是孔子以前之"儒"。他认为："如果把儒之精神当成是活的，而不是死的；把它当成是切己的，而不是可以漠然无关的；把它当成积极开显和生成性的，而不是既成的和封闭性的；把它当成是自足圆满的，而不是须作依傍的；把它的'诚'当成是真实的，而不是把某种可感的'实'当成要求于它的标准——那么，一定要做这样一种'原儒'工作，而不会以历史学、文化学的或'语学的'及'史学的'方法之'说儒'为合格的'原儒'。"[1] 原儒的目的不只是整理国故而已，乃是体认儒家的现代价值，促成儒家的现代转型。所以，我们不能脱离"道"来谈"儒"的本义，康有为便是从"原道"的角度来谈"原儒"命题。

熊十力同样是"即道原儒"的代表，其《原儒》一书的中心要旨是"宗经申义"，[2] 尊崇儒经而发明其中的微言大义，用熊氏的话说是："将余所知所信于孔子内圣学之本旨据实揭出。"[3] 同时阐发圣人为万世开太平之道，即孔子的外王学。那么，孔子就不是普通的术士

---

[1] 丁纪：《20世纪的原儒工作》，《四川大学学报（哲学社会科学版）》2003年第3期。丁纪进而指出："'原儒'须'原'儒者之'道'，……故'原儒'也可以说是推原自孔子一身展现出来的道之极致内容。'原儒'自以孔子之'道'为准则，但孔子之后，历代儒者的工作亦无不具有这样一种'原孔子之道'的地位，从这个角度讲，一部儒学史，就是孔子之道的解释历史。因此，'原儒'的可能与必要的视域，应确定在由孔子所开启的整个的儒家精神历史。"此说非常有见地。换言之，原儒须与"原道"同时进行。

[2] 熊十力：《原儒·序》，上海古籍出版社，2019年，第2页。

[3] 熊十力：《原儒·原内圣》，上海古籍出版社，2019年，第178页。

或师儒，乃是"开内圣外王一贯之鸿宗"。① 与康有为相比，熊氏并未完全抛开思想史的方法。他追溯儒学之起源："孔子之学，殆为鸿古时期两派思想之会通。两派者，一、尧、舜至文、武之政教等载籍足以垂范后世者，可称为实用派。二、伏羲初画八卦，是为穷神知化，与辩证法之导源，可称为哲理派。"② 这一方面是确认中国哲学具有悠久的渊源，反对那种从孔老开始讲中国哲学的"截断众流"的做法；另一方面是表彰孔子为上古中国哲学的集成者，也是儒家的奠基者。熊氏特别强调，中国哲学"至孔子而简择益精，会通益广，创作广隆，迥超前古"，孔子是"集众圣之大成，巍然为儒学定宏基"。③因此，必须即孔子内圣外王之道以原儒，方能得儒、儒家和儒学之真义。

熊氏原儒的另一特点是，尤其注重对儒家学统的梳理。其《原儒》一书开章首辟《原学统》篇，儒学之宗统自然是以孔子的内圣外王之学为归趋，然后根据孔学来折中、评骘先秦诸子学、两汉经学及宋明的理学和心学，再超越今文经学与古文经学、汉学与宋学等种种讼争，通过考察儒学的流变，以"求复孔子真面目，而儒学之统始定"。④ 学统之所以能够成立，必须依托于若干的经典。《原外王》篇的宗旨，就是"以《大易》《春秋》《礼运》《周官》四经，融会贯穿，犹见圣人数往知来，为万世开太平之大道"。⑤ 在熊氏看来，这四部经书便是儒家学统之大原。他说："《春秋》崇仁义以通三世之变，

---

① 熊十力：《原儒·序》，上海古籍出版社，2019 年，第 1 页。
② 熊十力：《原儒·绪言》，上海古籍出版社，2019 年，第 16 页。
③ 熊十力：《原儒·原学统》，上海古籍出版社，2019 年，第 16 页。
④ 熊十力：《原儒·序》，上海古籍出版社，2019 年，第 1 页。
⑤ 熊十力：《原儒·序》，上海古籍出版社，2019 年，第 1 页。

《周官经》以礼乐为法制之原，《易大传》以知物、备物、成物、化裁变通乎万物，为大道所由济。……《礼运》演《春秋》大道之旨，与《易大传》知周乎万物诸义，须合参始得。圣学，道器一贯，大本大用具备，诚哉万世永赖，无可弃也！"①此四经的义理是一以贯之的，可以构成一个新的经书系统。

由此，我们看到了康有为与熊十力原儒的相近和相异之处。他们都将原儒与原道相结合，并在为儒家探源的同时，梳理先秦儒家的流衍，康氏由此建构了一种与宋明的"道统"论迥然不同的传道谱系，熊氏则"以儒统百宗为基调、内圣外王为宗旨、重释经典为入路，站在哲学诠释的立场，建构了一个现代式理解的学统"。②在对儒家及其传承谱系的体认上，他们的见解可谓是南辕北辙的。这种差异还表现在两人所尊崇的经典上，康氏主张以《礼运》《中庸》《孟子》《论语》《春秋董氏学》等配六经，组成"六经五记"的经书系统，熊氏则特别表彰《易》《春秋》《礼运》《周官》等，这或可称为"四经"的经书系统。从差异中又见出康、熊的相近，一是在思想上，他们依托经典来发明儒家"天下为公"的大同之道，由此开出儒家的新外王之学，即如西方现代的民主宪政和平等政制；二是在方法上，他们都提倡回归经学，通过融贯儒释道及西学来诠释经典，再以新开出的经义为基础来转化儒学，使之与现代世界的民主、自由、科学等价值观念相接合；三是在目的上，他们要重新定义儒家和儒学的本质，如康氏以宗教释"儒"，熊氏以"哲学"释儒，两人的路径虽然不同，但

---

① 熊十力：《原儒·序》，上海古籍出版社，2019年，第1—2页。
② 景海峰：《经典解释与"学统"观念之建构》，《哲学研究》2016年第4期。

目的都在推动儒家的现代性转化，既以回应西学的冲击，又以驳正国故派的批判。

有意思的是，学者在梳理 20 世纪的原儒问题时，可能忽略熊十力的《原儒》，就像其无视康有为的原儒一般。这既因各人对儒、儒家和儒学的本义与源流所见不同，也因各人对原儒方法的理解有别。大体而言，语文学和历史学的方法通过字词的考证，旨在客观地还原"儒"和"儒家"的实然状态。思想史的方法不仅要探究儒家的本源，并结合现代视域来促成儒家的转型，思考儒家在现代社会的应然形态。康有为、熊十力更进一步，他们是以"必然"来规范"应然"。因其"即道原儒"的方法是建立在其对儒家之道的体认基础上，其道统或学统的说法不只预示儒家具有现代性价值，而且他们相信，其所阐发的道统或学统之内涵，就是儒家在现代社会所应有的必然之义。康、熊的方法可能是最为传统的，但在 20 世纪，儒家已不再是人所共戴的正统学术，诸子学的复兴和西学的东渐，促使中国思想界回归轴心时代的多元主义。在今天看来，儒家也应保持多元、开放的姿态，参与世界范围内的百家争鸣，故其能否存续与昌明，既无惧国故派之打倒，亦无待保守派之道统论或学统论，唯俟后来的聪明睿智者采择而已。

第三节 诸子为儒家之流裔

《汉志》论儒家的起源，一则说儒家"游文于六经之中"，再则曰儒家是六经的"支与流裔"。可见，《汉志》的原儒包含经子关系命题。近代学者的原儒亦多如此。章太炎《原儒》指出，"儒"有达名、类名和私名之分，私名之儒就是《汉志》所谓"游文于六经"的儒家，但儒家与经学家有别，儒学亦非经学，两者名与实均异。胡适《说儒》讨论儒与道、孔子与老子的历史关系，及其思想的因循问题。他认为，老子代表儒的正统，老子的教义代表儒学的古义，孔子曾问学于老子，儒与道、孔与老原来是一家，孔子创立的经学和儒学采纳了老子的思想。参照《汉志》的说法，作为诸子之一的道家就不是六经的"支与流裔"，道家是儒学的来源之一。熊十力与此相反，他肯定《汉志》而称孔学是华夏学术思想之正统，"诸子百家靡不为其枝流余裔"，又说在儒、墨、道、名、农、法等诸子中，"儒家宗孔子，为正统派，自余五家其源皆出于儒"。① 他的原儒奠定在"宗经申义"的基础上，"宗经之儒"尤其注重义理，以经典的重新理解和诠释开出现代新儒学。在此意义上，儒学就是现代的新经学。且与"释经之儒"以训诂考据为业相比，"宗经之儒，在今日当谓之哲学家。发明经学，唯此是赖"。② 诠释义理的儒学方属经学之正脉，因从知识本质言，儒学和经学都属于哲学。在此，我们看到古今学者的原儒蕴含其对经子关系的不同认识。

就康有为而言，儒家与六经、儒学与经学、儒家与其他诸子及诸子与六经的关系问题，在他的原儒中均有论及，而观点与熊十力略近。然因康氏的思想前后有变，故其观点亦有前期与后期之别。首先，关于"前六经"与诸子的关系。探究经子关系问题，首要的是辨明六经存在两个传统，一为三代相传的"前六经"，一为孔子删定的六经。从经学史的角度考察，在孔子以前，六经已有多种文本流传，

① 熊十力：《原儒·原学统》，上海古籍出版社，2019年，第26页。
② 熊十力：《读经示要》，上海古籍出版社，2019年，第201页。

如《易》有"三易",《春秋》有"百国《春秋》",《诗》《书》《礼》等莫非如此。这表明,孔子以前的《诗》《书》《礼》《易》《春秋》等,并非某部既有定本之经典的私名,亦未结合成有机的整体,而是六种文献的类名,各自代表一种知识的门类或文献的汇编,我们称之为"前六经",以区别于孔子编撰的六经。"前六经"是中华上古文明萃聚的知识库,犹《庄子·天下》篇所谓的"古之道术",其为诸子百家所共见、共享,先秦诸子的哲学思想均可溯源于此。[①]

转向今文经学之前,康有为相信,六经之中"唯《春秋》则孔子因鲁史而笔削,则全为孔子自著之书",[②]其余经典乃是先王之旧籍,为诸子百家所共享。转向今文经学之后,康氏还坚持六经存在两个传统的观点。其《孔子改制考》表示:

> 不独《诗》《书》《礼》《乐》为三代旧名,《易》《春秋》亦然。《坤》《乾》之义,不修《春秋》,固墨子所同者也,唯删定不同耳。[③]

引文的意思,一是六经为三代六种文献类编的名称,并非孔子所创造。二是在孔子以前,六经代表六种文献类编,每一经均非确定地指称一部既有定本的典籍。三是墨子与孔子一般,不仅见到了六经的诸

---

① 关于六经与"前六经"的分殊,参见吴根友、黄燕强:《经子关系辨正》,《中国社会科学》2014 年第 7 期。

② 康有为:《教学通义》,《康有为全集》第一集,中国人民大学出版社,2007 年,第 37 页。

③ 康有为:《孔子改制考》,《康有为全集》第三集,中国人民大学出版社,2007 年,第 219 页。

种文本，而且他们根据自己的理解和需要删定六经，故《墨子》所引六经的字词、篇章等，或与孔子编定的六经不尽相同。

康有为举《尚书》为例：

> 二十八篇皆儒书，皆孔子所作至明。若夫墨子所引之《书》，乃墨子所删定，与孔子虽同名而选本各殊，即有篇章、辞句、取材偶同，而各明其道，亦自大相反。……可知孔、墨之引《书》虽同，其各自选材成篇，绝不相同。知墨子之自作定一《书》，则知孔子之自作定一《书》矣，对勘可明。[①]

称《尚书》只有二十八篇，由孔子所创作，这显示了康有为的今文经学立场。康氏虽宣称六经皆孔子所作，但他还是承认在孔子编撰的六经之外，存在其他的六经文本。墨子称引的《尚书》不仅在篇章、辞句、取材等方面与孔子删定的《尚书》有别，墨子对《尚书》大义的理解和诠释也与孔子不同。

由此推知，孔子是从六经的诸种类编中拣择一种"选本"而已，墨子及其他诸子（部分的）和孔子一般，也曾编辑过"选本"，删定过六经。[②] 这是因六经尚无定本，诸子在不同地域和时间所接触的文

---

① 康有为：《孔子改制考》，《康有为全集》第三集，中国人民大学出版社，2007年，第129页。

② 刘师培《经学教科书》考察"六经"的演变史，分为三个阶段：古代之六经、西周之六经和孔子定六经。刘氏认为，孔子以前已有六经，但孔子所修之"六经"与三代及周室未修之"六经"不同。（刘师培：《经学教科书》，上海古籍出版社，2006年，第10—20页）马宗霍接续刘师培的说法，略谓："《易》《诗》《礼》《乐》，三皇已肇其端矣。《尚书》《春秋》，黄帝时已始作。五帝时六经皆有萌芽矣。至姬周，六艺大备，故府藏之，史官掌之，施之于教。"（马宗霍：《中国经学史》，上海书店出版（转下页）

本可能不一，为了方便自己及门人的阅读、讲学和研究之用，于是进行必要的校雠、删节，犹后世学者的整理文献而已。然因战国中后期，孔子删定的六经逐渐成为社会所接受的文本。经过秦皇的焚书，六经又赖儒者的秘藏、默诵、讲授而传诸后世，令华夏文明得以承袭而不坠，所以孔子编纂六经的工作才特别具有重要的文明史意义。诸子删定六经的事实表明，"前六经"犹《庄子·天下》篇所谓"古之道术"，是中国上古文明萃聚的知识库，三代的学术思想与政典制度均融汇于此六种文献类编，周秦九流十家的思想，乃至孔子的六经及孔门传记之学，皆可溯源其中。借用《汉志》的说法，诸子实为"前六经"的"支与流裔"。

其次，关于六经与儒家。如前所论，近代学者的原儒无论使用何种方法，基本上承认儒家与六经存在一定的源流关系。只是，六经的所指为何，学者的理解可能不一。或以为指先王之典籍的"前六经"，或以为指孔子编撰的六经。客观地说，"前六经"是先秦诸子共享的渊源，但作为诸子之一的儒家，其核心思想主要来自六经及孔子对六经的诠释。在此意义上，冯友兰、熊十力、劳思光等均强调儒家乃孔子所创立，儒学是继承孔子依据六经而发明的微言大义。康有为更进一步，在他看来，"儒创自孔子"，[①]"夫儒家，即孔

（接上页）社，1984年，第1—3页）程元敏认同他们的观点，而有所修正。他说："孔子之前已有'古六经'之初文，起自姬周；远溯上至三皇、五帝则非是。古代学术在王官，私人不讲学、无著述，至孔子定六经选本，编理六经，诠释六经，阐发六经义蕴，以六经教人，以述为作，私家学术于是乎起矣。"（程元敏：《先秦经学史》上册，台北商务印书馆，2013年，第15页）所谓"古六经"，就是我们说的"前六经"。孔子从中拣择"选本"而删定之，墨子及部分诸子也曾做过编辑六经的工作。

① 康有为：《孔子改制考》，《康有为全集》第三集，中国人民大学出版社，2007年，第88页。

子也，七十子后学者，即孔子之学也"。① 儒之名和儒家思想均是孔子所立，因六经是孔子所作，儒学自然是源自孔子的六经。如前文引证的材料，康氏甚至称六经为"儒书"，一是指明儒家与六经的源流关系，二是暗含儒学即经学的意思，三是提扬儒家与儒学的特殊地位和价值。可见，康有为论儒家与六经的关系，与其原儒的工作密切关联。

再次，关于六经与诸子。康有为虽分别"前六经"与六经，然今文经学的立场使他并未实事求是地辨析经子关系，他忽视诸子源自"前六经"的事实，而接受《汉志》的诸子为"六经之支与流裔"说。因康氏相信，六经为孔子所作，孔子是诸子之首，诸子源自六经，故诸子出于孔子。如他说："老子之学，得孔子之一端。"② 胡适的原儒是将老子置于孔子之前，康氏则与之相反。不过，康氏认为"著书之老子与问礼之老子，分为两人"，③ 孔子曾问礼的老子并未著书。"作《道德经》之老子，非孔子问礼之老子。"④ 著书而创立道家的老子是"孔子之后学，当为儋，非聃"，⑤ 故"道家出于孔子"。⑥ 先秦诸子莫非

---

① 康有为：《新学伪经考》，《康有为全集》第一集，中国人民大学出版社，2007年，第415页。
② 康有为：《万木草堂口说》，《康有为全集》第二集，中国人民大学出版社，2007年，第138页。
③ 康有为：《万木草堂口说》，《康有为全集》第二集，中国人民大学出版社，2007年，第144页。
④ 康有为：《康南海先生讲学记》，《康有为全集》第二集，中国人民大学出版社，2007年，第109页。
⑤ 康有为：《万木草堂口说》，《康有为全集》第二集，中国人民大学出版社，2007年，第143页。
⑥ 康有为：《康南海先生讲学记》，《康有为全集》第二集，中国人民大学出版社，2007年，第112页。

如此，康氏反复申说"六经皆孔子作，百家皆孔子之学"①的观点。

> 凡九流之书，皆出于孔子。②
>
> 自孔子出，诸子所称道，皆孔子制度也。③
>
> 诸教皆不能出孔学之外。④
>
> 孔子为诸子之卓……天下咸归依孔子，大道遂合，故自
>
> 汉以后无诸子。⑤

梁启超评论《孔子改制考》说，康氏"虽极力推挹孔子，然既谓孔子之创学派与诸子之创学派同一动机、同一目的、同一手段，则已夷孔子于诸子之列"。⑥但康氏的本意绝不是提倡孔子与诸子平等，他明确宣称诸子学源自孔学，诸子的改制立教是以孔教为宗。因此，诸子学是孔子六经的"支与流裔"。他说："老子之学，只偷得半部《易经》。墨子之学，只偷得半部《春秋》。"⑦这是其六经与诸子为源流关

---

① 康有为：《万木草堂口说》，《康有为全集》第二集，中国人民大学出版社，2007年，第145页。

② 康有为：《康南海先生讲学记》，《康有为全集》第二集，中国人民大学出版社，2007年，第116页。

③ 康有为：《万木草堂口说》，《康有为全集》第二集，中国人民大学出版社，2007年，第135页。

④ 康有为：《万木草堂口说》，《康有为全集》第二集，中国人民大学出版社，2007年，第148页。

⑤ 康有为：《孔子改制考》，《康有为全集》第三集，中国人民大学出版社，2007年，第8页。

⑥ 梁启超：《清代学术概论》，梁启超著，汤志钧、汤仁泽编：《梁启超全集》第十集，中国人民大学出版社，2018年，第274页。

⑦ 康有为：《万木草堂口说》，《康有为全集》第二集，中国人民大学出版社，2007年，第144页。熊十力说："《墨子·大取》等篇，名学甚精，其源出于《春秋》（转下页）

系的最佳例证。诸子既是有得于六经道体之一端，那么，诸子就不是叛道的异端，六经与诸子、经学与子学亦非完全对立的关系。

最后，关于儒家与诸子。在传统的四部分类中，经学、儒学分属经部和子部，两者的性质和地位并不等同，章太炎的原儒就强调这一点。康有为称六经为"儒书"，既有儒学即经学之意，且有儒学乃承续六经道统之旨。所以他在原儒时，特别梳理了六经之道的传承谱系，而传道者非以训诂考据为业的"释经之儒"，乃发明微言大义的"宗经之儒"，这其实是指《汉志》所谓"留意于仁义之际"的儒家。《汉志》说诸子是六经的"支与流裔"，康氏称六经为"儒书"、儒学即经学，故在他看来，"九流皆出儒家"，这就是《汉志》所以列儒家为诸子之首的原因。[①] 如他说：

（接上页）尚可考也。……道家之学原本《大易》，孔子之枝流也。"（熊十力：《原儒·原学统》，上海古籍出版社，2019年，第27页）此言与康说相契。在康有为之前或稍后，学者论经子关系，基本赞成《汉志》的说法，并有所发挥。章学诚尝言："战国之文，其源皆出于六艺。何谓也？曰：道体无所不该，六艺足以尽之。诸子之为书，其持之有故而言之成理者，必有得于道体之一端，而后乃能恣肆其说，以成一家之言也。所谓一端，无非六艺之所该，故推之而皆得其所本，非谓诸子果能服六艺之教而出辞必衷于是也。老子说本阴阳，庄、列寓言假象，《易》教也；邹衍侈言天地，关尹推衍五行，《书》教也；管、商法制，义存政典，《礼》教也；申、韩刑名，旨归赏罚，《春秋》教也。其他杨、墨、尹文之言，苏、张、孙、吴之术，辨其源委，挹其旨趣，九流之所分部，《七录》之所叙论，皆于物曲人官得其一致，而不自知为六典之遗也。"（章学诚著，仓修良编注：《文史通义新编新注》，浙江古籍出版社，2005年，第45页）孙德谦也说："无诸子而圣人之经尊，有诸子而圣人之道大。……道家合于《易》之嗛嗛，《易》以道阴阳，子韦、邹衍研深阴阳之理，盖通于《易》者也。墨家为清庙之守，其尊天事鬼，出于祝宗，非礼官之支与乎？法家之明罚敕法，固以佐礼义之不及，然《春秋》以道名分，则申、韩之尊君卑臣，崇上抑下，其得《春秋》之学可知矣。纵横、小说，一则具专对之才，一则本采风之意，虽不无末流之弊，皆由诗教推而衍之者也。"（孙德谦：《诸子通考》，岳麓书社，2013年，第2页）
① 康有为：《康南海先生讲学记》，《康有为全集》第二集，中国人民大学出版社，2007年，第115页。

> 庄子，孔子之再传弟子也。其中有《天下篇》，发挥儒
> 家之理甚多。[①]

> 邹衍攻儒……邹子之学有君臣、上下、六亲，亦与
> 儒同。[②]

> 韩非者，出儒学，兼墨学、法术，而实同于老学，故攻
> 儒最甚。[③]

引文既呈现了康氏的"诸子出于儒家"观，又表明康氏注意到儒家和诸子之间的异同与论争。康氏如此提扬儒家，是因其主张建立儒教，他认为儒、儒家和儒教是异名而同实，儒、儒家乃因"教"而尊。儒家是孔子所立，儒学又是经学，讨论儒家与诸子的关系，实则是探究孔子与诸子、经学与诸子学的关系问题。

前文引证的材料多次提示，康有为尤其注意儒家与庄子之间的因循承续。早在唐宋时期，韩愈、苏轼已开出"庄子即儒家"的议题，近代学者亦多附和。李泰棻说："韩愈据《田子方篇》为说，疑周系儒家，出于子夏之门；姚鼐附和其说。章实斋亦同。章太炎疑系颜氏之儒，郭沫若附和其说。"[④]一派以为庄子出于子夏之门，一派以为庄子应属颜氏之儒。康有为的观点与两派不尽相同，李泰棻将其忽

---

① 康有为：《康南海先生讲学记》，《康有为全集》第二集，中国人民大学出版社，2007年，第116页。
② 康有为：《孔子改制考》，《康有为全集》第三集，中国人民大学出版社，2007年，第173页。
③ 康有为：《孔子改制考》，《康有为全集》第三集，中国人民大学出版社，2007年，第194页。
④ 李泰棻：《老庄研究》，人民出版社，1958年，第181—182页。

略了。崔大华略微叙及，但他说康氏持论与第一派相同，这是仅见其一，而未及详考之误。[1]《康南海先生讲学记》确有"庄子是子夏再传弟子，为田子方弟子"的话，[2]但这只是反映康氏早年在万木草堂讲学时接受韩愈之说。戊戌变法失败后，康氏流亡海外期间，重新注释儒家传记，建立"六经五记"的经书系统，其《孟子微》和《论语注》透露了他对"庄子即儒家"议题的新解，即"田子方、庄周传子贡之学"。[3]庄子依旧师承田子方，然溯其本源则来自子贡，而非子夏。因子夏只是传经之儒，尚未体认孔子的微言大义，[4]子贡乃亲闻孔子的太平之道和天道性命之学，深得孔学之真谛。"庄子深知孔子者"，[5]自然是子贡的后学。

我们在下一章将论证，康有为根据"六经五记"建构了一种新经学思想，其核心是大同之道和天元性命之学。康氏相信，这是孔学最根本的要义，在"有子—子游—子思—孟子—董仲舒"这一脉之外，孔学亦由子贡传之，而庄子述之。如大同之道的传承，前引《孟子微》就有此等言论：

> 子贡传太平之学，曰：我不欲人之加诸我，吾亦欲无加

---

① 崔大华：《庄学研究——中国哲学一个观念渊源的历史考察》，人民出版社，1992年，第346页注［1］。

② 康有为：《康南海先生讲学记》，《康有为全集》第二集，中国人民大学出版社，2007年，第109页。

③ 康有为：《论语注》，《康有为全集》第六集，中国人民大学出版社，2007年，第377页。

④ 康有为《万木草堂口说》："曾、夏皆传粗学，子思能传心学。"（《康有为全集》第二集，中国人民大学出版社，2007年，第133页）所谓"粗学"，就是体道未精。

⑤ 康有为：《万木草堂口说》，《康有为全集》第二集，中国人民大学出版社，2007年，第145页。

诸人。人己皆平。庄子传之，故为"在宥"之说，其轨道甚远。①

康氏的《论语注》有类似表述：

> 子赣盖闻孔子天道之传，又深得仁恕之旨，自颜子而外，闻一知二，盖传孔子大同之道者。传之田子方，再传为庄周，言"在宥天下"，大发自由之旨，盖孔子极深之学说也。②

所谓"太平之学"即大同之道，包含"推己及人"的仁恕之理。子贡和孔子的相关对话，见于《论语·雍也》和《卫灵公》篇。康氏用"人己皆平""自由之旨"来解释，意谓每一个体都是理性自足的道德主体，彼此是平等的关系，理应相互尊重和友爱，不将自我的主观性意愿强加于他者。康氏认为，庄子的"在宥"就是一种仁恕之道。"宥，宽也。在，自在也。"③即在自由、平等、尊重和友爱的原则上，任物自在，无为而化。

至于天元性命之学的传承，康氏说："庄子言心学最精，直出六经之外。"《庄子》中的《徐无鬼》《田子方》等就是"发挥不动心之学"。④

---

① 康有为：《孟子微》，《康有为全集》第五集，中国人民大学出版社，2007 年，第496 页。

② 康有为：《论语注》，《康有为全集》第六集，中国人民大学出版社，2007 年，第411 页。

③ 郭庆藩撰，王孝鱼点校：《庄子集释》卷四下《在宥》，中华书局，1961 年，第364 页。

④ 康有为：《万木草堂口说》，《康有为全集》第二集，中国人民大学出版社，2007 年，第180 页。

不过，庄子的"心学"并非承袭思孟，实则出于子贡。

> 性者，人受天之神明，即知气灵魂也。天道者，鬼神死生，昼夜终始，变化之道。今庄子传子赣之学，所谓量无穷，时无止，终始无，故物无贵贱，自贵而相贱。……子赣骤闻而赞叹形容之。今以庄子传其一二，尚精美如此，子赣亲闻大道，更得其全，其精深微妙，不知如何也。此与《中庸》……合参之，可想像孔子性与天道之微妙矣。庄子传子赣性天之学，故其称孔子曰：古之人其备乎！……按庄子所称"明而在数度者，旧法世传"，即夫子之文章可得而闻也。若性与天道，则小大精粗，无乎不在。……《易》曰：书不尽言，言不尽意。天下之善读孔子书者，当知六经不足见孔子之全，当推子赣、庄子之言而善观之也。①

康氏引《庄子·秋水》篇来证明庄子传子贡之学。儒家讲天道，死生变化，无终无始，庄子也用"量无穷，时无止，终始无"的话描述了一个无有终始、变化不止的天道。儒家讲人受天元之气而为性，故从本源上说，人具有先天的理性知觉，人人皆为平等、自在的道德主体，庄子的"物无贵贱"说正与此相应。康氏还特别强调，对于孔子的性与天道说，子贡和庄子所传与《中庸》相合，②他们所论或是六

---

① 康有为：《论语注》，《康有为全集》第六集，中国人民大学出版社，2007年，第411—412页。
② 晚明的王夫之、方以智皆以《易》和《中庸》诠解《庄子》，当代学者杨儒宾细致考察了易、庸、庄之间的思想渊源。（参见杨儒宾：《儒门内的庄子》，联经（转下页）

经所未详述者，故康氏费尽心力注释儒家传记，以传记配六经，建构新的经书系统和经学思想，借此阐发孔子的天道性命之学。

然而，庄子是否为儒家，这是颇具争议的问题。即便承认庄子即儒家，那么，庄子是出于子夏之门，抑或源自颜氏之儒，还是传承子贡之学，其实很难确证。至如康有为宣称，"百家皆孔子之学""九流皆出儒家"，这些论断在崇尚科学实证的学者看来，不过是今文经学家的"非常异议可怪之论"，不足信据。尽管如此，相较于传统经学家之斥诸子为异端，康有为肯定诸子书载道、明道的价值，指出经学与诸子学互通、互渗的事实，打破了经子对立的偏见。就此而言，康氏虽无意提倡经子平等，却在客观上"夷孔子于诸子之列"，助推了近代诸子学复兴的思潮。

梁启超曾说，康有为治学"太有成见"。[①]成见就是立场，代表一种主观性观点，这在康氏而言，今文经学是他治学的出发点，规范着他对各种学术问题的描述和解释，甚至充当着关于描述和解释的评价标准。康有为的原儒及其论经子关系，就处处显示着他的尊孔尊经观念，偏离了客观求是的历史视角和态度，最终的结论过于主观，自然无法使人信服。由此，学者在梳理近代的原儒研究时，往往将其忽视。但从本章的论述可见，康氏的原儒既有思想史的依据，而且他的某些论点及其关注的问题，也出现在章太炎、胡适、熊十力等人的原儒中。康氏在原儒时涉及经子关系命题，此亦为诸家之所同。今天，

（接上页）出版事业股份有限公司，2016 年，第 150—159 页）至于《庄子》与《易》《中庸》在何种思想上是相合的，或者说庄子接受了儒家的哪些义理，康氏的见解与诸人又大为不同。

① 梁启超：《清代学术概论》，梁启超著，汤志钧、汤仁泽编：《梁启超全集》第十集，中国人民大学出版社，2018 年，第 281 页。

我们要探究儒和儒家的起源，可以不赞同康有为的说法，但如果要全面地梳理近现代的原儒工作，就应该将康有为纳入考察的范围。当然，治学的成见太深，立场太坚，不仅违背实事求是的宗旨，主观性也会使我们的认识变得狭隘，思想的原创性就可能打折扣。换言之，哲学思想的创造不能无立场，也不能成见太深，如何在这两者之间寻得一种折中与平衡，或者说一种"以道观之"的论证视角，从而把哲学问题所蕴含的各种可能性答案和道理提取出来，这是以元哲学的说理方法来做哲学，是我们应该致思的方向。

尽管康有为的结论在某种程度上偏离了思想史的情实，然康氏的研究提示我们，一方面，原儒的工作不能局限于考证"儒"的本义，还要探究"儒家"作为一种思想的起源，以及儒家在先秦时期的授受源流。因此，我们不能脱离思想或道体来原儒，也不能完全使用语文学的或历史学的方法，甚至不只是用思想史的方法，还应结合"即道原儒"的方法，体察儒家之道的核心及其流衍。另一方面，从《汉志》到康有为，再到胡适、熊十力等，我们看到古今学者的原儒包含经子关系命题。由于思想立场、研究方法的不同，各人对经子关系的认识存在差异。这给予我们的启发是，必须结合学术思想史来考察经子关系在各个历史时期的形态，不能用某一命题简单地概括之。同样道理，用"六经皆史"命题概括思想史上的经史关系，必然会遮蔽经史关系在不同思想阶段和思想人物中所表现出的复杂形态，应该要具体地分析具体问题与人物。

"六经五记"：康有为的
新经学思想

中国经学史可谓是"五经四书"的诠释史，而经典诠释的基本体式，无论是由字以通词通道的训诂、章句、笺注、疏解等，还是以传记、集释、通论等解说经义，乃至当代所谓的哲学诠释，均旨在寻求经籍的整体内涵及群经间义理的融贯。儒家经书不是单数，而是复数，经书系统不是封闭的，而是开放的体系。在多经的思想传统里，经典诠释表现出两大特点：一是特别重视旁通，这隐含一种对确定性"常道"理念的永恒追求，它要求沟通群经义理，以寻求恒常之道体，并促使经学家突破经书的范畴，旁通异端或异教的思想，这促成了宋明的三教合一，甚至是近代以来的中西会通；二是经书系统的重建，作为复数的、开放的经书，其义理是常与变的统一，其诠释要紧扣时代精神，其经目应随时义之变迁而有所损益，宋明的"四书"就是突破"五经"而建构的新系统，由此发展出的性理之学，乃是与汉学相对的思想类型。

　　经书系统的重建工作往往伴随着疑经辨伪的思潮。汉儒应用训诂考据的经典诠释法，宋儒以为这未能尽圣学之精微，故有"汉儒穷经而经绝"①的批评，遂反对汉唐的经典注疏及其思想，而至怀疑六艺经传，或是认可"五经皆史"的命题。明末清初，性理之学流于浮泛，经书古义日益遮蔽，学者忧圣道之浸微，因有"经学即理学"的反拨，他们回归汉儒的经典诠释法，考辨宋学所依托的经典文本，称易图象数、《古文尚书》是伪造的，进而攻击《周礼》《大学》《中庸》等为非圣人之书，使从前只能信仰的经传成了怀疑的对象。清代三百年学术史，疑经辨伪的思潮相伴始终，虔诚式的经书信仰亦渐趋失落，至晚清今古文经学的兴起而发展为极致。于是，晚清经学家所面对的，不只是经学是否有效及如何经世致用的问题，不只是经学能否转型及如何应对西学的问题，还有如何重建经书系统以维持经书信仰的问题，这是解决经学危机的关键所在。

　　康有为的疑经辨伪就内含重建经书系统与经书信仰的构想。作为今文经学家，康有为对古文经传的考辨在某种程度上带来了经学的革命。从破坏的层面说，它打破了十三经系统，消解了儒家经书的权威，引导人心从尊经转向疑经，又因怀疑经传而指引人们怀疑一切古籍，开启了民国的疑古思潮，令经书信仰彻底瓦解。从建设的层面看，辨伪不是目的，康有为的目的是发挥今文经学，尤其是《春秋》公羊学的微言大义，建构一种具有现代性的政治儒学或制度儒学，重

---

① 郑樵："秦人焚书而书存，诸儒穷经而经绝。"（郑樵撰、王树民点校：《通志二十略》卷七十一《校雠略》，中华书局，1995年，第1803页）所谓"诸儒"，是指汉儒。又如朱熹说："秦汉以来，圣学不传，儒者唯知章句训诂之为事，而不知复求圣人之意，以明夫性命道德之归。"（《中庸集解序》，《朱子全书》第24册，上海古籍出版社、安徽教育出版社，2002年，第3640页）

新激发儒家的活泼泼的文化价值。当代所谓"新康有为主义"便是即康氏的公羊学而阐发其政治哲学。公羊学大概是康有为经学思想的中心，但并非全部，康氏尊崇的经书也不只《春秋经》一部。他曾说："吾所著发明孔教之书，有《孔子改制考》《伪经考》《论语注》《中庸注》《孟子微》，又《春秋微言大义考》，又《春秋董子学》。"①康有为固然是以《春秋》公羊学为孔学之大宗，但他也相信《论语》《中庸》《孟子》等寄寓着孔子的微言大义，他应用传统的经典诠释法来解说这些传记，不仅是发明其中的改制思想，还有探究其中的天元性命之仁学。这种融通汉学与宋学的尝试，表明经书与传记之间是同条共贯的关系，康有为要用传记来配"六经"，重建新的经书系统与经学思想，以护持中华文化的根脉，以安顿现代国人的精神信仰。

如果说辨伪是对经书系统的破坏，重建工作就是致力于建设。就此而言，萧公权称康有为是一个"儒家修正主义者"，他博采佛学与西学来修订、充实儒家思想，扩大儒家的伦理与政治学说，给予儒学以一种普遍的意义，这开导了第四阶段的儒学发展。②当代学者更是主张，儒学史可以分为两期，即康有为之前的儒家和康有为之后的儒

---

① 康有为：《与日人某君笔谈》，《康有为全集》第十一集，中国人民大学出版社，2007年，第118页。在长安讲演中，康有为说："然则虽知孔子之教，当知《春秋》三世之义，当知《礼运》大同之说……吾有《伪经考》《孔子改制考》《春秋笔削微言大义考》《论语注》《中庸注》《孟子微》，皆发此义。庶几孔教可兴，大同之治可睹，而诸君尊孔之心为之大慰。"（康有为：《长安讲演录》，《康有为全集》第十一集，中国人民大学出版社，2007年，第285页）

② 萧公权著，汪荣祖译：《康有为思想研究》，新星出版社，2005年，第83页。萧公权将康有为的儒学改造称为第四阶段儒学，前三个阶段分别为：第一阶段，成立于秦始皇统一中国不久，以孟荀所建立的相对立的两个儒家学派为代表；第二阶段，以汉代董仲舒及其公羊学者为代表；第三阶段，因宋明理学而起，道家与佛家思想给予儒学以充实。

家。[1]这也是表彰康氏促成了儒学的现代转型。只是，这种转型不仅体现在公羊学或政治儒学、制度儒学的回归，也不只表现为中学与西学、传统与现代的会通，更具创造性意义的是经书系统的重建，此即康氏的"六经五记"，及其据此阐发的新经学思想，从而为经学（儒学）的发展开拓了新境域。

目前学界基本聚焦于康有为的今文经学或政治儒学，并未注意到康氏对经学转型的思考，是奠立在经书系统的重构之基础上。因此，本章旨在疏证康有为如何建构"六经五记"经书系统，透析其中蕴含的天元性命之学与大同世界的理想，进而说明康氏对汉学与宋学、政治思想与性理之学的调和，阐明他对"中国向何处去""中国文化向何处去"的沉思。

第一节　经传辨伪与正名

儒家经书系统从六经到十三经的增益，是通过升格解经类传记和儒家类典籍来实现的。然在西汉，六经与解经类传记及儒家类典籍是源与流的关系，彼此在性质与名分上的界限是很鲜明的。儒者尊经，称经为常道，与之相对，"《五经》传记，师所诵说"（《汉书·元后传》），传记是经师解说经义、诠释道体的作品。儒家虽宗师仲尼、"游文于六经之中"，但只是六经的支与流裔，毕竟不能等同于常道之经。诚如章学诚所说，传记与儒书的升格是"尊经而并及经之支

---

① 干春松：《保教立国：康有为的现代方略》，生活·读书·新知三联书店，2015年，第12页。

裔"①而已，龚自珍亦主张为六经正名。清儒并不完全认同十三经，这表现在以下方面：一是清初的经籍辨伪，学者用实证方法来考究儒经的作者及其成书年代，怀疑其真伪及其与孔子的关系，这使从前只能信仰的对象变为研究的对象；二是章学诚、龚自珍的"六经正名"说，他们要将十三经中除六经之外的典籍还原为解经类传记和儒家类子书，维护六经作为常道之书的名分；三是乾嘉以降的"回归原典"运动，如段玉裁的"二十一经"、沈涛的"十经"、龚自珍的"六艺九种之配"等，他们尝试对十三经系统进行改造，提出新经书系统的构想；四是《春秋》公羊学的兴起，庄存与、刘逢禄等表彰公羊学，抉发西汉今文学家的微言大义，同时批判古文经传，这与"六经正名"一样打破了十三经系统。凡此预示了经书信仰的失落，也孕育着思想观念的革新，西学的东渐则加速了传统经学的现代转型历程。

康有为的辨伪经传就是受清代各种学术风气的影响。戊戌变法前，康氏编撰《新学伪经考》，把十三经分成相对立的两派，主张今文经是孔子的真经，古文经是刘歆所篡改，他对所有古文经传进行彻底的批判和否定，揭示刘歆伪造的目的是为王莽篡汉提供理论依据，古文经学是新朝之学，不仅与孔子无涉，甚且湮没了孔子的微言大义，令孔子改制之圣法沦于雾雾，大同之道沉霾不传，中国长久停留于升平世而未能进入太平世，其落后于西方工业国家，遭受西国的欺凌，凡此皆刘歆及古文经传之罪孽。他一方面要"采西汉之说，以定孔子之本经"，一方面则指斥许、郑代表的汉学乃"新学"，"即宋

---

① 章学诚著，叶瑛校注：《文史通义校注》卷一《经解上》，中华书局，1985年，第94页。

人所尊述之经，乃多伪经，非孔子之经"。[①] 可见，康有为在"去古存今"的同时，对宋明的性理之学也持保留意见。章太炎曾指出：清代经学"今古文不能不杂糅，汉宋亦不能不杂糅。"[②] 康氏既要分别今古，自然不得不分别汉宋。他自信这是还原孔子之道真，但在时人看来，以否定古文经传和"四书"为前提的尊经，及以批判汉学与宋学为前提的尊孔，结果会适得其反，将消解儒经与孔子的神圣性。如叶德辉斥康氏为"其貌则孔也，其心则夷也"，[③] 晚清保守的卫道者就将其驱逐于儒学正统之外。

康有为的原意是要尊儒，时人乃以"叛儒"视之，[④] 他自然不能心服。在回应朱一新的责难时，康氏辩称："仆之忽能辨别今古者，非仆才过于古人，亦非仆能为新奇也，亦以生于道咸之后，读刘、陈、魏、邵诸儒书，因而推阐之。使仆生当宋、明，亦不知小学；生当康、乾，亦岂能发明今古之别哉？"[⑤] 他自陈学术之渊源是受晚清刘逢禄等今文经学家的启发，他也采用清代汉学家实事求是的考据学方法，承续章学诚、龚自珍的六经正名说，故康氏的分别今古是对清学的继承，非唯师法廖平而已。在此书函中，康氏明言学术与时代的密切关系。他辨别伪经乃旨在推阐孔子之道，发明敷教之

---

① 康有为：《新学伪经考》，《康有为全集》第一集，中国人民大学出版社，2007年，第356页。
② 章太炎：《清代学术之系统》，《章太炎全集》第十四册，上海人民出版社，2018年，第430页。
③ 叶德辉：《与刘先端黄郁文两生书》，叶德辉编：《翼教丛编》卷六，文海出版社，1969年，第410页。
④ 参见萧公权著，汪荣祖译：《康有为思想研究》，新星出版社，2005年，第29—32页。
⑤ 康有为：《答朱蓉生书》，《康有为全集》第一集，中国人民大学出版社，2007年，第322页。

义，宣扬布护而使之混一地球。通经致用是今文经学的传统，康有为注重学术思想的实用价值，要以经学来致用，达到变法改制的目的，这是毋庸置疑的。但如果说关心政治而学以经世便背离求真求道的目的，这是对西汉今文经学及康有为经学的误解。故时人称其以公羊学应用，而非研究学问，[①]并以"为政治服务"这一判词，淡化康氏公羊学独立的学术价值和意义，这就未免失之公允。如研究者所指出，康有为不仅将公羊学矫治时弊、经世致用的特点继承并推而广之，使"改制""三世"等经学观点在当时的政治、社会、思想界产生了巨大影响，还在经典诠释形式方面积极创新，为公羊理论的推进做出了可贵探索。[②]

时人斥康氏为异端，还因其辨伪与清初学者的考辨经籍存在本质上的差异。清儒考辨《周礼》《左传》《古文尚书》等，尽管确认其非出自圣人，是刘歆、梅赜等伪作，但他们并不完全否认这些典籍的价值，而是要考定其创作年代，还原其历史性的文化意义。由此，清初及乾嘉的考据学者并不寻求对儒家经传及其义理之真伪的革命性变革，他们的研究仍然奠基于经学信仰的理念上，停留于维持传统政治模式的范围之内。康有为则更进一步，他断言古文经传皆是伪造，其

---

① 章太炎："至于康有为以《公羊》应用，上海人民出版社，2018年，则是另一回事，非研究学问也。"（章太炎：《清代学术之系统》，《章太炎全集》第十四册，上海人民出版社，2018年，第429页）民国学者评价康有为的今文经学，大多接受章太炎的说法。顾颉刚说今文学家是"拿辨伪作手段，把改制做目的，是为运用政策而非研究学问"。（顾颉刚：《古史辨》第一册《自序》，上海古籍出版社，1982年，第43页）钱穆戏称为："有新闻纸的气息"，杨宽称其："只是宣传而不是学术"。（参见顾颉刚：《当代中国史学》，上海古籍出版社，2006年，第39页）又参见陈其泰：《清代公羊学》，上海人民出版社，2011年，第223—226页。
② 常超：《托古改制与"三世进化"——康有为公羊学思想研究》，北京大学出版社，2015年，第300页。

结果乃如梁启超所言："此实思想界之一大飓风也。"[1]他完全打破了十三经系统，真正动摇了儒经所承载的意识形态之"道"的权威性与神圣性，而至颠覆了传统政治模式的合法性。以《左传》为例，清儒或不以经书视之，或否定其中内含微言大义，但还是承认其为解经之传，至少在历史事实上有解说《春秋经》的价值。康有为则直指《左传》是刘歆窜乱《国语》而成的，是伪古文经的巢穴。如此武断之论，朱一新深致不满，他认为《左氏》与《国语》，一记事，一记言，两者性质不同，其事又多复见，刘歆如据《国语》而伪造《左氏》，因何《左氏》详细记述的诸多事实，在《国语》中却未有反映。[2]朱一新维护古文经传的深意，是忧惧后世将因怀疑古文经传，进而怀疑今文经传，致令"人心转惑"，一发不可收拾，直至废经、废孔而后已，甚至令奠基于儒经之上的社会秩序与伦理秩序将如大厦之将倾。

诚如时人所批评，辨伪经传动摇了经书信仰，但这绝非康有为的本旨。辨伪的初衷亦非只为改制变法作宣传，那种指责康氏经学是为政治服务而非研究学问的声音同样不得要旨。康氏在回应朱一新的评议时，已然表露了心迹：

> 先辟伪经，以著孔子之真面目；次明孔子之改制，以见生民未有；以礼学、字学附之，以成一统；以七十子后学记续之，以见大宗。辑西汉以前之说为"五经"之注，以存旧

---

[1] 梁启超：《清代学术概论》，梁启超著，汤志钧、汤仁泽编：《梁启超全集》第十集，中国人民大学出版社，2018年，第272页。
[2] 朱一新：《朱侍御答康长孺书》，《康有为全集》第一集，中国人民大学出版社，2007年，第318页。

说，而为之经；然后发孔子微言大义，以为之纬。[①]

辨伪是要还原孔子与孔学的真貌，即孔子改制立教之道。然后根据七十子后学口耳相传的传记，及西汉今文家的经注来发明孔子与六经的微言大义。由此，辨伪的目的在于尊孔、尊经。为此，康有为博采传记之学和今文学家言来重注"五经"，并发愿在有生之年著成数书，使孔子的教义宣扬于国中，普及于域外，成为世界性的宗教，最终混一寰宇，实现世界大同的理想。其所谓"此数书者"，[②]即后来撰成的《礼运注》《论语注》《中庸注》《孟子微》《春秋微言大义考》《春秋董子学》等。除《春秋》属经书外，其他为七十子及其后学或汉儒的解经类传记和儒家类子书，康氏采用传统的经典诠释方法，发明经传的微言大义，从而将经传融会而贯通之，建构了一种新经学思想。

尽管新经学是六经与传记的融通，然在康有为的观念里，经与传记是有区别的，不可等同。"常道曰经，述经曰传"，[③]经书是圣人创作的，包含恒常的、确定性的道体，传记是儒者诠释道体的作品。后世升格传记为"经"，是"尊经而并及经之支裔"，章学诚、龚自珍提出"六经正名"说，要将经书之名与实还归六经，并取消传记的经书名义，将其还原为解经类著作或儒家类子书。康有为早年在确立今

① 康有为：《答朱蓉生书》，《康有为全集》第一集，中国人民大学出版社，2007年，第325页。
② 康有为：《答朱蓉生书》，《康有为全集》第一集，中国人民大学出版社，2007年，第325页。
③ 刘勰撰，范文澜注：《文心雕龙注》卷九《总术》，人民文学出版社，1958年，第655页。

文经学立场前就颇受章学诚的影响。他说："史即经也"，[①] 乃章氏的"六经皆史"观。他说："经为圣人所作，传为弟子所传，说为后儒所说。"[②] 又谓："孔子所作谓（'谓'——引者所加）之经，弟子口说，谓之传记。大者为传，小者为记。"[③] 即章、龚的"六经正名"论。但又不尽相同，章氏主张"六经皆史"，龚氏认为孔子"述而不作"，他们"正名"而未断言六经皆孔子所作，"孔子作六经"是晚清今文家的独断之语。在康有为的论说中，他依然把宇宙自然的根源、经验世界的秩序和意义世界的终极价值奠基于六经，透露出类似汉儒的"经为常道"和宋儒的"即经明理"等信念。尽管转型时代的天理世界观逐渐被一种新的公理世界观所替代，这种新的世界观"不再是那个事实与价值合一的有意义的有机体世界，而是一个事实与价值分离的、可以为科学所认识的机械论世界"，康有为接受和认同"公理"概念，他相信宇宙运动遵循一定的自然法则，社会政治规范也必须依循条理性的制度，乃至人的生存和自主的权利也需要普遍性法则来保证，但他并未放弃那种超越的、道德性的天道宇宙观，他把自我、社会和宇宙视为一个富有意义的秩序整体，由此构筑其宇宙自然认知图式的世界观。这意味着他的"公理观保留了天理世界观中整全性和实质性的

---

① 康有为：《笔记》，《康有为全集》第一集，中国人民大学出版社，2007 年，第 210 页。康氏说："四者（指《诗》《书》《礼》《乐》）为先王典章，故称为经。经者，经纶之谓，非有所尊也。（自注：章实斋尝有是说。）……然因弟子有传习者，故一再传而益盛，道益尊。……于是孔门有'六经'之名。"（康有为：《教学通义》，《康有为全集》第一集，第 37 页）他以诗书等为先王典章，即"六经皆史"观。又以"六经"之名源自孔门子弟的传习和尊崇，此说见于章学诚的《文史通义·经解上》。

② 康有为：《康南海先生讲学记》，《康有为全集》第二集，中国人民大学出版社，2007 年，第 109 页。

③ 康有为：《万木草堂口说》，《康有为全集》第二集，中国人民大学出版社，2007 年，第 174 页。

特征"，^① 宇宙依然是一个超越的实体，而非纯粹客观的物理天体，人的存在意义及人的自我完善和自我价值的实现，还是要在天人同构的超越世界中寻求。由此，康有为的尊经不完全是保守派的复古主义，而透显了转型时代中传统走向现代的离合过程，也反映了某种列文森所谓情感上认同儒家人文主义和理智上认同西方的科学价值之间的思想张力。

晚清国人面对中西之强弱悬殊的现实，他们既在技术层面学习洋务，也试图在政制层面进行改良，同时又希望诉诸公理，他们普遍以"公理战胜强权"的心情和思考方式来表达抗议，并热切地冀望未来的世界将是公理的天下，由"理"而非"力"来主持世界秩序的正义。但是，正如晚清流行的"中体西用"论呈现出"在常中求变，在变中守常"的文化观，康有为及时人所追求的"公理"，其中自然含摄民主、自由的内容，但他仍希望以传统的思想形态和经典文本来诠释。所以他宣称孔子为世界文明制法，六经该摄人类公理，至于传记等乃是诠释"公理"的典范性作品而已。这种分别经传的观念是康有为始终持守的，《孔子改制考》的论述甚为明晰：

> 孔子所作谓之经，弟子所述谓之传，又谓之记，弟子后学展转所口传谓之说，凡汉前传经者无异论。故唯《诗》《书》《礼》《乐》《易》《春秋》"六艺"为孔子所手作，故得谓之经。……后世乱以伪古，增以传、记。《乐》本无文，

---

① 两处引文参见许纪霖：《大我的消解：现代中国个人主义思潮的变迁》，《中国社会科学辑刊》2010 年 3 月号。

于是南朝增《周礼》《礼记》，谓之"七经"；唐又不称《春秋》，增三传，谓之"九经"；宋明道时，增《孟子》，甚至增伪训诂之《尔雅》亦冒经名，为"十三经"；又增《大戴记》为"十四经"。僭伪纷乘，经名谬甚！朱子又分《礼记·大学》首章为经，余章为传，则又以一记文分经传，益更异矣！皆由不知孔子所作乃得为经之义。今正定旧名，唯《诗》《书》《礼》《乐》《易》《春秋》为"六经"，而于经中虽《系辞》之粹懿，《丧服》之敦志，亦皆复其为传，如《论语》《孟子》《大、小戴记》之精粹，亦不得不复其为传，以为经佐。而《尔雅》、伪《左》咸黜落矣，今正明（应为"名"之误——引者）于此。[1]

这是对十三经演变史的概述，又是对十三经系统的还原。康有为表示，"经"为孔子亲手创作，七十子阐述经书的作品称"传记"，七十子后学口传孔子微言大义者称"说"。诚如康氏所言，西汉以前的经学家严守经与传记的界限，如《汉书·艺文志》"六艺略"述某经必首列其经文，再列解经类传记，显示出分别经与传记的观念。其后，经书系统扩大为"七经""九经"而至"十三经""十四经"，其中如《周礼》《左传》《尔雅》等是伪经，故康氏称此为"僭伪纷乘"，遂令"经"之名与实乖谬不相副。不仅伪经要开除，宋儒的"四子书"也要恢复为传记或儒书。即便是六经中非孔子手作的篇章，如《系辞》

---

① 康有为：《孔子改制考》，《康有为全集》第三集，中国人民大学出版社，2007年，第128页。

《丧服》等，亦应还原为传记。如此则名实相副，使人知尊经者，乃尊孔子之经，不及其余。这显然是以素王孔子为其经学思想的核心，围绕六经和孔子而建构其形而上学及政治哲学。如果我们根据实证方法来评述康氏的论断，自然很难把他的观点视为可以信据的。不过，如果我们能给予同情和理解，从康有为对中国近代政制、社会、道德之改良的参与过程，及其对各种世界经验之总体的考察，我们将发现他是希望从传统文化中寻求一种具有自发性的拯救路径，那就是回向原典（孔子与六经）以构筑一种关于世界的完整的解释，并说明人类社会制度和道德伦理的理想形态。

比较而言，章学诚的"六经正名"论与其"六经皆史"说相关，六经是先王的政典，不必为孔子所作。龚自珍虽是今文学家，然其观点与章学诚相近，他既未断言孔子作六经，而且认为六经是周史之大宗，不过他在正名的同时，尝试重建新的经书系统，选择若干史书、子书和集书来"配"六经，即其所谓的"六艺九种之配"。康有为的论敌章太炎也是如此，作为古文经学家，章氏为六经正名后，把六经还原为历史著作，称孔子是史学家，并未创作六经，但他也建构了一种新经书系统与经学思想，即"四玄"与四玄学。与诸人不同，康有为的正名是为了"去古存今"，通过贬抑古文经传，确立今文经书的绝对权威，据此阐发孔教义旨。

申言之，康氏的正名是为了尊孔、尊经，他分别经与传记的标准是是否由孔子所制作，孔子创作者谓之"经"，代表确定性的常道，七十子及其后学所传述者谓之传记，旨在发明经书的微言大义，两者是源与流的关系。所以他并不因尊经而否定传记的价值，他通过注释经传而建构新经学思想，且隐含一种重建新经书系统的构想。不过，诸家的"正名"说在相异中，又表现出共同的思想倾向，即回到轴心时代。一是回向华夏文明的创始者及其理想制度，如尧舜、周公、孔子和三代礼乐等。二是回向原初问题，如宇宙的本源、人类的起源、世界及文化的理想形态、自然及社会的普遍公理等。他们把天下或世界视为一个"天人同构"的整体来加以理解，尝试从传统思想文化资源中寻求对宇宙、自然和社会的终极性论证，进而构建一种全面而有效地解释宇宙运动的法则及人类历史之起源与目标的理论体系。

康有为的辨伪与正名相并行，[①] 如果说辨伪是"破"，正名就有"立"的意思，即在打破十三经的同时，又建立孔子与六经的权威。朱一新忧虑辨伪将令"学术转歧""人心转惑"，经书信仰从此失落，建筑于经学之上的社会秩序与伦理秩序亦随之毁于一旦。康有为未尝不知，他在回应朱一新的责难中表示，辨伪的目的是要尊孔、尊经，并通过为六经正名而实现。他还表露了自己的著述计划，要博采七十子及其后学的传记和西汉今文家言来注释经书，建构新的经学思想，以取替伪古文学和杂糅释道的宋学。因此，"两考"的宗旨不只在于"破"，还内含"立"的维度。从《论语注》《中庸注》《孟子微》等著作看，康氏的"立"并不完全指向"改制"，更非全然是为政治服务，

---

① 康有为《新学伪经考》曰："'六经'皆孔子所作。……自'六经'而外，皆七十子后学所记，各述所闻，或独撰一书，或合述一书，与经别行，统名曰'传'。……虽以《论语》记孔子言，以非孔子所撰，亦名为传。……盖七十子后学记，即儒家之书，即《论语》《孝经》亦在其中。"（《康有为全集》第一集，中国人民大学出版社，2007年，第392页）又曰："《论语》《学记》《经解》《庄子》《史记》叙'六经'皆不他及，诚以孔子所笔削，虽《论语》《孝经》不能上列，况其他乎？小学者，文史之余业，训诂之末技，岂与'六经'大道并哉！'六艺'之末而附以'小学'，……此刘歆提倡训诂，抑乱圣道，伪作古文之深意也。"（《康有为全集》第一集，中国人民大学出版社，2007年，第407页）类似言论，多见于《伪经考》，意在为六经正名。

其实质乃会通西汉的今文经学与宋明的性理之学。[①]正如康有为的仁学包通内圣外王之道，他的仁学世界观既含摄政制改良的关切，又是道德性和精神性互相融合，而且主要是道德性倾向，[②]人格主体性的挺立、自由意志的开显等仍是接续宋明德性之学的传统。

第二节 "六经五记"经书系统

经为常道，而道以时义为大。儒家经目从"六"扩展为"十三"之数，是要适应历史情境与时代精神的变迁。晚清中国遭遇三千年未有之大变局，西方的船坚炮利把传统中国卷入现代工业世界之中，面对西方的科学技术与民主宪政，开明的士大夫自觉地认识到，十三经及据此而阐发的汉学和宋学已难以适应激荡中的时势，如要发挥经学的致用价值，维护儒家的经书信仰，必须对经典诠释方法和理论，乃至对经书系统进行调整，促成经学的现代性转型。康有为是一位忧时伤世、敢为天下先的儒者，他痛切于帝国主义割让祖国的大好河山，每有"伤心信美非吾土"（《初游香港睹欧亚各洲俗》）的伤感。马江战败，他立志变法救国，著书传播其变法主张。故其研治经学，必

---

① 汪荣祖认为，康氏不是纯粹的或传统的公羊派学者，而是一个有创意的哲人，他"欲借公羊之帆以驶变法之舟"，然结果非但未能重振儒学，甚至是毁了儒学。（汪荣祖：《康有为论》，中华书局，2006年，第56—57页）这种观点颇具代表性，不论在当时，还是现在，不少学者都批评康氏治学在致用，而非求真、求道，他的今文经学给传统经学带来的结果是"毁多于立"。但是，毁与立是辩证统一的关系，正如康氏的辨伪与正名是相统一的，而他在正名之后建构的"六经五记"就属于"立"。只是，学者过于强调《春秋》公羊学在其思想中的主导性，相对淡化了易学及性命之学的地位，未能完整把握康氏的思想体系。
② 张灏著，高力克、王跃译，毛小林校译：《危机中的中国知识分子：寻求秩序与意义》，新星出版社，2006年，第211页。

求经世致用，则其诠释方法和理论自然要随时义而转移，如其所谓："天下义理，无非日新。"①因见儒家经传或与时义背驰，或与时义相应，康氏在对经传进行辨伪和正名后，选择若干经传而组成一个新的经书系统，即"六经五记"。

如前所述，康有为的"正名"确认了孔子与经书是一体的关系。然六经是否完全出自孔子？"作"的意涵是创作，抑或编纂、整理？群经之间的地位是怎样的？经书义理的授受如何？其与汉学、宋学的关联与区别何在？凡此种种，皆是康有为重建经书系统所要回答的问题。

首先，孔子与六经的关系。康有为早年接受"六经皆史"说，称六经为"王教之典籍"，"周之典章"，故"诸经出于周公"，"经义皆周道也"，唯《春秋》为孔子作"。②转向今文学的初期，康氏虽称"六经"皆孔子所作，但仍说《诗》《书》《礼》《乐》是孔子借先王之书而删定之，唯有《易》《春秋》是全出孔子之笔。所谓"删定"，就有编纂、整理的意思，未必寄寓了微言大义。自《新学伪经考》出，《诗》《书》《礼》《乐》皆与《春秋》公羊学建立了联系。如《诗经》的"三颂"寓王鲁、新周、故宋之义，③即公羊学"三科九旨"中的一科三旨。又如《诗》"四始"皆始文王，《书》始尧、舜，《春秋》

---

① 康有为：《致朱蓉生书》，《康有为全集》第一集，中国人民大学出版社，2007年，第314页。

② 康有为：《教学通义》，《康有为全集》第一集，中国人民大学出版社，2007年，第39—44页。

③ 康有为：《新学伪经考》，《康有为全集》第一集，中国人民大学出版社，2007年，第387页。又见康有为：《孔子改制考》，《康有为全集》第三集，中国人民大学出版社，2007年，第103页。

始隐公，而《春秋》终尧舜，《尚书》终《秦誓》，^①这是公羊家的"历史终始"论。礼、乐也是新王改制所修撰：

> 《春秋》为改制之书，包括天人，而礼尤其改制之著者。^②
> 六代之乐，皆孔子所托。^③

三代之礼、六代之乐皆孔子托古改制所作，故曰："《礼》《乐》二经为孔子所制。"^④由诸经寓含微言大义知，孔子"作"六经，是以"取义"的方式，绝非文献的编纂、整理而已。所以，六经在义不在事，其中一切事实"皆托也"，夏、商、周之三统也是孔子为创立万世法制而"托"。经书所谓的"先王"，并非指三代圣王，而是孔子，"后王"也是孔子。^⑤孔子就是文王，指创立文明法则的圣王，^⑥六经是承载文明大法的圣典。这实际上是以一个圣人为中心，围绕圣人所创作的常道之经而建构形而上学智慧，从而说明历史的起源与目标。

---

① 康有为：《万木草堂口说》，《康有为全集》第二集，中国人民大学出版社，2007年，第167、168、171页。

② 康有为：《春秋董氏学》，《康有为全集》第二集，中国人民大学出版社，2007年，第330页。

③ 康有为：《康南海先生讲学记》，《康有为全集》第二集，中国人民大学出版社，2007年，第105页。

④ 康有为：《孔子改制考》，《康有为全集》第三集，中国人民大学出版社，2007年，第135页。

⑤ 康有为：《孔子改制考》，《康有为全集》第三集，中国人民大学出版社，2007年，第106—107页。

⑥ 康有为：《万木草堂讲义》，《康有为全集》第二集，中国人民大学出版社，2007年，第280页。康有为《春秋笔削大义微言考》："此孔子自命之辞，可见孔子为文明之王也。故王愆期曰：文王，孔子也。此又一义也。孔子以人世宜由草昧而日进于文明，故孔子日以进化为义，以文明为主。"（《康有为全集》第六集，中国人民大学出版社，2007年，第11页）

六经成书的时间有先后，康氏以为《诗》《书》是孔子少年所作，《礼》《乐》是孔子中年所作，《易》《春秋》是孔子晚年所作。①因《诗》《书》《礼》《乐》等是早岁之书，孔子以此教授，故弟子多传之。《易》《春秋》作于晚年，但以口说授于高弟，故传者少。然《论语·子罕》载孔子之言曰："吾自卫反鲁，然后乐正，《雅》《颂》各得其所。"这时的孔子已六十八岁，属于晚年。又据《礼记·杂记》载："哀公使孺悲之孔子，学士丧礼，《士丧礼》于是乎书。"当鲁哀公时，孔子已五十四岁，而《士丧礼》之作或许更迟，应在孔子晚年。仅此两例，可证康氏之说为臆测，未足征信。此外，康氏还从正名的角度指出，《易经》的八卦为伏羲所定，六十四卦为文王所益，经上、下篇是孔子手作，而《系辞》乃孔门弟子所传，或是出自子思，《说卦》《序卦》《杂卦》三篇则是刘歆伪造，与孔子及其后学无关。②又《礼经》中的《丧服》是子夏的作品，非孔子所手定。因此，六经并非完全出自孔子，如《系辞》《丧服》应还原为传记，《说卦》等三篇要取消其经书名义。

---

① 参见康有为的《康南海先生讲学记》(《康有为全集》第二集，中国人民大学出版社，2007年，第107页)、《万木草堂口说》(《康有为全集》第二集，中国人民大学出版社，2007年，第147、151、165页)、《孟子微》(《康有为全集》第五集，第494页)、《论语注》(《康有为全集》第六集，中国人民大学出版社，2007年，第429页)等。
② 参见康有为《新学伪经考》(《康有为全集》第一集，中国人民大学出版社，2007年，第368页)、《万木草堂口说》(《康有为全集》第二集，中国人民大学出版社，2007年，第155页)、《南海师承记》(《康有为全集》第二集，中国人民大学出版社，2007年，第238页)、《孔子改制考》(《康有为全集》第三集，中国人民大学出版社，2007年，第136页)等。不过，康氏在《论语注》中，又说《系辞》《文言》是孔子所作，《说卦》是河内女子所得，《序卦》《杂卦》才是刘歆的伪造(《康有为全集》第六集，中国人民大学出版社，2007年，第429页)。

其次，群经之间的地位及其相互关系。十三经的地位不是完全平等的，汉儒重"五经"，且今文家重《春秋》甚于其他；宋儒重"四书"，且心学家重《中庸》《孟子》甚于其余。康有为是今文经学家，视《春秋》为六经之管篇。前文论孔子与六经之关系所引述的文献已表明，他是以公羊学来统摄《诗》《书》《礼》《乐》等。此外，他还多次表示：

> 孔子虽有"六经"，而大道萃于《春秋》。……唯《公羊》有"王鲁改制"之说。……则《春秋》微言大义，多在《公羊》，而不在《穀梁》也。①
>
> 孔子之道，全在于"六经"。《春秋》为"六经"之管篇，故孔子之道莫备于《春秋》。②
>
> "六经"以《春秋》为至贵。③
>
> 《春秋》非《诗》《书》《礼》《乐》可比……④
>
> "六经"之大道萃于《春秋》。⑤
>
> 孔子之作"六经"，其书虽殊，其道则未尝不同条共贯

---

① 康有为：《桂学答问》，《康有为全集》第二集，中国人民大学出版社，2007年，第18页。
② 康有为：《康南海先生讲学记》，《康有为全集》第二集，中国人民大学出版社，2007年，第107页。
③ 康有为：《万木草堂口说》，《康有为全集》第二集，中国人民大学出版社，2007年，第147页。
④ 康有为：《万木草堂讲义》，《康有为全集》第二集，中国人民大学出版社，2007年，第186页。
⑤ 康有为：《南海师承记》，《康有为全集》第二集，中国人民大学出版社，2007年，第212页。

也。其折衷则在《春秋》。①

　　孔子之道在六经，而该括则在《春秋》矣。②

　　六艺之中，求孔子之道者，莫如《春秋》。③

余例尚多，不赘举。凡此足征，《春秋》是集萃孔子改制大义的经书，康有为以《春秋》统摄群经，又以公羊学贯通诸经，可谓是"兼采博览以辅公羊"。

　　《春秋》之外，康有为最重《易经》。他说《易》和《春秋》是孔子晚岁之作，代表了孔子最成熟的思想。他反复申论：

　　　　《易》言其生也，生故有偶。《春秋》言其治也，治必一统。……孔子制度在《春秋》，义理亦在《春秋》，然义理于《易》为多，于《乾》《坤》二卦尤多。④

　　　　《易》言生也，生必易二而后生，故《易》多言阴阳。《春秋》言治，治统于一，故《春秋》大一统也。……《易》《春秋》虽言天，实言人。有《易》《春秋》，无余经可也。……《易》：大哉乾元。乃统天。《春秋》以元统天。元

① 康有为：《春秋董氏学》，《康有为全集》第二集，中国人民大学出版社，2007年，第330页。
② 康有为：《孟子微》，《康有为全集》第五集，中国人民大学出版社，2007年，第494页。
③ 康有为：《春秋笔削大义微言考》，《康有为全集》第六集，中国人民大学出版社，2007年，第3页。
④ 康有为：《万木草堂口说》，《康有为全集》第二集，中国人民大学出版社，2007年，第133、135页。

即气也，……①

引文出自《万木草堂口说》,《万木草堂讲义》《康南海先生讲学记》
等颇多类似言论。②所谓"无余经可也"，足证康氏最重《易》和
《春秋》。他在给弟子讲学时，常将这两部经书并列，故梁启超把康
氏的孔教思想概括为两个维度：以《易经》为中心的"魂灵界"学
问和以《春秋》为中心的"人间世"学问。③康氏撰写了多部著作
来发明《春秋》公羊学，却未有易学专著传世，梁启超曾提及康氏
拟著《大易微言》一书亦未果。著述的缺失使人怀疑易学在康氏经
学思想中的重要性，怀疑易学是否为康氏学问之根基。这其实不必
要，因康有为对易理的阐发不仅多见于《论语注》《中庸注》《孟子
微》《春秋笔削大义微言考》等书，更重要的是，《易经》的天元性
命之学构成了康氏经学思想的根柢，其以元统天、三世进化等公羊
大义，及其天人相与、中和之道等中庸哲学，均与《乾》《坤》二
卦关系密切。

其三,六经义理的学脉源流。六经是一个整体，但各经又是独
立的，各自拥有独特的思想内容，承担一定的教化功能。如《礼

---

① 康有为：《万木草堂口说》,《康有为全集》第二集，中国人民大学出版社，2007
年，第148、149页。

② 康有为："孔子作《春秋》以为制。孔子继《易》以言变法。"（康有为：《万木草
堂讲义》,《康有为全集》第二集，中国人民大学出版社，2007年，第281页）康有
为："《易经》阐明天道，兼及人道。《春秋》发明人道，兼及天道。……义理全出于
《易》，制度全出于《春秋》。"（康有为：《康南海先生讲学记》,《康有为全集》第二集，
中国人民大学出版社，2007年，第107、109页）

③ 梁启超：《南海康先生传》,《康有为全集》第十二集，中国人民大学出版社，2007
年，第428页。

记·经解》篇说诗教是温柔敦厚，书教是疏通知远，乐教是广博易良，易教是絜静精微，礼教是恭俭庄敬，春秋教是属辞比事。各经义理既是独立的，其授受也自成体系，《汉书·儒林传》记录了六经的传承情况。宋儒重"四书"，"四书"义理是一以贯之的，其授受也是一脉相承的，即孔、曾、思、孟的道统，各书并无独立的传承谱系。可见，汉、宋儒者对经书义理之授受的叙述和理解是不同的。康有为综合了汉、宋的观点，又自有其新见。站在今文学家的立场，康氏认同西汉今文家对六经的传承，及其对六经义理的诠释，至于古文经传的授受和注解，他以为始于刘歆的作伪，成于许、郑的训诂，前者是孔学之正宗，后者遮蔽了孔子之道真。因康氏最重《易》和《春秋》，根据自己对这两部经书义理的理解，他对其授受的叙述与汉儒略有不同。

关于《春秋》，康氏认为孔子之道集萃于此，传大义者在《公》《穀》二传，尤以《公羊》为重。孟子传公羊学，荀子传穀梁学，故"欲通《春秋》，必于《公羊》求之；欲通《公羊》，必于《孟子》求之"。[①]与孟荀相比，董仲舒传公羊先师之口说，且董生穷理超过二子，故"明于《春秋》者，莫如董子"，[②]"董子为《春秋》宗"。[③]六经的传承，荀子功劳最大，"西汉以前，尽荀子之学"。[④]董仲舒传承

---

① 康有为：《孟子公羊同义证传序》，《康有为全集》第二集，中国人民大学出版社，2007年，第128页。

② 康有为：《春秋董氏学》，《康有为全集》第二集，中国人民大学出版社，2007年，第372页。

③ 康有为：《春秋董氏学》，《康有为全集》第二集，中国人民大学出版社，2007年，第357页。

④ 康有为：《康南海先生讲学记》，《康有为全集》第二集，中国人民大学出版社，2007年，第112页。

的是荀学，而不是孟学，因荀子对公羊义理的发明超过孟子。[①] 所以，荀子也是孔学的嫡传，[②] 康氏曾说"荀理较精于孟"[③] "孟子言义理不如荀子"。[④] 他还批评宋儒尊孟子而攻荀子，且要为荀子正名。有学者指出，晚清学界存在"排荀"与"尊荀"相对立的思潮，梁启超、夏曾佑等维新派是"排荀"的推动者，章太炎则力揭"尊荀"大纛。[⑤] 晚清荀学的兴起确实存在某些复杂的面向，康有为虽是维新派的精神领袖，但他并不完全否定荀学，也不赞成"排荀"，乃至透露出与章太炎相似的"尊荀"之意。

关于《易经》，汉儒以为传自馯臂子弓、荀子等，康氏则说荀子不甚言《易》，孟子也不言《易》，[⑥] 传孔子易学者是子思的《中庸》。"《中庸》全与《易》合"，其天人性命之学乃大哉乾元之论，其保合太和之说乃利贞修道之教，可见《中庸》条条与《乾卦》相合。[⑦] 他

---

① 康有为：《万木草堂口说》，《康有为全集》第二集，中国人民大学出版社，2007年，第 188 页。

② 康有为：《新学伪经考》，《康有为全集》第一集，中国人民大学出版社，2007年，第 529 页。

③ 康有为：《万木草堂口说》，《康有为全集》第二集，中国人民大学出版社，2007年，第 179 页。

④ 康有为：《万木草堂讲义》，《康有为全集》第二集，中国人民大学出版社，2007年，第 301 页。

⑤ 朱维铮：《晚清汉学："排荀"与"尊荀"》，氏著《求索真文明：晚清学术史论》，上海古籍出版社，1996年，第 333—350 页。有学者认为，康有为是"排荀"的代表。如萧公权说，康氏称荀子是"污染"圣人之教的第一人，他"完全拒斥荀子所承受传递的学说，并决心要超越它"。（萧公权著，汪荣祖译：《康有为思想研究》，新星出版社，2005年，第 375 页）诚然，康氏不仅要超越荀学，他还要超越思孟学，直承孔子之道统。但说康氏视荀子为污染圣学之人，并完全拒斥荀学，这显然不尽符合康氏思想的事实。

⑥ 康有为：《万木草堂口说》，《康有为全集》第二集，中国人民大学出版社，2007年，第 185 页。

⑦ 康有为：《万木草堂口说》，《康有为全集》第二集，中国人民大学出版社，2007年，第 171 页。

甚至认为,《系辞》就是出自子思。^① 由此,《易》和《春秋》之外,康有为最重《中庸》,且相信子思最能体察和赓续《易》与《春秋》之道。如他说:

> 能通《中庸》者,即可通《春秋》。^②
>
> 孔子多言百世,故圣人作《春秋》以俟后圣,著《易》明天人之理。自七十子后学,知孔子者莫如子思。^③

《中庸》不仅与《易》相合,也与《春秋》相通,孔子的改制立教、天人之理皆传之于子思的《中庸》。所以,康氏说《中庸》是六经之外的第一文章,是一篇孔子的行状。孔子因仁道不行于世而作《春秋》,子思因困厄于宋而作《中庸》,^④ 两者皆是忧患之作,其中义理乃一脉相承。

经书系统与道体是一体相生的关系,经书系统之所以能够成立,必定是基于其内在道体的一贯性。康有为说《易》言天道,《春秋》言人道,它们各有侧重,各具传承谱系,但也有一以贯之者。宋儒以心性道德学为"四书"的一贯之道,康氏则以大同之道来融通经传,

---

① 康有为:《万木草堂口说》,《康有为全集》第二集,中国人民大学出版社,2007年,第 167 页。
② 康有为:《万木草堂口说》,《康有为全集》第二集,中国人民大学出版社,2007年,第 171、169 页。
③ 康有为:《万木草堂口说》,《康有为全集》第二集,中国人民大学出版社,2007年,第 171 页。
④ 康有为:《南海师承记》,《康有为全集》第二集,中国人民大学出版社,2007年,第 263 页。

仁学又是大同思想的核心精神。① 康有为对韩非的"儒分八派"说持有异议，在他看来，颜子是孔学之宗传，其早逝之后，孔门弟子分为两大派：有子代表的仁学、大同一派和曾子代表的孝悌、守约一派，前者发扬孔子的微言大义，后者遮蔽了孔子的仁道。有子之学传于子游、子张和子夏，而子张不传仁学，② 子夏只传经书，唯子游传礼学和大同思想。七十子后学中，子思兼传有子、子游的道统，备知盛德至道之全体。③ 孟学出自子思，孟子就是子游的再传，深得孔子的《春秋》学，传平世、大同的仁道。④ 所以游、思、孟及其代表作——《礼运》《中庸》和《孟子》等是一脉相承的。此外，《论语》是曾子之学，并非孔教之大宗正统，然其本出今文学，记载孔子语录

---

① 梁启超："（谭）既而闻南海先生所发明《易》《春秋》之义，穷大同太平之条理，体乾元统天之精意，则大服。"（梁启超：《戊戌政变记》，梁启超著，汤志钧、汤仁泽编：《梁启超全集》第一集，中国人民大学出版社，2018年，第595页）康有为发明的《易》《春秋》之义，就是以仁学和大同思想为核心。

② 据《论语·子张》篇记载，子游曰："吾友张也为难能也，然而未仁。"曾子曰："堂堂乎张也，难与并为仁矣。"孔门弟子以为，子张未达仁境，未通仁道。

③ 康有为：《中庸注》，《康有为全集》第五集，中国人民大学出版社，2007年，第369页。关于孔学的分派及其传承，详见康有为：《孟子微》，《康有为全集》第五集，中国人民大学出版社，2007年，第496—497页。

④ 康有为：《万木草堂讲义》，《康有为全集》第二集，中国人民大学出版社，2007年，第282页。康有为《孟子微》曰："传孔子《春秋》之奥说，明太平大同之微言，发平等同民之公理，著隶天独立之伟义，以拯普天生民于卑下钳制之中，莫如孟子矣！……孟子哉，其道一于仁而已。孟子深造自得于孔子仁之至理，……终于仁而已矣。通于仁者，本末精粗，六通四辟……庶几孔子大同之仁、太平之义光明于大地，利泽于生民，其兹孟子之志欤！"（《康有为全集》第五集，中国人民大学出版社，2007年，第412页）汪荣祖指出，康氏著《孟子微》旨在呼应他已成书的大同思想，因康认为孟子最能发挥孔子的太平世理念。书中虽偶用西方思想和史实作为阐述的例子，但其主要目的并非如黄俊杰说是"对中西思想的调融"。（汪荣祖：《康有为论》，中华书局，2006年，第129页）汪氏所论，符合情实，汪学群、魏义霞等有相关论述。

甚详，如常以仁智并举，"言仁人之体最多"，[①]且所发大同、神明之道，有极精奥者，[②]故"《论语》甚多微言"。[③]秦汉以来，"董子发仁最精"，而"宋人看仁字犹未透"，[④]及至康氏作《大同书》，仁学方始光大。这颇有韩愈建立传道谱系时说"轲之死，不得其传焉"的意思，康有为显然是以道统自承的。[⑤]

其四，新道统的建构与确立须回应宋明儒者的道统论。康有为是基于某种价值取向来调和汉学与宋学的，他对经学史进行思考、评价以及考察的形式本身就存有强烈的思想立场。如他对待汉学是有所倾向的，即尊崇今文学而排斥古文学，但他并未应用这种二元对立的思维来评述宋学，故有学者说康氏赓续程朱的性理之学，梁启超则称康氏"独好陆王"，在身心修炼工夫的实践层面尤其标榜心学。这种内在的矛盾与张力表明，宋明理学和心学构成了康有为思想的素材，康氏在不同时期的侧重有别，他既吸收和调适程朱陆王的学说，但他认为孔学之正宗并不在此，宋明儒所谓的道统论也是没有道理的。在康氏看来，"宋儒自是一种学问，非孔子全体

---

① 康有为：《万木草堂口说》，《康有为全集》第二集，中国人民大学出版社，2007年，第 206 页。

② 康有为：《论语注》，《康有为全集》第六集，中国人民大学出版社，2007 年，第 378 页。

③ 康有为：《万木草堂讲义》，《康有为全集》第二集，中国人民大学出版社，2007年，第 282 页。

④ 康有为：《南海师承记》，《康有为全集》第二集，中国人民大学出版社，2007 年，第 227 页。

⑤ 康有为《中庸注》："孔子发明据乱、小康之制多，而太平、大同之制少。……孔子知三千年后必有圣人复作，发挥大同之新教者。"（《康有为全集》第五集，中国人民大学出版社，2007 年，第 388 页）康氏自诩为三千年后的圣人，发挥孔子的仁学和大同教义。

也"。[①] "若宋学变为心学，汉学变为名物训诂，又歧中之歧也。"[②] 他从多个层面批判宋明儒的道统论，请参见前一章的论述。

由上可知，康有为以正名的方式还原传记和儒书，又通过考察经书中的微言大义，确认六经为孔子所作，尊孔就必然要尊经。康氏治学虽有成见，"成见"会令研究偏离实事求是的精神，"成见"也可能造就一种全新的思想体系。康氏的尊经就带有某种成见，他特别重视《易》和《春秋》，并在梳理其义理之授受时，建立孔学传承的道统谱系，即以《易》和《春秋》为中心，配以《礼运》《中庸》《论语》《孟子》及《春秋繁露》等传记和儒书，由此组成一个"经子一体"的经书系统，他为此撰写的著作如《礼运注》《中庸注》《论语注》《孟子微》《春秋笔削大义微言考》《春秋董氏学》等，就是围绕新系统而阐发的新经学。萧公权指出，《礼运注》等是康有为"经由研治古经、佛学、西学，以及改革与流亡之余而想重建儒学的一个结果。此一成果代表了他思想发展过程中的一个转捩点——为从公羊学建立儒学到他独创自己哲学的中间阶段"。[③] 其实，康氏为经传作新注的目的，不只是想重建儒学，还要重建新的经书系统，据此创构别具一格的经学体系。

1910 年秋，康氏致信梁启超：

　　《论语》《孟子》《大学》《中庸》，本各自为书，合为

---

① 康有为：《万木草堂口说》，《康有为全集》第二集，中国人民大学出版社，2007年，第 173 页。
② 康有为：《长兴学记》，《康有为全集》第一集，中国人民大学出版社，2007年，第 347 页。
③ 萧公权著，汪荣祖译：《康有为思想研究》，新星出版社，2005 年，第 53 页。

"四书"，体实不类。今莫如以《儒行》《大学》《礼运》《中庸》四篇合为"四记"，则精粗先后大小毕该。或五行，即大戴中《容经》，于礼容最精。《弟子职》于意训最善，抑合此为六，名为"六记"。（其序则以《容经》在《儒行》后。）或以《弟子职》附《孝经》同为小学，而此但为"五记"。汝意如何？[①]

这段话既体现了康有为的正名说，又反映出他意在打破"四书"道统，进而重建新的经书系统，即以"四记"或"五记"或"六记"来配六经。当然，这只是一种构想而已，康氏并未为此建构一贯之道来融通之。不过，我们可以参照此说，把康氏用以配《易》和《春秋》的《礼运》《中庸》《论语》《孟子》《春秋繁露》等名曰"五记"，暂且将其建构的新经书系统称为"六经五记"。

要说明的是：一者，"六经五记"之名符合康有为的正名说，他既分别经与传记，又用"记"来配"经"，犹龚自珍用史书、子书和集书等配六艺。二者，康氏尊六经，而不只是重《易》和《春秋》，他的经书系统自然要保留《诗》《书》《礼》《乐》等。但康氏曾说"六经不足见孔子之全"，[②]所以他要选择若干传记来发明整全性的孔学。三者，从目录分类言，《礼运》《中庸》是记，《论语》是传，《孟子》《春秋繁露》是儒家类子书，如康氏取《管子》中的《弟子职》

① 康有为：《致梁启超书》，《康有为全集》第九集，中国人民大学出版社，2007年，第166页。
② 康有为：《论语注》，《康有为全集》第六集，中国人民大学出版社，2007年，第411—412页。

名曰"记"，现为了方便，乃将《礼运》《中庸》等统称曰"五记"。四者，《孟子》《春秋繁露》等是儒家类子书，"六经五记"是一个"经子一体"的系统，即"经之中有子，子之中有经"，呈现了经子互动、融通的现象。五者，《新学伪经考》的辨伪与正名之说，《孔子改制考》的孔教与三世之义，这些奠定了"六经五记"的理论基础。至于《大同书》《诸天讲》等，那是康有为对"六经五记"义理的阐扬和深化，从而创造一种新经学体系，由此可见康氏思想的演变历程。

第三节 天元性命之仁学

康有为的新经学思想，从形式上说，它通过回归原典而重建新经书系统，并应用训诂、注疏等方法来诠释，这是中国古代经学的继续，又是此古典传统在近代的总结。从内容上看，它"合经、子之奥言，探儒、佛之微旨，参中、西之新理，穷天、地之赜变"，[①]是融会贯通古今东西文化思想的结果，显示着转型时代的传承与交替。

尽管康有为对经传的诠释完成于戊戌变法失败后的流亡期间（1901—1902年），但诚如其所言："吾学三十岁已成，此后不复有进，亦不必求进。"[②]即在他第一次上书清帝请求变法之际（1888），他的整个思想体系便宣告了最终的构思和成熟。康氏在《我史》总叙其思想体系时说：

---

① 康有为：《我史》，《康有为全集》第五集，中国人民大学出版社，2007年，第64页。
② 梁启超：《清代学术概论》，梁启超著，汤志钧、汤仁泽编：《梁启超全集》第十集，中国人民大学出版社，2018年，第281页。

……其道以元为体，以阴阳为用。理皆有阴阳，则气之有冷热，力之有拒吸，质之有凝流，形之有方圆，光之有白黑，声之有清浊，体之有雌雄，神之有魂魄，以此八统物理焉。以诸天界，诸星界，地界，身界，魂界，血轮界，统世界焉。以勇、礼、义、智、仁五运论世宙，以三统论诸圣，以三世推将来，而务以仁为主，故奉天合地，以合国、合种、合教一统地球。又推一统之后，人类预言、文字、饮食、衣服、宫室之变制，男女平等之法，人民通同公之法，务致诸生于极乐世界。及五百年后如何，千年后如何，世界如何，人魂、人体迁变如何，月与诸星交通如何，诸星、诸天、气质、物类、人民、政教、礼乐、文章、宫室、饮食如何，诸天顺轨变度、出入生死如何？……[①]

概括而言，一是"以元为体"的本体论和宇宙观，他用理、气、阴阳等概念探究一般存在和世界的本原或基质的形而上学。二是"以仁为主"的心性论和人生观，他用勇、礼、义、智、仁等范畴讨论人性的本源及其善恶问题，由仁为天心、仁者与天地万物为一体等观念，主张以民胞物与、博爱无私的态度看待和处理人与人、人与自然万物的关系。三是大一统的太平世界，这包含政治学和历史观，他宣扬平等、自由、独立等价值，描述了一个天地人相合的大同理想世界。元者，天也；仁者，人也。奉天合地、合国、合种、合教的一统地球，就是天人合一的世界大同。

---

① 康有为：《我史》，《康有为全集》第五集，中国人民大学出版社，2007年，第64页。

天人之学是贯穿两千年中国经学史的核心理念，传统经学家由此推演出本体论、人性论、认识论、政治学和历史观等。董仲舒说："天人之际，合而为一。"（《春秋繁露·深察名号》）公羊家的"天人合一"说，其实是"天人感应"论的一种表述，注重天与人之间的神秘联系。宋儒用天道自然、大化流行的宇宙观和致学成圣、诚明真际的人生态度来重新诠释天人合一的关系，无论是主张"性即理"的程朱，还是主张"心即理"的陆王，在天人关系上，他们都强调人是一个道德主体，人的本心先天地具有道德理性，人应发挥主观能动性，并通过人生实践活动的具体工夫达致天人合一的境界。[①]宋明儒通过重返《易》和《中庸》的传统，进而建构天人性命之学。与此不同，康有为师法公羊家，称《易》言天道，《春秋》言人道，他博采儒家传记之学来融通之，而构筑天人合一的大系统。因此，天人之学是康氏"六经五记"经学思想的核心，而公羊学和性理之学均在其中占有重要地位。

天人之学包含形而上与形而下的维度，形而上者指向本体论和心性论，形而下者指向历史观和政治学。在此先论前者，后者留待下一节。如前引文献，康有为自述"其道以元为体"，故李泽厚认为康氏以"元"作为世界之本体，用"元"表示天地万物的根本、本质和起源。[②]他说：

> 太一者，太极也，即元也。无形以起，有形以分，造起天地，天地之始，《易》所谓"乾元统天"者也。天地、阴

---

① 参见景海峰：《"天人合一"观念的三种诠释模式》，《哲学研究》2014年第9期。
② 李泽厚：《康有为思想研究》，氏著《中国近代思想史论》，人民出版社，1979年，第98—99页。

阳、四时、鬼神，皆元之分转变化，万物资始也。[①]

"元"是太一或太极，太极是"天地未分之前，元气混而为一"[②]的状态，易学家称之为混沌。作为太极的元，它是一个浑然一体、无形无象、无尽无方、无色无香、无音无尘、无声无臭的先验存在，天地、阴阳、四时、鬼神，乃至人和万物等都是它创生出来的。"太极以前，无得而言"，[③]太极和元就是世界的本原，在其之前并无"无极"的存在。道家讲"无生有"，周敦颐说"无极生太极"，由此引出朱熹、陆九渊的往复论辩，黄宗羲已断言其"所争只在字义先后之间"，现代新儒家的代表陈荣捷甚至说："太极之辨，于思想并无发明。"[④]康有为否定无极的存在，意在超越关于"无极生太极"的传统论争，直接确认"元"和"太极"为世界的本体。

康有为的"元"学既源自《易》的"乾元统天"说，其所谓"无形有形"者，又引自何休的《公羊传注》，易学和公羊学是孔学的正宗。他说：

> 孔子系万物而统之元，以立其一。又散元以为天地、阴阳、五行与人，以之共十，而后万物生焉。此孔子大道

---

① 康有为：《礼运注》，《康有为全集》第五集，中国人民大学出版社，2007年，第565页。

② 王弼、韩康伯注，孔颖达等正义：《周易正义》卷七《系辞上》，上海古籍出版社，1990年，第141页。

③ 康有为：《万木草堂口说》，《康有为全集》第二集，中国人民大学出版社，2007年，第140页。

④ 韦政通主编：《中国哲学辞典大全》"朱陆太极之辨"条，世界图书出版公司，1989年，第108页。

之统也。①

"元"是孔学之道统、道真,孔子以"元"统摄天地万物,又散"元"为天地万物。当"元"之始为无形之象,当"元"之散为有形之状,有形者为气。故康氏曰:"元即气也。"② 又说:

> 《易》称大哉乾元乃统天,天地之本,皆运于气。《列子》谓天地空中之细物,《素问》谓天为大气举之,何休谓元者气也,《易纬》谓太初为气之始。……③

此引用《列子》《素问》以证验《易》的"元"论,即康氏所谓"合经、子之奥言"。用有形的"细物"摹状"气",表明"气"是一般性的物质或物质性的存在。

> 凡物皆始于气,既有气,然后有理。生人生物者,气也。所以能生人生物者,理也。……朱子以为理在气之前,其说非也。④

---

① 康有为:《春秋董氏学》,《康有为全集》第二集,中国人民大学出版社,2007 年,第 373 页。
② 康有为:《万木草堂口说》,《康有为全集》第二集,中国人民大学出版社,2007 年,第 149 页。
③ 康有为:《春秋董氏学》,《康有为全集》第一集,中国人民大学出版社,2007 年,第 372 页。
④ 康有为:《万木草堂口说》,《康有为全集》第二集,中国人民大学出版社,2007 年,第 133 页。

万物由元气创生，它是构成世界万物的原始材料。气不是无知之物，气之中蕴含着理，气与理是一体的，并非在"气"之外别有一个先天之"理"的存在。

> 按，《易》曰：天地之大德曰生。言生即兼理气而言，无所不包。夫谓之大德，何尝不为理，何尝专就气言之？……元气、知气、精气，皆理之至。盖盈天下皆气而已，由气之中，自生条理。……朱子未知生与气，即未为知性。[1]

天地之大德是与生俱来的，"大德"指昭示、随顺"道"的表现，这自然是一种理，它源自创生天地的气，故气内含形而上之理，元气、知气、精气皆是理之至者。程颐说："有理则有气"，[2] 气有生灭，理永恒存在。朱熹说："天地之间，有理有气。理也者，形而上之道也，生物之本也；气也者，形而下之器也，生物之具也。"[3] 理是万物生成的根据或本原，气是构成事物的质料，理在气先，理为气之主宰。康有为主张理在气中、理气相即，这是对程朱"理本论"的修正，又是对张载、王廷相、王夫之等人的"气本论"的继承。

康有为的气本论显示了转型期中新旧思想的杂糅。一方面，康氏应用传统气论的概念来建构其本体论。20 世纪以来，唯物论者通常

---

① 康有为：《孟子微》，《康有为全集》第五集，中国人民大学出版社，2007 年，第432 页。
② 程颐：《易说·系辞》，程颢、程颐著，王孝鱼点校：《二程集》，中华书局，2004年，第 1030 页。
③ 朱熹：《答黄道夫》，《朱子全书》第 23 册，上海古籍出版社、安徽教育出版社，2002 年，第 2755 页。

是从物质或物质性角度理解"气"的本质和内涵。但"气"在中国古代哲学既指称某种物质或物质性的实体，又是一个具有普遍性意义的概念，也是一种具有神秘性意味的存在。当康有为以"空中细物"来摹状"气"时，呈现了"气"创生天地的物质形式与过程。当康氏以"理气""知气"等概念来规范"气"的本质时，"气"不是无限可分的"细物"或原子，而是一种形而上的、先天的理性存在。当康氏以"魂气""精气""神气"等来表现"气"的功能时，"气"又被赋予了神秘的精神性质。当康氏说"神气即电气"，他用以太、电光等物理学知识来定义"气"时，"气"又具有了自然科学的属性。不过，元气与其他关于"气"的复合概念是有分别的。

> 夫浩浩元气，起造天地。天者，一物之魂质也；人者，亦一物之魂质也。虽形有大小，而其分浩气于太元，涓滴于大海，无以异也。……光电能无所不传，神气能无所不感。……无物无电，无物无神，夫神者，知气也，魂知也，精爽也，灵明也，明德也，数者异名而同实。[1]

元气为第一性的世界本原，其中内含形而上之理。元气散入天地、人物乃为魂气，它分享着形而上之理，故"魂气则无不知"。[2]万物皆有魂气，而魂气的知觉作用表现为知气。"知气者，灵魂也，略同电

---

[1] 康有为：《大同书》，《康有为全集》第七集，中国人民大学出版社，2007年，第4页。
[2] 康有为：《孟子微》，《康有为全集》第五集，中国人民大学出版社，2007年，第426页。

气"，知气之灵明者，则为精气，为神气，为电气，[①] 这些概念是异名而同实的，皆是元气之散殊。

另一方面，康有为博采西方自然科学知识来充实他的气本论。如果说魂气、神气、精气等概念透显着某种神秘主义；那么，带有自然科学因素的"电气"概念，就显示了某种合理的、自然的、物质的属性。尤其是当康氏说："有电则必有光，电光则有力以生物。神气即电气也。"[②] 电气似乎就等于元气，天地万物由电气而生。但两者的意义毕竟不同，物理学的"电"表示能量的流通和传递，所谓"万物同胞体，电气流徙"，[③] "电气"一词便是描述元气如电光一闪般地创生万物。又如前述，电气即神气，它与魂气、知气、精气等是异名同实的，指称人的精神意识和理性知觉。康氏说："不忍人之心，仁也，电也，以太也。"[④] "无物无电，无物无神，夫神者，知气也，魂知也。"[⑤] 仁心指精神意识，知气、魂知指理性知觉，故精神、理性就是电，电就是精神、理性，它们基本上是同一种或同一个东西。这种观点既把精神（魂）物质化了，又把物质（电）精神化了。或者说，既使精神等同于可以计算控制的物质的机械作用和功能，又使物质的

---

① 康有为：《礼运注》，《康有为全集》第五集，中国人民大学出版社，2007年，第558页。

② 康有为：《中庸注》，《康有为全集》第五集，中国人民大学出版社，2007年，第376页。

③ 康有为：《中庸注》，《康有为全集》第五集，中国人民大学出版社，2007年，第370页。

④ 康有为：《孟子微》，《康有为全集》第五集，中国人民大学出版社，2007年，第414页。

⑤ 康有为：《大同书》，《康有为全集》第七集，中国人民大学出版社，2007年，第4页。

作用带有神秘的精神性质。① 这样的解释诚不免附会之嫌，却是康有为"参中西之新理"的尝试。

以上关于"气"的概念系统，不仅建立起了康有为的本体论，也构成了他的心性论。元气是本体，其落实于人身则为魂气、知气、精气、神气，故人是禀天元之气而生。但人有魂灵，还有体魄，"魂灵精气与魄质形体合会而后成人"，② 魂与魄是彼此独立的东西，分别来自天（元）与父母。

　　　　盖性命、知觉之生本于天也，人类形体之模本于祖、父也。若但生于天，则不定其必为人类形体也。若但生于祖、父，则无以有此性命、知觉也。③

　　　　人非三合不生，非天不生，非父母不生。……天、父、母三合而生人。④

人由天与父、母"三合而生"，性命知觉或精神智慧得自天，形体模

----

① 参见李泽厚：《康有为思想研究》，氏著《中国近代思想史论》，人民出版社，1979年，第103—107页。不过，正如冯友兰曾指出："董仲舒所讲的'元'究竟是什么东西，我们还不能作出明确的说明。有一点是明确的，在董仲舒的体系中，'元'不可能是一种物质性的实体。……仅仅依据后来某些公羊家认为'元'就是'气'的说法，便得出董仲舒的哲学体系是唯物主义结论，这是站不住的。"（冯友兰：《中国哲学史新编》第三册，人民出版社，1985年，第65页）同样，就康有为的哲学体系看，"气"不等同于物质实体，而是具有某种神秘性，把康氏的元气论解释成唯物论，也不完全合理。
② 康有为：《礼运注》，《康有为全集》第五集，中国人民大学出版社，2007年，第561页。
③ 康有为：《春秋董氏学》，《康有为全集》第五集，中国人民大学出版社，2007年，第375页。
④ 康有为：《中庸注》，《康有为全集》第五集，中国人民大学出版社，2007年，第376—377页。

样则来自（祖）父、母。

> 人非人能为，天所生也。性者，生之质也，禀于天气以
> 为神明，非传于父母以为体魄者，故本之于天。[1]

人之所以为万物之灵，并非父母所成就，而是天所赋予。"性者，人受天之神明，即知气灵魂也。"[2] 人性与生俱来，人性中之神明、良善者，乃禀受于天元之气，而非传自给予我们体魄的父母。因此，人之为人的本质，或者说人与禽兽之别的根本特质，在于人性之知觉，在于魂灵之神明，而不在体魄之强健。从魂与魄的分立言，康氏认为"孝"包含两个维度："体天之心，是谓大孝。……体父母之心，是谓达孝。"[3] 孝亲要求养生送死，孝天不只要祭祀天地，更要体察和顺应天道，令人与天合一，此即康氏的"穷天地之赜变"。

中国传统的心性论是在"天人合一"的理论模式下展开的，然不同流派、不同思想家对"天"与"人性"的理解有所分别而已，上述"人性本之于天"的说法就体现了康有为的心性论包含在"天人合一"观之中。"天"指元气，那么，人的本性究竟是善，还是恶，抑或无善无恶？康氏早年赞同告子的"性无善恶论"。

---

① 康有为：《中庸注》，《康有为全集》第五集，中国人民大学出版社，2007 年，第 369 页。

② 康有为：《论语注》，《康有为全集》第六集，中国人民大学出版社，2007 年，第 411 页。康有为《孟子微》："性者，天赋之知气神明，合于人身而不系于死生者。以天之精气附人之心体，以魂合魄，合成人灵。"（《康有为全集》第五集，中国人民大学出版社，2007 年，第 433 页）

③ 康有为：《中庸注》，《康有为全集》第五集，中国人民大学出版社，2007 年，第 377 页。

> 性者，生之质也，未有善恶。……凡论性之说，皆告子
> 是而孟子非，可以孔子为折衷。[1]
>
> 告子生之谓性，自是确论，与孔子说合。……程子、张
> 子、朱子分性二，有气质，有义理，研辨较精。仍分为二
> 者，盖附会孟子。实则性全是气质，所谓义理，自气质出，
> 不得强分也。[2]

性与善、恶不是生来便纯然一体的，孔子论性是以"无善无恶"为宗，而非孟子所谓"性善"者。告子的人性论是纯自然主义的，即人的自然属性本无善恶，犹如白纸，此谓"性相近"；人在社会化过程中获得社会属性，逐渐形成善恶一体两面，此谓"习相远"。由此，学者认为康有为与告子一般，是自然人性论者，他倡人欲、反天理，反对禁欲主义，并宣扬人性平等、物性平等的博爱哲学。[3] 诚然，康氏批评宋儒的天理人欲论，又接受宋儒的"民胞物与"说，但他并非主张自然人性论。

事实上，康有为的心性论乃承自董仲舒，且溯源于荀子，具有某种性朴论的特点，而在工夫论上又兼采子思、孟子的诚明与养气说等。[4] 康氏有时将宋儒的心性论推本于孟子，他在多种著述中做了周

---

[1] 康有为：《万木草堂口说》,《康有为全集》第二集，中国人民大学出版社，2007年，第166、186页。

[2] 康有为：《长兴学记》,《康有为全集》第一集，中国人民大学出版社，2007年，第341页。

[3] 李泽厚：《康有为思想研究》，氏著《中国近代思想史论》，人民出版社，1979年，第111—121页。

[4] 关于康有为的心性论，有学者称康氏肯定孟子的性善说，否定荀子的性恶论，因而是性善论者。[杨华：《〈孟子微〉在康有为进化思想中的地位》,《华东师范大学学报（哲学社会科学版）》2018年第2期] 这是对文献有所选择而得出的结论，缺乏整体性的考察和研究，不甚符合康氏心性思想的实际。

详的分析，以为"义理之性"源自孟子的性善论，"气质之性"来自荀子的"变化气质"说。康氏论性亦有综合孟、荀之意：

> 天之所为，有所至而止。止之内，谓之天性，止之外，谓之人事，谓之王教。王教在性外，而性不得不遂。故曰性有善质，而未能为善也。性者，天质之朴也。善者，王教之化也。无其质，则王教不能化。无其王教，则质朴不能善。[1]

"天人合一"观包含两个维度，一是人性本之于天元，为天质之朴。一是人事与天意交感相应，顺天意而行则为王教。王教即仁政，是仁义之善性的推扩。人的天性如荀子所说"本始材朴"，亦如告子所谓"无善无恶"，但仁善的王教之所以可能，是王者率性、遂性而推扩仁心的结果。故"性者质也"的"质"，既指"质朴"，又包含董仲舒所谓的"善质"，孟子的性善说便是就人性中的"善质"而扩充开来。康有为还借用董仲舒的"性三品"说来调和孟、荀等，以为孟子言人性善是指中人以上者，荀子言人性恶是指中人以下者，扬雄言人性善恶混是指中人。[2] 显然，康有为尝试在各种心性论的异同中得出一个折中主义的结论："告子、荀子、董子与孟子，实无丝毫之不合，辨名有殊，而要归则一也。"[3] 从教人为善、责人向善的目的看，诸人确

---

[1] 康有为：《孟子微》，《康有为全集》第五集，中国人民大学出版社，2007年，第430页。

[2] 康有为：《孟子微》，《康有为全集》第五集，中国人民大学出版社，2007年，第429页。

[3] 康有为：《孟子微》，《康有为全集》第五集，中国人民大学出版社，2007年，第430页。

是殊途同归，但说彼此无丝毫不合，这就有违思想史的情实了。

折中主义给康有为的心性论带来了内在张力。他强调"质"是性之本义，但"质"不完全是荀子意义上的"本始材朴"，而是内含某种来自先天的、道德规范的"善"，相当于宋儒讲的"义理之性"。康氏说："如能深明天命、人情之本，知权宠、富贵不能妄求，仁、义、礼、智非由外铄，既明乎善，则易于诚身矣。"[1] 这是孟子"四端之心"为"我固有之"的观点。又说："性有质性，有德性。德性者，天生我明德之性，附气质之中，而昭灵不昧者也。……古称明德，后世称为义理之性。或言灵魂，或言性识。"[2] 这似乎又回到了宋儒的传统，即分"性"为二，有义理之性与气质之性。但又不尽然，康有为在《孟子微》中明确批评朱子认"性"为理与气两者所构成的观点，他指出："盈天下皆气而已，由气之中，自生条理。"[3] 气是世界的本体，也是人性的本原，气并非如朱子所谓的"形而下者"，气内含形而上之理。"人之血气化天志而仁，人之德行化天理而义。"[4] 人本于"气"而生，人的仁义善性源自气（天）中之"理"。这种"义理之性"实则为"气质之性"，两者异名而同实。但康氏的"气质之性"得自天元，是一种善质，非宋儒所谓善恶相杂的禀性。可见，康有为的

---

① 康有为：《中庸注》，《康有为全集》第五集，中国人民大学出版社，2007年，第381页。又如《孟子微》说："我受于天，仁、义、礼、智、天道之性，则求扩充之。"（《康有为全集》第五集，中国人民大学出版社，2007年，第435页）这也是以仁、义等为天生的善性。

② 康有为：《中庸注》，《康有为全集》第五集，中国人民大学出版社，2007年，第385页。

③ 康有为：《孟子微》，《康有为全集》第五集，中国人民大学出版社，2007年，第432页。

④ 康有为：《孟子微》，《康有为全集》第五集，中国人民大学出版社，2007年，第426页。

心性论是以其本体论为理论基础，两者的通贯正体现了天与人的合一。

人性中的善质犹含藏之种子，须经收摄修养、保和扩充的工夫，才可能成长为至善。"性有善质，而未能为善"，"性待渐于教训而后能为善。善，教诲之所然也，非质朴之所能致也，故不谓性"。[①] 善质需要保养才能发展为善性，而教训、教诲就是成善的工夫。康有为非常重视"教"，他说："善道者，以其法传之人人，故谓之教也。"[②] 一方面，所教的内容是"善道"，是本之于天而随顺人情的中庸之道。另一方面，修道在己，并推己及人，因人同一体，凡他人所不能得道者，犹我之所不能，故要"矜而教之"，宽柔以教之，使人人公共互行于中庸之道。具体的方法是"博学之，审问之，慎思之，明辨之，笃行之"，四者"皆知之事，所以择善也"。[③] 通过修习而增益智慧，因闻见广博而智慧愈光明，然后充实之而转化为道德性的诚。此即《中庸》所谓"自明诚谓之教"，由"道问学"而进至"尊德性"的至诚善境。又在至诚尽性的同时，尽人之性，尽物之性，因成己而成人、成物，此即《中庸》所谓"自诚明谓之性"。前者如荀子的积文学而后化性起伪，后者如孟子的尽心知性而扩充仁心。"荀子发挥'自明诚'，孟子发挥'自诚明'"，[④] 他们都是发挥子思的"诚"之道，乃源自孔子的德性之学。

---

① 康有为：《孟子微》，《康有为全集》第五集，中国人民大学出版社，2007 年，第 427 页。
② 康有为：《中庸注》，《康有为全集》第五集，中国人民大学出版社，2007 年，第 369 页。
③ 康有为：《中庸注》，《康有为全集》第五集，中国人民大学出版社，2007 年，第 382 页。
④ 康有为：《万木草堂口说》，《康有为全集》第二集，中国人民大学出版社，2007 年，第 173 页。

不论是"自诚明"，还是"自明诚"，都需要持之以恒的修养。"人性皆善，但贵得养，其不善者，皆由失养所致。"[①]康氏认为，孟子的养气论主张"勿正、勿忘，勿助"，这是"言养之法最精妙"者。[②]人本天元之气而生，由魂灵、魄质合会而成，故有魂气，有魄气。"魂气清明则仁多，魄气强横则贪多"，[③]因而要"以气配理而养之，乃足以助精魄而强神明"。[④]"配理"的前提是穷理，即穷究天下万物的根本原理，洞明人类的心体自性，以浩然正气养成精毅的体魄和神明的魂灵，培育仁、智、勇的德性。"唯大勇大智，而后能扩充其不忍之心以保四海，所谓大仁也。"[⑤]具备仁、智、勇的君子方能择中庸而行，遵循天道而有所为，如此乃与天地并立而化育万物。智、仁、勇等大概是康氏最为重视的德目。因晚清中国积贫积弱，内忧外患不断，要救国必须自强，康氏主张的变法维新，其首要是通风气、开民智。又因物竞天择的进化论导致人与人、国与国之间充满了残忍的竞争，他希望结束这样的状态，建立一个崇尚仁义的大同世界。这两者的完成必须有勇健的体魄和勇毅的心志，因此他说智仁勇是"度世之宝筏"。[⑥]

---

① 康有为：《孟子微》，《康有为全集》第五集，中国人民大学出版社，2007年，第436页。
② 康有为：《孟子微》，《康有为全集》第五集，中国人民大学出版社，2007年，第436页。
③ 康有为：《孟子微》，《康有为全集》第五集，中国人民大学出版社，2007年，第430页。
④ 康有为：《孟子微》，《康有为全集》第五集，中国人民大学出版社，2007年，第424页。
⑤ 康有为：《孟子微》，《康有为全集》第五集，中国人民大学出版社，2007年，第425页。
⑥ 康有为：《论语注》，《康有为全集》第六集，中国人民大学出版社，2007年，第495页。

概括而言，康有为依托"六经五记"所阐发的天元性命之学，综合了孔、思、孟、荀、董的心性思想，同时表现出对程朱理学的修正，又透露了陆王心学对他的影响。传统儒学是一个复杂的体系，古人分为汉学与宋学两大传统，今人分为政治儒学与心性儒学两种形态。近年来，学者标举"新康有为主义"的旗帜，他们对康有为思想的研究主要集中在康氏的孔教与政制方面，以此区别于熊、牟、唐、徐等代表的心性儒学一派。然无论是先秦儒学，还是汉学和宋学，并无所谓心性与政治的分派及对立。如《大学》"三纲八目"呈现的儒学体系，是以正心、诚意的心性之学为治国、平天下的政治哲学之基础，古今通儒始终关注道德来源的本体论及其如何修持的工夫论问题，并将人心、人性视为教化与政制不可或缺的基础。康有为同样如此，他的孔教思想、政治学说是由其天元性命之学所支撑的，仅从政治或心性的一面来把握，均不免失之偏蔽。①

第四节　仁爱的大同世界

中国传统天人之学包含两个维度，一是明天道以示人道，一是立人道以合天道。就康有为的"六经五记"而言，天道指以"元气"为形而上道体的本体论，人道指以"本始材朴"或"无善无恶"为性体的心性论，而其天元性命之学便是天道与人道的缩合。然人道既指向

---

① 梁启超说康有为的教学是"以孔学、佛学、宋明学为体，以史学、西学为用"。又称康氏"独好陆王"。（梁启超：《南海康先生传》，《康有为全集》第十二集，中国人民大学出版社，2007年，第424页）侯外庐据此谓："南海之思想，以陆王心学为体，史学西学为用。"（侯外庐：《近代中国思想史》，上海书店出版社，1989年，第686页）心性之学是否为康学之体，这还可以讨论，然康氏重性命之学的事实应无疑义。

内在的心性，也涵括人与人之间的伦理关系，及由各种关系所构成的有情世间。人道与天道的合一，要求世间的伦理规范、生活方式、社会秩序和典章制度等，应遵从形而上的天元之理，或依循客观实在的自然规律。以天下为己任的康有为"日日以救世为心，刻刻以救世为事，舍身命而为之"，[①] 经世致用是其治学的宗旨。康氏如同两汉的今文学家一般，坚信人们能够从经书描述的理想世界出发说明真实的历史世界，妥帖地安排历史世界中的意识形态、纲常伦理和典章制度等。他根据"六经五记"推演世间法则，在融通儒、佛之微旨和吸纳西方之新理的基础上，试图建构一个超越时代和文教全备的大同世界。这虽是理想化的乌托邦，但其中对仁爱之道的阐扬，对平等、自由、民主等价值观念的思考，可为今人探讨天下秩序或世界体系提供某些有益的启示。

康有为的《大同书》完成于 1902 年前后，大致与其注解经传同时，故要理解他的大同思想，必须和他的"六经五记"之学相参证。如前所论，在康有为的天元性命之学中，天道是超越的形而上之理，经由修养工夫而转化为内在的道德心性，性以仁善为至，仁亦为天道之极则。康氏反复申论，孔教始于人道，道出于人性，人性又本之于天，而"仁为天心"，人道自应以"仁"为归趋。"孔子之道本天，以元统天。仁为义理之极，蔑以加矣。"[②] "孔子本天，以天为仁人，受命于天，取仁于天。"[③] 孔子受天命而立教，遵循天元之仁道而发明仁

---

① 康有为：《我史》，《康有为全集》第五集，中国人民大学出版社，2007 年，第 64 页。
② 康有为：《万木草堂讲义》，《康有为全集》第二集，中国人民大学出版社，2007年，第 281 页。
③ 康有为：《春秋董氏学》，《康有为全集》第二集，中国人民大学出版社，2007 年，第 375 页。

爱之人道。天之所以是"仁"的，因"天覆育万物，既化而生之，又养而成之"。[1]万物受天元之气而生，就天之化育万物言，天具有普遍、无私的仁心。就万物源自天元说，其本原是一致的，共同分享着天元之理，万物之间皆为同类，四海之内皆是兄弟。"物即己而己即物，天即人而人即天"，[2]人与物、人与天一体而无碍隔。那么，作为万物之灵的人，"受仁于天，而仁为性之德、爱之理，即己即仁，非有二也"。[3]仁是形上的超越之理，又是内在的道德善性，人既要"以仁洁身"，把天的仁心转化为自我的良知良能；又要"以仁为任"，在成就自我仁善之性的同时，推扩仁心而及于天地万物。[4]康氏指出，道德主体皆有应然的责任，儒家用"仁"来定义人性，"仁乃人之责任也"。[5]克己复礼而仁是对自我尽责，成己之后而成人、成物则是对天尽责，也是对有情世间尽责。故仁者与天地万物为一体，日日以救济众生为事，刻刻以恩惠万类为心，致力于创造一个充满仁爱的有情世间，即太平大同的世界。在"仁为天心"的意义上，康有为的"仁学"构成了其道德形而上学的基础；而在"以仁为任"的意义上，康氏的"仁学"既彰显人的道德主体性及其责任与义务，又在政治哲学的层面以"仁"为改制、创制的核心理念。

---

[1] 康有为：《中庸注》，《康有为全集》第五集，中国人民大学出版社，2007年，第379页。

[2] 康有为：《中庸注》，《康有为全集》第五集，中国人民大学出版社，2007年，第384页。

[3] 康有为：《论语注》，《康有为全集》第六集，中国人民大学出版社，2007年，第432页。

[4] 康有为：《孟子微》，《康有为全集》第五集，中国人民大学出版社，2007年，第417页。

[5] 康有为：《孟子微》，《康有为全集》第五集，中国人民大学出版社，2007年，第472页。

　　康有为论仁，是以张载的"民胞物与"说为基础，综合了墨家的"兼爱"和基督教的"博爱"等学说。不过，康氏的仁爱论是以儒家思想为底色，与慢差等的兼爱、博爱毕竟有别。他多次强调："孔子最重差等。"[①]"孔子之义在立差等，全从差等出。"[②]又借用孟子的话，把孔子的仁道分为三等：亲亲、仁民和爱物。[③]先说"亲亲"。因人是魂灵与体魄的合会，魂灵源自天元之气，体魄来自父母。从性命的来源说，天地万物都是人的同胞、同类；从种类的分别说，人与万物各自为类，彼此有别，且人继承父母的血缘、形体，由父母所生养，与兄弟同声气。因此，"孔子立教在仁，而行之先起孝弟"。[④]孝亲是仁道的始基，也是人道的出发点。在孝悌的基础上，儒家用各种道德纲常来规范伦理秩序，从而建立和谐的人伦关系，构筑大同的天下秩序，并发展出一整套有关家庭、伦理、国家、天下及历史起源与目标的价值观念。其中可能内含某种整体主义的倾向，却避免了占有性的和利己性的个体主义的偏颇。

　　同时，"亲亲"中的前者指自我，后者指对象性的他者，这包含两两相对或彼此对待之意，因而是在人伦关系域中展开的活动，其前提是自我必须具备"亲"之能力，即具备仁爱之德性，"亲"之行为

---

① 康有为：《南海师承记》，《康有为全集》第二集，中国人民大学出版社，2007年，第230页。

② 康有为：《万木草堂口说》，《康有为全集》第二集，中国人民大学出版社，2007年，第187页。

③ 康有为：《中庸注》，《康有为全集》第五集，中国人民大学出版社，2007年，第379页。《论语注》说："立爱自亲始，本原既定，推以爱民物、通天人，而大道自生也，盖为行仁先后之序焉。"（《康有为全集》第六集，中国人民大学出版社，2007年，第381页）即亲亲、仁民、爱物之差等。

④ 康有为：《论语注》，《康有为全集》第六集，中国人民大学出版社，2007年，第380页。

是践行仁道的工夫，而"亲"之结果是通过"孝悌"而保证生命存在的世代性与连续性，实则是人类自身在未来的"生生"及其存在方式。由此，"'亲亲'的特点体现为对于'生生不息'生命延续的尊重以及在此基础上对于生命意义的理解"，[1] 这就具有某种本体论的意义。康氏说："人伦者，人道之自然，……人伦之道，乃人人天命性中之仁所自有，……"[2] 这便是立人道以合天道之意，而人道是如《中庸》所谓"亲亲为大"，道德主体的"亲亲"之性源自天命之"生生"（仁）大德，因而体现出略如"生生"本体的特质。

次说"仁民"。人是天元之气所生，"人人皆独立平等，人人皆同胞而相亲如兄弟"。[3] 从本原上说，作为道德主体的人是独立的存在，人与人之间是平等的关系，也是同胞、兄弟的关系。仁在于推恩，即推扩不忍人之心而及于天下。儒家把"仁"所代表的伦理道德确立为人类整体维持历史世界与意义世界的基础。其表现为：一方面是觉民。说"认显知藏""仁阳知阴"，仁与知是相须互用的关系，故程颢以"仁"为有"知觉"，这是一种感通万物的能力，但具体到每一个体而言，又有先觉与后觉、智慧与愚昧的差别。康有为明确指出，如果天生我聪明才力超过常人，便不可自私其聪明才力而辜负天恩，应当承担起先知、先觉者觉其后知后觉者的责任。近代中国备受西国欺凌的事实让康有为认识到，人类社会已经进入智力竞争的时代，所以他推重智力，把"开民智"视为救国的急务，"觉民"就是康、梁所

---

① 孙向晨：《论家：个体与亲亲》，华东师范大学出版社，2019年，第40页。
② 康有为：《孟子微》，《康有为全集》第五集，中国人民大学出版社，2007年，第416页。
③ 康有为：《孟子微》，《康有为全集》第五集，中国人民大学出版社，2007年，第417页。

谓"新民"，革新民众的智力与道德。这表面上是继承传统儒家的修身观念和圣贤君子的理想，实质上在心性道德、伦理规范、知识结构等问题，康有为尊重自然人性、强调社会公德、接纳西方新理等。这种意义上的"新民"，是促使国民"自我塑造"成理性、独立和进步的道德主体，以一种现代公民的姿态去承担国家和社会所赋予的种种义务，明白自我应该追求何种价值理想，以及如何认知和改造这个世界。

另一方面是救民。儒家的"仁"，就其知觉的能力说，具有对价值的觉悟力，以及对事物的认知理性；就其体现为"善的意志"言，又可称之为"良知"，而良知的呈现是对自我本体的直觉，良知的发用则是将一体之"仁"推及于他者，乃至普适于天地万物。康氏认为，天生人耳目手足之强弱有殊，既然人人皆为同胞，强者非但不能欺凌弱者，还应在弱者遇到危难困厄时，发动自我的恻隐之心，思索如何拯救之。对于个体来说，特别要防患自我的权力意志在寻求自我肯定、自我膨胀的过程中滑向主体自我的内在分裂和绝对个人主义，把人与人之间的关系导向完全的对立与冲突，而至陷入无休止的争夺与战争。对于君相来说，更要"推不忍之性以为仁政"，[1] 尽心尽力地做到养民、富民和与民同乐。对于国家来说，应该持守"大地万国之人皆吾同胞之异体也，既与有知，则与有亲"的观念，[2] 将仁爱施及于他国，停止那种戕害仁义的殖民统治。这与王阳明在《大学问》中

---

[1] 康有为：《孟子微》，《康有为全集》第五集，中国人民大学出版社，2007年，第417页。此段论觉民、救民，均参考此页。
[2] 康有为：《大同书》，《康有为全集》第七集，中国人民大学出版社，2007年，第5页。

所阐述的博爱和天下一家的观点相近。

再说"爱物"。康有为依然根据其天元哲学来论证万物同源的道理。他说："万物之生皆本于元气，人于元气中，但动物之一种耳。……能爱类者谓之仁，不爱类者谓之不仁。"[①]从天元的角度来看众生，万物是同本、同根和一体相生的关系。这蕴含双重意义：一方面，假如我们把人类看作是自我转化及转化外在现实世界的主体，"当自我转化是根基于实在，而实在的转化也根基于人类自身时，则人类自身及实在之间也就没有分界与分歧。而这表示二者有着本质上的关联。"[②]康氏说人生于"元气"（实在），是强调人与实在之间是一体的关系（天人合一）。另一方面，生养万类的自然世界同样源自"元气"，如此，人类主体与作为对象化的自然世界之间并无本质上的对立和冲突，二者实乃相互依附于同一实在，且存在于同一连续发展的时空整体世界之中。康有为显然是受到达尔文"生物进化论"的影响，但他并未由此走向"人类学自我中心主义"或"人类沙文主义"，他强调人具有"爱类"的仁心，也就把人类理解为介于世界万物之中的创造性转化、关联、协调，或相互认同的管道，人类是促成自然世界及万物之间整体的和谐统一的关键。换言之，人与自然的和谐相处不但是人类在行动上的基本考量，也是保证二者之关系得以良性地发展，及其各自能够持续地转化、创造和生生的自然限制。因此，仁者不但要爱人，关爱自己的同类，还要将爱心推及于异类之万物，尊重

---

① 康有为：《大同书》，《康有为全集》第七集，中国人民大学出版社，2007年，第49页。
② 成中英：《儒家哲学中的宇宙学、生态学与伦理学三位一体论》，氏著《儒家哲学的本体重建》，中国人民大学出版社，2017年，第88页。

自然万物的生命形式和生命过程。康有为特别提到，如鸟兽、昆虫、草木等皆是天元所生，虽与人类形体有异，但都是禀受天元之气而成性，人类要消解自我中心主义的傲慢，把仁爱精神转化为推动人与自然相和谐的意志。且从禀赋之气所承载的价值意义上说，人与万物公平地分享着天元之理，彼此是一体而平等的关系，人类要从仁爱之心出发，把平等原则推及于自然万物，将其视为亲切的同伴而平等地予以关照。这在今天，要求人类须引万物为同类，秉持人与万物或自然界和谐共生的理念，而不是为了自身的发展，无限度地改造和征服自然，乃至以牺牲其他物类的生存为代价。

康有为的经学思想及其社会历史观深受进化论的影响。一方面，他用进化论解释公羊家的"三世三统"说，以封建专制为据乱世、君主立宪为升平世和民主共和为太平世；另一方面，他认为现象界进化的根本动力在于"仁"。"'仁'不仅作为'元'本体的体现而把现象界横向联成一个整体，而且还促使现象界的事物处于不断的纵向发展之中。"[①] 人类社会史的发展演变因而被纳入"仁"的进化轨道。康有为阐释儒家的"仁学"，从亲亲而仁民而爱物的推进，这不只是说明人伦关系及情感存在一个由近及远的推恩过程，更为关键的是，他把"仁"的三种表现分别对应于其所谓"三世"的社会形态。他说："凡世有进化，仁有轨道，世之仁有大小，即轨道大小，未至其时，不可强为。……故立此三等以待世之进化焉。"[②] 人类社会必然遵循"三

---

① 赵璐：《论康有为的进化思想及社会历史观》，《西安电子科技大学学报（社科版）》2003 年第 4 期。
② 康有为：《孟子微》，《康有为全集》第五集，中国人民大学出版社，2007 年，第 415—416 页。

世"的进化法则，即从据乱世到升平世到太平世的发展图式，这是一个由量变转为质变的渐进过程。"仁"的开显也应如此，故有小仁，有大仁，随社会形态的进化而逐渐地呈现。

> 孔子立三世之法：拨乱世仁不能远，故但亲亲。升平世仁及同类，故能仁民。太平世众生如一，故兼爱物。仁既有等差，亦因世为进退大小。[1]

> 乱世亲亲，升平仁民，太平爱物，此自然之次序，无由躐等也。[2]

仁爱之三等与历史之三世互相对应，这是孔子根据不同时世而创立的法制，必须循序渐进、逐步改良，不可超越等级，追求革命式的飞跃。当然，不论是处于何种时世，仁道始终为有情世间的根本法则，仁之至则人人自立而大同，故曰："大同之世，至仁之也。"[3]因"仁"具有知觉的能力，这赋予了道德主体以一种类似柏格森所谓的生命进化中的主动创造性。仁之本体具备日新又新、生生不已的创化能力，仁体的开显就是新事物、新秩序源源不断地涌现、创造的过程，这是即创造即存有的"生生不已"和"继善成性"的本体认知。

---

① 康有为：《孟子微》，《康有为全集》第五集，中国人民大学出版社，2007年，第415页。

② 康有为：《大同书》，《康有为全集》第七集，中国人民大学出版社，2007年，第51页。

③ 康有为：《大同书》，《康有为全集》第七集，中国人民大学出版社，2007年，第51页。钱穆曾说："大同即仁之境界。"（钱穆：《中国近三百年学术史》，九州出版社，2011年，第753页）许多研究者都指出，康氏建构了一个充满仁爱的大同世界，但对其仁学与天元性命之学、三世进化论的内在关联，学者似乎较少留意。

历史起源于仁的知觉之呈现，其目标亦趋向于仁体的完满和了悟。

如果说仁是得之于天的性体，人与生俱有"仁的直觉（intuition by feeling）"；[①] 那么，成就仁之性的关键首先是要知觉自我内在存有的仁心。"知者，知仁也。"[②] 知即理性，人作为理性的存在，须觉悟自我是一个道德主体，一切德性"皆以仁为体"。[③] 康氏谓："天下人道，仁、智尽之。"[④] 仁为体，智为用，孔子常以仁智并举，康氏也把智提升到与仁相等的思想高度，即把人道原则和理性原则相统一。牟宗三说："只有在本心仁体在其自身即自体挺立而为绝对而无限时，智的直觉始可能。"[⑤] 这是强调本心仁体的全体大用能够转化出圆照万物的理性、澄明之知，而智的直觉又可以直观形而上的仁体。康氏同样认为："唯其智者，故能慈爱以为仁，断制以为义，节文以为礼，诚实以为信。夫约以人而言，有智而后仁、义、礼、信有所呈，而义、礼、信、智以之所为，亦以成其仁，故仁与智所以成终成始者也。"[⑥] 仁与智是既对待又统一的，智是理性由内而外地展现的活动，仁所包含的慈爱就是一种情感意志，它作为质料因素而使仁、义、礼、信等道德法则充实起来，又作为动力因而驱动仁心去体认天

---

① "仁的直觉（intuition by feeling）"是成中英使用的概念，参见其《现代新儒学建立的基础》一文（成中英：《儒家哲学的本体重建》，中国人民大学出版社，2017年）。
② 康有为：《南海师承记》，《康有为全集》第二集，中国人民大学出版社，2007年，第250页。
③ 康有为：《春秋董氏学》，《康有为全集》第二集，中国人民大学出版社，2007年，第390页。
④ 康有为：《万木草堂口说》，《康有为全集》第二集，中国人民大学出版社，2007年，第168页。
⑤ 牟宗三：《智的直觉与中国哲学》，台北商务印书馆，1971年，第196页。
⑥ 康有为：《康子内外篇》，《康有为全集》第一集，中国人民大学出版社，2007年，第108页。

元之理，从而将感性内容理性化，高扬主体的智之自觉性，建立一种感性与理性相统一的道德律令。由此，康有为反对朱熹以仁统义、礼、智、信的说法，强调人道是以智为先导，然后以仁为依归，要用智来辅仁、成仁，挺立主体的本心仁体，其他德目如义、礼、信等皆不能与仁智相比拟。《中庸》以智、仁、勇为三达德，康氏在注释时说，智者能知中庸，仁者能守中庸，勇者能行中庸，"有智、仁、勇之君子，能择中庸而行之，遵道矣"。[①] 中庸之道就是子思从有子、子游所继承的孔子的大同之道。智作为一种把握对象的理性方式，使人能恰如其是地选择和践行本体界的中庸之道，但它未必是经由逻辑思辨而达致的，也可能是知性主体通过直觉、体证和感通的方式而实现的。

康有为乐观地相信，仁的流行与智的直觉将共同导引人类社会臻至理想化的大同世界。人禀天元之气而化生，体天元之仁而成性，故进入大同世界之后，人人咸有不忍人之心，人人养成仁爱的善性，人人都是理性智慧的道德主体，是独立的、平等的、自由的存在。人们通常把乌托邦称为空想社会，学者也往往嘲讽康有为的大同世界"如同梦寐"，而其大同思想就是悬空了的"游离了的学说"。也有学者为其辩护，如萧公权从政治学的角度指出，康氏的目的在为全人类界定一种生活方式；李泽厚从唯物论的角度指出，康氏的大同世界具有其实在的社会现实基础。[②] 所以，大同的乌托

---

① 康有为：《中庸注》，《康有为全集》第五集，中国人民大学出版社，2007年，第371—372页。
② 参见萧公权著，汪荣祖译：《康有为思想研究》第十章第四节，李泽厚《中国近代思想史论》的"康有为思想研究"章。

邦既是超时代的，又是即世间的合理产物。除了经济、政治、社会等方面的设想，天元性命之学及其仁学思想是康有为论证其大同世界之可能性与合理性的重要部分。康氏的心性论虽倾向于告子的"无善无恶"论和荀子的"本始材朴"说，但他对人性始终抱持乐观主义的态度，他相信人性内含善质，相信东海西海、心同理同的观点，只要人人"以仁洁身""以仁为任"，必然会造就一个充满仁爱的大同世界。

至仁之世中天地万物同为一体，彼此和谐地共生共存，完全打破俗世种种形界的碍隔。由此，我们便能理解康有为的"除九界"是与其仁学相应的，而非采纳虚无主义或无政府主义等思想。从亲亲而仁民而爱物的推进，便将家界、国界、苦界等渐次地破除。其中，破除家界尤为重要，"去家界为天民"是康有为致大同的必要途径。梁启超说《大同书》"数十万言……其最要关键，在毁灭家族"。[①] 中国传统社会是以家族为基础和单位，家族也是儒家纲常伦理的载体，毁灭家族将令孝、悌等道德规范无所依归，及其至则三纲五常，乃至一切罗网非冲决不可。持守儒家传统的学者对此等"荒唐呓语"的批评颇为激烈。但是，当康氏以个人为社会构成单位和基础时，他对"仁"的内涵及实现"仁"的方法，明显和传统儒家已有不同。如果说传统的"仁"统摄忠、孝、礼、义等德性，而在康有为，"仁"则包含独立、自由、民主、平等等现代性价值；那么，除九界、致大同的关键就在于"男女平等，各自独立"。

---

① 梁启超：《清代学术概论》，梁启超著，汤志钧、汤仁泽编：《梁启超全集》第十集，中国人民大学出版社，2018年，第276页。

故全世界人欲去家界之累乎，在明男女平等、各有独立之权始矣，此天予人之权也。全世界人欲去私产之害乎，在明男女平等、各自独立始矣，此天予人之权也。全世界人欲去国界之争乎，在明男女平等、各自独立始矣，此天予人之权也。全世界人欲去种界之争乎，在明男女平等、各自独立始矣，此天予人之权也。全世界人欲致大同之世、太平之境乎，在明男女平等、各自独立始矣，此天予人之权也。全世界人欲至极乐之世、长生之道乎，在明男女平等、各自独立始矣，此天予人之权也。全世界人欲炼神养魂、不生不灭、不增不减乎，在明男女平等、各自独立始矣，此天予人之权也。欲神气遨游、行出诸天、不穷不尽、无量无极乎，在明男女平等、各自独立始矣，此天予人之权也。[1]

康有为根据"天赋人权"的理论阐述男女平等的道理。在他看来，男女同为天民，都是天元所生，既"有天授之体"，就"有天授自由之权"，[2] 拥有自立、自主、自由的权利。可见，康氏的独立、自由、平等学说虽来自西学，但又建立在其天元性命之学上，它们是仁性的自然呈现，而非单纯的政治权利而已。既然独立、自由、平等是仁性的呈现，那么，这些价值观念便非西学所独有，也是孔子仁学的本然之

---

① 康有为：《大同书》，《康有为全集》第七集，中国人民大学出版社，2007年，第163—164页。
② 康有为：《大同书》，《康有为全集》第七集，中国人民大学出版社，2007年，第58页。

义。"故独立自由之风,平等自由之义,立宪民主之法,孔子怀之,待之平世,而未能遽为乱世发也。"[①]康氏把孔子塑造"成了一位儒家乌托邦的进化预言家,西方也能在这个具有现代价值的儒家乌托邦中找到自己的道路"。[②]通过以西学来证孔、释孔,说明孔子已为后世创立民主宪政,孔学仍然具有现代性价值。

比较而言,"中国之圣人以义率仁,外国之圣人以仁率义",[③]仁者爱人,义者为我,圣人孔子以成就自我仁性的"为我"而达致爱人的目的,西方哲人的伦理学则将导向成就自我的个人主义。"欧美今大发独人自立之说,然求至太平世之人格,实未能也。"[④]不仅因其有家界之累,更因其主张一切价值以个人或国家为中心,而不能将仁心推扩于寰球生民及天地万物。尽管西方已经建立自由、民主的宪政,但在康有为看来,它们仍处在据乱世或升平世的阶段,尚未进入仁爱的太平世。特别是欧美应用社会达尔文主义,把世界各国判分为文明与野蛮的类型,并以文明国自居,为其侵略他国寻求理论依据,致令世界陷入战争频仍的境地。"进入大同、太平世则无战争,大一统而归仁。"[⑤]孔子发明仁学最精,而仁学才是普遍恒常的文明法则,孔

---

① 康有为:《孟子微》,《康有为全集》第五集,中国人民大学出版社,2007年,第422页。

② [美]列文森著,郑大华、任菁译:《儒教中国及其现代命运》,中国社会科学出版社,2000年,第68页。

③ 康有为:《康子内外篇》,《康有为全集》第一集,中国人民大学出版社,2007年,第107页。

④ 康有为:《大同书》,《康有为全集》第七集,中国人民大学出版社,2007年,第90页。

⑤ 康有为:《孟子微》,《康有为全集》第五集,中国人民大学出版社,2007年,第450页。

子是创构普世文明的教主，是世界文明的法王，[①]是指引全人类进化至理想社会的先知先觉，故唯孔教才可能实现环球的一统、世界的大同。

大同世界是一个复杂的天下体系，是由经济、政治、社会、民族等维度所构成的复合体，康氏的《大同书》有详细论述，学界的研究已多。相对于《大同书》的制度设计，"六经五记"之学是从形上本体与道德伦理等层面论证"大同"何以可能及如何可能的问题。康有为的大同思想是内圣与外王的结合，是道德与政治的统一。他不仅要在政治和制度上重构世界体系或天下秩序，还试图建立涵盖一切文化思想与活动的至高无上的"教"。不论"教"是指教化，还是指宗教，它都包含知识性的"学"和道德性的"道"等双重内容。诚如陆象山说："既不知尊德性，焉有所谓道问学？"[②]在康有为那里，政治学与心性学绝非分裂或对立的，其政治哲学或儒教宪政正是建立在其道德形而上学，即其天元性命之学的基础上。学者把康氏塑造为"政治儒家"的学术形象，是对其思想缺乏通观性研究的结果。

近百年来，人们称康有为是晚清今文经学的殿军，甚至是传统经学的最后大师，经学至此就终结了，进入所谓的"后经学时代"。[③]如今，学者提出回归经学、重建经学的口号，其实质乃回到康有为，尤其是回到康有为所代表的今文经学，或者说是政治化的儒学和制度化的经学。诚然，今文经学是康氏经学思想的核心，政治与制度也是

---

① 康有为：《论语注》，《康有为全集》第六集，中国人民大学出版社，2007年，第445—446页。

② 陆九渊：《陆九渊集》，中华书局，1980年，第400页。

③ 陈少明：《走向后经学时代》，氏著：《汉宋学术与现代思想》，广东人民出版社，1995年，第128页。

他关注的重点，但我们知道，康氏思想是一个渊博丰赡的体系，是对经子之奥言、儒佛之微旨、中西之新理的融会，既包括政治的关切，又内含道德的眷注，故是政治哲学与道德哲学的统一，或者说是公羊学与心性学的融通。正如时人所评论，康氏的今文经学具有颠覆性的革命倾向，在与古文经学家的论辩中，他也意识到了传统经学的危机，并尝试建构新的经书系统，依托"六经五记"而创造了一种新经学思想。其中，康氏对荀、董性命之学的发挥，对思、孟性命之学的采纳，及对宋明理学、心学的批评，还有对西方新理的摄取，凡此构成了其道德形而上学，即其天元性命之学。康氏由此阐发的仁学思想，则为其政治制度和大同世界的设计奠定了理论基础，从而体现出政治学与心性学的统一。在某种意义上说，康有为的"六经五记"之学是以今文经学为基础，在阐发公羊学之微言大义时，兼采汉学与宋学的思想资源，是晚清调和汉宋思潮的反映。如果当代的回归经学运动是以康氏为师法之对象，那么，首先要认识到心性道德学是其经学思想的重要组成部分，也就不应把经学研究局限于今文学的传统，不应延续今文与古文、汉学与宋学相对立的思维。当年朱一新劝诫康氏莫启"惑经之风"，然"两考"之作终究是令"疑经"演为"疑古"，经学由是陷入危机。今日重兴今文经学，异日是否有人因而惑经、疑经，乃至解构经书与经学，吾实不敢知矣。

章太炎“原儒”及其
经子关系论

　　“原儒”是一个古老的思想议题，传统儒者通常是以“即道原儒”的方式，强调儒家与孔子及六经道体的源流关系。如《汉书·艺文志》所谓儒家“游文于六经之中，祖述尧舜，宪章文武，宗师仲尼，于道最为高”的说法，宣扬儒家继承三代政教治道而归宗于孔子和六经。及至晚清，康有为则以“教”来定义“道”，他把儒、儒家、儒学等概念等同于“儒教”，且截断众流而称儒教创始于孔子，如今文经学家皮锡瑞所谓“孔子以前不得有经”，康有为则相信“儒”是孔子传道立教之名，“儒家”就是孔教的信徒。将“儒”的名号和“儒家”的本源确定为孔子及其六经，这在“治学太有成见”[①]的康有为而言，于理义无有不自洽。但在注重客观求是的学者看来，康氏不过

---

① 梁启超：《清代学术概论》，梁启超著，汤志钧、汤仁泽编：《梁启超全集》第十集，中国人民大学出版社，2018 年，第 281 页。

是以今文经学为应用，而"非研究学问"。[①] 如果说《汉志》和康有为所论非真，那么，"儒"的本义是什么，"儒家"究竟起源于何时，其与孔子及六经的关系如何，又该应用何种方法来探寻？在"儒教中国"渐趋瓦解的 20 世纪初期，凡此种种问题引起了当时学者的重新审视。

考据学崇尚实事求是的科学精神，追求"可信"而非"可爱"的答案。相对于康有为的"即道原儒"，从语文学角度考证"儒"的字源义及"儒"的原初身份，论证三科之"儒"的演变脉络，据此说明儒家的本源及其与孔子和六经的关系，这大概始于近代的刘师培和章太炎。[②] 章氏《原儒》一文是较早探讨此问题的典范之作，胡适称赞其"真有开山之功"，[③] 他的《说儒》就是接着章太炎来讲的。关于"儒"的本义及儒家的起源之所以成为需要重新检讨的问题，既是因为章太炎注重思想发展源流的探索，又与他在此时批评儒学、反对孔教相关，文章就透露了消解"于道最为高"的意思。循名责实体现的是现代学术规范，辞旨抑扬则反映了个人的思想立场。章太炎是晚清古文经学的殿军，《原儒》辨析经学与儒学的异同，其中就蕴含褒贬之意，也表明他在原儒时，有心地切入了经子关系命题。

---

① 章太炎：《清代学术之系统》，《章太炎全集》第十四册，上海人民出版社，2018年，第 429 页。顾颉刚也说康有为是"拿辨伪作手段，把改制做目的，是为运用政策而非研究学问"。(顾颉刚：《古史辨》一《自序》，上海古籍出版社，1982 年，第 43 页)

② 在章太炎写作《原儒》之前，刘师培曾发表《论孔子无改制之事》《古学出于史官论》《周末学术史序》等文章，其中讨论了儒的本义及儒家的起源问题，鲍国顺因而称"刘师培实是近代学术史上原儒论的创始人"。(鲍国顺：《刘师培的儒学观》，载《龙宇纯先生七秩晋五寿庆论文集》，台北学生书局，2002 年，第 520 页)

③ 胡适：《说儒》，季羡林主编：《胡适全集》第四卷，安徽教育出版社，2003 年，第 3 页。

　　我们知道，经史关系是中国学术思想史上的重要命题。近代以来，基于经史同源的认识，根据“六经皆史”的理念，传统经史之学逐渐由意识形态及经世致用的王官学，而蜕变为注重求真求是的晚清古文经学，至民国则发展为学院化和专业化的新史学，经史关系命题因而获得前所未有的重视和论述。作为古文经学家的章太炎，他信守“六经皆史”说，关于经史之学的起源、性质和功能等，他发表过许多精到的见解，学界对此亦有精深的研究。同时，经子关系也是中国学术思想史上的重要命题，历史上有过一些讨论，如《汉书·艺文志》称诸子为“六经之支与流裔”，又如章学诚的“诸子有得于六经道体之一端”说，或如龚自珍的“经子为周史之大小宗”论。《汉志》和章氏确认经子为源流关系，六经是诸子学的本源，经子的知识性质是相通的，皆是明道究理之学；龚氏认为周代史学或史官文化是经子的本源，经子的知识性质也是相通的，皆是记载历史之陈迹，其中虽含摄义理，但终究是不脱离于实事实迹，经与子亦不存在直接的源流关系。章太炎认同“六经皆史”观，并结合东渐之西学来重新界定经子关系，他比龚自珍更进一步地提出“经学即史学”和“子学即哲学”的命题。如此，章氏从知识分类或学术分科的角度，把经与子的知识性质区别开来，诸子不再是六经的流裔，诸子学独立于六经及其经学。章太炎认为，知识的性质不同，研究方法亦有分别，客观之经学是考证历史事迹和典章制度，须应用实证的考据学；主观之子学是探究宇宙本体和道德性命，应采用哲学的诠释学。就知识的功能论，客观之经学既是历史的陈迹，自然不再具备经世致用的价值，故旨在求是而还原历史的真相；主观之子学对天道性命的探究，将深化人们对宇宙的本源性认识，确立精神世界的信仰体系，从而促进社会、政治与经济的变革，故要探求其致用的价值。学界以往着重阐发章太炎的经史关系论，甚少关注他对经子关系的思考。本章尝试结合其原儒来阐述此命题，并提出一些探索性的意见，希望能起到抛砖引玉的效用。

第一节 "原儒"及儒学与经学之辨

关于章太炎的"原儒"，近年学界时或见于评述，然所论证亦未尽详审。[①]一是未阐明章太炎原儒的语言学方法所蕴含的哲学旨趣；二是忽略了其思想多变的事实，及其晚年对儒家的本源和性质的审定；三是甚少论及章氏"原儒"中的儒道关系、经子关系等议题。从20世纪的"原儒"工作看，儒家的溯源及其与道家之关系的考辨，牵涉到如何贞定中国哲学思想的本源问题，而章太炎对经学与儒学的剖判，又牵涉晚清的今古文经学之争。结合近现代学术思想的发展背景，将有助于阐发《原儒》的宗旨及其思想价值。

（一）《原儒》之作及何以"正名"

现代学术讲究概念和范畴的辨析，注重名实相副之理。"原 X"的主题就内含"正名"之义，通过考察概念的源流变化，以还原其本来的意涵，展示其发展演变的内在理路。同时，概念是人在感知世界

---

① 参见王尔敏：《当代学者对于儒家起源之探讨及其时代意义》（氏著《中国近代思想史论》，社会科学文献出版社，2003 年）、陈来《说说儒——古今原儒说及其研究之反省》（陈明主编：《原道》第二辑，团结出版社，1995 年）、朱浩《论〈原儒〉篇与章太炎之"儒者"观》（《政治思想史》2016 年第 3 期）、尤小立《胡适之〈说儒〉内外》（北京大学出版社，2018 年）等书中论章太炎的部分。另如张昭军、孟琢等人的论著亦曾涉及。

的过程中，对事物进行范畴化和定型化之基础上形成的，它作为一种语言性的文化现象，本质上是反映现实的符号，故其表述方式、意义生成模式和功能结构等，反映了构成现实世界的诸多元素及其间的各种关系。以"原道"为例，《淮南子·原道》篇创作于黄老之学流行的年代，刘勰《文心雕龙·原道》篇书写于文学自觉的魏晋时期，韩愈《原道》旨在回应佛老对儒学的冲击，章学诚《文史通义·原道》篇是要打破宋明理学对"道"的独断性解释，章太炎《国故论衡·原道》篇则以道家学说作为格义、诠释西方新学的载体，凡此呈现的是，客观存在的经验世界与意识层面的时代精神、思想文化等，在古今学者的"原道"篇中烙下了深刻印记。

　　章太炎的《原儒》也是如此。这篇以语言考证面貌出现的文章，一则是如其所言，提出"题号由古今异"[①]的历史见解；再则是如李泽厚指出，"用所谓道德来衡量品评一切"。[②]前者应用语文学方法探究"儒"的本义，以及儒学的源流变化；后者是与当时的文化思潮和革命运动密切相关，章太炎此时强调德性的责任与义务，意在导引国民走向进德修业的道路，冀望国民道德的增益将助成反清革命的成功。因此，《原儒》是一篇兼具考据与义理的作品。就考据层面而言，它体现了章太炎治学主求是的宗旨；就义理层面而言，它透露了章氏对康有为儒教论的反省，及其对传统儒学乃至国学的现代性转型的思考。考据方法旨在求真，义理探求意在救俗，《原儒》蕴含"真"与

---

① 章太炎：《国故论衡·原儒》（校定本），《章太炎全集》第五册，上海人民出版社，2018年，第286页。
② 李泽厚：《章太炎剖析》，氏著《中国近代思想史论》，人民出版社，1979年，第404页。

"俗"的双重义谛,从"真俗"的维度来把握此文的主旨,更能凸显其在国族与文化的转型期中,所具有的学术思想史意义。

古代曾出现多篇"原道"的文章,但无"原儒"之作。这并非意味着古代不发生原儒的问题,刘勰、韩愈和章学诚等对"道"的探源,就是指向六经或儒家,故其"原道"内含"原儒"或"原经"之意,而且体现了"即道原儒"的方法。其实,古代的正统儒家对"儒"之名实及儒家的本源,流行着一种相近的认识。《淮南鸿烈·要略》曰:"孔子修成、康之道,述周公之训,以教七十子,使服其衣冠,修其篇籍,故儒者之学生焉。"[①]《淮南鸿烈·俶真训》高诱注云:"儒,孔子道也。"[②]韩婴曰:"儒之为言无也,不易之术也。千举万变,其道不穷,六经是也。"[③]还有前引《汉书·艺文志》的表述。根据诸家的解说,"儒"的本义指得道之儒家,其传习的是承载于孔子所编纂之六经的亘古不易的确定性常道。这是一种"即道原儒"的方法,强调"儒"与"道"的一体性,并以一位"圣贤"(孔子)作为其"学派"(儒家)的形上智慧的基础,两汉的"素王"说和宋明的"道统"论莫非如此。及至晚清,今文经学家宣称孔子以前不得有经,六经是孔子所创作,他们把这种观念移用到"原儒"的工作上,认为孔子以前不得有儒和儒家,儒之名和儒家思想是孔子所创立,并非如《汉志》所云承袭三代先王之绪。康有为本着建立儒教的目标,进而

① 刘文典撰,冯逸、乔华点校:《淮南鸿烈集解》卷二十一《要略》,中华书局,2017年,第862页。
② 刘文典撰,冯逸、乔华点校:《淮南鸿烈集解》卷二《俶真训》,中华书局,2017年,第79页。
③ 韩婴撰,许维遹校释:《韩诗外传集释》卷五《第十四章》,中华书局,1980年,第182页。

以宗教贞定儒学，尊孔子为儒教之祖，如耶稣基督一样同是创教的圣人。实际上，康有为是把儒、儒家和儒教诸概念等量齐观，他从宗教视角对儒和儒家的溯源，意在从思想渊源上论证儒教的合法性，及将儒教确立为国教的必要性，通过保教进而实现保国、保种的目的。

　　然而，保国、保种是否必须预设一个"儒教"的前提，这在当时及今日依旧是存在争论的议题，章太炎的看法乃与康有为迥异。在政治立场上，章氏早年赞成变法维新，百日维新失败后，他开始转向反清革命；在学术观点上，他赓续古文经学的传统，始终反对建立儒教的论断。在章太炎看来，保国、保种的前提在于"改制"，而其关键"乃在保持道德"。①传统政治制度的变革未必要完全颠覆儒家，但儒家是否足以开出现代性的民主政治，章氏早年对此存有疑义。同时，儒家的优势在于德性之学，然儒家塑造的温良恭俭让的君子人格是否足以承担救亡图存的历史责任，章氏对此亦不能自信。他倡导的革命之道德，如知耻、重厚、耿介、必信等，从语言形式到基本内容均渊源于儒家，但他又批评"孔教最大的污点，是使人不脱富贵利禄的思想"，认为"今日想要实行革命，提倡民权，若夹杂一点富贵利禄的心，就像微虫霉菌，可以残害全身，所以孔教是断不可用的"。②基于这样的认识，章太炎常常用道德标尺来是非评判传统儒家人物，乃至采取釜底抽薪的方式来反对儒教——诋孔，视孔子和儒家学说为革命运动的阻力，他冀望与要求民主、理性、法治、平等的实现和发

---

① 章太炎：《革命道德说》，《章太炎全集》第八册，上海人民出版社，2018年，第294页。
② 章太炎：《在东京留学生欢迎会上之演讲》，《章太炎全集》第十四册，上海人民出版社，2018年，第5页。

展，却又并非完全客观理性地把儒家与传统政制相捆绑，以为政制革命须与批儒反孔相并行。

当然，章太炎是"有学问的革命家"，他驳斥儒教的说辞，除了其所谓愤激的"狂妄逆诈之论"，[1] 还是有学理上的辩证。如《儒术真论》称孔子及其儒学是"以天为不明及无鬼神"的，[2] 又《驳建立孔教议》所述诸义，称中土素无国教，国民常性聚焦于政事日用，而非神道设教，孔子是先师良史而非教主等。章氏并不否定宗教于伦常日用上的价值，他主张用宗教发起道德心，希望国人能够根据责任伦理的原则，从泛道德主义与激动种性的情绪中得到观念解放和政治革命的力量。但他不赞成树立绝对权威和神圣的偶像，他相信道德的修持和提升需具备开放的心灵，因道德意识的发扬须建立在个体意识的觉醒和价值主体的挺立上，"偶像"必然会妨碍精神生活的自由和个体内在世界的展示。章氏认为，那种以"圣贤"作为中心的道德学说，可能会形成一种宗教崇拜式的权威主义，使道德学说被尊奉为束缚心灵的纲常名教。培根指出，获得真知的方法之一是破除"四种偶像"，早年的章太炎相信，国民道德的重建须打破儒家所神化的"圣贤"形象及其天理名教之论。所以他肯定宗教与道德的关联，但是强烈地反对儒教，而是提倡破除偶像崇拜的、无神论的佛教。

既然传统的"即道原儒"有时是以文字训诂方式出现的，最有效的解构方法也是诉诸文字训释，这是汉学家章太炎所擅长者。由是，

---

① 章太炎：《与柳诒徵》，《章太炎全集》第十三册，上海人民出版社，2018年，第970页。

② 章太炎：《儒术真论》，《章太炎全集》第十册，上海人民出版社，2018年，第166页。

在道德的评判之外，章氏从"正名"的角度出发，应用语文学方法考究"儒"字的本义及其古今之变，借此而从本源上否定"儒"乃孔子立教之名，取消儒教论者赋予孔子和儒家的宗教性，此即《原儒》之所为作。

文字是一种"程序化了的、简化了的图画的系统"，[①] 而象形文字便具有鲜明的图画性质，并在文字的发展演变中，其象征性逐渐增强。许慎所概括的造字"六法"表明，汉字作为表意符号，它包含着创造者对同类事物特征的抽象、概括和归纳，字形及其意义的演变是一个逻辑推理的过程，蕴藏着丰富的民族文化—心理信息。章太炎从人类文明发展线索来探寻"儒"的本义，《原儒》指出"儒"字和作为身份角色的"儒者"群体，其名号、含义及其在社会上的身份角色均来源甚为古老。"儒"之名究竟起于何时，章氏没有明确说明，但他注意到"儒"存在一个历史演变的问题，并非如康有为那般武断地归诸孔子创教之名。[②] 从"儒"的字源义说，章太炎引用《说文》的训释，"儒之名，盖出于需。需者，云上于天，而儒亦知天文，识旱

––––––––––––

① ［英］L.R.帕默尔著，李荣、王菊泉、周流溪、陈平译：《语言学概论》，商务印书馆，1983年，第67页。

② 刘师培《论孔子无改制之事》："六朝之时，释道渐盛，张融之徒始以儒学与老释并衡，创立儒教之名，与老、释二教鼎峙为三。自此以来，儒教之名始著，是则孔教之名由与老、释相形而立。……至韩愈信儒，辟老、佛。明人李贽，又谓'三教同源'，而孔子俨然居一教主矣。……若后世崇奉孔学，不过由国家之功令，社会之习惯使然，非真视孔子为圣神也。则孔子之非教主确然可征。且非唯孔子非教主也，即'儒'字亦非教名。"（载《刘申叔遗书》，江苏古籍出版社，1997年，第1399—1400页）刘师培和章太炎是学术同道，刘氏此文发表于1906年，在章氏写作《原儒》之前。刘氏详细考察"儒教""孔教"之名的由来，宣称"儒非教名""儒教非孔子所创"，显然是针对康有为的"儒（孔）教"论而发，他稍后写作《释儒》（1909年）的本意也是如此，章太炎的《原儒》意在与相呼应。

潦"。^① 作为形声字，义由音生，根据"因声求义"的原则，"儒"之义在于"需"。然在如何理解"需"的含义问题上，古今学者因对文献资料的取舍不一而解说互有差异。郑玄用"濡"释"需"，称儒者是"以先王之道能濡其身"，^② 体现了"即道原儒"的方法。胡适《说儒》着眼于"需"的柔弱义，说最初的儒者有一种文弱迂缓的神气，反映的是语言学方法。章太炎的训释大概介于两人之间，他不认为"儒"天然地是与"道"一体，最初的儒者未必是以传承先王之道为使命。不过，章氏由《周易·需卦》的"云上于天"而引申，"儒"是通晓天文占候和自然物理的"智识"阶层，也就是掌握着王官之学，是辅助人君管治天下国家，及整理、传承和阐扬礼乐典章的群体，未必如胡适所谓"治丧相礼之徒"。^③

　　章太炎对"儒"的训释在某种程度上体现了其语言哲学观。从人类社会学的角度说，语言文字是社会的产物，章太炎不否认语言有一个社会学的起源因素，不过他更强调语言是心识的变现。他说："文字者，语言之符。语言者，心思之帜。"^④ 又谓："言者是为有相分别

---

① 章太炎：《国故论衡·原儒》（校定本），《章太炎全集》第五册，上海人民出版社，2018年，第284页。
② 郑玄注，孔颖达疏：《礼记正义》卷五十九《儒行》，北京大学出版社，1999年，第1577页。
③ 要说明的是，章太炎在《文始》中没有拘守文字形体，未采用《周易·需卦》"云上于天"的说法，而是从语根词源的角度，根据因声求义的方法指出："而孳乳为需……故孳乳为儒，柔也。为嬬，弱也。为偄，弩弱者也。需旁转侯则孳乳为辱，耻也。本谓缩辱。还之变易为耻，辱也。为恧，惭也。此皆取耎弱义也。"（章太炎：《文始》，《章太炎全集》第四册，上海人民出版社，2018年，第427页）此说与胡适以"柔"释"儒"之意相近。
④ 章太炎：《规〈新世纪〉》，《章太炎全集》第十册，上海人民出版社，2018年，第332页。

依想取境，如其分齐以成音均诎曲，自表所想，故谓之言。"① 唯识学所谓"相"，该摄内在之心相与外在之境相，前者为"想"，后者为"境"，然一切外境本无自性，皆由心识所变现。由此而论，语言的生成表面是对外境之分齐差异的反映，实则是表现造就外境之"想"心。"想"是心于所知境执取形象，然后为外境安立名号，从而生起认识的心理，此属意根遍计所执之妄，毕竟不是常恒不灭的如来藏识。② 一方面，"言本无恒，非有定性"，③ 语言本质上是人我与法我二执的产物，藏识的澄明在于破除妄执，须经由分析名相进而排遣名相之途。另一方面，"想"心或意根的遍计是思想的演绎和推理过程，而语言的创造和变化就代表着思想的萌生与发展，故语言与思想在根本上是不可分的。语言是思想创造的助力，同时又承载着丰富的思想信息，透过考察语言的音、形、义的历时性变迁，可以管窥思想文化的源流脉络，乃至把握某一特定思想流派的起源及其宗旨。章氏认为，研究小学"目的在于明声音训诂之沿革以通古今言语之转变也"，④ 这是就语言本身而论，属于求"真"之学。章氏还特别指出："盖小学者，国故之本，王教之端，上以推校先典，下以宜民便俗。"⑤ 小学是国故学的始基，蕴含古代的伦常道德与政治教化的

---

① 章太炎：《齐物论释（定本）》，《章太炎全集》第六册，上海人民出版社，2018年，第90页。
② 关于章太炎的语言哲学，参见孟琢：《卮言之道：论章太炎的语言哲学》，《哲学研究》2021年第9期。
③ 章太炎：《齐物论释（定本）》，《章太炎全集》第六册，上海人民出版社，2018年，第90页。
④ 章太炎：《清代学术之系统》，《章太炎全集》第十四册，上海人民出版社，2018年，第426页。
⑤ 章太炎：《国故论衡·小学略说》（校定本），《章太炎全集》第五册，上海人民出版社，2018年，第166页。

思想，章太炎借鉴西方的社会学理论和方法，从本民族的语言文字中阐发古代的风俗人情，借此激动种性，增益民众的爱国热情，从而推进革命光复运动。[①]这是从语言中考究思想文化，并寻求其致用的价值，属于随"俗"之学。由此，章太炎的语言哲学蕴含"真"与"俗"的双重义谛。

语言是思想的载体，语言上特定名词的形成及其意义的演变表征着思想的变化。古往今来的哲学家均看到语言的局限及其不确定性，乃至怀疑语言是否能够真实确切地表达思想。章太炎即认为，语言如空中鸟迹而旋生旋灭，其本质上是无自性的，因而"言与义不相类"，[②]语言之"名实本不相依"，[③]即其能指与所指之间不能同一。"但在人类思想的发展上与其说言语是个阻碍，毋宁说言语是个助力。……言语上每有新名词创出，每有新结构产生，都足以把思想推进一步。"[④]可以说，语言具有激发、启迪和伸展思想的功能。章太炎反复申论语言是国粹、国性之所系，他在原名、制名、订名等论说

① 刘师培为章太炎的《新方言》作序，谓："昔欧洲希、意诸国受制非种，故老遗民保持旧语，而思古之念沛然以生，光复之勋蕴滥于此。今诸华夷祸与希、意同，欲革夷言而从夏声，又必以此书为嚆矢。此则太炎之志也。"（刘师培：《新放言后序》，载《章太炎全集》第四册，上海人民出版社，2018年，第149页）刘氏此论，可谓知言，因刘氏本擅长应用社会学理论探讨语言文字学。林少阳说："章太炎不仅以'文'化解专制统治阶级以及帝国主义殖民主义文化的意识形态，也以'文'的实践去建构、提升、强化革命道德。"（林少阳：《鼎革以文——清季革命与章太炎"复古"的新文化运动》，上海人民出版社，2018年，第36页）这是注意到章氏语言学中"俗"之面向。

② 章太炎：《齐物论释（定本）》，《章太炎全集》第六册，上海人民出版社，2018年，第101页。

③ 章太炎：《齐物论释（定本）》，《章太炎全集》第六册，上海人民出版社，2018年，第105页

④ 张东荪：《思想言语与文化》，氏著《知识与文化》"附录三"，岳麓书社，2011年，第205—206页。

中，强调名言的发端与形成是理性思维的过程，思维的发动和创造也要依靠名言符号，[1] 名言的背后可能隐含一种哲学思想（宇宙观、人生观和政治学等）。因此，章太炎曾表示："学问之道，不当但求文字，当进而求之语言"，[2] 考索语言文字蕴含的丰富语义，探求其中承载的文化思想。如果说否定语言的"自性"是从真际的维度来排遣现象之妄，那么，肯定语言与思想之间的内在关联，强调语言是国粹、国性之所系，此乃思考与关切俗世间的实际问题，章太炎的语言哲学体现了其"真妄一原"的世界观。

基于上述语言观，章太炎在探究"儒"字的本义时，虽然是应用语文学的方法，认为"儒"之义在于"需"，但他既未像郑玄那样以"濡"释"需"，引申为"以先王之道能濡其身"，因章氏对语言能否确切地表达道体是存有疑义的。同时，他也不像胡适那般消解语言背后的思想信息，纯粹地以柔弱之义释"需"。章氏选择《周易·需卦》的"云上于天"来解释"需"的意涵，一方面是表明汉字的"取法于象"的特点，另一方面是说明"象"是原初的模型，观"象"所画的"字"具有象征和隐喻的特性。那么，"需"所表征的是上古时代的巫文化，其义从"需"的"儒"就是知天文、识占候的术士群体，所以章太炎博引诸种文献来证明最初的"儒"是像庄子所言"冠圜冠而知天时"。这类"儒"的德行如何，是否像胡适所言表现出柔弱的性

---

[1] 章太炎："名之成，始于受，中于想，终于思。领纳之谓受，受非爱憎不著；取像之谓想，想非呼召不征。造作之谓思，思非动变不形。名言者，自取像生。……此谓想随于受，名役于想矣。"［章太炎：《国故论衡·原名》（校定本），《章太炎全集》第五册，上海人民出版社，2018年，第299页］。

[2] 章太炎：《自述治学之功夫及志向》，《章太炎全集》第十五册，上海人民出版社，2018年，第502页。

格。对此问题的解答关系乎如何理解《说文》以"柔"释"儒"。在章太炎看来，"儒"从早期代表"巫师"而演变为战国时"术士"的通称，这类达名之儒多有忿世狂狷之志，并无柔逊懦弱的气质。故章氏《原儒》似乎有意不引用《说文》"儒，柔也"一语，因而不像胡适就此大做文章，把早期的"儒"说成是以柔道恭顺而求全的殷商遗民。[①]但是，达名之儒和类名之儒变而为特指"游文于六经"的私名之儒后，其末流则为哗世取宠、铺歠不廉的柔逊之辈，章太炎似乎暗示"儒，柔也"应指此类群体，而非指达名之儒的德行。他晚年讲论《诸子略说》《讲学大旨与〈孝经〉要义》时便指出，那种"以柔为美""专尚谦恭和平"的儒者，是受后来儒家教化影响而"摧刚为柔"的结果，然早期的"术士"之儒大都慷慨刚强，无柔弱之气。

通过对章太炎与郑玄、康有为、胡适等的比较分析表明，学术研究过程或知识生产过程在某种程度上就是选择的过程，包括对问题、文献、理论、方法的选择。面对同样的概念或问题，选择不同的文献资料，从不同的问题意识、诠释理论及研究方法来切入，最终获致的结果可能迥然别异。伊曼纽尔·沃勒斯坦在论证知识的不确定性时，尤其注重"选择"的概念，他指出："如果现实是不确定性的，那就不得不进行选择了；如果我们不得不进行选择，那分析者的价值取向、偏好、假设等就不可避免地要进入分析过程了。"[②]即便研究者在

---

① 章太炎晚年在《诸子略说》（1935 年）中指出："柔者受教育而驯扰之谓，非谓儒以柔为美也。受教育而驯扰，不唯儒家为然，道家、墨家，未尝不然，等而下之，凡宗教家莫不皆然，非可以专称儒也。"这大概是针对胡适《说儒》根据"儒，柔也"所作的诠释和发挥。

② ［美］伊曼纽尔·沃勒斯坦著，王晋等译，郝名玮等校：《知识的不确定性》，山东大学出版社，2006 年，第 32 页。

从事知识生产活动时保持一种价值中立的立场，他们仍然可能受潜在的无意识的影响，因为无意识构成了研究者的灵魂，这就意味着“对真理的追求都会涉及对善与美的争论”。[①]这一现象在康有为、熊十力的“原儒”中表现得很明显，章太炎、胡适的“原儒”同样免不了价值取向和偏好，只是相对隐晦而已。由此，考据学的“实”之中，其实暗含一定程度的“虚”，[②]正如诸家在“原儒”时便尝试构建一种自我认同的学术谱系。这提示的问题是，“儒”之名实的考据究竟在多大程度上有助于澄清儒家之源。

（二）“儒”之三义及儒家的本源

名言或概念的提出及其意义的演变，是一个历时性的文化现象，章太炎将这种语言观应用于“儒”的考究上。《原儒》根据概念的内涵与外延有广狭之分，把“儒”分成达、类、私三科，这构成了“儒”之义的演变脉络。如胡适称赞《原儒》的贡献“在于使我们知道‘儒’字的意义经过了一种历史的变化，从一个广义的，包括一切方术之士的‘儒’，后来竟缩小到那‘祖述尧舜，宪章文武，宗师仲尼’的侠义的‘儒’”，[③]这为探讨“儒”起源的问题确立了新典范。后来者基本上接受章太炎的分类法，沿着他所开示的社会学、文化人类学的视域来“原儒”，进而梳理和评论儒家的思想源流。

---

① ［美］伊曼纽尔·沃勒斯坦著，王昺等译，郝名玮等校：《知识的不确定性》，山东大学出版社，2006 年，第 32 页。
② 参见陈鸿森：《考据的虚与实》，《经学研究集刊》第 2 期，高雄师范大学经学研究所，2007 年。
③ 胡适：《说儒》，季羡林主编：《胡适全集》第四卷，安徽教育出版社，2003 年，第 3 页。

首先，广义的达名之"儒"通常又称"术士"，[①]上古时代的"术士"是知天文占候的巫师群体，及至战国凡道、墨、刑、法、阴阳、神仙之伦皆以"术士"见称。这类"儒""犹今日恒言所谓读书人"，[②]并无特定的指谓，其身份、职业和思想均为多元化的知识群体。从巫师到士大夫到思想家，呈现了广义之儒的身份和职业的流动迹象，也反映了先秦社会阶层的流动趋势，并展现了"儒"逐渐由知天文占候的宗教神职，转向以理性来处理公共事务和思考天道性命的问题。同时，"类与不类，相与为类"（《庄子·齐物论》），不同的类确实彼此有界限、有分别，但是从更广义或普遍的观念看，那些彼此相分的类乃从属于更大的类。达名之儒就是一个广义的类，在其中虽然分成各种不同的小类，包括不同身份、职业和思想的群体，但他们有一个共同的类属性，章太炎称之为"公族"。这不是指贵族阶层，根据章氏列举的人物及其行谊，他们是具有学术背景和专业素养的读书人，是对社会进言并参与公共事务的行动者，也是怀抱批判精神和道义担当的理想者，用传统话语表达为"士"，用现代术语表达则犹拉塞尔·雅各比所谓"公共知识分子"（public intellectuals）。[③]尤其是战国时代的广义之"儒"或"士"，他们身处至暗时代而忿世、狂

---

① 俞樾："凡有一术可称，皆名之儒。……所谓儒者，皆是术士耳。……后世之言视儒与道皆甚尊，于是始失其解矣。"（俞樾：《群经平议》卷十二，《续修四库全书》影印本，上海古籍出版社，2002年，第193页）刘师培："儒即古代之术士。"（刘师培：《论孔子无改制之事》，载《刘申叔遗书》，江苏古籍出版社，1997年，第1401页）章太炎大概是接受了俞、刘的观点。

② 刘师培：《论孔子无改制之事》，载《刘申叔遗书》，江苏古籍出版社，1997年，第1400页。

③ 关于"士""儒"与"公共知识分子"的比较分析，参见陈来《儒家思想传统与公共知识分子：兼论现代中国知识分子的公共性与专业性》一文，载许纪霖主编：《公共性与公共知识分子》，江苏人民出版社，2003年。

狷、勇毅、从道,其追求的不只是静观世界和解释世界,更是要在实践行动上改变世界,如司马谈所谓诸子"皆务为治者",因而代表了当时的"社会的良心",自然不是柔弱恭顺之徒。在此,章太炎隐然是用国粹及传统的"士"精神来激励种姓,增进国民的爱国热肠和革命道德。

"原儒"还关涉中国学术思想探源的问题。现代社会学和文化人类学是以"巫"作为人类文明的原初形态和知识阶层,章太炎曾翻译斯宾塞的《社会学原理》和岸本能武太的《社会学》,他运用这些讲社会与人类文明发展进化的理论来原儒,不仅说明最初的"儒"并非孔子立教之名,而且暗示了"儒"起源于"巫","巫"代表了最早的文明形态,华夏文明与世界上诸古老文明一般,均源自充满神秘宗教色彩的巫文化,故章氏博引鲁般刻鸢、由基中杨、女娲销石、共工触柱等神话传说来论证。然而,"儒"在完成了从巫师到思想家的身份蜕变后,也实现了华夏文明从"天文之学"向"人文之学"的转向。这一过程就是中国轴心时代的"哲学的突破",人们对宇宙本体和天道性命发生了一种理性的认识,对自然世界的秩序及经验世界中的社会制度、人伦规范的意义产生了系统的哲学概念,对历史的起源与目标及其基本意义有了新的理解。于是,人们的观念世界不复为天帝神明所宰制,不需再诉诸神话传说来解释宇宙和人类的起源。"哲学的突破"的结果是如帕森思所谓的"文化事务专家"(specialists in cultural matters)在社会上形成了一个显著的集团,这是"知识分子"的最初型态,[1] 而在先秦则称之为"诸子百家"。作为"巫"的"儒"

---

[1] 参见余英时:《士与中国文化》,上海人民出版社,2003年,第31页。

是知天文占候的"公族"，即是统治集团中掌握学术文化的阶层，先秦诸子所促成的"哲学的突破"就是针对王官学而来的，故诸子学的本源应如《汉志》所谓"出于王官"。章太炎前后在《论诸子学》（1906）和《诸子略说》（1922）中均持"诸子出于王官"论。既然早期的王官学者是达名之儒，那么，章太炎还暗示了王官学是中国学术思想的本源，而且给人一种诸子出于"儒"的印象。

然而，达名之儒起于何时，其来历是什么，其人生观和生活态度是怎样的，其掌握的王官学如何演变为诸子百家的思想，尤其是它与私名之儒的关系如何，章太炎《原儒》并未展开论述，仅提示："太古始有儒"，[①]《论诸子学》一文也只是说："儒之得称久矣"，[②] 没有确切指明"儒"之名号具体起于何时。不过，章氏屡称"古之儒"如何如何，他相信"儒"的名号及儒者群体应出现在孔子之前，而非如康有为所言"儒创自孔子"[③]"儒者，孔子之教名也"[④]。胡适《说儒》根据章太炎的提示，认为原初的达名之"儒"是殷的遗民，承续的是殷商文化，因亡国而以柔逊之道处世。[⑤] 此文还细致地考证了达名之儒

---

① 汤志均编：《章太炎政论选集》上，中华书局，1977年，第490页。《国故论衡·原儒》篇删除此句，或因"太古"一词无确指，可能引发疑义。
② 章太炎：《论诸子学》，《章太炎全集》第十四册，上海人民出版社，2018年，第51页。
③ 康有为：《孔子改制考》，《康有为全集》第三册，中国人民大学出版社，2007年，第88页。
④ 康有为：《新学伪经考》，《康有为全集》第一册，中国人民大学出版社，2007年，第415页。
⑤ 胡适《说儒》也是把中国学术思想的本源确认为"儒"，他甚至把老子说成是"老儒"，以表明中国古代第一位哲学家就是"儒"，其本源则为殷商遗民及其文化。关于章太炎《原儒》中的达名之儒，朱浩做了较细致的考察，然其中有些论断，如谓达名之儒的思想来源与道家存在密切关联，说章太炎将诸子全部归纳为"儒者"的范畴是一种现实斗争的需要。这是把达名之儒与私名之儒混同一说，似有理解之误。（参见朱浩：《论〈原儒〉篇与章太炎之"儒者"观》，《政治思想史》2016年第3期。）

与私名之儒之间的源流脉络，突出孔子在这一转变中的作用。章、胡之后，许多学者在"原儒"时把儒学的本源追溯至巫祝文化，熊十力更向前追溯至伏羲的《大易》，但他说伏羲八卦蕴含哲理，孔子创立的儒学即渊源于此，而非巫祝、术数等神异之学。由此可见现代学者"原儒"之异同，反映出他们对中国学术思想之源的认识有别，这是他们基于不同思想立场和方法论的缘故。

其次，知礼乐射御书数的类名之儒。这类"儒"起于何时，章太炎依然未予确切地说明，但他引用《周官》的文献来论证，乃暗示了类名之儒起自西周。《周官·保氏》云："养国子以道，乃教之六艺"，即礼、乐、射、御、书、数。问题在于，《周官》是否为周公所制作，其成书于何时，书中记载的职官制度是否为西周之旧贯，抑或是战国时人乃至西汉刘歆所创构。凡此种种疑义，现代学者曾予以细致辨正。钱穆以为是战国晚世之书，徐复观判定为王莽、刘歆们用官制以表达他们政治理想之书，[①]两家说法代表现代学界的主流意见，信从者多。不过，作为古文经学家的章太炎相信《周官》是如刘歆所谓"周公致太平之迹"，他表示："成周之制，言应《周官经》者是，不应《周官经》者非。"[②]那么，西周的学制和教育内容应如《周官》所言，知礼、乐、射、御、书、数的"儒"当是起于西周，其身份和职

---

① 参见钱穆《〈周官〉著作年代考》、徐复观《周官成立之时代及其思想性格》，另如郭沫若《〈周官〉质疑》、杨向奎《周礼的内容分析及其著作时代》、范文澜《经学史讲演录》、顾颉刚《"周公制礼"的传说和〈周官〉一书的出现》等持论与钱穆相近。徐复观的观点来自晚清今文经学家如廖平、康有为。彭林主张"汉初成书"说，参见其《〈周礼〉主体思想与成书年代研究》一书。
② 章太炎：《国故论衡·明解故》（校定本），《章太炎全集》第五册，上海人民出版社，2018年，第249页。

业就是《周官》说的教民以六艺之儒。由此推知，达名之儒当出现于殷商，[①]而从达名之儒向类名之儒的转型应发生于周公制礼作乐之后，这与当时开启的天文之学向人文之学的转型相契。章太炎的说法是否切当？或者说他的论据是否可信？杨宽指出，西周的学制和教育内容是以礼、乐、射、御为主，然西周的大学又以军事训练（射御）为主，其目的在于培养贵族军队的骨干（武士），礼、乐、书、数等方面的教育较为后起。[②]余英时曾予辨正，他认为"周代贵族子弟的教育是文武兼备的，以具体的科目言，则六艺之说大体可信"。[③]如此，我们推论章太炎说的类名之儒起自西周，亦可谓于文献足征、于理义相契。

在理义的层面,康有为说:"儒为通道艺之人",[④] "道"指六经之道。对此，章太炎引用《周官·太宰》云："儒以道得民"，然"道"是先王之道，还是六经之道，抑或两者皆非是？章太炎并未明确解说，根据《原儒》的通篇意思，专门承续先王之道、诠释六经文本者为私名之儒，类名之儒讲论的"道"虽与六艺中的礼、乐、书、数相关，但并非像儒家者流"游文于六经之中"。至于"道"的具体内容，章太炎有所提示，一为德行，一为材艺，前者是认识人自己的道德学说，后

---

① 胡适《说儒》认为"儒"起于殷商，徐中舒从甲骨文中找到了原始的"需"字，其中或借为"儒"字，由此证明"儒"出现于殷商，承担助祭、事神、办丧、司仪等职业。（参见徐中舒：《论甲骨文中所见的儒》，载《徐中舒历史论文选辑》下册，中华书局，1998年。）尽管徐氏的说法曾引起质疑，但不少学者相信殷商已出现用"需"以指代"儒"的群体。
② 杨宽：《我国古代大学的特点及其起源》，氏著《古史新探》，中华书局，1965年，第207—217页。
③ 余英时：《士与中国文化》，上海人民出版社，2003年，第23页。
④ 康有为：《孔子改制考》，《康有为全集》第三册，中国人民大学出版社，2007年，第88页。

者是认识世界的自然科学，这隐然地将礼、乐、射、御、书、数分成了两大类，体现了现代学科分类的观念。躬备德行者为师，效其材艺者为儒，他们是社稷之桢干、国家之良辅，是公共知识分子，也是社会的良心。类名之儒不是一种具体的职业，诸如教授礼、乐、书、数的先生，或善射箭的养由基、善驾御的尹需等皆可称为"儒"，既涵括保存、传授古代礼仪规范和典章制度的文士，也包括擅长军事技艺的武士。值得注意的是，类名之儒的"材艺"与达名之儒的"多技"大概相类，那么，两者的分殊何在，彼此是否存在源流关系？这需要从德行层面的"道"来寻求解答。殷商时代透显着浓厚的宗教神权气氛，《礼记·表记》云："殷人尊神，率民以事鬼，先鬼而后礼"，作为"巫"的早期达名之儒承担助祭事神的职能，掌握天文占候等知识，属于宗教类型的文化。"周人尊礼尚德，事鬼敬神而远之"（《礼记·表记》），以道德为凭依的"礼"犹《尚书·洪范》的"彝"，"完全系'人文'的观念，与祭祀毫无关系。周初由敬而来的合理的人文规范与制度，皆包括于'彝'的观念之中"。[1]周代以礼乐为中心的人文精神日益开显，宗教也逐渐被道德的人文精神所消化，礼、乐、射、御、书、数就是指谓人文化的知识。故类名之儒的兴起预示了天文之学向人文之学的转移，也反映了中国知识阶层开始以"道"的承担者自居，表现出以道自任的精神，后来发展为孔子说的"士志于道"。

其三，私名之儒指"游文于六经"和"宗师仲尼"的儒家学派。古今学者"原儒"时最为关切的问题是：儒家的本源何在？《汉志》、郑玄上溯于三代圣王，康有为、熊十力则断自素王孔子，胡适认定为

---

[1]　徐复观：《中国人性论史》，华东师范大学出版社，2005年，第28页。

殷商文化，章太炎的看法如何？他赞成《汉志》的"诸子出于王官"论，他是否完全接受《汉志》对儒家的评判及其本源的论述？此并不尽然。章氏结合春秋末年的社会与文化背景指出，因周室衰微而"天子失官，学在四夷"，以致书、算（数）、射、御等科学和技术方面的知识皆不自儒者传授，于是儒者成了专门讲论礼乐、德行、政教的文士群体。这是类名之儒演变为私名之儒的前因后果，反映出王官学开始散殊为百家的局面，官师治教遂分歧而不可复合，"道术将为天下裂"的结果是开启了轴心时代的"哲学的突破"。孔子躬逢际会，因承"史之阙文"，赓续三代史官文化而创立儒家思想。

《原儒》没有明言孔子与儒家的关系，不过章太炎的确认为儒家是孔子所创始。他在此前发表的《论诸子学》中表示：

> 有商订历史之孔子，则删定六经是也；有从事教育之孔子，则《论语》《孝经》是也。由前之道，其流为经师；由后之道，其流为儒家。……孔子问礼老聃，卒以删定六艺，而儒家亦自此萌芽。[1]

这表达的意思：一是孔子奠定了儒家思想的学统，二是儒家与道家存在渊源，三是经学与儒学有别。最后一点且留待下文再讨论。第一点表明章太炎注意到"原儒"的关键性问题，就是要区分"儒"与"儒家"。从广义上说，儒者群体比较多元、复杂，"凡士子皆得称之"，

---

[1] 章太炎：《论诸子学》，《章太炎全集》第十四册，上海人民出版社，2018 年，第51 页。

其中未必皆有志于探究道体；然从狭义上说，作为一种思想流派的儒家，"如汉儒、宋儒始可谓儒"，[①] 而汉学、宋学均以明道究体为目的。因此，"儒"不论起于何时，其来历是什么，其人生观和生活态度是怎样的，它可能是儒家乃至中国学术思想的最初源泉，但作为思想流派的私名之儒，其学说的基本宗旨、理论和方法等，皆由孔子演绎三代礼乐文明而来，孔子是儒家的创始人。但孔子创立的是人文理性主义的思想流派，不是康有为依照基督教模式而建立的儒教，用现代学科来界定则如西洋舶来的"哲学"。章太炎在《论诸子学》中提出"子学即哲学"的命题，儒家是诸子之一，自然是明道究体的哲学，至于儒家是否"于道最为高"，章氏并不以为然。

至于第二点，先秦两汉的儒家类和道家类典籍均记述孔子问礼老聃之事，尽管后世儒者深表怀疑，章太炎对此笃信不惑。在他看来，孔子除了诠解六经外，还曾向老子问礼、请益，汲取道家的思想。所以章太炎说："老子传到孔子，称为儒家"，[②] 又称儒家是"削小老氏以为省"，[③] 故儒家出于道家。老子的学问源出史官，儒道之学的直接渊源是史官文化，这与刘师培、刘咸炘等所见略同。章太炎认为，先秦诸子学即西洋所谓"哲学"。当他说"老子是头一个开学派"[④] 的哲人，孔子曾师事周太史老子，其内含的意思是把老子视为中国哲学史

---

① 章太炎：《儒家之利病》，《章太炎全集》第十五册，上海人民出版社，2018年，第544页。

② 章太炎：《中国文化的根源和近代学问的发达》，《章太炎全集》第十四册，上海人民出版社，2018年，第84页。

③ 章太炎：《国故论衡·原道上》（校定本），《章太炎全集》第五册，上海人民出版社，2018年，第287页。

④ 章太炎：《论诸子的大概》，《章太炎全集》第十四册，上海人民出版社，2018年，第123页。

上的第一位哲学家，而中国哲学的本源是史官文化。关于孔、老的年岁及其思想之先后问题，关系乎中国哲学史的叙述框架，尤其是中国哲学应该从何讲起。胡适接受章太炎的观点，相信老子是在孔子之前的一位"老儒"，这体现在他的《中国哲学史大纲》中是以老子为中国的第一位哲学家，反映在他的《说儒》中乃称"老子是正宗的儒"。熊十力不同意章、胡的"老先于孔""儒出于道"说，其《原儒》一书反复申论老子及道家思想是儒家的流裔。冯友兰《中国哲学史》也是把孔子定为中国的第一位哲学家。关于孔、老年岁的先后及儒道是否存在渊源关系等问题，从民国至今的学界已争论百年，但两种意见相持不下，始终未能形成共识。

《原儒》蕴含一种学术史的视域，如果说从达名之儒到类名之儒预示了天文之学向人文之学的转移，那么，从类名之儒到私名之儒则展现为综合性的人文社会科学向明道之哲学的转型。章太炎根据《礼记·儒行》篇记载的战国儒者之行谊，以及《七略》载录的儒家类典籍，他认为儒家只是"粗明德行政教之趣而已"，如《周官》所谓躬备德行的师者，而非谙习礼、乐、射、御、书、数而能效其材艺的儒者，故儒家实"未及六艺"，儒家的兴起乃是"儒绝而师假摄其名"。申言之，在私名之儒兴起之前，掌握王官学的是师和儒，师者注重德行，儒者通习材艺，儒家不过是继承"师"的职业及其德性之学，却放弃了"儒"所掌握的实践性和经验性的技艺才能，但又假借了"儒"之名号，本质上乃名实不副的。①

---

① 阮元根据《周官·太宰》"师以贤得民，儒以道得民"推论："联以师儒，师以德行教民，儒以六艺教民。……孔子以王法作述，道与艺合，兼备师、儒，颜、曾所传，以道兼艺，游、夏之徒，以艺兼道，定、哀之间，儒术极醇，无少差缪者。"（转下页）

从综合性走向学科化是学术思想发展的自然现象，儒家对综合性知识有所取材而偏向德性之学或哲学，原属无可厚非之事。但章太炎对此是有所不满的，他批评孟子、荀卿"智效一官，德征一国，则劣矣"，似乎他所追求的是那种"道术未为天下裂"的知识形态。当然，章氏并非食古不化、不通世变的顽固派，他之所以深致贬抑，是感怀材艺或科技在近代社会发挥极其重要的功用。所以他在《原儒》的篇末特别强调："三科虽殊，要之以书数为本。"时移世易，礼乐需要损益，射御成了小技，唯有书数可与西方科学相格义，可惜又湮没沉霾久矣。在章氏看来，近代中国因科技落后而遭受西方强国的欺凌，这虽不能完全归咎于儒家，但儒家是中国古代的主流思想，它把传统学术思想导向德性之学，而忽略经验世界中质测、辨物等实践性知识的研求，甚且强烈地排斥其他探究材艺或科技的诸子学，儒家因而需对中国科技不发达的状况承担责任。暂不论章太炎的指摘是否合理，他的论调被后来的西化论者和新文化运动的主将所发扬，人们确然相信中国古代所以无科学思想，其咎责即在儒家，输入西方科学理论和方法的首要是打倒儒家。这是章太炎所始料不及，亦不愿乐见的。

章太炎思想蕴含强烈的伦理主观主义色彩，他倾注毕生心血关注社会道德问题，甚至不惜以生命作为代价，来完成其道德体系重构之路。照此说来，儒家注重德性之学，岂非契合章氏的治学宗旨？此又不然。章太炎伦理思想的内在统一点是"依自不依他"，强调"自贵

（接上页）（阮元：《拟国史儒林传序》，《揅经室集》上册，中华书局，1993年，第36页）关于师与儒的身份和职业，阮元、章太炎所论相同。不同的是，阮元认为孔子通过合道艺、兼师儒而创立儒家思想，孔门弟子或以道兼艺，或以艺兼道，其虽有所侧重，但又统合两者，并非如章太炎说的，儒家粗明德行而未及六艺。

其心，不依他力"，彰扬人的道德主体性，引导人回归自身内在人格世界中寻找生命的本源，达到人生修养的至真尽善之自由境界。① 比较而言，儒家思想的确是以道德价值为核心，借此统摄人类一切其他的实践活动，然其极端的表现形式则是所谓的"泛道德主义"，"就是将道德意识越位扩张，侵犯到其他文化领域（如文学、政治、经济），去做它们的主人，而强迫其他文化领域的本性，降于次要又次要的地位；最终极的目的是要把各种文化的表现，统变为服役于道德，和表达道德的工具"。② 这种道德理想主义倾向可能引致如傅伟勋说的，"儒家有见于道德生命的价值取向意义，却无见于生命上下各层泛道德化了的一种化约主义偏差"。③ 其结果是道德可能成了虚伪和锢蔽人心的教条，其末流在道德上是以哗众取宠、湛心利禄为事，因而"铺歠不廉，德行亦败"；在治学上是"游文"而无征实，附会阴阳五行而流于非常异议可怪之谈。

可见，《原儒》乃如《论诸子学》一般，以道德标尺来是非评判儒家，极大地消解了儒家的神圣性与权威性，儒家之为宗教的论据也就不足征信。如此，呈现在章太炎及时人眼前的问题是，儒家中国及其现代命运终将如何，是要回归历史传统而重新出发，抑或是如列文森所言，孔子和儒家在现代中国只能被供奉于历史博物馆。《原儒》隐示了这一问题，并给出了列文森式的答案。及至幽禁于龙泉，章太炎

---

① 关于章太炎的伦理思想，参见张春香：《章太炎主体性道德哲学研究·引言》，中国社会科学出版社，2007年。
② 韦政通：《泛道德主义影响下的传统文化》，氏著《儒家与现代中国》，上海人民出版社，1990年，第88页。
③ 傅伟勋：《中国哲学往何处去》，氏著《"文化中国"与中国文化》，台北东大图书公司，1988年，第99页。

"始玩爻象,重籀《论语》"①,对孔子及《论语》所导源的儒家思想有了新的体认,其态度亦有所转变,而对于早年的批儒反孔,他曾解释说:"鄙人少年本治朴学,亦唯专信古文经典,与长素辈为背道驰,其后深恶长素孔教之说,遂至激而诋孔",②其中深意是如庄子之讥弹孔子,以杜绝他人"借孔子作护符"。③实则,"体忠恕者,独有庄周《齐物》之篇",④批孔不过是表象,承袭孔子忠恕之道才是庄子齐物哲学的内核。章太炎的自我辩护意在表明,他将回归孔子并借助其思想资源,以解答"中国向何处去""中国文化向何处去"的时代问题。因而,有人说章太炎晚年"尊孔",或称其"粹然成为儒宗",⑤反映出他在较大程度上修正了"转俗成真"时期写下的《原儒》一文中的"诋孔"论。

（三）儒学与经学之辨

儒学与经学是两个独立的概念,各自有其核心的内涵和一定的指谓,但两者在外延上并无明晰的边界,故又构成彼此交叉的知识系统。古代学者尝试进行辨析或统合,如王充的"世儒"与"文儒"之分,《宋史》的道学与儒林之别,顾炎武的"理学即经学"观,还有阮元的"两汉名教得儒经之功,宋明讲学得师道之益"说⑥。王充和

----

① 章太炎:《原儒》,《章太炎全集》第七册,上海人民出版社,2018年,第70页。
② 章太炎:《与柳诒徵》,《章太炎全集》第十三册,上海人民出版社,2018年,第971页。
③ 章太炎:《国学十讲》,《章太炎全集》第十四册,上海人民出版社,2018年,第333页。相似论述还有:"七国儒者,皆托孔子之说以糊口,庄子欲骂倒此辈,不得不毁及孔子,此与禅宗呵佛骂祖相似。"（章太炎:《诸子略说下》,《章太炎全集》第十五册,上海人民出版社,2018年,第1013页）
④ 章太炎:《检论·订孔下》,《章太炎全集》第三册,上海人民出版社,2018年,第434页。
⑤《鲁迅全集》第6卷,人民文学出版社,2005年,第567页。
⑥ 阮元:《拟国史儒林传序》,《揅经室集》上册,中华书局,1993年,第37页。

阮元是以训诂六经或十三经者为经学，以宗法儒经而发挥义理者为儒学，《宋史》和顾炎武则提出了理（道）学是儒学抑或经学的问题。近代以来如康有为，他时常把儒学与经学的概念等同使用，熊十力也是如此，他们的"原儒"亦可谓是"原经"。当代学者或持论如康、熊，或应用逻辑学上的属种关系说，视儒学为"属"而经学为"种"，儒学的部分外延与经学的全部外延重合，两者为包含与真包含的关系。① 诸家的观点略有差异，因在漫长的思想史历程中，儒学与经学呈现出复杂的交叠与融合的情状，而且牵涉正统和道统的争持，故无论人们如何从概念和知识分类的维度来辨析，似乎都难以达致共识。如果从学科的角度来分辨，效果又当如何？章太炎曾致思于此。

章太炎是晚清古文经学的殿军，如果说"经学即儒学"，或者说经学是儒学的一种特殊形态，那么，崇尚古文经学的章太炎理应认同儒学，然其早年激烈的"批儒反孔"倾向表明，他把儒学与经学视为两种不同的思想传统。章氏首先从"正名"的角度指出，西汉初期以前的五经家通常并不冠以三科之儒的名号，《七略》也不将其撰著的典籍收入儒家类，而是归入"六艺略"，这已然明示了汉人分别儒学与经学的意思。司马迁《史记》以"儒林"题号齐鲁诸生，此乃知

---

① 参见李学勤：《国学的核心是儒学，儒学的核心是经学》，《中华读书报》2010年8月4日15版。景海峰说："从概念上来讲，显然儒学的外延要比经学的外延大得多，经学只能包含在儒学当中，是儒学的一个组成部分，属于下位概念；因为除了经学之外，儒学还包含了其他的一些内容。就经学的内涵而言，比之儒学的内涵，它又有其特定的所指，与泛泛的讲儒学相比，经学更具有某种定向性，也更为具体。……但经学和儒学的关系，严格说来又不是部分与整体的关系，或者是占有多大比例的问题，其交叠和融合的情状，是很难用计量的方式和外在的尺度来表达的。"（景海峰：《从经学到经学史——儒家经典诠释展开的一个视角》，《学术月刊》2019年第11期）他认为儒学与经学是一种包含与真包含的关系，但又不能完全说成是属种关系，两者的外延很难确定明晰的边界。经学史上关于儒学与经学的辨析，也参见此文。

礼、乐、射、御、书、数而兼备道艺的类名之儒，并非"游文于六经之中"的儒家学派。及至董仲舒、夏侯始昌、京房、翼奉之流推阴阳五行、占天官风角，其行谊和学说近似于作为"巫"的达名之儒，董仲舒则又兼采类名之儒的道艺及私名之儒的仁义，可谓"草窃三科之间"，致令名号淆乱，义理掺杂。于是出现"传经者复称儒"的现象，此"即与私名之儒殽乱"。章氏特别提到王充的"世儒"和"文儒"说，认为前者指今文学家，但不可用以指称刘歆、许慎等古文学家，后者包括九流六艺太史之属。这个"儒"是广义的概念，可泛言曰"学者"。可见，汉人对"儒"之名号的使用并无常规，这缘于未曾明察"题号由古今异"的文化现象。后世甚至"独以传经为儒"，实则经学既与私名之儒相异，又与达名和类名之儒相偏，故经学不可等同于儒学，经师且宜摘去"儒"之名号。

其次，章太炎从思想渊源上分别儒学与经学。这两种思想的本源何在，其与孔子及六经的关系如何？如果皆为孔子所创始，均以诠释六经为极诣，因何又呈现为不同的形态？古今学者的解说或有差异，在章太炎看来，儒学与经学皆自孔子始，但并非均以六经为据。前引《论诸子学》中的文字（"有商订历史之孔子"一段）表明，章氏把孔子订为删述六经的史学家，以及讲授德行的教育家，这是申论其《訄书·订孔》篇的说法。他认为，孔子的六经之学"流为经师"，形成注疏六经的经学传统；孔子的教学及辑录其言论的《论语》和《孝经》则"流为儒家"，其以"游文"的方式诠解六经，核心是留意于仁义之际，发明德行政教之趣。熊十力的"宗经之儒"与"释经之儒"说近似章氏所论。申言之，儒学与经学各自发展了孔子思想的不同面向，彼此在本源上是相同的，但因关注的问题、诠释的方法和治学的宗旨皆有差别，所以两者殊途并行，最终呈现为相异的思想形态，其中容或有交叠，然非包含与真包含的属种关系。如章氏说："儒者游文，而五经家专致"，[1] 前者可能流为浮泛之谈，后者专一求精而贵可信。又谓："古文家务求是，儒家务致用"，[2] 古文经学推崇实事求是的宗旨和方法，这与追求"通经致用"的儒家异趣。章太炎治经崇尚古文，《原儒》亦体现了其经学立场，如对董仲舒、夏侯始昌、京房、翼奉等今文学家的批评，又如称古文学家为"史官支流"，此蕴含"六经皆史"的观念。章氏在《原儒》反复辨析的是儒学与古文经学的差异，他认为古文学家注重文字音韵的训释，根据实证而求索真知，不像儒家讲究明理达用，因而古文学家"与儒家益绝矣"，[3] 彼此殊途异辙，名实不可相淆。

其三，章太炎应用现代学科来贞定儒学与经学。"晚清时期，以经、史、子、集为框架的'四部'知识系统，受到近代西方以'学科'为类分标准之学术体系及知识系统的挑战。"[4] 由此促成"四部之学"向"七科之学"的转变，这是中国传统学术门类向现代意义上的学术门类转变的重要标志之一。新式学制的建构和分科观念的普及促使人们重新审视儒学与经学，如何将其纳入学科体系中，在与西学相格义时，进而应用西方相关学科的理论和方法，创造性地诠释儒学与

① 章太炎：《国故论衡·原儒》（校定本），《章太炎全集》第五册，上海人民出版社，2018 年，第 285 页。
② 章太炎：《国故论衡·原儒》（校定本），《章太炎全集》第五册，上海人民出版社，2018 年，第 285 页。
③ 章太炎：《国故论衡·原儒》（校定本），《章太炎全集》第五册，上海人民出版社，2018 年，第 286 页。
④ 左玉河：《从四部之学到七科之学——学术分科与近代中国知识系统之创建》，上海书店出版社，2004 年，第 6 页。

经学，这是 20 世纪初的中国学人需要回应的时代问题。章太炎早年就自觉地以现代学科贞定传统学术，他的《论诸子学》就是用学科来分别子学与经学。就儒学而言，他提出"子学即哲学"的命题，儒家是九流诸子之一，理应归属寻求义理的主观之哲学。就经学而论，章氏接受"六经皆史"的理念，经学自然是追求实证的客观之史学。两者的知识性质或学科属性有别，它们的治学宗旨和研究方法也有异，彼此互不隶属或是包含。问题在于，章太炎有意地忽略了研求微言大义之今文经学的传统，而且即便是汉唐及清代的古文经学，亦未必只关注历史事实的考订，实则有探究义理和道体的诉求。所以，熊十力的"经学即哲学"说亦不无道理，今人多信从之。如此，学科分类似乎不足以辨析儒学与经学，章太炎的尝试透露了其学术立场，却违背了其求是的宗旨。

　　如前所论，《原儒》是一篇以语言文字考证面貌出现的作品，但其中又贯彻着章太炎的古文经学立场。他批评汉代今文学家附会阴阳五行，好谈通经致用，湛心功名利禄，此虽道出部分事实，但亦不无偏见，且从侧面证实了此文在某种程度上是对康有为"原儒"及其今文经学的回应。因在章氏看来，康有为撰写"两考"，以此宣扬维新变法运动，不过是为改制做宣传，而非客观求是地研究学问。康氏以宗教来贞定儒家，章太炎也认为不符合中国历史上不重宗教的文化传统。同时，章氏之所以分辨儒学与古文经学，亦因儒家的道德学说未足以挺立主体性精神，由是转向佛教，以此发起信心，冀望增进国民的道德。李泽厚说，章氏用道德来衡量品评一切，他对孔子及儒家的是非评判，大体上是从道德维度来立论的。问题不在于孔子及儒家的道德学说是否有价值，或是否具有创造性转化的可能，而在于章太炎的道德观之前后变化，他在"转俗成真"与"回真向俗"的周回中，就表现出诋孔与尊孔的立场变化。

当章太炎用道德来衡量品评一切时，他的道德判断是否基于客观性的道德原则，能否在"理想的话语环境"中达成理性的一致同意，而这样的评判才可能是正当的和有效的。当然，道德原则的客观性何在？道德判断的正当性是否基于一种普遍的规范性原则，其普遍性又如何可能？在道德相对主义者看来，"P 做 D 在道德上是错误的"，这类道德判断方式，必须被理解为"相对于道德框架 M，P 做 D 在道德上是错误的"这一判断方式的省略式。即是说，道德上的对和错总是相对于一种道德背景框架的选择，"选择"的过程就可能带入了主体的价值取向，因而是否能够或如何可能确立一个普遍认同的"道德坐标系"（system of moral coordinate）就成了存疑的问题。① 波普尔甚至认为，道德实证主义（黑格尔式的"客观道德"）是一种只有现存标准、没有道德标准的理论，存在的就是合理的及善的，因而对现存事物状态做出道德批判是不可能的，因为这一状态本身决定事物的道德标准。道德历史主义同样如此，道德原则或规范是由变动的经验世界和历史条件所决定的，道德上的"应然"往往被历史的"必然"所制约。② 推崇齐物哲学的章太炎在东西文化问题上秉持相对主义，而在道德问题上，他是一个儒家式或黑格尔式的客观道德普遍主义者，只是他所确立的"道德坐标系"（如"革命之道德"）是否普遍

① ［美］Gilbert Harman and Judith Jarvis Thomson. *Moral Relativism and Moral Objectivity* ［M］. New Jersey: Wiley Blackwell, p. 39.

② ［英］卡尔·波普尔著，郑一明等译：《开放社会及其敌人》第二卷，中国社会科学出版社，2007 年，第 318 页。

有效的，儒家的道德学说又是否与此相悖逆？章太炎在"回真向俗"后对孔子及儒家的认同，是要在价值多元化和道德原则多样化的事实面前，将儒家思想资源纳入进来，以克服道德相对主义，并证成普遍伦理的形而上学基础，即其所谓"超出人格"。

还需注意的是，"儒家"是一个全称名词，指称一种知识门类，但儒家传统包含诸多不同的学说或流派，其中又分化出多元的家法和师法，如孟荀之别，汉宋之争，汉学有今文与古文之辩，宋学有程朱与陆王之分，如此等等。章氏早年推尊荀子而批评思孟和宋学，晚年又回护阳明心学，立场的变化规范着他如何辨析儒学与经学。他晚年讲演国学时说："孔子之道，所包者广，……夫儒者之业，本不过大司徒之言，专以修己治人为务，《大学》《儒行》《孝经》三书，可见其大概。然《论语》之言，与此三书有异。……修己治人，不求超出人格，孔子自得之言，盖有超出人格之外者矣。"①一方面，他把儒家的本源追溯至《大学》《儒行》，但它们都是《礼记》中的篇章，儒家与传记（经学）的分别似乎不再彰显。另一方面，所谓"超出人格"是指克己、绝四的道德功夫，其究极在排遣名相和破除人我、法我之执，而至证悟无我的道德境界。"无我"是章太炎"四玄学"的核心概念，其"四玄"则是将经学文本之《周易》和儒家文本之《论语》等量齐观的，亦显示了某种统合儒学与经学的倾向。但他不是简单地等同，而是强调两者之间的源流关系。他说："史与儒家，皆经之流裔。"②

① 章太炎：《诸子略说下》，《章太炎全集》第十五册，上海人民出版社，2018年，第980页。
② 章太炎：《论经史儒之分合》，《章太炎全集》第十五册，上海人民出版社，2018年，第591页。

章氏晚年提倡读经，尊六经为一切学术的本原，儒家自然也是如此，这就回到了《汉书·艺文志》的观点。章太炎强调的是，必须厘清经学与儒学的关系，不能简单地混同这些概念的内涵及其外延，把经学纯粹地等同于儒学，而应该辨明中国传统知识谱系中的知识观念与分类，使基于经学的儒学研究具有可靠的知识依据，也让经学研究突破文字训诂的境域而像儒家那样寻求义理，从而充分彰显经学与儒学的丰富性，扩展这两种思想形态的潜在论域。

总之，正名或语文学的方法，思想史的视域，学科分类的理念，以及普遍伦理的探寻，凡此说明章太炎的"原儒"是参照西方的文化模式和普遍结构来论述中国传统思想的内在逻辑。近代西方学人建构的"欧洲中心论"，在把欧洲文明普遍化的同时，将东方学贬抑为一种特殊的、地方性的文明形态，如中国文明和印度文明都是无关乎普遍性的。章氏自然不可能同意这样的论调，他也反对如日本那样地在文化上完全地"仪型"他者，但传统与现代之间的紧张关系是否可能或如何可能化解，这是他始终致思的问题。章氏早年的"批儒反孔"是以现代性来是非评判传统儒家，晚年提倡尊孔读经，冀望从孔子的儒学中探索普遍性伦理，通过接合传统与现代的叙事逻辑，阐发儒学与经学的普遍性价值，借此重新挺立中国文明的主体性。

比较而言，康有为把西方视为某种普遍性的化身和现代性的模型，他在以西方作为"他者"来观照传统儒家时，他选择的是西方的基督教传统及路德的宗教改革，大概是因为他从中看到了宗教改革是西方现代性思想与精神的起源。所以他把儒、儒教和孔教等概念等量齐观，"原儒"的目的不仅在于建立儒教，根本的是要改革传统的儒教，冲破旧学术的藩篱，为新思想观念的诞生开拓境地，故其儒教论乃是融会贯通经子之奥言、儒佛之微旨和中西之新理，由此推动"理论的解放"和"人的解放"，从而促进传统社会结构与秩序的变革。如果说康有为开启了儒家的宗教化路径，章太炎晚年则强调儒家"修己治人"的世俗化特质，而中西文明的交会给了他们一种"整体的世界"观，他们均以一种普遍化和现代化的方式来阐扬儒家思想及其价值，并着眼于全人类的视角而提出中国的文明方案和思想模式。

第二节　史学与哲学

传统学术分类与分科的观念肇端于周秦，奠基于《汉书·艺文志》，而完形于《隋书·经籍志》。这一学问（知识）分类的演变过程及其蕴含的分类理念：一者，周秦时代的分类（科）原则是以研究主体或地域为准，如《庄子·天下》《荀子·非十二子》和司马谈《论六家要指》等将诸子分家别派，表现出"以人统学"或"以人类学"的特点。这种以人为单位的分类标准讲究师法和家法，即便其探讨的知识对象及方法相近，但因持守不同的学术旨趣，且看重学问的门户和学派的宗脉，因而自我标榜成某种流派或家学，在是非彼此而争立正统中，疏于对同一学问（知识）类型及其典籍的内涵和外延进行严明清晰的界定。① 二者，《汉志》的"六略"分类法遵循"以道相

---

① 傅斯年指出："中国学术，以学为单位者至少，以人为单位者较多，前者谓之科学，后者谓之家学。家学者，所以学人，非所以学学也。历来号称学派者，无虑数百，其名其实，皆以人为基本，绝少以学科之分别；而分宗派者，纵有以学科不同而立宗派，犹是以人为本，以学隶之，未尝以学为本，以人隶之。……诚以人为单（转下页）

从"的原则，确立了以"艺"为中心和以"文"为从属的两大知识系统，"艺"的知识系统代表确定性常道，"文"的知识系统从诸子到方技，依次表现为常道的流衍。如此，"辨章学术，考镜源流"的目的在于"申明大道"，[①] 其方法是以六经之道为衡准，各类学问（知识）的分类及其排序，乃根据其与六经的远近深浅关系而定，而非如现代学科体制采用"以类相从"的原则，辨明各类知识的性质及其逻辑关系，进而以知识对象、研究方法和分工原理等差异，来确定每一类学问（知识）的界域及其类别。[②] 三者，《隋志》确定了四部分类法，并继承"以人统学"和"以道相从"的分类理念，但未严明地辨析经、史、子、集等概念，也缺乏内涵统一、边界清晰的类例，可能导致"书之不明""学之不专"，[③] 各种学问呈现出相互交叠与融合的情形。如因受唐初编纂《五经正义》之等同经传的影响，《隋志》经部中多种类目直接以解经类传记替代六经白文。又因受四部分类制的局限，凡不能归入经、史、集部的学问门类及其典籍，悉数列入子部之

（接上页）位之学术，人存学举，人亡学息，万不能孳衍发展，求其进步。学术所以能致其深微者，端在分疆之清；分疆严明，然后造诣有独至。西洋近代学术，全以科学为单位，苟中国人本其'学人'之成心以习之，必若枘凿之不相容也。"（傅斯年：《中国学术思想界之基本谬误》，《新青年》第 4 卷第 4 号，1918 年 4 月 15 日）

① 章学诚："古人著录，不徒为甲乙部次计。如徒为甲乙部次计，则一掌故令史足矣。何用父子世业，阅年二纪，仅乃率业乎？盖部次流别，申明大道，叙列九流百氏之学，使之绳贯珠联，无少缺逸；欲人即类求书，因书究学。"（章学诚：《校雠通义·汉志诸子》，叶瑛校注：《文史通义校注》下，中华书局，1985 年，第 966 页）

② 参见黄燕强：《道器之间——〈汉书·艺文志〉的知识谱系及其经子关系论》，《诸子学刊》第二十一辑，上海古籍出版社，2020 年 11 月。

③ 郑樵："学之不专者，为书之不明也。书之不明者，为类例之不分也。有专门之书则有专门之学，有专门之学则有世守之能。人守其学，学守其书，书守其类，人有存没而学不息，世有变故而书不亡。……"（郑樵撰，王树民点校：《通志二十略》卷七十一《校雠略》，中华书局，1995 年，第 1804 页）

中，这种"驱龙蛇而放之菹"的行为，不仅令子部成了不伦不类的堆垛，也模糊了子学的内涵及其外延。凡此种种揭示了一个值得注意的现象，即中国古代"有科之名而究无科之义"的事实，[①] 至少是没有发展出西方现代意义上的学术分科。

中西学术分类的差异在于，"西方学术是不同的研究者（主体）研究共同的对象和领域（客体），形成关于研究对象不同的'知识'；中国学术则是面对共同的研究对象和领域（客体），因主体不同而分门别派，形成不同的'学问'。"[②] 前者因知识对象、研究方法和分工原理等是相对固定的，形成一定的学科体系，不同的研究主体则归属于一个学科之中，成为"专家之学"；后者以研究主体类分学术流派，将原属不同学科的知识和方法等归并到一个学派之内，成为"通人之学"。[③] 一方面，在追求"通人之学"的理念下，中国传统学人意图探寻含摄一切学术的道体，且"皆自以为至极，而思以其道易天下"，[④] 不甚注重对分类概念及其类例做严明地辨析，以致各类学问的边界和分工原理比较模糊，基于相近的学术理念则可能打破彼此间的界域而相互地等同。另一方面，因改传为经、改子为经、等同或分别经史等观念的出现，将带来分类体系的调整；又因知识范围的扩展和图书类目的增益，将稀释经、史、子、集等

---

① 陈黻宸：《京师大学堂中国史讲义》，《陈黻宸集》下册，中华书局，1995年，第675页。

② 左玉河：《从四部之学到七科之学——学术分科与近代中国知识系统之创建》，上海书店出版社，2004年，第24页。

③ 参见左玉河：《从四部之学到七科之学——学术分科与近代中国知识系统之创建》，上海书店出版社，2004年，第23—24页。

④ 章学诚著，仓修良编注：《文史通义新编新注·原道中》，浙江古籍出版社，2005年，第102页。

概念的内涵与外延，并模糊四部之间原已不甚明确的边界。于是，在传统向现代转型的时代，当人们尝试参照西学来转化传统学术思想时，首先面对的是如何在传统中寻找与西方诸学科相对应的学问类型。这带来的深层次问题是，人们必须回答经、史、子、集等究竟何谓？其概念的内涵与外延怎么确定？其包含的知识之性质和谱系如何？可否用现代学科来重新分类？

事实上，因应东渐之西学的冲击，传统学术在转型中发生了知识门类的分化，出现了遵循西方现代学科体系而进行分科的现象。这表现为："从中国传统的文史哲不分的'通人之学'向西方近代'专门之学'转变，从'四部之学'（经、史、子、集）向'七科之学'（文、理、法、商、医、农、工）转变"。[①]就经子而言，经学被分解到文史哲等学科，子学也被分化到文史哲和法律、宗教、艺术等学科之中。在这种思想背景下，章太炎也有意识地对经学与子学的知识性质重新加以界定，并将其归入现代学科体制中，以便与西方现代图书分类、学科体制及知识系统接轨。概括而言，章氏提出了"经学即史学"和"子学即哲学"的观点，他以不同学科之间的边界和规范来分别经子。

现代图书分类属于形式逻辑的范畴，遵循属与种之间包含与真包含的关系法则，属种概念不能相容，也不能并列，这要求对每一部类的概念内涵与外延做出清晰明确的界定；通过界定后的范畴性概念所指称的对象范围，我们能够了解每一部类（范畴）所包含的图书（知

---

① 左玉河：《从四部之学到七科之学——学术分科与近代中国知识系统之创建》，上海书店出版社，2004年，第2页。

识）的本质属性及其隶属关系。不同的是，中国传统学问体系的基本原则，是"以治道为中心"来组织各种学问门类与知识谱系。①所谓"治道"，用传统话语表述，即是"内圣外王之道"；用现代话语来说，是能为社会-政治与文化-道德秩序提供合适的精神要义的知识类型。传统学问门类"以治道为中心"的分类原则，如转换成逻辑话语，或可称为"以道相从"，与形式逻辑的"以类相从"存在差异。因为，以形式逻辑为理论法则的目录学的"类"，是指通过对知识的全体进行抽象的概括，从而将某些在属性、功能与范畴上具有一定共性的知识，加以结构性的分化与组合，使各种知识或者对象化，或者关联化。至于治道的"道"，不是建立在属种概念定义清晰的理论基础上，而是以知识的实用性为最高的组织原则，对于各类知识间的逻辑关系则不大讲究清晰明确的界定。

申言之，传统学问体系类分四部，就经部与子部言，我们不得不生出许多疑惑。如经部，为何《七略》"六艺略"是"序六艺为九种"？六经在属性与范畴上的共性是什么，为何能统合为一部？为何《论语》《孝经》和小学类典籍能够附属经部？在经学家看来，问题的答案很简单，因六经是说明历史之起源与目标的基本原理，是王官治理公共事务、解决公共危机、提供公共服务的终极轨范，《论语》《孝经》又是社会伦理道德的必然法则，小学类典籍是解释经书的工具，故六经可以归为一部，论、孝、小学类图书可以附属之。然后，附庸蔚为大国，即便是小学类的工具性典籍也可改为常道之经，不仅是

---

① 吴根友：《传统学问（知识）分类体系的演变与当代"国学"一级学科建设问题初探》，《学海》2012 年第 4 期。

《尔雅》，推崇考据学的段玉裁还要升格《说文解字》为"经"。从形式逻辑的分类理论来看，我们也很难明白，为何经书系统能够通过如龚自珍所谓改传记、史书、子书、集书等为"经"的方式来扩大经目的范围，如"四书"的升格及段玉裁的"二十一经"说。难道四部类目的逻辑关系是可以打破的？这岂非说明，传统学问分类的属种概念是相容和并列的？

又如子部，《七略》用先秦之美称或尊称的"子"作为类目之名，而先秦思想家无不可以称"子"，然则在"子"的名类之下，先秦学术皆可纳入其中，故《七略》说诸子十家，可观者九家，小说类典籍既"不可观"，却仍然归入子部。可见，因古代目录书没有对"子"概念的内涵与外延做出界定，故其知识性质亦无统一的说明，从而使得子部类目及其知识范围无明确的界域，后世将目录、传记、杂书、类书等悉皆归入子部，令子部成了不伦不类的堆垛，这难道不是传统学问分类缺乏形式逻辑的理论基础的缘故吗？总之，从古代目录著作中，我们找不到诸如何谓"经"与"经学"，又何谓"子"与"子学"的定义。我们看到的是，经与子、经学与子学不存在概念明确、范畴清晰的逻辑关系，而是彼此可以相互转化，子书可升格为经书，经书可降格为子书，或者经学在某种意义上即是子学，子学在一定理念下可谓经学，由此形成经子之间的互动与互渗现象。

申言之，《七略》以治道为中心的分类原则，既未明确界定各种知识门类的本质属性，反而模糊了经史子的边界。关于经史，《七略》把史书附录于《春秋》类，引出了隋唐以来的"六经皆史"说，经由属而变为种，史则由种而变为属；更进一步，龚自珍提出："五经者，周史之大宗也。……诸子也者，周史之小宗也。"①史成了治道的中心，也成了一切知识的"属"，经和子则变为"种"。关于经子，《七略》说诸子是"六经之支与流裔"，经是属而子为种，这无非是说，经书道体无所不包，"经"含摄其余一切可能性的知识，且一切知识的合法性与合理性都要以经书为衡准。龚自珍的尊史为属而贬经子为种，经与子均包含于史，二者虽有大宗与小宗之别，却是平行的知识系统，不存在属种关系。《七略》是典范之作，刘歆对各类知识的性质与范畴的认识虽然模糊，却发挥了典范性意义，规范了传统目录书对知识的定义和分类。后来学者受其影响，对经史子的关系，或抱持六经中心论的观点，即以六经为一切知识的"属"，史与子皆是从属于经的"种"，其性质与范畴皆包含于经之中；或提倡"六经皆史"说，经成了史的"种"；或以为子是经的流裔，经与子在知识门类的名义上是独立的，但在知识的本质论上，子仍旧是经的"种"，而非完全独立的知识门类。

由于经史子的关系复杂交织，讨论经子关系不得不牵涉经史，章太炎论经子关系时也是如此。章氏推崇刘歆及其《七略》，他曾说刘歆是孔子后之一人，但他并不认同《七略》的六经中心论，或文化一元的整体观，他赞成"六经皆史"的说法，认为孔子修订六经略如刘歆的校雠中秘，都是为中华民族整理和保存史学文献，而非"为后圣制法"，故不可通经致用，经书的研究只在求是，如此而已。章太炎编纂《訄书》初刻本时（1899），多少还熏染了些今文学家的"素王""改制"说；而《訄书》手校本（1900）和重订本（1902）增加了不

---

① 龚自珍：《古史钩沉论二》，《龚自珍全集》，上海人民出版社，1975年，第21页。

少篇章，其中如《订孔》《学变》《尊史》等，尽扫今文家言，一面批判孔子的"虚誉夺实"和尊孔派的"苟务修古"，一面阐发"六经皆史"观，称孔子为"古良史"，"素王修史，实与迁、固不殊，唯体例为善耳"，[1]既为中国史学发凡起例，又为华夏民族保存文化。故章氏的"尊史"，在某种意义上也是"尊孔"，肯定孔子在中国文化史上的贡献，但没有尊孔子与六经为思想之正统，亦无通经致用的意思，因章氏很早已确立了经子平等的观念。

章太炎青年时求学于诂经精舍，潜心"博观诸子"，《膏兰室札记》主要汇集其以朴学研治诸子典籍的成果，可谓是他的"诸子平议"。其中考释子书者三百五十余条，考释儒家经书者仅八十余条，可见章氏对周秦诸子所用功夫之深且专，也可看出章氏虽身处汉学重镇之诂经精舍，但没有"尊经陋子"的成见。《訄书》初刻本收录的《儒墨》《儒道》《儒法》《儒侠》《儒兵》等篇章，旨在论证儒家与墨、道、法、侠、兵等在知识性质上是相通的，强调儒家及其经典并非该摄一切学术，亦非涵括合法性知识之全体，也非如《汉志》所谓"于道最为高"，周秦诸子百家与儒家之间不存在所谓的源流关系，百家之学的合法性与合理性亦无待儒家来证明。可见，章太炎是"以平等心究观百家"，这与康有为尊儒而建立儒教，并主张"诸子源自儒家"的说法殊异。

章太炎治学有所宗主，亦不无立场，但他对各种学术传统和思想类型的评议，是基于严肃、理性和求是求真的态度，体现的是自由、

---

[1] 章太炎：《与人论朴学报书》，《章太炎全集》第八册，上海人民出版社，2018年，第155页。

平等的现代学术精神，他论经子之学也是如此。一方面，就思想的源流论，章太炎不认同《汉志》的"诸子为六经之流裔"说。在日本开讲国学期间，章氏演论诸子的大概云："古来学问都在官，民间除了六艺，就没有别的学问。到周朝衰了，在官的学问渐渐散入民间，或者把学问传子孙，或者聚徒讲学，所以叫做家。"[①]同年修订的《訄书》手改本《订孔》篇，章氏又说："自老聃写书征藏以诒孔子，然后竹帛下庶人，六藉既定，诸书复稍稍出金匮石室间，民以昭苏，不为徒役，九流自此作，世卿自此毁，不曰贤于尧、舜，岂可得哉，校之名实，孔子古良史也。微孔子，则学皆在官，史乘亦绝，民不知古，乃无定臬。"[②]他把中国文化的本源分为两个传统，一是王官学的传统，二是民间的六艺传统。他赞成《汉志》的"诸子出于王官论"，也就意味着诸子并非源自六经。即便承认诸子与六经存在关联，然六经不是孔子所创作和儒家所私有的典籍，而是传自诸子之一的老聃，且为诸子百家所共享的思想资源。只是，上古的王官学究竟何谓？王官学与六经是否为两个不相关的传统？诸子出于王官是否就与六经无甚关系？孔子编纂的六经与春秋以前流布于民间的六艺是否一致？这些问题是章太炎的"诸子出于王官论"和胡适的"诸子不出于王官论"所未能圆满解答的。

另一方面，就思想的价值论。六经及其经学作为解释历史之起源与目标的基本原理，以及建构经验世界和意义世界的终极规范，"通

---

① 章太炎：《论诸子的大概》，《章太炎全集》第十四册，上海人民出版社，2018年，第123页。

② 章太炎：《訄书·订孔》（手改本），转引自汤志钧编：《章太炎年谱长编》（增订本）上册，中华书局，2013年，第198页。

经致用"是传统经学家的理想，无论今文家或是古文家皆如此。然近代中国遭遇的大变局促使人们重新审视六经及其经学的实用性价值，并开始以诸子学接引东渐之西学，在经世观念下逐渐转向"通子致用"。章太炎自述其思想演变历程时说："遭世衰微，不忘经国，寻求政术，历览前史，独于荀卿、韩非所说，谓不可易。"[1] 这句话所指的时间大致与《訄书》初刻本相当，因《訄书》初刻本的《尊荀》《商鞅》《正葛》《刑官》《定律》等篇，明显表现出对荀学和法家的推崇，正与"独于荀卿、韩非所说，谓不可易"的意思相合。章太炎持守"六经皆史"观，如果说"历览前史"涵括记载历史典章制度的六经，那么，章太炎就是倡导以"通子致用"来代替行之二千年的"通经致用"，即以荀子、韩非等代表的诸子学，作为社会—政治与文化—道德秩序之建构所须遵循的精神要义。如此，我们虽不能说章太炎是"贬经尊子"，但至少可以说是在经世的层面"退经进子"，其中蕴含经子平等的认识。

传统目录学的"以道相从"原则乃围绕六经之道而排列各类知识的次序，故首列代表确定性常道的经部，次则为因事明理的史部，再则是有得于六经道体之一端的诸子，最后是文以载道的集部，或将异教之释道殿于末位，这一序列反映了学问之价值的尊卑差等。其中，经部之学是一切学术的中心，由"经"流衍为史、子、集而至释道，表征着学术由中心而渐次地散殊于边缘。转型时代的学人所要思索的是，如何打破"中心与边缘"或"大传统与小传统"的抑扬偏见。章太炎深谙传统目录学的"尊经抑子"观，自由、平等的学术精神引导

---

① 章太炎：《菿汉微言》，《章太炎全集》第七册，上海人民出版社，2018年，第69页。

他放弃"以道相从"的分类原则，而接纳西方学术分科所遵循的"以类相从"原则，将经学和子学作为直接的研究对象，考察这两种学术形态及其方法的差异，然后根据西方学科体系来重新界定和分辨经学与子学。

然则，何谓经学？又何谓子学？或者说，它们所对应的是何种学科？究竟是归属于同一的抑或不同的学科？学科化所呈现的经子关系又是如何？章太炎在《论诸子学》中初步解答了这些问题。

> 所谓诸子学者，非专限于先秦，后代诸家，亦得列入，而必以先秦为主。……或曰：党同门而妒道真者，刘子骏之所恶，以此相责，得无失言？答曰：此说经与诸子之异也。说经之学，所谓疏证，唯是考其典章制度与其事迹而已。其是非且勿论也。欲考索者，则不得不博览传记，而汉世太常诸生，唯守一家之说，不知今之经典，古之官书，其用在考迹异同，而不在寻求义理。故孔子删定六经，与太史公、班孟坚辈初无高下，其书既为记事之书，其学唯为客观之学，党同妒真，则客观之学，必不能就，此刘子骏所以移书匡正也。若诸子则不然。彼所学者，主观之学，要在寻求义理，不在考迹异同。既立一宗，则必自坚其说，一切载籍，可以供我之用，非束书不观也。虽异己者，亦必睹其籍，知其义趣，唯往复辩论，不稍假借而已。是故言诸子，必以先秦为主。[1]

---

[1] 章太炎：《论诸子学》，《章太炎全集》第十四册，上海人民出版社，2018年，第48—49页。

章氏将诸子学的对象确定为先秦，他所探讨的是先秦诸子学与六经及其经学之间的关系。在他看来，经学与子学的知识性质有别，六经原属史籍，旨在记录历史事迹，故研究经书的经学主要是考证历史上曾存在过的典章制度，既要忠实于历史的真实情形，就必须抱持客观求是的精神，不必也不能掺杂主观意识。相对的是，诸子典籍为义理之书，旨在探究宇宙本体和性命之理，而不在考证历史事实和典章制度。哲人对于宇宙、自然和性命的理解，渗透着各自的生命情怀，哲学经典的价值、意义及其未来向度是通过哲学诠释的方式而呈现，这对作品的理解和说明是一个思想再生产或再创造的过程。海德格尔说，理解是此在自我确立的基本方式。那么，"任何对经典文本的诠释，无不是诠释者个体从本己的精神处境和文化关怀出发，以期从文本的意义系统中挖掘出符合本己时代精神的意义参照和价值资源，从而在对时代精神做出回应的同时，亦可诊断时代之病理而根治之"。① 因此，先秦诸子典籍的诠释犹如一个生命"进入"另一个生命而去把握思想创造者的精神世界的过程。这使得诸子学不仅充满着被诠释对象的生命意识，而且在"理解前结构"的作用下，也自觉或不自觉地注入了诠释者的精神意蕴。

引文所谓"义理"，即是哲学，章太炎后来就说："原来我国的诸子学，就是现在西洋底所谓哲学。"② 他提出"子学即哲学"和"经学即史学"的命题，以此分别经子，这表明他接受章学诚、龚自珍的

---

① 张霆锋：《经典与诠释的张力——关于经典与诠释之关系的一种诠释学透视》，刊载于 http://www.aisixiang.com/data/37800.html。
② 章太炎：《研究中国文学的途径》，《章太炎全集》第十四册，上海人民出版社，2018年，第 287 页。

"六经皆史"观和"六经正名"论，但又不认同龚自珍的"经子为周史之大宗小宗"说，即不赞成"子学即史学"的观点。暂且不论"经学即史学"和"子学即哲学"的说法是否成立，或有多少的合理性，其意义至少是，章太炎尝试应用现代学科体系重新界定经学和子学的知识性质，这种注重内涵与边界均清晰明确的学科概念，有助于厘清经与子的逻辑关系，从而将经学与子学区判开来。如此，六经不再是治道的中心，诸子也不是六经的流裔，六经与诸子之间不存在属种或源流关系。

章太炎的"六经皆史"观蕴含"尊史"之意。他说经是史，史也是经，经史为客观之学，故治经史者"必依前人之条例"，不能空所依傍而流于清谈。哲学与经史之学不同，哲学是主体的直观自得，经史之学不能走极端，要尊重历史的客观事实，哲学则不避讳极端，这是由哲学的主观性所决定的。[①] 用客观与主观分判经史与诸子的知识性质，其实不大准确，因六经未尝不以发明道体或义理为宗旨，而子书亦有记载历史事实与典章制度的。出于这种考虑，章太炎晚年修正了经与子相对而分属不同学科的观念，又回到了文化体系不可分的整体论。他说：

> 史与经本相通，子与史亦相通。诸子最先为道家，老子本史官也，故《艺文志》称"道家者流，出于史官"。史官博览群籍，而熟知成败利钝，以为君人南面之术。他如法

---

① 《章太炎十次讲学纪》，原载《申报》1922 年 6 月 18 日 "本埠新闻"，转引自汤志钧编：《章太炎年谱长编》（增订本）上册，中华书局，2013 年，第 396—397 页。

家，韩非之书称引当时史事甚多。纵横家论政治，自不能不
关涉历史。名家与法家相近。唯农家之初，但知种植而已。
要之九流之言，注重实行，在在与历史有关。墨子、庄子皆
有论政治之言，不似西洋哲学家之纯谈哲学也。①

从知识的性质言，子不能等同于史，但子与史是相通的，诸子学涵括
义理、政治、科学等知识，经史之学同样如此，故不似西洋哲学家
纯粹谈论思辨之哲学。章太炎认为，经史儒原来不分，只因"儒家、
史家，辞繁不能称经，遂别为子为史，溯其源一而已矣"。②经史儒
的区判仅在篇幅之长短，是形式上的，非本质上的。"儒谈政治，史
亦谈政治"，③诸子无不谈政治，故经史子相通。政治思想旨在致用，
如章太炎说："承平之世，儒家固为重要，一至乱世，则史家更为有
用。"④经史之用"在求修己之道，严夷夏之辨"，⑤即修持道德情操，
培养民族意识。讲经史致用是章太炎晚年的事，在讲演《论诸子学》
时，如上文的引证，章太炎是以经史为历史之陈迹而不适用于当世
的。可见，章氏晚年在一定程度上修正了"六经皆史"观，这种修正
把经史从纯粹客观之学中解放出来。所谓"经兼修己治人，史则详治

① 章太炎：《历史之重要》，《章太炎全集》第十五册，上海人民出版社，2018年，第
492页。
② 章太炎：《论经史儒之分合》，《章太炎全集》第十五册，上海人民出版社，2018
年，第591页。
③ 章太炎：《论经史儒之分合》，《章太炎全集》第十五册，上海人民出版社，2018
年，第596页。
④ 章太炎：《论经史儒之分合》，《章太炎全集》第十五册，上海人民出版社，2018
年，第596页。
⑤ 章太炎：《论经史儒之分合》，《章太炎全集》第十五册，上海人民出版社，2018
年，第599页。

人而略修己"，①不论章氏如何区别经史的知识性质，修己与治人的定义已在某种程度上赋予经史之学以主观性的特质，这与主观之子学正好相契。所以，章太炎前期区别经子的知识性质，后期又讲经史子相通，要理解其思想的前后变化，应该结合其对经子的知识性质与功能的认识来整体地把握。

其实，章氏说经学是客观之学，这本来就不符合经学诠释史的事实。无论是汉代的古文经学，还是乾嘉的考据学，都不是纯粹考证历史事迹或典章制度，两汉的刘歆、贾逵、郑玄等古文经学家无不重视六经的义理，把发明义理视为研治经书之极诣。乾嘉的戴震、焦循等也是如此，近年学者开拓的"乾嘉新义理学"和"乾嘉道论形上学"等研究境域，深入细致地展现了汉学家由考订字词而通贯道体的路径。如果我们超越今古文经学的门户之见，今文经学以诠释"微言大义"为宗旨，那就更非客观之史学所能比拟。

我们还要追问，"子学即哲学"的命题是否完全合理？诚然，周秦诸子学的确蕴含诸子对宇宙和生命的本源、本质、共性及终极意义等知识的思考，这与探究形而上智慧的西方哲学有同质性。然而，诸子典籍中不仅涵括形而上之道，还有形而下层面的器技之学，如《墨子》中《备城门》《备高临》诸篇，《管子》中言舆地、军事、经济和农业者，《商君书》《吕氏春秋》等亦如是。古今子书或多或少都涉及这类形而下之器的明物之学，这是晚清之所以流行"子学为格致之学"说的缘故，也是章太炎"通子致用"的前提。

---

① 章太炎：《论经史儒之分合》，《章太炎全集》第十五册，上海人民出版社，2018年，第595页。

如果坚持"子学即哲学"说，子学的研究只在寻求义理，那么子书中的技艺之学将被忽略，这对于周秦诸子的思想体系必然造成割裂之弊，也未能反映诸子学与西方哲学所不同的民族性特质。我们借用刘勰"博明万事为子"来定义子学的性质，事者，物也，理也，洞明万物万理就是子学的宗旨。"明理"是指形而上的哲学，"明物"是指形而下的器技之学。明理是关键性的，明物是次要的，故纯粹的明理之哲学可谓之子学，而单纯的明物之技艺学则不得称子学。由此来界定子书和子学的范畴，则不限于先秦，后世"博明万事"的典籍和学问皆属之，如王俭的《七志》就有"今古诸子"之目。章太炎说子学必以周秦为主，这也无可无不可。周秦诸子开启了中国轴心时代的"哲学的突破"，每一时代都在回归思想之源中，寻求当代文化建设的可能向度，这是自然而当然的事。但如《四库全书总目提要·子部总叙》所言："自六经以外立说者，皆子书也。"子书不限于周秦诸子的典籍，而且后世有些子书和子学的思想创造性，也未必稍逊于轴心时代的诸子百家。

第三节　考据与义理

从《汉志》的诸子为"六经之支与流裔"说，到章学诚称诸子"有得于六经道体之一端"，这是从道或哲学的层面界定经子之学；龚自珍的"经子为周史之大宗小宗"论揭示了中国学术思想的渊源与核心为史官文化，因而从史学的层面界定经子之学。他们对经子的思想渊源和知识性质的认识容或有异，然其共同分享的观念是，经的知识性质是什么，子也是如此，而经子的研究方法也应一致。《汉志》以源流关系来界定经子的关联性，这在龚自珍已有所淡化，然龚氏尚未自觉地区别经学与子学的性质，他也没有从方法论的角度对经学与子学的研究方法做出相应的分判。章太炎则基于经子之学的分科，进而提出经学在考证事迹，子学则在诠释义理的观点。

乾嘉是经典考据学盛行的时代，学者因探究儒经义理而兼及诸子典籍，其意本在以子证经、释经，其结果是先秦子书因朴学的兴起而复活。朴学方法论的经典表述是戴震的"由字通词，由词通道"，即由考文、知音而后通达于道体。周秦诸子的研究也是如此，乾嘉学者在援引诸子以证经、释经时，他们注重的是诸子书的材料性价值，而较少关心诸子学所蕴含的形上道体。及至晚清，俞樾、孙诒让等用全副精力来研治诸子学，但他们还是"以经学家实事求是之法读子"[①]，而遗落了文字之中的义理。故刘师培指出："近代巨儒稍稍治诸子书，大抵甄明诂故，掇拾丛残，乃诸子之考证学，而非诸子之义理学也。"[②] 20世纪初期的诸子学研究，其在知识观念上的转变是，人们自觉应用现代学科重新界定经学与子学的知识性质。尽管"经学即史学"和"子学即哲学"的说法均或多或少地存在问题，但章太炎、梁启超等真切地认识到，对经子之学的性质和范畴进行明晰地界定，这是传统学术向现代转型的应然之义。更进一步，那是方法论的自觉，即对性质相异的知识采取不同的研究方法。那么，应该用何种方法来治经学，又要用何种方法来治子学？这个问题如同说"经学即史学"

---

① 张之洞《𬨎轩语》，赵德馨主编：《张之洞全集》第十二册，武汉出版社，2008年，第202页。
② 刘师培：《周末学术史序》（1905年），《刘申叔遗书》（影印本）第十四册，江苏古籍出版社，1997年，第1—2页。

和"子学即哲学"那样，似乎过度地强调这两种学问形态的对立性，而有形式化的危险，但章太炎的确思考过这一问题，并有所回答。

在前引《论诸子学》的文献中，基于经子之学的分科，章太炎指出，治学方法应根据研究对象的性质而定。因史学是客观之学，故治经学应如治史学一般地用训诂考据；因哲学是主观之学，故治子学应如治哲学一般地诠释义理。章太炎强调"说诸子之法与说经有异"，二者的不同在于，"按校勘训诂，以治经治诸子，特最初门径然也。经多陈事实，诸子多明义理（此就大略言之，经中《周易》亦明义理，诸子中管、荀亦陈事实，然诸子专言事实，不及义理者绝少）。治此二部书者，自校勘训诂而后，即不得不各有所主。此其术有所不同者"。[①]经书是记载历史事实的典籍，只要文字训诂明了，能通其大意，然后比类和归纳史料以考证典章制度即可；子书是阐述义理的哲学，仅校勘训诂而不通过文字呈现的观念形态，以探求作者对宇宙、自然及性命的本源性存在，及其如何展开为世界图景、价值意境和精神之境的深邃认识，那是买椟还珠，终究不能体悟诸子揭示的人类精神之乡的丰富内涵及其实现途径的多种可能性。

所谓"最初门径"，这并不意味章太炎鄙薄考据学在子学研究方法论上的价值。他说：

　　今之为时学者，曰好言诸子而已矣。经史奥博，治之非十年不就，独诸子书少，其义可以空言相难。速化之士，务

----

① 章太炎、章士钊、胡适：《论墨学》，季羡林主编：《胡适全集》第 2 卷，安徽教育出版社，2003 年，第 176 页。

苟简而好高名，其乐言诸子宜也。不悟真治诸子者，视治经
史为尤难：其训诂恢奇，非通小学者莫能理也；其言为救时
而发，非深明史事者莫能喻也；而又渊源所渐，或相出入，
非合六艺诸史以证之，始终不能明其流别。[①]

概括而言，研究子学要精通经学、史学和小学，故治子学比治经史之
学还难。小学虽是"最初门径"，但没有文字训诂的功夫则不能明白
字词之义，如何能够深切地把握子书的义理，故子学的研究要兼具考
据与义理的方法。

　　章太炎的话是有所指的，他批评胡适"未知说诸子之法与说经有
异"，因他不赞同胡适把子学的研究化约为实证主义的科学方法。胡
适的观点是："治古书之法，无论治经治子，要皆当以校勘训诂之法
为初步。校勘已审，然后本子可读；本子可读，然后训诂可明；训诂
明，然后义理可定。"[②] 表面看来，章、胡二氏的说法没有歧异，胡适
也说校勘训诂是最初门径，训诂明而后求之义理。实际上，胡适的表
述和清儒"以经学家实事求是之法读子"[③] 的言论是一致的，他信奉
存疑主义与实验主义，因而更看重方法的科学性，乃至把科学方法的
应用当作学术研究的最终目的，而非对形而上之道的诠释。胡适说：
"一切有用的思想都起于一个疑问符号，一切科学的发明，都起于实

---

① 章太炎：《时学箴言》，原载《中华新报》1922 年 10 月 10 日增刊，转引自汤志钧
编：《章太炎年谱长编》（增订本）上册，中华书局，2013 年，第 383 页。
② 章太炎、章士钊、胡适：《论墨学》，季羡林主编：《胡适全集》第 2 卷，安徽教育
出版社，2003 年，第 178 页。
③ 张之洞《輶轩语》，赵德馨主编：《张之洞全集》第十二册，武汉出版社，2008 年，
第 202 页。

际或思想界里的疑惑困难。"① 怀疑是思想创造的第一步，怀疑也是寻求真理的起点，故胡适相信科学方法的第一步是要能怀疑，再假定种种解决疑难的方法去证实或证伪它。概括说来，就是"大胆的假设，小心的求证"。胡适太过强调方法的优先性，以至把思想也化约为方法。他说："一切学说理想，一切知识，都只是待证的假设，并非天经地义；一切学说与理想都须用实行来试验过；实验是真理的唯一试金石。"② 换言之，一切思想学说之所以有价值、有意义，因其能经得起实验方法的证明，故真理性的思想就是科学方法的归纳或演绎，科学方法是估定一切思想学说之价值的衡准，思想内容反而成了科学方法的实验工具。余英时指出："胡适思想中有一种非常明显的化约论（reductionism）的倾向，他把一切学术思想以至整个文化都化约为方法。""他所重视的永远是一家或一派学术、思想背后的方法、态度和精神，而不是其实际内容。"③ 胡适似乎未曾思考过，那种包含纯客观的形式化程序的科学方法论是否能够解释或创造科学真理的问题。因为，研究者在选择对象、问题和方法时，其价值取向、偏好、假设等可能进入分析过程，对真理的追求必然会涉及对美和善的争论。换言之，求真不只是一个诉诸科学实证的问题，也是一个寻求美善，乃至安顿精神信仰的价值问题。况且，任何缺乏求知热情指导的研究过程，很可能会陷入烦言琐碎的荒漠之中，当乾嘉考据学兴盛之时，章学诚已批评其饾饤之弊。

---

① 胡适：《实验主义》，季羡林主编：《胡适全集》第1卷，安徽教育出版社，2003年，第307页。
② 胡适：《杜威先生与中国》，季羡林主编：《胡适全集》第1卷，安徽教育出版社，2003年，第361—362页。
③ 余英时：《重寻胡适历程》，广西师范大学出版社，2004年，第197—199页。

胡适称许乾嘉学者"实事求是"的考据学为"演绎和归纳相互为用"的科学方法，[①]桂伯华很早就说过："汉学考证，则科学之先驱"，章太炎曾在《自述学术次第》中引用这句话，并表示赞同。[②]在诂经精舍接受了八年朴学训练的章太炎，他自然熟悉考据学所蕴含的科学性。他也和胡适一样，推崇实事求是的科学精神。分歧在于，章太炎认识到考据学或科学方法的局限性，胡适则放大了考据学或科学方法的普遍性。所以，对于客观的经学和史学的研究，章氏相信考据学的有效性；至于主观的义理学，即作为哲学之子学的研究，章氏认为考据学只能呈现文字的表层含义，不能透析哲学家对形而上的宇宙本体

[①]　胡适：《清代学者的治学方法》，季羡林主编：《胡适全集》第1卷，安徽教育出版社，2003年，第364页。胡适曾颇得意地说："在那个时候，很少人（甚至根本没有人）曾想到现代的科学法则和我国古代的考据学、考证学，在方法上有其相通之处。我是第一个说这句话的人。"（胡适口述，唐德刚译注：《胡适口述自传》，季羡林主编：《胡适全集》第18卷，安徽教育出版社，2003年，第252页）

[②]　章太炎：《自述学术次第》，《章太炎全集》第十一册，上海人民出版社，2018年，第495页。桂伯华的话不知发表于何年，章太炎引用之后，接着说"余既解《齐物》"，似乎桂伯华的话是在章太炎研究《齐物论》之前。1908年，章氏在日本讲授《庄子解诂》，1910年撰《齐物论释》，也不知章氏的"既解《齐物》"是指前者，或是后者。假使为后者，则桂伯华的话出自1910年以前。据载，桂伯华1910年赴日本学真言宗，其间与章太炎过从颇近，共同宣传佛学。章氏所记二人的谈话应在此时。再退一步，假使桂伯华的话不是在章氏"既解《齐物》"以前，他于1915年去世，则他的话也定出自1915年前。这一年，胡适刚入读哥伦比亚大学，师从杜威，接受实验主义哲学，他把考据学、考证学与实验主义的科学方法相关联的观念，至早也不过萌生于此年，且不一定比桂伯华的"汉学考证，则科学之先驱"之说早。而且，桂伯华的这个观念，大概是他1910游学日本时，或直接从日本学界获得，或从所交往的栖身日本的中国学者获得，又或是自己的体悟所得。章太炎称许这句话，似乎章氏在日本期间未曾听过这般言论，则桂伯华应是自己体悟所得。大概与桂伯华同时，王国维也从理论上对西方近代科学方法与乾嘉学派的传统方法作了多重沟通。（参见杨国荣：《从中西古今之争看中国近代方法论思想的演变》，《福建论坛》1988年第1期）总之，胡适自诩是"第一个说这句话的人"，似乎未必。当然，胡适是比较早系统地论述考据学与科学方法之关系的。

和性命之理的思索。在胡适看来，凡是真理性的思想学说，其本质上都是归纳与演绎的相互为用、假设和求证的辩证统一，即科学方法的推演结果。故不论是自然科学知识，还是人文学科知识，实验论证的具体概括方法都具有寻求真理的绝对有效性。胡适对科学之本质的理解不甚深切，以致他对科学方法的了解也有局限，[①] 他把考据学等同于科学方法，提倡"以考据学（科学方法）为中心目的之人文研究"，[②] 却没有意识到被清除了热情的、人性的情感因素之后的考据学，缺乏了抽象思辨和形而上学的特质，而这些是作为哲学之子学所追求的思想旨趣。

更大的分歧在于，哲学与科学孰为现代学术之根柢的问题。章太炎引用桂伯华的话中还说："今世科学论理日益昌明，华严、天台，将恐听者藐藐，非法相不能引导矣。……汉学考证，则科学之先驱，科学又法相之先驱也。盖其语必征实，说必尽理，性质相同尔。"[③] 此处的法相指唯识宗。章太炎和桂伯华认为，唯识因明学与西方的逻辑学方法相近，都讲究语言表述的准确性和逻辑论证的严密性。不

---

① 参见林毓生：《民初"科学主义"的兴起与含意——对"科学与玄学"之争的研究》，氏著《中国传统的创造性转化》（增订本），生活·读书·新知 三联书店，2011年，第286—308页。

② 参见林毓生：《不以考据学为中心目的之人文研究》，氏著《中国传统的创造性转化》（增订本），生活·读书·新知三联书店，2011年，第309—318页。

③ 章太炎：《自述学术次第》，《章太炎全集》第十一册，上海人民出版社，2018年，第495页。19世纪末的中国知识分子就以佛学来解释西洋科学，远在与桂伯华谈话之前的1898年初，章太炎已曾与孙宝瑄讨论过佛教经典与西洋科学的同质性问题。（中华书局编辑部整理、童杨校订：《孙宝瑄日记》，上海古籍出版社，1983年，第155—157页）关于近代中国学者论佛学与科学之关系，参见葛兆光《孔教、佛教抑或耶教？——1900年前后中国的心理危机与宗教兴趣》，载王汎森等著：《中国近代思想史的转型时代》，台北联经出版事业有限公司，2007年，第222—228页。

过，撰写《齐物论释》的时候，章太炎已认识到佛学玄远而疏于世间人事，不如老庄之学能应用于政治社会。后来，章太炎又说，比起老庄来，孔子的思想更切于人事。所谓"人事"，不仅指外在于人的物，也包括内在于人的心，即人生观、伦理道德等精神之境。章氏幽禁于龙泉寺期间，依据《易》《论语》《老子》《庄子》等演论"无我"道体，发明"克己""绝四""忠恕"的工夫论，目的在导扬人的天性，奋厉人的志行，把人生观与伦理道德的心性问题交予作为哲学的子学来解决，而不能完全将人生观科学化。章太炎说："科学者流，乃谓道德礼俗，皆须合于科学，此其流弊，使人玩物而丧志，纵欲以败度。今之中华，国毁边防，人轻礼法，但欲提倡科学，以图自强，是知其一，不知其二也。"①这一批评是针对胡适、丁文江代表的科学主义派。

章太炎不反对科学，他只是理性地分辨科学与哲学的性质及其功能的差异。胡适大概是科学的信仰者，他把人与世界都科学化和客观化了。胡适相信科学的普遍适用性和科学方法是万能的，相信科学的力量无处不在，渗透于时间与空间中的一切事物，人和世界都可以被科学化为客体，可以用科学方法进行分析、解构和还原，故人生观就是客观化的科学观，人的精神意志的活动无不合乎科学的自然律。从因果律推论，科学的人生观创造及要求科学性的文化与道德。胡适列出十条"科学的或自然主义的人生观"，②是要把所

---

① 章太炎：《适宜今日之理学》，《章太炎全集》第十五册，上海人民出版社，2018年，第511页。
② 参见胡适为《科学与人生观》撰写的《序》，张君劢、丁文江等著：《科学与人生观》，岳麓书社，2012年，第8—27页。

有关于人之主体性的道德、意志、心理等内容，都用科学来定义其本质，又用科学方法来规范其活动，即章太炎批评的"道德礼俗皆须合于科学"。章太炎想通过哲学来改变人的世界观与人生观，增进人对宇宙、自然及自我性命的认识，进而增益人的道德，从而助力于社会、政治与经济的变革，最终实现民族国家的独立和富强。胡适则说："今日吾国之急需，不在新奇之学说，高深之哲理，而在所以求学论事观物经国之术。"[1] 这个"术"就是科学方法，它比高深之哲理更具实用价值。他希望工具性的方法论发挥普遍性意义，由此推演出民主、科学的世界，乃宣称"科学不能解决的，哲学也休想解决"，哲学提出的解决方法只是有待实证的假设，不足取信于人，故"哲学自然消灭"，将来可不必有哲学。[2] 胡适要"取消哲学"的观点，是主张"子学即哲学"及"通子致用"的章太炎所不能认同的。

与胡适的崇信科学相反，章太炎很怀疑科学与科学方法是否能够帮助人们准确地认识与理解这个纷繁复杂而又永恒变动的世界。章氏认为，科学是"诊察物形，加以齐一，而施统系之谓"。[3] 科学能助人观察现实世界的各种现象，并通过科学方法把现象所反映的本质性内容进行系统化的概括，从而发现某种规律性的知识体系。这种知识

---

[1] 胡适 1914 年 1 月 25 日日记，见《胡适日记全编》第一卷，安徽教育出版社，2001 年，第 222 页。

[2] 胡适：《胡适的日记（手稿本）》第八册，台北远流出版公司，1991 年，见 1929 年 6 月 3 日日记（原书无页码）。胡适的"取消哲学"的观点是针对 1920 年前后，学界流行的"科学无用了，我们应该注重哲学"的风气，章太炎是这一风气中的人物，这里提出二人论科学与哲学关系之歧义，亦可甄见当时学术之大概。

[3] 章太炎：《规〈新世纪〉》,《章太炎全集》第十册，上海人民出版社，2018 年，第 322 页。

对于自然现象的认识有一定的概括性，却不必然地具有普遍的适用性，而可应用于认识人自己。况且，自然界“万状之纷纭，固非科学所能尽理”，[①]科学方法的适用范畴是有限的，科学真理的确定性甚至是不可能的，如托马斯·库恩所揭示，任何科学真理的范式都不可避免地要面临危机、瓦解与重建的命运。

当科学概念及其价值与方法被泛化至一切知识领域，形成所谓的科学的意识形态或绝对的真理霸权时，必然要求改造一切所谓“非科学”的知识，同时要求重估一切价值。胡适就曾自信地宣称：“将来只有一种知识，科学知识”，[②]不仅自然世界的探索须用科学方法，人类世界的一切思想文化，乃至研究人自身的道德心性之哲学，也要接受科学的洗礼和改造，科学是哲学最终进化而达致的完美形态。这蕴含一种知识进化的思维。章太炎曾直下针砭地说：“望进化者，其迷与求神仙无异。”[③]近代学人往往将“进化论”视为普遍必然的公理，章氏的《俱分进化论》指出，进化不是万能公式，其终极未必能臻至“尽美醇善之区”，[④]因进化与退化是一体两面而并存的，人类思想、知见的发展也是如此。[⑤]基于这样的认识，章太炎力图揭示科学真理的有限性：

---

① 章太炎：《规〈新世纪〉》，《章太炎全集》第十册，上海人民出版社，2018 年，第 322 页。

② 曹伯言整理：《胡适日记全编》第 5 卷，安徽教育出版社，2001 年，第 430 页。

③ 章太炎：《五无论》，《章太炎全集》第八册，上海人民出版社，2018 年，第 468 页。

④ 章太炎：《俱分进化论》，《章太炎全集》第八册，上海人民出版社，2018 年，第 405 页。

⑤ 参见黄燕强：《近代中国的知识进化论及其反思》，《武汉大学学报（人文科学版）》2016 年第 3 期。

> 综观远西诸学说，数学、力学，坚定不可磨已；施于无
> 生物之学，其次也；施于动植物之学，又其次也；施于心
> 理、生理之学，又其次也；施于社交之学，殆十得三四耳。
> 盖愈远于人事者，经验既多，其规则又无变，而治之者本无
> 爱憎之念存其间，故所说多能密合。愈近于人事者，经验既
> 少，其规则复难齐一，而治之者加以爱憎之见，则密术寡而
> 罅漏多。①

在章氏看来，即便是人们认可的最具普遍性的数学、力学等，其知识
的适用性也是有限的，把它们应用于无生物学、动物学、植物学、心
理学、生理学、社交学等，越接近主观事物的领域，其适用性便依次
而衰减，乃至完全不能发挥作用。在此，章太炎有意识地把科学与哲
学的功能范畴做了相对的区分，科学在探究自然现象方面是有效的，
至于人事和心性的层面，必有待于主观性的哲理学。章氏不仅怀疑各
门自然科学的普遍有效性，而且指出社会科学的主观性适足以遮蔽人
的理性。他说："殀德（孔德）之说，已先与社会成迹不符；其后治
社会学者虽众，大氐互相攻伐，不如理学之极成。固由例证稀疏，亦
以预蓄爱憎之见，能蔽其聪明耳。"② 所谓实证主义的社会学，并不如
其所宣称的那样科学、客观，其研究中也免不了主观爱憎情感因素的
介入。在此，章太炎的确点明了科学的本质是客观性与个人性的统

---

① 章太炎：《规〈新世纪〉》，《章太炎全集》第十册，上海人民出版社，2018年，第
325页。
② 章太炎：《规〈新世纪〉》，《章太炎全集》第十册，上海人民出版社，2018年，第
325页。

一，自然科学与社会科学皆如此。所以，章太炎相信科学不是万能的，科学与科学方法并不具有绝对的普遍性。与此相对的是，我们应该尊重知识的主观性与个人性，而情感方面的信仰寄托问题，唯有形而上的哲学思考方能与之相契。

由此可知，章太炎、胡适在诸子学研究方法上的义理与考据之辩，不仅是方法论的问题，还是知识论的问题，其内在矛盾是二人对知识性质的理解存在差异。章太炎提出“子学即哲学”的命题，他理解的哲学是一种信念，是一种寄托，是客观性与主观性的结合。他探究诸子百家的哲理，是希望从周秦哲学家对天道性命的思考中，寻求一种与现代性相契的新的信仰体系，以解除近代中国的意识危机，挺立中国人的美善的心灵秩序，使文化-道德秩序的重建从保守与激进之争中超脱出来，重新获致一种有意义的秩序形态。胡适也怀抱同样的理想，但他过分强调了知识的真，即知识的客观性，又把客观性当作人性唯一的本质，否定了人性中的主观意识之价值，也就否定了生命的超越性诉求，人可能成了机械性的存在，人的精神意志将被科学方法所主宰。

然而，胡适及那些追随他的科学主义者们似乎并未深入地思考这样的问题，即科学方法是否获致科学知识的必然途径。胡适、丁文江等不甚明白假设、演绎在科学中的精微功能，他们有时说归纳是比演绎更具科学性的方法，而波兰尼指出：“归纳法的规则在各个时代都给与科学信念相反的信念提供了支持”，[1] 比如占星术。更重要的是，

---

[1] ［英］迈克尔·波兰尼著，许泽民译，陈维政校：《个人知识——迈向后批判哲学》，贵州人民出版社，2000年，第257页。

知识具有个人性的默会成分，隐微地潜存于人的深层意识中，这是语言符号无法言传的，我们不能把它具体地描述为技巧性的方法，故求知的过程不仅是客观主义逻辑方法的推演过程，求知也是一种感情反应，其中蕴含着热情，我们不能脱离情感来评价知识的美感，我们也不能脱离情感来定义科学，因科学的内部也蕴含热情。并且，"科学热情绝不仅仅是心理上的副产品，它们是具有逻辑功能的，它们给科学贡献了一个不可缺少的因素。它们相当于一个科学命题中的一种基本性质，并可以相应地被认为是正确的或错误的，随我们承认或是否认这一性质的存在而定"。①胡适非常强调"尊重事实，尊重证据"，证据与事实的真相存在关联性，然事实的还原往往是基于当代人的视域，而研究过程中的怀疑和假设表明，"证据"之所以成为证据，部分原因是其已为研究者所选择和接受，而选择和接受的过程蕴含着求知者的主体性之信念、责任感和普遍性意图，这些就是求知的热情。故热情也算是科学方法的证据之一，没有热情就没有充分的"证据"来验证科学的真理性。

透过义理与考据之辩，我们还能看到章太炎与胡适在子学研究上的另一分歧。胡适在讨论方法时，通常是与材料相关联，认为材料可以辅助方法，材料的不够可以限制做学问的方法，而材料的不同又可以使学问的结果与成绩不同。②有时候，胡适把方法与材料等同一视，他有多强调方法的科学性，就有多强调材料的重要性。他曾引用

---

① ［英］迈克尔·波兰尼著，许泽民译，陈维政校：《个人知识——迈向后批判哲学》，贵州人民出版社，2000 年，第 204 页。
② 胡适：《治学的方法与材料》，季羡林主编：《胡适全集》第 3 卷，安徽教育出版社，2003 年，第 131—132 页。

傅斯年的话说:"凡一种学问能够扩充或扩张他的研究材料的便进步;凡不能扩张他的材料的便退步。"①原来是工具性的材料,在胡适那里也有了决定论的意义。当胡适应用他的"方法与材料"观来研究诸子学时,科学的考据方法自然比主观的义理诠释更具优先性,材料的辨析成了头等重要的事情。所以,胡适《中国哲学史大纲·导言》用了大部分的篇幅来讲"哲学史的史料"问题,关于哲学概念、哲学史的体裁、中国哲学的特质、中国哲学史的分期等重要问题,他反而不大关心,故没有详细分析,甚至不曾提及。史料的重视给胡适的子学研究带来的问题是过分地强调疑古,他怀疑老子以前的史料之真实性,也怀疑各家子书的可靠性,所以他要"截断众流",哲学史从老子讲起,并把某些原属某家的真实材料给辨伪掉了,进而演变成顾颉刚倡导的疑古思潮。

章太炎批评当时讲哲学、讲史学的人"恣为新奇之议论",实乃荒谬之学说,是堕入魔道,"足以乱中国"。他说:"夫讲学而入于魔道,不如不讲。昔之讲阴阳五行,今乃有空谈之哲学、疑古之史学,皆魔道也。必须扫除此种魔道,而后可与言学。"②"疑古之史学"把上古历史文化虚无化了,这在尊史、信古的章太炎看来,自然是不能认同的。"空谈之哲学"未能把握到"中国哲学是从人事发生的"这一区别于西方哲学的特质,视哲学为无用的国故,只需为哲学而哲学、为真理而真理,这在论学主致用的章太炎看来,也是不可接受

---

① 胡适:《治学方法》,季羡林主编:《胡适全集》第20卷,安徽教育出版社,2003年,第684页。

② 章太炎:《历史之重要》,《章太炎全集》第十五册,上海人民出版社,2018年,第493页。

的。章氏说：

> 如今学者，好谈哲学，推究宇宙之原，庶物之根，辨驳
> 愈多，争端愈出，于是社会愈乱，国愈不可治矣。若在太平
> 之世，以此消遣，亦复贤乎博弈，至于乱世，而尚清谈，则
> 东晋之祸，正是前车。亭林有言，今之理学，亦是清谈。试
> 问今之哲学，竟有愈于当时之理学否？①

空谈之哲学就是清谈，在国衰民弱之时，清谈足以误国。章太炎也讲
求是，但限于客观之经学与史学的范畴，如主观义理之子学，他一贯
地主张致用（详见下文）。

　　一般来说，个体思想是时代思想与精神的"缩影"。通过比较章
太炎与胡适在子学研究上的义理与考据之辩，我们希望呈现20世
纪初中国学者对知识的性质、来源与功能的不同认识。诚然，我们
的论述稍微简略，仅概括性地点明了被称为保守与激进的两位代表
性学者在知识论上的诸多歧异之见。但我们相信这种比较是有意义
的，这让我们看到现代诸子学研究的不同演变理路，也给了当代诸
子学研究一些重要启示。比如，章太炎说考据是子学研究的"最初
门径"，又说治子学者应兼通经史之学，然今日考证子书者，似乎
成了史学的专门之学，诠释义理则划归哲学领域，有的止于"最
初门径"，有的则竟骛于"空言相难"。中国传统四部之学同源同

---

① 章太炎：《适宜今日之理学》，《章太炎全集》第十五册，上海人民出版社，2018
年，第510页。

质，章学诚讲"六经皆史"，龚自珍讲"经子为周史之大宗小宗"，他们等同经史子之学的知识性质，这固然是可以商量的，却也反映了经子之学同源同质的事实。因而，当代诸子学研究应如章太炎所说，要通小学、明史事、合六艺诸史以证之，也要避免唯科学主义的方法论与材料观。

第四节　求是与致用

由考据与义理的方法论引出了治学在求是抑或在致用的目的论问题。关于章太炎的治学宗旨，论者说法不一。姜亮夫称："先生学术之中心思想，在求'救世之急'。"孙思昉则据章太炎的《与王鹤鸣书》反驳说："是先生之学固以求是自揭矣。"[①] 他们都是章太炎的及门弟子，却又各执一端，莫衷一是。侯外庐乃调和之，说："他于求是与致用二者，就不是清初的经世致用，亦不是乾嘉的实事求是，更不是今文家的一尊致用。"[②] 偏执一端，固然不确；持两用中而模棱两可，亦未得情实。章太炎多次谈及治学宗旨的问题，如《菿汉微言》说："学术无大小，所贵在成条贯，制割大理，不过二途，一曰求是，再曰致用。"[③] 又《说求学》云："求学之道有二：一是求是，一是应

---

① 姜亮夫、孙思昉的话参见徐一士：《太炎弟子论述师说》，《一士类稿·一士谈荟》，书目文献出版社，1984年，第103—122页。陈平原、严寿澂皆认为章太炎治学在求是而非致用，参见陈平原《中国现代学术之建立：以章太炎、胡适之为中心》第一章《求是与致用》，北京大学出版社，2010年。严寿澂：《新子学典范——章太炎思想论纲》，方勇主编：《诸子学刊》第九辑，上海古籍出版社，2013年12月。
② 侯外庐：《近代中国思想学说史》，生活书店，1947年，第851页。
③ 章太炎：《菿汉微言》，《章太炎全集》第七册，上海人民出版社，2018年，第43页。

用。……然以今日中国之时势言之，则应用之学，先于求是。"《论今日切要之学》谓"今日切用之学"：一求是，二致用，且批评明代的知识分子"知今而不通古"，清代则"通古而不知今"，认为："这时候，明、清两代的学问，都是不切要，不足为今日所取法。"前一则材料是对治学宗旨的一般性表述，后两则材料透露了章太炎治学求致用的理想。对于遭遇国难变局而又充满救国热情的章太炎来说，治学求致用是理所当然的。鲁迅说他是"有学问的革命家"，即表示章太炎的部分文章是为鼓励和倡导革命事业而写的。不过，章太炎既然标举了两种"求学之道"，这不仅是对他者的提撕，也是对自我学术宗旨的揭示。所以我们认为，章氏治学既主求是，也讲致用，如其所谓在真与俗之间。

但我们不是简单的调和论者，我们考察的结果是，章氏对于什么学问在求是，又以何种学问来致用，有着很清楚的分辨。借助清儒凌廷堪的话语来理解：

> 昔河间献王实事求是，夫实事在前，吾所谓是者，人不能强辞而非之，吾所谓非者，人不能强辞而是之也，如六书、九数及典章制度之学是也。虚理在前，吾所谓是者，人既可别持一说以为非，吾所谓非者，人亦可别持一说以为是也，如义理之学是也。[1]

---

[1] 凌廷堪：《戴东原先生事略状》，凌廷堪撰，纪健生校点：《凌廷堪全集》叁，黄山书社，2009 年，第 328 页。

对章太炎来说，"实事"指经学和史学，其研究方法是考据学，故以求是为目的；"虚理"指哲学，即是探究主观义理的子学，其研究方法是哲学诠释学，其目的在为社会–政治与文化–道德秩序提供合适的精神要义，以指导人们的实践活动与心理行为。

要了解章太炎的治学宗旨，应如前所述，先知道章氏对经学与子学的知识性质的分判，及研究经学与子学在方法上的考据与义理之别，然后可知章氏治客观之经学与史学在求是（晚年讲义理之经学以致用），治义理之子学则主致用。正如他说："若夫经国利民，自有原则，经典所论政治，关于抽象者，往往千古不磨，一涉具体，则三代法制，不可行于今者自多。"① 研究具体的典章法制的是史学，探论抽象的政治理论的是子学；前者失去了对当下经验世界进行解释的适用性，唯有实事求是地存其本真；后者表现出超越时空范围的普适性，仍有修己治人的经世价值。

章太炎主张"六经皆史"，经书的功能和史书一样，在于保存民族的历史文献。经学的价值也和史学一样，通过文献的考证以研究历史过程的发展变迁，其中包括典章制度的改革，民俗风情的演化，文物地理的沿革，等等。这些是历史上曾经真实地存在过的，是不以人的主观意志为转移的，学者的研究方法和目的都要忠实于历史过程的客观性，严格地按照历史文献与出土文物所呈现的客观事实，来对待和探究历史问题的本质，以尽可能地还原历史过程的真相。治经学也是如此，章太炎说：

---

① 章太炎：《论读经有利而无弊》，《章太炎全集》第十五册，上海人民出版社，2018年，第 569 页。

> 夫昔之讲经学者，要将前人所述之事迹原理，讲解清楚
> 即是。其实，讲经学不可与史学分，但究史学而不明经学，
> 不能知其情理之所在；但究经学而不明史学，亦流于空论，
> 不能明其源流也。且读史必读全史，而后能明一代之史，经
> 亦史也。①

前代的"事迹原理"是客观地存在过的，只要用考据方法将其"讲
解清楚"即可，"略如写真，修短黑白，期于肖形而止"，②把历史
的真相还原出来就可以，不需要进行义理的发挥。历史事实是变化
的，读经读史有助于了解历史过程中的民俗道德，进而理解我们的
国民性，增强全民族的文化认同感，所以章太炎鼓励青年研治经史
以保存"国性"。但是，经史载录的典章制度，如《周礼》的官制，
《仪礼》的仪典，随历史的物质基础的变迁而不再适合于现代社会，
也就不能再应用于现实。章太炎说："自周、孔以逮今兹，载祀数
千，政俗迭变，凡诸法式，岂可施于轶近？故说经者，所以存古，
非以是适今也。"③数千年前，周公、孔子所制订的官制、仪典等，
随着社会习俗与政治制度的不断变迁，已经不再适用于今日的社会
情境，故经书和史书的研究在保存古史，而不可用以解决当前实践
活动中的种种问题。

---

① 《章太炎十次讲学纪》，原载《申报》1922 年 6 月 18 日 "本埠新闻"，转引自汤志
钧编：《章太炎年谱长编》（增订本）上册，中华书局，2013 年，第 396—397 页。
② 章太炎：《与人论朴学报书》，《章太炎全集》第八册，上海人民出版社，2018 年，
第 156 页。
③ 章太炎：《与人论朴学报书》，《章太炎全集》第八册，上海人民出版社，2018 年，
第 155 页。

　　章太炎又说："学名国粹，当研精覃思，钩发沉伏，字字征实，不蹈空言，语语得心，不因成说，斯乃形名相称。若徒撦旧语，或张大其说以自文，盈辞满幅，又何贵哉。实事求是之学，虑非可临时卒辨。"[1] 所谓"字字征实，不蹈空言"，那是考据学方法，以此研究国粹，其所得者乃"实事求是之学"。章太炎有时候就这样描述他的治学成果，如称道其《官制索隐》时说："吾今为此学，独奇觚与众异，其趣在实事求是，非致用之术。"[2] 对古代官制的研究属于经学或史学范畴，故以实事求是为旨趣，而不求其致用，因古代官制已不可能适用于今。

　　　　仆谓学者将以实事求是，有用与否，固不暇计。求六艺
　　者，究其一端，足以尽形寿，兼则倍是，泛博以为用，此谓
　　九能之士，不可言学。……学者在辨名实，知情伪，虽致用
　　不足尚，虽无用不足卑。[3]

如引文所提示，章太炎讲实事求是的治学宗旨时，其研究对象一般是指六经，史书也在其中，但通常不包括子书。客观之经学在求是，主观之子学在致用，这是章太炎对不同性质的知识之价值的自觉区判。

　　我们知道，作为古文经学家的章太炎讲"实事求是"的治学宗旨

① 章太炎：《再与人论国学书》，《章太炎全集》第八册，上海人民出版社，2018年，第372页。
② 章太炎：《官制索隐》，《章太炎全集》第八册，上海人民出版社，2018年，第81页。
③ 章太炎：《与王鹤鸣书》，《章太炎全集》第八册，上海人民出版社，2018年，第153页。

时，常常是附带着对今文经学家主张"通经致用"的批判。章氏说："通经致用，特汉儒所以干禄，过崇前圣。"①此"汉儒"当然指汉代的今文经学家。至于近代讲"通经致用"的也是今文经学家，他说：

> 近世翁同龢、潘祖荫之徒，学不覃思，徒捃摭《公羊》以为奇觚，金石刻画，厚自光宠，然上不敢言致用。康有为善傅会，媚以拨乱之说，又外窃颜、李为名高，海内始彬彬向风，其实自欺。②

康有为治学求经世，认为"凡六艺之学，皆以致用"，今文经是孔子托古改制以经世的典籍，处今日变局之世，应发挥经书的微言大义，用以改革那些混乱而过时的政治制度。如上引证，章太炎说过，求学之道有求是，也有应用；他不反对致用，但他反对康有为或今文学家讲的致用。其中缘由是：一者，章氏认为"经术致用，不如法吏"，③他继承荀子"法后王"而重通变的思想，视六经为历史的陈迹，非今日之新法，不能借六经来改制。二者，章氏说经学是客观的史学，非主观的义理学，治经学要尊重历史的真实性，然历史是陈迹，不可能呼应每一时代的思想与制度之诉求，故主致用者往往违背求是的学术精神，歪曲历史真相以就私意，这样的学问不是可以行之久远的真

---

① 章太炎：《与人论朴学报书》，《章太炎全集》第八册，上海人民出版社，2018 年，第 155 页。
② 章太炎：《与王鹤鸣书》，《章太炎全集》第八册，上海人民出版社，2018 年，第 153 页。
③ 章太炎：《与王鹤鸣书》，《章太炎全集》第八册，上海人民出版社，2018 年，第 153 页。

理。三者,他说:"学在求是,不以致用;用在亲民,不以干禄。"①
学术的应用价值在有益于民,非为个人求仕进、谋禄位之阶梯。在章
太炎看来,维新派、保皇派讲的经学纯粹是"借经术以文饰其政论",
是曲学干禄而已,"其极足以覆国"。②四者,如果随意地对六经"傅
以奇邪"而干禄,那么"一切经术,无不可为篡盗之阶",③"学术虽
美,不能无为佞臣资"。④章太炎是要维护学术的独立性和纯粹性,
不为俗世的功名利禄所腐蚀。从这四点来看,章太炎批评的"致用"
是有指向性的,即今文经与今文学家,而他更多的是反对今文学家以
今文经致用的效果,而非致用本身的合理性问题。

那么,章太炎治经学真的完全不讲致用,只在求是吗?似也未
必。李泽厚说:"康有为抬出今文经学搞变法维新,章太炎用古文
经学宣讲种族革命。"⑤这话不是没有道理,章氏的学术创作的确与
他的政治活动有千丝万缕的联系。如王汎森说,章氏反神道、反
预言、反尊君、反托古改制、反微言大义等,是随着他与今文学
家的政治论争而层层推进的。⑥在反对今文学家"通经致用"的同

---

① 章太炎:《与钟正楙》,《章太炎全集》第十二册,上海人民出版社,2018年,第301页。
② 章太炎:《汉学论上》,《章太炎全集》第九册,上海人民出版社,2018年,第1页。
③ 章太炎:《春秋左传读叙录》,《章太炎全集》第二册,上海人民出版社,2018年,第788页。
④ 章太炎:《王文成公文集题辞》,《章太炎全集》第九册,上海人民出版社,2018年,第113页。
⑤ 李泽厚:《章太炎剖析》,氏著《中国近代思想史论》,人民出版社,1979年,第387页。
⑥ 王汎森:《章太炎的思想及其对儒学传统的冲击》,台北时报出版公司,1985年,第49—59页。王汎森认为,康有为、章太炎分别体现了清学中"求是"与"致用"两股学术思潮的发展趋向,这并不对,因章氏论学也主致用。

时，章氏的古文经学也自觉或不自觉地与政治关联上。再者，何谓求是？戴震说："治经先考字义，次通文理。志存闻道，必空所依傍。"[①]钱大昕说："尝谓六经者，圣人之言，因其言以求其义，则必自诂训始；谓诂训之外别有义理……非吾儒之学也。"[②]清儒的求是精神乃"空所依傍""自诂训始"，章太炎则多次表示，他治经"专尚古文"，[③]齐鲁之学，在所摒斥；不宁唯是，古文学中还有所偏重，如治《左传》，释例依杜预，训诂依汉儒，微言大义依刘向、刘歆父子，"元年之义"采吴起说，"讥世卿之说"取张敞言，[④]这固然说明章氏对诸家经学的优缺短长均有所了解，却也反映了章氏治经重门户和家法、师法，即便是一经之中的各种知识，也严格依循与之相应的历史上的某种经学诠释，这岂是清儒空所依傍而不偏主一家的精神？

章氏晚年远离政治后，因批判激烈反传统的西化思潮，为传统文化开脱保守陈腐的指责，经常宣扬读经读史有利。

儒家之学，不外修己治人，而经籍所载，无一非修己治人之事。……读经之利有二：一，修己；二，治人。治人之

① 戴震：《与某书》，杨应芹、诸伟奇主编：《戴震全书（修订本）》第六册，黄山书社，2010 年，第 478 页。
② 钱大昕：《潜研堂文集》卷二十四《经籍纂诂序》，钱大昕撰，吕友仁校点：《潜研堂集》上，江苏古籍出版社，1997 年，第 377 页。
③ 章太炎：《自述学术次第》，《章太炎全集》第十一册，上海人民出版社，2018 年，第 496 页。
④ 章太炎：《自述学术次第》，《章太炎全集》第十一册，上海人民出版社，2018 年，第 496 页。

道，虽有取舍，而保持国性实为重要。①

又如：

> 治国论政，不能无所根据。……经者古史，史即新经。远古之事，或不尽适用于今；事愈近者，愈切实用，荀子所谓法后王也。自汉以后，秉国政者，无不参用经史，以致治平。……至于运用之妙，本不在读书之多，故通经即可致用。今亦可言通史致用，史即经也。……读史致用之道有二：上焉者察见社会之变迁，以得其运用之妙；次则牢记事实，如读家人旧契，产业多寡，瞭如指掌，能得运用之妙者，首推道家。②

章氏认为，经史之学的致用之效有四：一是修己，即培养道德情操；二是治人，保存国性，兴起爱国之心；三是鉴古，发现中华民族的社会结构之变迁规律，从中获得有益于建设现代中国的启示；四是知古，了解民族史上各种有效的物质与意识之资源，求其能应用于当代社会者。章氏晚年特别强调《孝经》《大学》《儒行》《丧服》是"国学之统宗""万流之汇归"，③且说：

---

① 章太炎：《论读经有利而无弊》，《章太炎全集》第十五册，上海人民出版社，2018年，第566—567页。
② 章太炎：《论读史之利益》，《章太炎全集》第十五册，上海人民出版社，2018年，第600—602页。
③ 章太炎：《国学之统宗》，《章太炎全集》第十五册，上海人民出版社，2018年，第479页。

> 十三经文繁义赜，然其总持则在《孝经》、《大学》、《儒
> 行》、《丧服》。《孝经》以培养天性，《大学》以综括学术，
> 《儒行》以鼓励志行，《丧服》以辅成礼教。①

这与《礼记·经解》篇讲六经之教一般，都是以教化求致用的意思。故章氏建议"学校大法，必以《大学》为本"，②应按照《大学》"八目"来设置学科。1926年8月6日，孙传芳等提倡"投壶新仪"，原定邀请章太炎主持，章氏有事未去。然8月8日，章氏应孙传芳等的"特聘"，到南京出任"修订礼制会会长"，并在9日的成立会上，再次举行雅歌投壶礼。修订礼制和以《丧服》"辅成礼教"的宗旨相合，而礼制与礼教的重建，不就是以礼学致用吗？1932年，章氏特意撰写了《丧服依开元礼仪》，且草拟《丧服草案》《丧服总说明书》《丧服说明书》等，意在建言政府恢复古礼。和今文学家相比，康有为的通经致用偏向制度层面的改革，章太炎的通经致用则倾向道德伦常方面的修持，因恢复古礼主要是选择古代合理的礼仪规范来重建伦理准则，属规范伦理学的范畴。

要注意的是，章太炎晚年讲通经致用，隐含着经学观念的转变，即经学不仅是史学，经学中也有义理之学。他说："周孔之道，不外修己治人，其要归于六经。"③以修己治人为六经之旨归，这是从道德伦理的知识本质来理解六经，与此前的"经学即客观之史学"说略显

---

① 章太炎：《历史之重要》，《章太炎全集》第十五册，上海人民出版社，2018年，第488页。
② 但焘：《学校大法论》，《华国月刊》第二卷第三期，1925年1月，第3页。
③ 章太炎：《国学之统宗》，《章太炎全集》第十五册，上海人民出版社，2018年，第479页。

疏离。章太炎说："《周易》亦明义理"，[1] 又说："谓（《论语》）本无微言妙义者，非也。"[2] 他把《周易》《论语》的性质定义为主观之义理学，是对"六经皆史"说的修正。晚年的章太炎曾表示："若六经皆史之说，微有语病，因经所含，不止史学，即儒家之说，亦在其内也。"[3] 他明确指出"六经皆史"的说法存在问题，其潜在的意思是，经学不只是客观之史学，经学也与儒学一般，包含主观的义理学。与客观之史学主求是不同，主观之义理学在致用，故章太炎晚年着意发挥《周易》《论语》《孝经》《大学》《儒行》《丧服》等儒家经书和传记的义理，求其致用之价值。当然，以义理之学致用不必在晚年，章氏早年就说诸子学的性质是主观之义理，所以他始终主张以义理之子学致用。

　　前文引章太炎"自述学术次第"云："遭世衰微，不忘经国，寻求政术，历览前史，独于荀卿、韩非所说，谓不可易。"[4] 大概在撰写《訄书》初刻本期间，他推崇荀子、韩非，故《訄书》初刻本首篇是《尊荀》，并有多篇文章论述法家思想，因他认为荀学和法家之学是最适合于当前时局的经国政术。《訄书》重订本删去《尊荀》篇，不再以荀学来持衡诸子，但不意味章太炎放弃"尊荀"。在《论诸子学》中，章氏对儒家、墨家、老子等皆有批评，对荀子、韩非则表扬甚多。他说：

---

① 章太炎、章士钊、胡适：《论墨学》，季羡林主编：《胡适全集》二，安徽教育出版社，2003 年，第 176 页。

② 章太炎：《菿汉微言》，《章太炎全集》第七册，上海人民出版社，2018 年，第 36 页。

③ 章太炎：《论经史儒之分合》，《章太炎全集》第十五册，上海人民出版社，2018 年，第 595 页。

④ 章太炎：《菿汉微言》，《章太炎全集》第七册，上海人民出版社，2018 年，第 69 页。

"荀子语语平实，但务修己治人，不求高远。"① 又说："法家执守稍严，临事有效。"② 所谓"修己治人""临事有效"，无非指荀学和法家之学有致用的价值。1908 年，章太炎在日本为青年讲演国学，于周秦诸子中重点发明《庄子》，编有《庄子解诂》讲义稿；1910 年，章氏撰《齐物论释》，推崇庄子远胜佛学和周秦诸子，因"佛法虽高，不应用于政治社会，此则唯待老庄也。儒家比之，邈焉不相逮矣"。③ 与佛学、儒学等相比，老庄之学更具实用价值，能用来调整和改革社会政治秩序。1914 年，章氏被幽禁于北京龙泉寺，"始玩爻象，重籀《论语》，明作《易》之忧患，在于生生，生道济生，而生终不可济，饮食兴讼，旋复无穷。故唯文王为知忧患，唯孔子为知文王，《论语》所说，理关盛衰，赵普称半部治天下，非尽唐大无谂（一作验）之谈"。④ 这又一反此前"扬庄抑孔"的观点，特别表彰《周易》《论语》的实用价值，信服"半部《论语》治天下"之说，称《易》为开物成务之书，所说皆世间法也"，⑤ 后来说："今日一切顽固之弊，……余以为救之之道，舍读经末由。盖即前者所举《论语》三事，已可陶镕百千万人。"⑥ 这些话

---

① 章太炎：《诸子略说》，《章太炎全集》第十五册，上海人民出版社，2018 年，第 982 页。
② 章太炎：《论诸子学》，《章太炎全集》第十四册，上海人民出版社，2018 年，第 61 页。
③ 章太炎：《自述学术次第》，《章太炎全集》第十一册，上海人民出版社，2018 年，第 495 页。
④ 章太炎：《菿汉微言》，《章太炎全集》第七册，上海人民出版社，2018 年，第 70 页。
⑤ 章太炎：《菿汉微言》，《章太炎全集》第七册，上海人民出版社，2018 年，第 17 页。
⑥ 章太炎：《论读经有利而无弊》，《章太炎全集》第十五册，上海人民出版社，2018 年，第 571—572 页。

语表明，章氏所以从老庄转向孔子和儒学，是因注重学术的实用价值所使然。为此，他曾解释说：

> 我从前倾倒佛法，鄙薄孔子、老、庄，后来觉得这个见解错误。佛、孔、老、庄所讲的，虽都是心，但是孔子、老、庄所讲的，究竟不如佛底不切人事。孔子、老、庄自己比较，也有这样情形，老、庄虽高妙，究竟不如孔子底有法度可寻，有一定底做法。①

可见，"切于人事"是致用的原则，也是章氏评价子学价值的标准。正因孔子及其代表的儒学更加"切于人事"，更能获致应用的效果，故章氏晚年推崇孔子，不仅主张以儒学致用，也略有"通经致用"的意思。

大体而言，章太炎用以经世的子学思想，是从早年的荀学和法家，到中年的老庄之学，再到晚年融通易孔老庄的"四玄学"。这一演变理路是和时局与思潮的变化息息相关的。晚清国势衰微，西学东渐，鉴于西方列国通过科技革新而强盛的经验，洋务派和维新派都流行以周秦诸子学比附西洋的技艺学，试图从子学中寻求致用的知识。章太炎也不例外，《膏兰室札记》中考释子书的篇章，有不少是用西学来演论子学的，如《历物疏证》《附辩者与惠施相应光学三条》等皆属此类。章氏曾将《札记》中疏证《庄子·天下》篇及《淮南子》

---

① 章太炎：《研究中国文学的途径》，《章太炎全集》第十四册，上海人民出版社，2018年，第288页。

的《俶真训》《天文训》《地形训》《览冥训》等条目，以《东方格致》为名，陆续发表于《台湾日日新报》，便透露了他治子学以求致用的深意。在九流诸子中，他不只主张以荀学来持衡诸子，还以荀子与韩非之学来持衡史学，如他在《自定年谱》的1897年中写道："余所持论，不出《通典》《通考》《资治通鉴》诸书，归宿则在孙卿、韩非。"[1] 亦如《訄书》初刻本的《尊荀》篇透露的，这时的章太炎多少熏染了今文学家的孔子作《春秋》而为后王制新法的观念，他相信六经能为历史秩序与心灵秩序的建构提供契合时代精神的义理，而周秦诸子中唯荀子通习六经，并传习六经，故荀学是孔学的真传，韩非又得了荀学的法脉，如果要从传统文化中寻求致用之学，则舍荀子与韩非莫属。考虑到早年的章太炎也讲素王、改制、新法等今文家言，说明他当时也抱有"通经致用"的观念，只是后来彻底地否定了今文经学，才激烈地批评康有为的"通经致用"说。

1906年6月，章太炎自上海出狱后，旋即东渡日本。在东京留学生举办的欢迎会上，他宣言要"用宗教发起信心，增进国民的道德；用国粹激动种性，增进爱国的热肠"。[2] 革命运动期间，思想启蒙、道德重建、改造国民性等是章氏最关注的学术议题。这一年，章氏发表《论诸子学》，批评了许多周秦诸子，表扬的很少，完全给予正面评价的，唯庄子一人而已。1908年，章氏为留日青年教授国学，于诸子中专门讲解《庄子》一书，这和此前高度肯定庄子的道德境界不无关系。同时，《论诸子学》提出了子学是主观之义理学——"子

---

① 汤志钧：《章太炎年谱长编》（增订本）上册，中华书局，2013年，第23页。
② 章太炎：《东京留学生欢迎会演说辞》，《章太炎全集》第十四册，上海人民出版社，2018年，第4页。

学即哲学"的命题，这是章太炎对印度佛学和西方哲学的回应。章太炎是一位怀抱强烈的民族认同感与文化自信心的传统型学者，他不是要争强好胜，但他真切地体悟到，西方哲学虽精深有余，玄远则未如中国的佛学和庄学。他说："既游日本，……暇辄读《藏经》。又取魏译《楞伽》及《密严》诵之，参以近代康德、萧宾诃尔（叔本华）之书，益信玄理无过《楞伽》《瑜伽》者。"[①] 又谓："端居深观，而释齐物，乃与《瑜伽》《华严》相会，所谓摩尼见光，随见异色，因陀帝网，摄入无碍，独有庄生明之，而今始探其妙，千载之秘，睹于一曙。"[②] 这些话语反映了章氏在日本时为何如此重视庄学，因国学中唯有庄子的"丧我""天籁"及"成心"诸说，能与法相宗的三性说和因明学相契，并与西方的逻辑学和自由平等学说相合。研究庄学而发扬国粹，以激起种性，增进国民的爱国心，众志成城，共赴国难。

晚年回归孔学或儒学的原因，如上所言，1914 年增订《检论》和口述《菿汉微言》时，章太炎认为，相比老庄之学来说，孔子的思想更"切于人事"。另外，新文化运动之后，激进主义的西化思潮盛行，极大地破坏了传统的文化—道德秩序，使得民族的信仰体系近乎崩塌。这对以继绝学、传文脉自任的章太炎来说，自然是不可接受的。鉴于当时讲哲学的人主张西化，而讲史学的人则倡导疑古，他严词斥责其为"魔道"，将导致中国历史与文明皆虚无化。章太炎要扫除这种"魔道"，一是提倡经史之现实价值，即他所讲的读经读史有

---

① 章太炎：《自述学术次第》，《章太炎全集》第十一册，上海人民出版社，2018 年，第 495 页。
② 章太炎：《菿汉微言》，《章太炎全集》第七册，上海人民出版社，2018 年，第 69—70 页。

利。二是激发儒家经书的生命力，即他宣言的《孝经》《大学》《儒行》《丧服》是十三经之总持，是国学万流之汇归，以此证明儒家经书尚有存在的意义。三是重建经书系统，即他提出的"域中四圣"，并以文王、孔子、老子和庄子所代表的《周易》《论语》《老子》《庄子》等，组成新的经书系统，我们暂且称之为"四玄"。因 20 世纪前期的全盘性反传统主义运动的矛头主要是指向孔子及其代表的经学和儒学，章氏的回归经学是忧心文化上的激进主义将演变成文化虚无主义，令民族文化传统荡然无存，而沦落到邯郸学步、鹦鹉学舌的境地。他曾告诫国人："夫仪刑他国者，唯不能自恢彉，故老死不出译胥钞撮。能自恢彉，其不亟于仪刑，性也。"① "全盘西化"就是"仪刑他国"，稗贩来的文化只能"依他起性"，自己不能"圆成实性"，完全依赖于他者，必将丧失民族文化的自主性。相反，文化根柢深厚的民族通过对传统的创造性转化和创新性发展，能够促成传统与现代的接合，故不致激烈地否定传统而全盘西化，这是一种文化拥有民族特性的原因。

总之，论学主致用是章太炎思想的主题之一，求是的理想有时候也服务于这一主题。在此问题上，章氏的观念是多变的，尤其在致用的学术对象上，也因应时义而再三地变换。概括地说，对客观之经学或史学，章太炎是主求是的；对主观之义理学，即子学或哲学，章太炎是主致用的。1914 年以后，章太炎没有放弃"六经皆史"说，但有所修正，故他对《周易》《论语》《孝经》等儒家经书的知识性质的

---

① 章太炎：《国故论衡·原学》（校订本），《章太炎全集》第五册，上海人民出版社，2018 年，第 106 页。

认识已转向主观之义理，而不再一概等同地视为历史之陈迹，所以他才说《周易》是开物成务之书，孔子的思想"切于人事"，他要以义理之经学致用。比较而言，康有为讲致用是偏向制度之改革，章太炎讲致用则倾向道德之改良，进化史观使他对过去的典章制度的普遍性保持怀疑，但他相信传统伦理思想包含确定性的常道，无论在过去，抑或现在，还是将来，中国的道德哲学都能为人类的心灵秩序之建构提供合适的精神要义，值得我们去阐扬。

综括前述，章太炎论经子关系的要点有三：一是就知识的性质论，经学是史学，子学是哲学；二是就研究方法言，经学用客观之考据学，子学用义理之诠释学；三是就知识的功能说，客观之经学在于求是，主观之子学在于致用。由史学与哲学、考据与义理、求是与致用的两两相对来看，章太炎有意识地从知识论上，方方面面地把经与子、经学与子学区别开来，赋予诸子学独立于经学的名分和价值，彰扬自由、平等的现代学术精神，这符合现代学术讲究知识门类之概念范畴定义明晰的要求。

然而，过于强调经子之间的差异性，未免有落于形式主义的危险。因为，古代学人把经与子定义为源流关系，这固然值得商议，却也表明中国学术思想史上的一个事实，即经学与子学的知识性质是相通的。章太炎说子学是主观之义理学，今文经学家何尝不是这样定义经学？章太炎说子学要用哲学诠释学，无论是汉代和晚清的今文经学，抑或宋明的四书学，又何尝不是用哲学诠释学来解经？章太炎说经学在求是，子学在致用，然乾嘉学者怕也不是只讲求是，不要致用的，近年提倡"乾嘉新义理学"和"乾嘉道论形上学"的学者就不同意。何况，汉代的古文经学也讲致用，身为帝王师的刘歆、贾逵是如此，教授于民间的郑玄，他注释群经时也曾怀抱做帝王师的理想。既然经学是义理学，研究经学就不限于朴学或科学方法，治经学的宗旨也不纯为求是，也有致用的目的。同时，章太炎说"子学即哲学"，如前所述，这是一个很成问题的定义，因传统的子书与子学是"博明万事"的，其中不仅蕴含形而上的哲理，还包括形而下的名物、制度与技艺之学；单纯地强调道体的维度，那就会忽略了器用的层面，这定然会割裂子书与子学的整全性。我们应该认识到，西方的"哲学"概念与中国的子学内涵总是存在一定程度的隔阂，不可将其完全等同。

尽管章太炎对经子关系命题的论述确实存在不少问题，但在学术史上如此重视经子关系，并自觉地进行辨析、分疏者，章太炎是少之又少中的一个。他至少提示我们，经子关系是一个值得探究的命题，至于如何综合传统与现代的学术资源，重新界定经子关系，且从经学与子学的交往互动中探寻中国哲学思想的更新与创造，这就有待当世学人及后来者慎思之和明辨之。

"四玄"：章太炎的新经学思想

　　中国古代尊崇儒家经书，但从经学史来看：一者，儒家经书不是单数，而是复数，如五经、十三经；二者，经书系统是一个开放的体系，在不同时期会有若干典籍被升格为经，如"四书"的升格；三者，这种升格的方式，或是改解经类传记为经，如《左传》《礼记》，或是改儒家类子书为经，如《孟子》；四者，群经之间地位的关系是变动的，如汉人重五经，宋儒重四书。[①]经书系统的重建表明，经学家虽然相信儒经具有超越的常道性质，但在解经、注经的过程中，经学诠释与特定历史时期鲜活的时代精神及当下意识相交融，呈现为新的思想形态，或是偏离了经书原旨，而致使人们疑经疑传，令经书遭遇信仰危机。如汉代今文经学与古文经学的论争，唐宋学者对汉魏注疏的质疑，皆属此类。这是经学诠释史上常有的现象。为了维护经书的绝对权威，维

---

① 参见陈少明：《中国哲学史研究与中国哲学创作》，《学术月刊》2004 年第 3 期。

持经书义理与经学诠释的一致性，当危机出现时，思想灵敏而勇于创新的经学家就会回到先秦儒家的原始经典，从中选择某些具有典范意义的解经类传记或儒家类子书，将其升格为经而与原来的经书组成新的经书系统，据此建构新的经学体系，使经书信仰重获活泼泼的生命力。这就是林庆彰所指出的，中国经学史每隔数百年就会发生一次"回归原典"运动[1]，从五经到七经、九经、十三经的演变印证了这一点。

乾嘉时期，汉学与宋学之争在使汉学家和宋学家质疑对方的经学诠释已然偏离经书原旨的同时，也向人们展示了经书与经学之间的疏离，并引发人们的疑问：究竟是汉学还是宋学更契合孔孟原义和经书本旨？这样的疑问必然会动摇人们的经书信仰，促使人师法经学史上的"回归原典"运动，选择一些典籍而升格为经，重建新的经书系统，如段玉裁的"二十一经"、沈涛的"十经"、刘恭冕的"二十一经"和龚自珍的"六艺九种之配"等。到了晚清，今文经学与古文经学之辩更为激烈，彼此指责对方所解释的文本是伪书，其经学因而自然是伪学。这不仅使人怀疑经学诠释的准确性——今文经学家更将疑经辨伪思潮推向极致而直接导致经书信仰瓦解，古文经学家则把儒经当作历史典籍而令经书名义无存。当此之时，是否仍有学者通过回归先秦原典的方式，选择若干足以代表中华文化思想的典范之作，从而建立新的经书系统、创构新的经学范式，以之作为民族文化精神与思维模式的基础呢？

晚清的章太炎曾致力于斯。作为古文经学家，章太炎在与今文经

---

① 关于经学史上的"回归原典"运动，参见林庆彰：《明末清初经学研究的回归原典运动》，《孔子研究》1989 年第 2 期；林庆彰：《中国经学史上的回归原典运动》，《中国文化》2009 年第 2 期。要说明的是，我们在导论中重新界定了"回归原典"的意涵。"回归"的核心要义是重建新的经书系统，"原典"所指称的对象不限于先秦的解经类传记和儒家类子书，而泛指先秦诸子百家的典籍。

学家的论辩中清楚地认识到，经学诠释严重地偏离了经书原旨，十三经已不足以维系那正处在三千年未有之变局中的世道人心，不再能为社会-政治与文化-道德秩序之建构提供合适的精神要义，其瓦解是不可避免的。但作为传统文化的守成者，章太炎相信历史与文化是一个民族存在的根本，而经典一方面记载着民族历史的演变，一方面则萃聚了民族文化之精华。所以他在打破十三经的同时，又建构了一个"四玄"经书系统（《周易》《论语》《老子》《庄子》），力求使其成为民族语言、文化和思想的象征符号及价值载体。

如果说，章太炎的"六经皆史"观最终把传统经学转化成为考证典章制度、风俗事迹的历史学，那么，"四玄"就是他建构的用以取代十三经的新经书系统，而他根据"四玄"文本所诠释的思想就是他的新经学。学者只见章太炎的古文经学，便将经学瓦解的责任归咎于他，却未曾注意到他在终结一个范式的同时，又尝试以新典范来取而代之，从而开启一种新的思想境界。有鉴于此，本章将深入考察章太炎究竟是如何打破十三经，进而建构"四玄"经书系统及其一贯之道与修养工夫论的。

第一节 经传正名

传统经学著作的体裁有经、传、记、笺、注、疏、章句等，仅就经与传记的关系言[①]，隋唐以前，经与传记在性质、名分上的界限是

[①] 笺、注、疏、章句等是诠释经与传记的，甚少独立成篇而流行于世，也未被选取而升格为经，这与独立成篇，且被选取而升格为经的传记，不可等同。

很鲜明的。刘勰说:"常道曰经,述经曰传。"①所谓"述经",亦如王凤曰:"《五经》传记,师所诵说。"(《汉书·元后传》)经为常道,是圣人的创作而具有文化与思想的典范性和权威性;传记是儒家诸子或经师绍述经书、诠释道体的作品,未必具有常道价值和典范意义。这种观念体现于目录学,就是《汉书·艺文志》的"序六艺为九种"说,将六经与经解类传记分别开来。魏晋以后,传记的地位上升,到了唐人编《隋书·经籍志》,就把经书与传记等同起来,其经部类目不再单独列出经书文本,而直接用传记取代了经书。孔颖达等编《五经正义》,选用《左传》和《礼记》,就体现了等同经书与传记的观念。宋儒更是从《礼记》中选取《大学》《中庸》,而与《论语》及儒家类子书《孟子》组成"四书"。这不仅是等同经与传记,还有"改子为经"。直到乾嘉时期,章学诚、龚自珍等才回归分别经与传记的传统,提出"六经正名"的理念。

章太炎也强调经学著作的体裁有别,他说:"大抵提出宗旨曰经,解说之者为说;简要者为经,详尽者曰说曰传。"②经是指纲要性的著述,解经类的作品为说或传(记),两者不得混淆。同时,章太炎继承清代的文史传统,他不仅发扬章学诚、龚自珍的"六经皆史"观,以建构其古文经学,他还接受章、龚的分别经传和六经正名说,主张把"经"之名与实还归六经。他在《訄书》重订本的《清儒》篇说:

---

① 刘勰撰,范文澜注:《文心雕龙注》卷九《总术》,人民文学出版社,1958年,第655页。
② 章太炎:《论经史儒之分合》,《章太炎全集》第十五册,上海人民出版社,2018年,第591页。

> 然流俗言"十三经"。《孟子》故儒家，宜出。唯《孝经》《论语》，《七略》入之六艺，使专为一种，亦以尊圣泰甚，徇其时俗。六艺者，官书，异于口说。礼堂六经之策，皆长二尺四寸，《孝经》谦半之。《论语》八寸策者，三分居一，又谦焉。以是知二书故不为经，宜隶《论语》儒家，出《孝经》使傅《礼记》通论。即十三经者当财减也。[①]

章太炎明确表示，经书的数目要裁减，《论语》《孟子》应降格为儒家类子书，《孝经》也要降格而傅之《礼记》，则《礼记》被还原为传记，其中的《大学》《中庸》自然就被取消了经的名义。如此一来，十三经被还原为六经，而六经又是王官史书，然则儒家经书的名义就荡然无存，经书信仰随之失落。在日本讲学时，章氏重论旧说：

> 《论语》《孝经》是孔子私家的书，本来只称传记，不称为经。从唐朝定《五经正义》，经的名目，渐渐混乱。五经中间的礼经，不用《周礼》《仪礼》，只用《小戴礼记》，这真是名称不正。到了宋初，本经和传记统统有疏，却只《大戴礼记》没有疏，《孟子》倒反有疏，所以后来退去《大戴》，收进《孟子》，称为"十三经"。十三经的名目原是蒙混相称的，只看着十三部有注有疏，就唤作十三经。其实，

---

① 章太炎：《訄书·清儒》（重订本），《章太炎全集》第三册，上海人民出版社，2018年，第159—160页。

《孟子》分明是子书，非但不是经典，也并不是传记。所以，
这种名目不可执定。①

章太炎结合经学史的事实指出，传记之升格为经，是唐宋人混同经
传、改子为经的结果，故十三经名目是蒙混相称、名不副实的。他再
次以"正名"之义取消了解经类传记和儒家类子书的经书名分，把儒
经从十三之数还原为六，即《诗》《书》《礼》《乐》《易》《春秋》。

章太炎分别经与传记和为六经正名，隐含着消解儒经权威性与神
圣性的意思，即取消附着于儒经的意识形态，将学术与政治相分离，
还思想以独立、自由的空间。这也是他用文字训诂法释"经"的深
意。他说，"经"是"编丝缀属之称"②，是古代图书的型制，经书就
是线装书，没有常道的性质，并非确定性的知识。在章太炎之前，钱
大昕曾以丝帛之属解"经"，他说："予唯经之义取乎治丝，制布帛
者，聚众丝而积之，使其有条不紊，是之谓经。"③但钱大昕没有取消
儒经名义、消解儒经权威的意思，而这是章太炎以"编丝缀属"解
"经"的目的。章太炎反对经书的意识形态化，他说："老聃、仲尼
而上，学皆在官；老聃、仲尼而下，学皆在人家。"④显然，他更赞赏
"学在人家"，而非"学在王官"，他讲"诸子出于王官论"的义旨，

---

① 章太炎：《经的大意》，《章太炎全集》第十四册，上海人民出版社，2018 年，第
99 页。
② 章太炎：《国故论衡·文学总略》（定本），《章太炎全集》第五册，上海人民出版
社，2018 年，第 52 页。
③ 钱大昕：《潜研堂文集》卷二十一《抱经楼记》，钱大昕撰，吕友仁校点：《潜研堂
集》上，江苏古籍出版社，1997 年，第 349 页。
④ 章太炎：《国故论衡》中卷《原经》，《章太炎全集》第五册，上海人民出版社，
2018 年，第 59 页。

即在表彰周代王官学下落为诸子百家之学所带来的"古学之独立"与思想之自由①。

　　章太炎以"编丝缀属"解"经"的另一目的在于，把儒家所私有的经书名义，转化为诸子百家所共享的类名。他赞同章学诚的"经皆官书"说，认为秦汉以前"教令符号谓之经"。章氏举例言之，《国语·吴语》称"挟经秉枹"，是兵书为经。《论衡·谢短》称"礼与律独经也"，是法律之书为经。《管子》有经言、区言，则教令为经。这些都是官书而称经者。但经书不限于官书，章太炎指出："经之名广矣"②，秦汉以前的诸子书也可称经。如《墨子》有《经上》《经下》，贾谊书有《容经》，韩非的《内储》《外储》先次凡目，亦楬署"经"名。而《老子》在汉代复次为"经传"，荀子所引《道经》亦不在六艺之目③。还有《山海经》《周髀算经》《九章算经》等都不是儒家类著作。由古书体式看，章太炎说："夫所谓经者何指乎？'大纲'二字，允为达诂。"④ 即具有总领性和纲要性的作品，故"经"为达名，不仅方书、官书和儒家书等称经，诸子书也可称经。类似说法见于章学诚《文史通义·经解上》，章太炎在申述章学诚的观点时，表达了两层意思：其一，六经是记事的史书而非常道，不代表确定的、普遍

① 章太炎批评历史上的思想专制，说："以道莅天下者，贵乎微眇玄深，不排异己。不知其说而提倡一类之学，鼓舞泰甚，虽善道亦以滋败。李斯之法律，平津之经术，西晋之老庄，晚年之王学，是已！"（章太炎：《菿汉微言》，《章太炎全集》第七册，上海人民出版社，2018年，第67页）
② 章太炎：《国故论衡》中卷《原经》，《章太炎全集》第五册，上海人民出版社，2018年，第55页。
③ 章太炎：《国故论衡》中卷《原经》，《章太炎全集》第五册，上海人民出版社，2018年，第55页。
④ 章太炎：《论经史儒之分合》，《章太炎全集》第十五册，上海人民出版社，2018年，第591页。

的知识；其二，诸子书有称经的传统，学术史上有"改子为经"的现象。如此说来，经非常道而是指称纲要性的知识，诸子书中凡论述纲要性知识的篇章，均可称之为经，解经之作即为传记，故经与传记之名为诸子百家所共享。

由此可见，作为古文经学家的章太炎自觉地继承了浙东学派的学术传统。他不仅接受章学诚的"六经皆史"说，他的分别经传、六经正名及考订"经"之名实等观点，都直接源自章学诚的《文史通义》和《校雠通义》。当然，晚清今文经学家的疑经辨伪和改制立教等观点，也在一定程度上刺激了始终反对今文经学与建立孔教的章太炎，而他主张经子平等，提倡先秦诸子学，这促使他要消解儒经的权威，打破十三经系统。但这不等于说章太炎要把民族文化的经典都转化为史书，更不意味着他会像胡适等民国学者那样，把民族历史与文化归结为失去现代生命力的国故学。因为，章太炎还继承了清代的另一个学术传统，那就是段玉裁、沈涛、龚自珍和刘恭冕等的重建经书系统。章氏师法段、龚等"回归原典"，重建了一个"四玄"经书系统。

第二节 "四玄"经书系统

只要超越儒家范围来定义"原典"所指称的知识对象，我们便会发现，"回归原典"运动不仅发生在经学史上，它也是中国传统学术思想自我更新的有效方式。如魏晋的"三玄"，乾嘉以降段玉裁的"二十一经"、龚自珍的"六艺九种之配"等，都突破经解类传记和儒家类子书的范围，把要升格的经书扩展至子、史、集部，表现出改子书为经，甚至是改史书、集书为经。①"回归原典"的目的不只在修正经书与经学之间的疏离现象，建构新的经学体系，且寄望于新体系能够赓续传统，实现传统的创造性转化，维持中华民族的精神信仰与文化认同感。这在20世纪初，在中华民族文化意识陷入危机的年代，在儒家经书与经学备受冲击的时代，是尤其迫切地需要解决的文化议题。然狂热的保守主义者必要复古而尊儒经、立孔教，激进的西化论者则要把古书扔进茅厕而全盘地仪型西学，章太炎则在古今中西之间谨守中道，他通过"回归原典"的方式，重建了"四玄"经书系统，以回应复古派的孔教说和激进派的西化论。

1916年春，被袁世凯幽禁于北京龙泉寺的章太炎，辑录他与其弟子吴承仕论学的语录共167则，汇编为《菿汉微言》（以下简称《微言》）。此书内容涵括中国学术思想史上的诸多领域和问题，如佛学、孔学、老庄学、宋学及典籍、史学、文学、音乐、音韵、历算、数学、历算、医学等，内容似乎过于庞杂而无中心，实则自有其一贯之道。书中最后一则自述学术思想变化之迹，曰：

> 癸甲之际，厄于龙泉，始玩爻象，重籀《论语》，明作《易》之忧患，在于生生，生道济生，而生终不可济，饮食兴讼，旋复无穷。故唯文王为知忧患，唯孔子为知文王，《论语》所说，理关盛衰，赵普称半部治天下，非尽唐大无

---

① 章太炎颇赞赏段玉裁的"二十一经"说，但他认为经书系统的扩大将使经典文字增加数倍，"诵习者将日不暇给"，因而他主张减损经典文本，他的"四玄"和"新四书"皆是如此。参见章太炎：《论经史儒之分合》，《章太炎全集》第十五册，上海人民出版社，2018年，第594—595页。

诒（一作验）之谈。又以庄证孔，而耳顺、绝四之指，居然可明，知其阶位卓绝，诚非功济生民而已。[1]

这段话表露了章太炎作《微言》的目的及其宗旨，乃至规范了章氏晚年思想的发展理路。他早年分别经传时说，《论语》是孔子私家之书，属于解经类传记，不可称经。如今重读《论语》，始知文王作《易》所表现的忧生民如何"生生之道"，唯有孔子的《论语》最能体会而发明之，故"唯孔子为知文王"，亦唯《论语》是与《周易》一脉相承。孔子《论语》的耳顺、绝四等义旨，流衍而为庄子哲学，通过"以庄证孔"，然后孔学乃"居然可明"，故《论语》与《庄子》是一脉相承的。

因《检论》修订于章太炎幽禁龙泉之时，其述作时间与《微言》相近，故《检论·订孔下》有意思相近的话语。其文曰：

往时定儒家，莫若孟荀，私以《论语》晻昧。……逼于舆台，去食七日，不起于床，馭然叹曰：余其未知羑里、匡人之事！……始玩爻象，重籀《论语》诸书，粲然若有窥者。圣人之道，笼罩群有，不巫以辩智为贤。上观《周易》，物类相召，势数相生，足以彰往察来。审度圣人之所忧患，与其卦序所次时物变迁，上考皇世而不缪，百世以俟后生群盗而不惑。洋洋美德乎！诚非孟、荀之所逮闻也。诸所陈说，列于《论

---

[1] 章太炎：《莐汉微言》，《章太炎全集》第七册，上海人民出版社，2018年，第70页。

语》者，时地异制，人物异训，不以一型锢铸，所谓大道固似不肖也。……道在一贯，持其枢者，忠恕也。……体忠恕者，独有庄周《齐物》之篇，恢恑谲怪，道通为一。……兹盖老聃之所流传，儒道所以不相牟误，夫何晻昧矣哉？[①]

章太炎自我反思说，早年以为《论语》的义理幽晦不明，不如《孟子》《荀子》。晚年重读《周易》《论语》，始知文王与《周易》之道诚非孟荀所能体察，唯有孔子及其《论语》才是真正地承袭圣人之道者。圣道是一以贯之的，其中心思想即为孔子的"忠恕"说；在周秦诸子百家中，唯有庄子的《齐物论》篇最能体会和发明"忠恕"之道，而庄子哲学又是"老聃之所流传"，故老庄之学与文王的《周易》、孔子的《论语》是"道通为一"的。

章太炎在上述两则材料中表达了一种新的构想，即文王、孔子、老子、庄子及其所代表的著作《周易》《论语》《老子》《庄子》，这些人和书的思想是一脉相承的，而其一贯之道是"无我"。章太炎在《微言》及其续篇《菿汉昌言》（以下简称《昌言》）里，反复地申述道：

无意则我不立。文王、孔子所明一也。[②]

老以诏孔，其所就为无我；孔以诏颜，其所就为克己。

① 章太炎：《检论》卷三《订孔下》，《章太炎全集》第三册，上海人民出版社，2018年，第432—434页。
② 章太炎：《菿汉昌言》，《章太炎全集》第七册，上海人民出版社，2018年，第77页。

授受不爽如此，而儒者多忽之。①

诸胜义谛，非老子不能言，非仲尼不能受，非颜回无与告也，所谓传正法眼藏者欤？②

仲尼所以告颜回者，亦曰"克己复礼"而已，正本老子义耳。③

庄生传颜氏之儒，……此与克己相应者也。……人我与法我同尽，斯谓"克己"。④

文、孔、老、庄，是为域中四圣。⑤

凡"文王、孔子所明一也""老以诏孔；孔以诏颜""老子授仲尼""仲尼告颜回""庄生传颜氏之儒""传正法眼藏"等语，呈现了一个文、孔、老、庄等"四圣"的传道脉络，这与韩愈《原道》篇建构"尧舜禹汤文武周孔孟"的圣人传道谱系近似。孔子与庄子之间有颜回，因颜子无著述传世，故其所处为"闰位"，不列席"四圣"之右。在章太炎看来，文王作《易经》卦爻辞，解说世间法，孔子作《易传》《论语》诠释《易经》，发明忠恕、克己、绝四等义旨。孔子曾师事周太史老子，他理解的周代文化之"诸胜义谛"，多渊源于老

---

① 章太炎：《菿汉昌言》，《章太炎全集》第七册，上海人民出版社，2018 年，第 78 页。
② 章太炎：《菿汉微言》，《章太炎全集》第七册，上海人民出版社，2018 年，第 23 页。
③ 章太炎：《菿汉微言》，《章太炎全集》第七册，上海人民出版社，2018 年，第 36 页。
④ 章太炎：《菿汉昌言》，《章太炎全集》第七册，上海人民出版社，2018 年，第 80 页。
⑤ 章太炎：《菿汉微言》，《章太炎全集》第七册，上海人民出版社，2018 年，第 37 页。

子，然后传授给颜回，再转而由庄子所发挥，故曰："尽忠恕者，是唯庄生能之。"① 所谓"无意则我不立""人我与法我同尽"，皆为"无我"之意，而"无我"是"四圣"与"四玄"的一贯道体。

　　章太炎"域中四圣"的构想使人联想到魏晋的"三玄"。玄学家尊文王、老子和庄子为圣人，以其代表的著作《周易》《老子》和《庄子》为理论基础，深入地探讨了诸如本末有无的关系、自然与名教的关系、言与意的关系、才与性的关系、声有无哀乐和圣人有情无情等哲学命题，关涉宇宙论、本体论、认识论、伦理学、美学、语言哲学等领域。较之"三玄"，"域中四圣"的圣人谱系多了孔子，经典书目多了《论语》。然魏晋玄学家尊孔子为圣人，老庄则是"上贤亚圣"，何晏、王弼都说"老不及圣"②，亚圣之老庄不如至圣之孔子。且玄学家大都研究《论语》，何晏有《论语集解》，王弼有《论语释疑》，郭象有《论语隐》《论语体略》，他们在诠释《论语》和老庄之学时，往往以沟通二者为职志。然则，"三玄"实际上已经隐括了孔子和《论语》，章太炎的"域中四圣"把这一隐含的内容呈显出来，又在孔子与庄子之间增列颜回，说庄子传颜氏之儒，体忠恕之道，旨在强调"域中四圣"的学脉是一以贯之的。基于二者在形式上的相似性，我们暂且将章太炎以《周易》《论语》《老子》《庄子》而建构的

---

① 章太炎：《菿汉微言》，《章太炎全集》第七册，上海人民出版社，2018年，第31页。此句与前引《检论·订孔下》篇的"道在一贯，持其枢者，忠恕也。……体忠恕者，独有庄周《齐物》之篇，恢恑谲怪，道通为一"意思一致。二书撰作时间相近，思想内容也多关联。不过，章氏早前的《论诸子学》否定老庄之学有关联，还否定庄子传儒学。
② 道宣编：《广弘明集》卷八《二教论》，载僧佑、道宣：《弘明集　广弘明集》，上海古籍出版社，1991年，第203页。

经书系统称之为"四玄"，著明其乃魏晋"三玄"的扩展版。

"四玄"是章太炎建立的新经书系统。只要我们突破儒家范围来定义"原典"，便能承认《老子》和《庄子》同样是中华文化的原典，且在汉唐时代曾被赋予经书名义，而"三玄"就是魏晋玄学家超越儒家五经、七经而建构的新经书系统，玄学是玄学家的"新经学"。三国吴人阚泽说，在汉武帝建立五经博士之前，景帝就"以《黄子》、《老子》义体尤深，改子为经，始立道学"①，然则黄老之书曾先于五经而被确立为王官经书。《庄子》之称"经"虽在隋唐，然东汉末年道教兴起，道教徒就赋予《庄子》以常道之经的性格。既然《周易》《老子》和《庄子》都是经书，也是魏晋玄学的理论根据和诠释文本，玄学家又尊老庄为圣人，那在一定意义上，"三玄"就是与六经相类的经书系统②。作为"三玄"扩展版的"四玄"，则是章太炎的经书系统。章氏说：《老》《易》并称，非始魏晋，太史谈受《易》于杨何，习道论于黄子，即《老》《易》并称之端。"③他有意地考察了《老子》与《周易》并称的历史，是要为其"四玄"寻找思想史的依据。因《周易》与《论语》是一体的，《周易》又与《老子》《庄子》是一脉的，故易论老庄就是"道通为一"的。

---

① 道宣编：《广弘明集》卷一《吴主孙权论叙佛道三宗五》，载僧佑、道宣：《弘明集广弘明集》，上海古籍出版社，2018年，第102页。
②《陈书·张讥传》载，梁简文帝在东宫时，每有讲集必遣使召张讥讲《老》《庄》，"及侯景寇逆于围城之中，（张讥）犹侍哀太子于武德后殿讲《老》《庄》"。同样，陈后主在东宫时也曾召张讥"于温文殿讲《庄》《老》，高宗（陈宣帝）幸宫临听"。唐代儒释道三教并行，《老》《庄》被奉为半官学的形态。如果要以政治意识形态来定义经书的权威性与神圣性，这些文献记载可证明《老》《庄》曾与儒家经书一般，获得了官方的承认和崇尚。
③ 章太炎：《菿汉昌言》，《章太炎全集》第七册，上海人民出版社，2018年，第108页。

我们还可参照唐宋儒者升格"四书"、建立道统的过程[①]来反观章太炎的"四玄"。章太炎的"域中四圣"犹韩愈、朱熹的圣人谱系。如"诸胜谛义，非老子不能言，非仲尼不能受，非颜回无与告也"[②]，"庄生传颜氏之儒""传正法眼藏"等语，犹圣人道统之授受。章氏根据"四玄"阐发的"无我""忠恕""克己""绝四"等范畴，犹韩愈、周敦颐、张载、二程等揭示的"诚""仁义""天地之性""气质之性""格物致知"等。所谓"犹"，不是说二者的内涵相对等，而是指章太炎在论证"四玄"经书系统时，仿效唐宋儒者创建四书学的做法，一是建立经书系统的传道脉络，二是阐述经书系统的一贯之道及其道德修养工夫论。比较而言，由韩愈、李翱提出"四书"构想，经周、张、二程等建立宇宙论、本体论和工夫论，至朱熹完成《四书集注》、确立道统谱系，其间亘三百余年而四书学始成立。章太炎则凭一己之思，为"四玄"建构了"域中四圣"的圣人谱系、"圆成实自性"的道德形而上学、"无我"的一贯道体及忠恕、克己、绝四等道德修养工夫论。因此，参照魏晋"三玄"与唐宋"四书"可知，"四玄"就是章太炎的新经书系统，而"四玄"学是他的新经学。

章太炎的"四玄"表现出两大特点。其一，改子为经。《论语》是儒家类子书，《老子》和《庄子》是道家类子书，《周易》则是六经之一；按照阐泽的说法，章太炎通过"改子为经"的方式，将论、老、庄等由子书而升格为经，与《周易》组成一个"经子一体"的经

---

① 关于四书的升格与四书学的形成，参见束景南、王晓华：《四书升格运动与宋代四书学的兴起——汉学向宋学转型的经典诠释历程》，《历史研究》2007 年第 5 期。
② 章太炎：《菿汉微言》，《章太炎全集》第七册，上海人民出版社，2018 年，第23 页。

书系统。所谓"经子一体",如江瑔说的"子中有经,经中有子"[①],即经书与子书、经学与子学相统一。

其二,"四玄"的建构是维新式的,而非革命式的。所谓"维新式",指经书系统的重建并未全盘地否定旧经书系统的价值,新是对旧的改良,且有所继承;"革命式"则是以全盘地否定旧经书系统为前提,新与旧相互断裂,没有传承关系。儒经从五经到十三经,乃至段玉裁的"二十一经",其数目一直在增加,并不因系统的重建而减少,就是因为新系统保留了旧经典。尽管在新系统中,旧经典的重要性有所弱化,如宋明儒重视四书胜过五经,但仍奉五经为确定性的常道。

"四玄"也不以彻底地否定五经为前提。一方面,"四玄"保留了五经中的《周易》,还保留了儒家类传记《论语》。另一方面,章太炎在诠释四玄学的同时,也认同儒家经学(古文经学),晚年还倡导读经。章太炎的《訄书》(初刻本、重订本)和《国故论衡》,这两部自成体系、内容丰赡的著作都没有收录经学文章。《国故论衡》甚至把研究经学的文章收入中卷"文学七篇"之内,体现了以经学为文史之学的观念,取消了经学的独立性。但这种情况在1914年增订的《检论》中改变了。此书独辟一卷,收录经学论文十篇,且遵循《七略》体例来排列儒经次序,即易、书、诗、礼、乐、春秋,史书附录之。这是古文经学家的观点。但不可据此就说章太炎晚年回归经学,他只是在建构新经书系统与新经学思想时,特意地保留了传统的经学知识,就像宋明儒者以诠释"四书"为中心,而仍尊五经为确定性常道那般。《昌言》的一段话很能反映这种文化心理,章太

---

① 江瑔:《读子卮言》,华东师范大学出版社,2012年,第10页。

炎说："《易》《论语》有无我之法，《中庸》多天趣之见，若《孝经》与《大学》《儒行》《缁衣》《表记》《坊记》，唯取剀切世务，不及玄旨也。"①《易》《论语》隐括了"四玄"。在章氏看来，"四玄"是谈玄的哲学著作，阐述"无我"的一贯道体，《孝经》《大学》等经解类传记和儒家类子书虽有益于世道人心，但却"不及玄旨"，与哲学或道体无关。就像宋儒论形而上的天道性命之理是以"四书"为文本根据（还有《周易》），五经则附属焉，章太炎的四玄学同样以"四玄"为主，而五经从属之。所以，章太炎晚年主张读经，宣讲《孝经》《大学》《儒行》《丧服》等书的要义，这可解读为认同经学，甚至是主张经学致用，但不能说是"回归经学"。因"回归"颇有"以……为归趋"的意味，然章氏晚年哲学思想的要旨寄寓在"四玄"，而非"不及玄旨"的经学。

需要说明的是，"改子为经"是中国尊经传统里特有的名词，章太炎崇尚自由、独立的学术精神，他用"编丝缀属"释"经"而取消经书的权威性与神圣性，自然不希望"四玄"像儒经那样，获得意识形态上的绝对威权，而禁锢了思想的自由。所以，我们用"改子为经"来描述"四玄"的重建方式，"经"是指"经典"，而非"圣经"，作为经典的"四玄"旨在追求确定性常道，但不以中国传统学术思想之道统或正统自居。事实上，"四玄"虽是经子一体的，但只有《周易》是经书，孔老庄等是诸子，《论语》《老子》《庄子》是子书，故"四玄"思想是以诸子学为中心，具有周秦诸子自由的、多元的和开放的性格。

---

① 章太炎：《菿汉昌言》，《章太炎全集》第七册，上海人民出版社，2018年，第112页。

第三节 "无我"的一贯道体

一个经书系统的成立，必定是基于其内在道体的一贯性。经书系统与道体是一体相生的，没有经书系统则道体必如游魂，无所着落，若无道体则经书系统亦如散落的珠子，不能彼此相通。乾嘉时期，戴震、章学诚等批判宋学道统而未建立经书系统，没有文献基础的新道体，如何传承而发扬之，这是一大问题。段玉裁、龚自珍等建立了经书系统，但呈现的仅仅是一种构想，因他们既未说明新系统的思想根据，又未回答新系统与历史问题、时代精神的关系，也未提出相关的学脉或知识谱系，遑论要论证所谓的一贯之道。缺乏一以贯之的核心精神，段玉裁等人的经书系统完全是"形不散而神散"罢了。章太炎则不然，他用儒释道来融通"四玄"，以回应现代中国的孔教、西学和新儒学等思潮，为传统文化的创造性转化独辟蹊径。那么，"四玄"的一贯之道是什么？其与人们的身心生活如何关联？"四玄"反映的经子关系命题，对当代的"回归原典"运动有何启示？这些问题是下文讨论的重点。

前文提示，章太炎为"四玄"建构了"无我"的一贯道体，然行文简略，现按照《周易》《老子》《论语》和《庄子》的次序，分别论述之。首先，关于《周易》的"无我"道体。章太炎说：

> 乾以资始而行健，坤以得主而有常。乾即阿赖耶识，为万法缘起，故曰资始；恒转，故曰行健。坤即意根，执阿赖耶识为人，故曰得主；恒审思量，故曰有常。按《维摩诘

经》:"无住则无本。"乾元虽曰资始,其实曷尝有始?坤之有常,承天而时行耳,亦非真常也。是故能用九六,则证得转依,乾坤于是息矣。……用九称"见群龙无首",所谓"觉心初起,心无初相"。用六称"利永贞",所谓"心即常住"。觉心无初相而乾元尽,心常住而后为真常。用九,象曰:"天德不可为首也";用六,象曰:"以大终也"。所谓无明无始而有终,二用实一事,特于乾言因,于坤言果耳。斯乃佛道究竟之地,则如来乘义也。《艮·卦辞》称:"艮:其背,不获其身;行其庭,不见其人。"此即断人我见者,则声闻乘义也。《观·爻辞》数称:"观我生"、"观其生",此即辟支佛由观缘生而悟者,其人不说法,但以神变示化,故《观·象》言:"圣人以神道设教而天下服矣",则辟支佛乘义也。如是,《易》中微言,具备三乘,故足以冒天下之道。……艮观之人,世或有之,能用九六者唯文王。……吾今乃知文王之圣也![1]

《微言》的第 37、38、39 条可与此相参考。首句概述乾卦、坤卦的彖辞、象辞之义,章太炎的解读是,乾为天地万物之本因,犹阿赖耶识为万法缘起之种子,故谓"资始"。阿赖耶识生生不已,是为"恒转",乾之称"行健",犹阿赖耶识的"恒转",具有生生之义。坤即意根,所谓"得主"者,指意根妄执阿赖耶识以为实有之"我"。坤

---

[1] 章太炎:《菿汉昌言》,《章太炎全集》第七册,上海人民出版社,2018 年,第 75—76 页。

之"有常"，犹意根的"恒审思量"，无时无刻地起作用，对事物不间断地做出反应区分和判断决定。如此说来，乾和坤似乎都有"生动"的意思。实则不然，根据《维摩诘经》的说法，"无住则无本"，盖无住即是根本，立一切法。同样道理，乾元虽资生天地万物，但乾元和"无住"一般，随缘而起，缘尽而灭，其自身实未曾有"生"或"动"。坤也如此，因坤的"有常"既是恒转思量的，那就不过是顺承天道、应时而行罢了，并非真的常行不已。所以，人们如能应用好乾卦的"用九"和坤卦的"用六"之义，便可断除烦恼障和所知障，证悟"圆成实自性"的涅槃境界，令乾坤之动（姿始、行健、时行、恒审思量等）由是止息，不生不灭。何以见得是如此呢？因"用九"的爻辞说："见群龙无首"，其意犹《大乘起信论》（梁译本）的"觉心初起，心无初相"；"用六"的爻辞说："利永贞"，其意则犹《大乘起信论》的"心即常住"。觉心最初发动时，自心本体原未感觉到事物的最初相状，乾元本来是不动的，其所谓因资始而动者，犹觉心之初起，并无"初相"，断尽一切因万千相状而生之烦恼障和所知障。坤的"用六"有心常住之义，自心本体无生灭变迁，这才是真的常住。再者，"用九"的象辞说："天德不可为首也"，"用六"的象辞说："以大终也"，皆谓一念无明，没有初起之始，而有断尽之终，二者意思一致，《易》不过以乾坤分言因果而已。故能践行"用九""用六"的道理，则进入涅槃矣。

以上是佛家圆成觉悟的境界，属如来乘，即乘真如之道而成佛之义。艮的卦辞说："艮：目施止于面前，如所止之物在背后，则不得见其身，如行于庭中，两两相背，虽近而不见有人。"（《易·艮卦》）由是无我相、人相而断人我见，证得声闻乘，悟苦集灭道之真理而成佛。观的爻辞屡称"观我生""观其生"，这是辟支佛见因缘和合而悟道，它虽不说法，但通过神变显示教化，故观卦的象辞说："圣人法则神道而教化众生，使天下服从"（《易·观卦》），与辟支佛乘之义相同。如此看来，《易》精深微妙的言辞里，具备大中小三乘义谛，故足以弥纶宇宙万物之道。然世上或有了悟艮卦、观卦义理之人，而能应用"用九"和"用六"于世道，引导世人修持无我之道德善境者，唯有文王而已，这是文王所以为贤圣的原因。

其次，关于《老子》的"无我道体"。章太炎说：

> 至于老子之道最高之处，第一看出"常"字，第二看出"无"字，第三发明"无我"之义，第四倡立"无所得"三字，为道德之极则。[1]

老子的常、无、无我、无所得等，皆归结为"无我"之义。又：

> 《唯识三十颂》曰："现前立少物，谓是唯识性；以有所得故，非实住唯识。若时于所缘，智都无所得；尔时住唯识，离二取相故。"《老子》云："上德不德，是以有德；下德不失德，是以无德。"德者，内得于己也。有所得反无德，无所得反有德，是即唯识义也。[2]

---

[1] 章太炎：《诸子略说》，《章太炎全集》第十五册，上海人民出版社，2018年，第1004页。

[2] 章太炎：《菿汉昌言》，《章太炎全集》第七册，上海人民出版社，2018年，第79页。

> 《老子》："……夫何故？以其无死地。"按："无死地"
> 者，达生空也。①

第一则材料引《唯识三十颂》的第二十七、二十八颂，前者讲加行位，指现前安立一点名相，以为已达唯识真胜义性，实则未离能取、所取相，空有二相之未除，心与境尚未了空，非实安住真唯识性。后者讲见道位，破尽最后一点名相（少物）的执着，于所缘之心与境皆空，无分别智，即无分别心，如此乃实住唯识真胜义性，体证真如本体，由离能取、所取相，悟空、有二宗的缘故。章氏认为，老子讲"上德不德"者，"德"者得也，指得之于心，但不执着于心（不德），而达生空之理。"有所得"是未离能取、所取相，未悟空、有二宗，心执着于名相而不能内证，是以"无德"；"无所得"则离能取、所取相，悟空、有二宗，破名相之执着而内证于心，是以"有德"，是谓"通达位""地上圣者"，体会真如，得见中道。第二则材料的"生空"亦属唯识义，指了悟众生为五蕴之假和合，无有实体，无有自性，一切皆空。《大乘义章》曰："无我与空，义同前释。"生空即无我，老子的"无死地"犹"达生空"之义，指达致"圆成实自性"的无我境界。

在"四玄"经书系统里，老子、孔子和庄子的思想一脉相承，《庄子》书中记录的老孔言论，真实不虚。章太炎解《庄子·田子方》篇曰：

> 孔子见老聃，老聃曰："吾游于物之初。"孔子曰："何
> 谓邪？"曰："心困焉而不能知，口辟焉而不能言。"游于物

---

① 章太炎：《菿汉昌言》，《章太炎全集》第七册，上海人民出版社，2018年，第85页。

之初者，谓一念相应，觉心初起，心起无有初相可知。而言知初相者，即谓无念离念境界，唯证相应，非一切妄心分别所能拟似，故曰"心不能知，口不能言"。及孔子请问游是之方，老聃曰："草食之兽，不疾易薮；水生之虫，不疾易水。天下者，万物之所一。"天下指器界，依报也；万物指众生诸趣，正报也。所依之土，为此能依者之同业所感，故曰"万物之所一也"。次言："贵在于我，而不失于变，且万化而未始有极。"此则老子自说菩萨地，穷法身平等，随处示见，不受正报依报之果。及孔子问以修心，而老子言："如水之于汋，何修之有？"此既自道阶位，又自一念相应以还，觉心初起，心无初相，正所谓如梦渡河者。乃至菩提之法，众生具有，非可修相，其言玄眇，直到佛界。[1]

此则文献记录老子与孔子的对话，乃章太炎所谓"传正法眼藏者"。据章氏的解读，"游于物之初"指始觉与本觉灵知之自性相应和，虽有觉心初起，然心之起在"物之初"，故未引起任何最初的相状。当有初相兴起时，心亦知之，这是无念离念的境界，指见一切法而不着一切法，脱离能念与所念之对立而归一，见得自心本性清净，亦即证得始觉与本觉之自性相应，如此乃非一切妄生分别之心所能比拟，所以说"心不能知，口不能言"，盖无名言之执而了达"无我"之道。孔子问游于此等境界的方法，老子说：天下指器界，属心身以外诸物

之依报；万物指众生所依之国土，属有情自性之正报。所依之国土是与依之者共业相感，所以说"万物之所一也"。老子接着自言一切菩萨学道及学道之圆满结果，即自性身平等，随处皆可显见，不受正报、依报（器界、万物）的约束。孔子又问：如何修心？老子的回答则是自道菩萨阶位，因自始觉与本觉之自性相应后，觉心初起之时，未在自心本体中引起最初的相状，就像"如梦渡河"般的灭定无我之境。孔子由是知众生皆具足能觉法性的智慧，它内在于心而非可经外在修持而来之名相，故其言玄远奥妙，（使人）直达诸佛境界，即"无我"善境。

其三，关于《论语》及孔颜的"无我"道体。章氏说：

> 《论语》《易传》所说无我、无生……[1]
>
> 《系辞》："一阴一阳之谓道。"依真如起无明，觉与不觉，宛尔对峙，是之谓道，非常道也。"继之者，善也。"继，谓相续不断；善者，《释名》云："善，演也。演尽物理也。"此所谓一切种子如瀑流者也。"成之者，性也。"《荀子》云："生之所以然者谓之性"，由意根执前者为我，于是有生也。[2]

章太炎相信"《论语》真孔子书"[3]，《易传》是孔子绍述文王之道的

---

[1] 章太炎：《菿汉微言》，《章太炎全集》第七册，上海人民出版社，2018年，第34页。

[2] 章太炎：《菿汉昌言》，《章太炎全集》第七册，上海人民出版社，2018年，第76页。

[3] 章太炎：《菿汉昌言》，《章太炎全集》第七册，上海人民出版社，2018年，第124页。这是针对民国有学者质疑《论语》与孔子之关系而言的。

书，他以"无我""无生"来定义二书的思想性质，"四玄"的核心理念于此可见。因而，章氏对《系辞》的解读可视作发明孔子的思想。他说，"一阴一阳之谓道"是指真如不守自性而生一切烦恼之根本的无明，觉之与不觉若真如之与无明，二者明显相对，如此之道，即非永恒的常道①。"继之者善也"，继指相续不断，善指演变、演化，犹一切种子引起烦恼流转不已之意。"成之者性也"与《荀子》"生之所以然者谓之性"义同，皆由意根执着眼耳鼻舌身等以为实有之我，于是有缘生之说，且又即生言性，其实原非真如常住之自性。章太炎讲"无生""无我"的人性论，自然不赞成"生之谓性"说。实际上，他是以"无善无恶"性体为其"圆成实自性"的道德形而上学之人性论基础，而非"生之谓性"的自然属性，或"有善有恶"的社会属性②。

要说明的是，章太炎并不把前引《系辞》的话语，当作孔子的真正思想，而是认为《系辞》的其余篇幅都在排遣这种有生、有我的妄见，故孔子及其《系辞》的义旨，仍归结于"无生""无我"。他说：

---

① 章太炎《四惑论》说："若夫有机无机二界，皆意志之表彰，而自迷其本体，则一切烦恼自此生。"（《章太炎全集》第八册，上海人民出版社，2018年，第472页）所谓"依真如起无明"，即"自迷其本体，则一切烦恼自此生"的意思，由末那识恒审思量而执阿赖耶识为实有之我，然后生人我执和法我执，起烦恼障和所知障，真如本体因而自迷，无明随之兴起。

② 关于章太炎的人性论思想，参见张春香《章太炎主体性道德哲学研究》第三章第一节《人格与人性》。张春香认为章氏人性观前后没有变化，王中江有不同意见，参见王中江：《章太炎的近代祛魅与价值理性——从"自然"、"人性"到人的道德"自立"》，《中山大学学报（社会科学版）》2013年第4期。笔者认为，章太炎是以"无善无恶"的先天善性为人性本体，此观点与张、王略有不同。

> "易者象也"，易无体则相无自性性矣；"生生之谓易"，
> 易无体则生无自性性矣；"易无思无为也，寂然不动"，易无
> 体则胜义无自性性矣。[①]

此处解释《系辞》的三句话。"易无体"指易随变而适，无固定形
体；"无自性性"即空性，指缘起法性为空。概括言之，第一句讲
"相（万物）空"，第二句讲"生（人我）空"，第三句讲"法（胜义）
空"，即一切万物、人我、法我皆为空。反观之易，易也是空，《系
辞》即在阐明"一切皆空"的道理，以排遣名相，而趣入"无我"
之境。

再者，《微言》第42条解释《说卦》的"穷理尽性以至于命"，
以为证得生空、法空之义，其旨趣亦归宗于"一切皆空"，即"无我"
道体。至于《论语》，例证亦多，举一言之，如：

> 孔子川上之叹云："逝者如斯夫，不舍昼夜"，即佛家阿
> 赖耶识恒转如瀑流之说也。……观其无意、无必、无固、无
> 我，则已断末那，八识将全舍矣。[②]

章太炎用阿赖耶识恒转如瀑流来解释孔子"川上之叹"的时间意
识。孔子通过"绝四"的修养工夫，不仅将末那识断尽，不再恒审

---

① 章太炎：《菿汉微言》，《章太炎全集》第七册，上海人民出版社，2018年，第
18页。
② 章太炎：《菿汉微言》，《章太炎全集》第七册，上海人民出版社，2018年，第
33页。

思量或恒转如瀑流，忘却时间与空间，且将八识全部舍去，达致"无我"境界。

章太炎又引《庄子》的《田子方》《人间世》《大宗师》等篇，论述孔子和颜回的心斋、坐忘。其文曰：

> 夫告以为仁之道而能忘仁，告以复礼而能忘礼，离形去知，人我与法我同尽，斯谓"克己"。同于大通，斯谓"天下归仁"，此其造诣之极也。……盖非与仁冥，不能忘仁；非与礼冥，不能忘礼。所见一豪不尽，不能坐忘。忘有次第，故曰"屡空"。[①]

所谓"忘仁""忘礼"是"离形去知"，指了悟五蕴皆空而识得"我"无自性、非实有，破除分别智而舍离主观、客观之名相，令人我执与法我执一同断尽，这就是"克己"。因悟诸法皆空，而与大道同一，是谓"天下归仁"，其造诣达如斯极致。因为如非与仁冥合则不能忘仁，如非与礼冥合则不能忘礼，心中所见若未断尽，则不可能坐忘[②]。而忘亦有次序，所以说"屡空"，屡者，数也，频数而空，直至人我、法我皆空。另外，孔子的"忠恕""克己""绝四"等范畴皆指向"无我"道体，此处不表，详见下节。

其四，关于《庄子》的"无我"道体。章太炎说：

[①] 章太炎：《菿汉昌言》，《章太炎全集》第七册，上海人民出版社，2018年，第80页。

[②] 章太炎说："今按颜子自述，先忘仁义，次忘礼乐，次乃坐忘，若所乐在道，则犹有法我执，非坐忘也。"（章太炎：《菿汉昌言》，《章太炎全集》第七册，上海人民出版社，2018年，第83页）意思与此相近。

> 《消摇》一篇，纯是发挥"常乐我净"一语，……以无
> 待，故无有大年、小年、大知、小知，是常德也；以无待，
> 故无不消摇之地，是乐德也；以无待，故绝对不二，自见平
> 等法身，是我德也；以无待，故不见幻翳，证无垢识，是净
> 德也。[①]

在章氏看来，《逍遥游》的主旨可一言蔽之曰：常乐我净。因无所待，
故无时空、无分别智，是为恒常之德；因无所待，故无时无处不逍遥，
是为安乐之德；因无所待，故无可比对，得大自在而自性不变，是为
无我之德；因无所待，故解脱一切虚幻、翳障，证得无垢染的自性，
是为清净之德。章氏在《说真如》一文道："常乐我净者，即指真如
心；而此真如心，本唯绝对，既无对待，故不觉有我……"，[②]"真如心"
即"圆成实自性"，"不觉有我"即是"无我"。他说《逍遥游》纯是发
挥"常乐我净"一语，就是发挥"圆成实自性"的"无我"道体。章
氏又云：

> 庄生临终之语曰："以不平平，其平也不平；以不征征，
> 其征也不征。明者唯为之使，神者征之。夫明之不胜神也久
> 矣，而愚者恃其所见入于人，其功外也，不亦悲乎！"夫言
> 与齐不齐，齐与言不齐，以言齐之，其齐犹非齐也。以无证

---

① 章太炎：《菿汉微言》，《章太炎全集》第七册，上海人民出版社，2018年，第
23—24页。
② 章太炎：《说真如》，转引自汤志钧编：《章太炎年谱长编（增订本）》上册，中华
书局，2013年，第359页。

验者为证验，其证非证也。明则有分别智，神则无分别智。
有分别智所证，唯是名相，名相妄法所证，非诚证矣。无分
别智所证，始是真如，是为真证耳。①

文中所引庄子临终之言，参考成玄英疏，其意谓：如用主观情感以均
平万物，有情心才起，已见不平；如有心应物，此非无心有感之真
应，必也不能应。自炫明智而运情以应物者，必为物所驱使，唯神者
无心，乃能无不应。明者有心应物，神者无心应感，则有心不及无
心，存应不及忘应；然愚者专用己智，矜伐功绩，迷妄如此，深可悲
哀！章太炎的解读是，名言之与齐平犹齐平之与名言，两两相对而不
可等同，如以名言来齐平万物，其所齐者终非真齐。就像以无根据者
为根据，此根据必非真的根据。因"明"必有分别智，"神"则没有
分别智。有分别智所证验的，只是名相而已，而名相由一切妄法所证
验，并非真的内证于心。无分别智所证得的才是真如实体，是真的内
证于心。内证于心，达我空、法空之义，破人我、法我之执，然后舍
离遍计、依他而入无我之境。

　　凡此种种，章太炎用"无我"道体来融通"四玄"系统，使
"四圣"的思想一贯相承。其中，《周易》《老子》为四玄学的始端，
孔子的《论语》和《易传》是中心，《庄子》为集大成者②，犹四书

---

① 章太炎：《菿汉微言》，《章太炎全集》第七册，上海人民出版社，2018年，第
27页。
② 章太炎多次表述，"四玄"的集大成者是庄子。他说："释迦应之，故出世之法多，
而详于内圣。……孔老应之，则世间之法多，而详于外王。兼是二者，厥为庄生。"
（章太炎：《菿汉微言》，《章太炎全集》第七册，上海人民出版社，2018年，第26页）
又曰："文王、老、孔，其言隐约，略见端绪，而不究尽，可以意得，不可（转下页）

学以孔子为创始而思孟为集成者。章氏认为，《庄子》与大乘教义最贴切，他诠释四玄学时的"以庄证孔"，实则是以佛学化的庄学来转化孔学，故四玄学以庄学为主，应属自然之事。因此，章氏对"无我"道体的论证，其意义不仅使"四圣"的传道谱系和"四玄"的经书系统得以成立，更因"四玄"本以诸子学为主体，从而为其诸子学的研究，建构了一套融通儒释道的思想体系。侯外庐在评论章太炎的诸子学思想时，曾说章氏"只有偶得的天才洞见或断片的理性闪光"，却未能根据自己的判断力，重建一个近代人眼光之下所看见的古代思维世界，即没有建立系统①。这实在是误解，因侯氏没有体认到章太炎的四玄学。

当然，即便体认到了章太炎的四玄学，是否同意"四玄"系统及其"无我"道体，这又是"仁者见仁，智者见智"的问题。尽管我们承认章太炎的思考足以成一家之言，且对传统文化的现代性转型作了富有启发性和建设性的探索，值得我们研究和阐扬。但是，我们又不得不追问：第一，文、孔、老、庄之间果然存在一个传道脉络吗？这一说法的问题是，文王与老子的关系如何？文献所载孔子问道于老

（接上页）质言。至若庄生，则曲明性相之故，驰骋空有之域，委悉详尽，无隐乎尔。"（章太炎：《菿汉微言》，《章太炎全集》第七册，上海人民出版社，2018年，第37页）庄子兼通佛家的内圣之学和孔老的外王之学，且文王、老、孔的思想隐晦、简约，庄子乃极尽委曲而申明其说，使四玄学得以昌明。而庄子的集成之学即在齐物哲学，参见章氏的《齐物论释》。

① 侯外庐：《中国近代启蒙思想史》，人民出版社，1993年，第158页。胡适曾说："到章太炎方才于校勘训诂的诸子学之外，别出一种有条理系统的诸子学。"（胡适：《中国哲学史大纲·导言》，东方出版社，1996年，第23页）胡适认为章太炎的诸子学思想是有条理系统的，但他没有指出是怎样的系统，他更不可能看到章氏的"四玄"经书系统及其思想。

子之事是否可信？庄子果然是"传颜氏之儒"的吗？关于这些，章太炎没有很好地说明，尤其是后者，学界还有庄子出于子夏或子游的说法，其中是非尚难判断[①]。第二，易、论、老、庄之间果然存在一贯之道吗？我们知道，《论语》与《老子》及《周易》与《老子》《庄子》之间有很多歧异的观点，而《庄子》记录的孔子和颜回的言论，究竟是真实的，抑或是寓言？这实在难以论定。第三，即便"四圣"和"四玄"真的是一以贯之的，然这个一贯之道会是章太炎从佛家唯识学借来的"无我"道体吗？宋明理学自其创始就因涵化了佛学而备受正统派和原教旨派的非议，章氏的"无我"怕也难服卫道者之心。不过，这又何妨呢！中国思想史上从来不缺乏"异端学者"（相对正统而言），而且他们的异端思想往往"在当时的学术前沿和整个思想文化战线上能够开拓创新，作出贡献"[②]。章太炎的"四玄"系统和"无我"道体的确是千古未有的新思想体系，就算日后被判作"异端"，那又有什么所谓呢[③]？

[①] 关于章太炎论庄子与儒家的关系，参见杨海文：《"庄生传颜氏之儒"：章太炎与"庄子即儒家"议题》，《文史哲》2016年第2期。至于章太炎为何在晚年积极地主张"庄生传颜氏之儒""庄子即儒家"，杨氏从思想史的角度来比较分析，虽有新见，但不周圆。笔者以为，章太炎讲"庄生传颜氏之儒"，是要建立"四圣"的传道谱系，他讲"庄子即儒家"是要强调孔庄之学和四玄学的一以贯之。因此，对章太炎四玄学的体证，是理解其晚年思想的最大关键。

[②] 萧萐父：《道家·隐者·思想异端》，氏著《吹沙集》，巴蜀书社，2007年，第169页。

[③] 章太炎曾表示，他用佛家的"无我"来解释《论语》，乃至"四玄"，如此而发明之义理，"以之讲说则可，以之解经则不可。何者？讲说可以通论，解经务守家法耳"。（章太炎：《诸子略说》，《章太炎全集》第十五册，上海人民出版社，2018年，第980页）他明确表示，他的四玄学并非谨守家法或师法的解经之学，而是贯通诸家思想的议论，经学家和卫道者可以不必赞同。

第四节　忠恕、克己与绝四的工夫论

　　章太炎在建构四玄学时，发明了"无我"道体，又在论证"无我"道体的合理性与一贯性时，批判了宋明道统。但这当然不意味着四玄学与宋明道学全无关联，其实章太炎的《微言》已对宋学有所认同，并接受宋明儒的"本体即工夫"理念，将其"无我"道体与修养工夫论相统一。"无我"属佛学概念，佛学给人的印象是玄远、出世，章太炎主张建立"以自识立宗"的圆成实自性道德形而上学时，未尝不是倾心于佛学的玄奥，甚至成了他的信仰皈依（章氏当时曾有远赴印度剃度修行的念想）。诚然，他的《建立宗教论》《人无我论》等文章的确有"贵玄"的倾向，很少说明圆成实自性的道德形而上学或无善无恶的"无我"道体，如何内化为道德心，又如何转化为身体行动。但章氏在撰写《齐物论释》时，重新认识到哲学是一种生活方式，始用庄子的齐物哲学来阐释"无我"与心、身及生活的关系。到章氏演论《微言》和《昌言》，建构"四玄"经书系统时，他已自觉地为"无我"道体配上了一套道德修养工夫论，使形而上道体与自我身心及经验世界相即一体。可见，章太炎的哲学思想是在变化中发展，前后有一贯相承者，而非必然地表现出否定的意向 [1]。

---

[1]　和田悌一称章太炎为"否定的思想家"，这是有偏颇的说法（和田悌一：《否定的思想家——章炳麟》，章念驰编：《章太炎生平与学术》，生活·读书·新知三联书店，1988年，第488—506页）。他列举的例证，如"反满共和""反对帝国主义""反封建"等，这些是晚清民初中国多数学者、学生和有识之士的共同信念，是那个时代的思想潮流，非章太炎所独具者，不足以概述其思想的本质特征。一方面，章太炎固然否定了许多思想，但也继承了很多传统，如学术、典章、制度等，所在皆有；（转下页）

这套修养工夫论主要由《论语》的忠恕、克己、绝四和《庄子》的心斋、坐忘等范畴构成。据章太炎的论述，有三点值得注意：一者，诸范畴虽取自《论语》《庄子》，但均为"四圣"与"四玄"共享的理念。二者，由"工夫所至即其本体"的理论看，诸范畴既是身体工夫，亦可谓之形而上的道体。三者，诸范畴并非独立不相关的，实则彼此因果相依、互为前提。以下将随文分析之。

首先，"忠恕"的工夫论。这是儒家处理人际关系的伦理范畴。朱熹说："尽己之谓忠，推己之谓恕。"[1]"尽己"和"推己"的目的在尽心知性，在扩充恻隐之心，忠恕则是如何尽与推的方法，属成德工夫。然"尽己"和"推己"都预设了"己"的存在，以意根念念执着的"我"为实体，儒家这种意义的忠恕，与章太炎所讲的"无我"道体，旨趣全然不同。由此，章氏借用"忠恕"这一范畴时，作了新的解释：

> 道在一贯，持其枢者，忠恕也。……心能推度曰恕，周以察物曰忠。故夫闻一以知十，举一隅而以三隅反者，恕之事也。……守恕者，善比类。……周以察物，举其征符而辨其骨理者，忠之事也。故疏通知远者恕，文理密察者忠。身观焉，忠也；方不障，恕也。……体忠恕者，独有庄周《齐

（接上页）另一方面，章太炎思想前后固然有自我否定的地方，而更多地是在修订中承前启后地保持一贯，如从《訄书》初刻本至定本《检论》，虽修订再三、数易其稿，令前后说法稍有变化，但无妨其一脉相承者，及其对传统的赓续。

[1] 朱熹：《论语集注》卷二《里仁》，氏著《四书章句集注》，中华书局，1983年，第72页。

物》之篇，恢诡谲怪，道通为一。①

《微言》有类似语录：

> 仲尼以一贯为道为学，贯之者何？祗忠恕耳。……尽忠恕者，是唯庄生能之，所云"齐物"即忠恕两举者也。……举一隅以三隅反，此之谓恕。……圣人者，以己度者也。故以人度人，以情度情，以类度类，以说度功，以道观尽，古今一度也。……故凡事不可尽以理推，专用恕术，不知亲证，于事理多失矣。救此失者，其唯忠。忠者，周至之谓，检验观察必微以密，观其殊相，以得环中，斯为忠矣。②

今不避文繁，备引两则材料，一方面是要提示《检论》的修订和《微言》的编撰都在幽禁龙泉寺时，《检论》虽沿用早年著作《訄书》稿本，然就其与《微言》的一致处看，《检论》的确反映了章太炎当时当地最新的思想动态，这种变化既与《微言》相近，而《微言》是由《建立宗教论》《人无我论》及《齐物论释》等发展而来的。如此看来，尽管从《訄书》到《检论》和《微言》，章氏的思想前后颇有变化，但其中隐然有其一贯的学脉在。正因《检论》与《微言》有相通的地方，这可印证前文说的，《检论》独辟经学

---

① 章太炎：《检论》卷三《订孔下》，《章太炎全集》第三册，上海人民出版社，2018年，第433—434页。
② 章太炎：《菿汉微言》，《章太炎全集》第七册，上海人民出版社，2018年，第31页。《太炎学说》卷上有《说忠恕之道》篇，文字、意思与此相近。

卷体现了章太炎重建经书系统属维新式，而非革命式，且《检论》收录经学文章及章氏晚年提倡读经，表明他对儒家经学的回归从属于他的四玄学。

另一方面，《检论》将孔子的"忠恕"与庄子的"齐物"相格义，又将二者的渊源归宗于老子，这隐括了《微言》的"四圣"和"四玄"，故两则材料在详略不一的地方可互证。如《检论》释"忠"为"身观"，《微言》则以"亲证"解之。仅看前者，或以为"观"只限于身体向度，然"亲证"是章太炎多次说过的"内证于心"。比较这两个词，乃知"忠"兼有身体与心性的内涵，"恕"既为"以人度人，以情度情"，人与情即身与心，故"忠恕"隐示了一种身心转换结构。章太炎批评西洋哲学重物质而证验少，表扬中国哲学重人事而可从心实验，证知心之本体[1]，"忠恕"即其证验的方法之一。同时，章氏在"较诸康德辈绝无实验者"后，说孔子内证于心的方法有"绝四，故能证生空法空"[2]。同样地作为身观、亲证的方法，"忠恕"与"绝四"的义旨相近，目的在证得人我空、法我空，破人我执、法我执，亲证"无我"道体。如《微言》云：

> 皇侃言："己若欲自立自达，必先立达他人。"此佛家所
> 谓自未得度，先度他人，为大乘初发愿心也。[3]

---

[1] 章太炎：《研究中国文学的途径》，《章太炎全集》第十四册，上海人民出版社，2018年，第288页。
[2] 章太炎：《与吴承仕书》，《章太炎全集》第十二册，上海人民出版社，2018年，第414页。
[3] 章太炎：《蓟汉昌言》，《章太炎全集》第七册，上海人民出版社，2018年，第88页。

孔子以"己欲立而立人，己欲达而达人"释"忠"，如康德所谓"行为的主观原则、准则在任何时候，都必须同时能够当作客观原则，当作普遍原则"①。忠的"欲立立人，欲达达人"和恕的"己所不欲，勿施于人"正是把自我行为的主观原则、准则当作客观的原则和普遍的道德律令。在此，章太炎用大乘菩萨发菩提心而度人至"圆成实自性"的涅槃境界作解。由立人达人而己亦得立与达看，则"自未得度先度他人"者，自己终究也会得度而入涅槃，盖度人者必有大慈悲之心和大觉悟的智慧。忠的"身观"和"亲证"犹"自度"，恕的"以人度人，以情度情"犹"度人"，据章太炎的解释，忠恕把度己与度人相统一，即是把主观原则转变为普遍的道德律令。忠恕作为行为原则和道德律令，相当于宋学的成德工夫，其"证生空、法空"的目标，通过即工夫以即本体而实现，达致"无我"的善境。

其次，"克己"的工夫论。就像"忠恕"原是孔子的一贯之道，章太炎却说是老子之流传，体忠恕者唯有庄子，从而建立老孔庄"道通为一"的学脉。对于"克己"也是如此，他特别说明孔颜相传的"克己"是源自老子，而庄子传颜氏之儒，则"克己"与"忠恕"一般，同为"四圣"的成德工夫论。

为证明老子确有"克己复礼"说，章太炎对老子思想和"克己复礼"的内涵重作新解。他说：

> 老聃所以授仲尼者，《世家》称："为人臣者，毋以有

---

① 苗力田：《德性就是力量》，［德］伊曼努尔·康德著，苗力田译：《道德形而上学原理》，上海人民出版社，2012年，第17页。

己;为人子者,毋以有己。"《列传》称:"去子之骄气与多欲,态色与淫志。""毋以有己"者,无我也。骄气,我慢也;多欲,我爱也;态色,我慢所呈露也;淫志,我爱所流衍也。是皆去之,与"毋以有己"相成。不言去欲,而言去多欲者,己欲立而立人,己欲达而达人,亦欲也。老以诏孔,其所就为无我;孔以诏颜,其所就为克己。[①]

《史记·孔子世家》和《老子列传》均记载孔子适周问礼于老子,引文中的两则语录,是老子送孔子的话,即"传正法眼藏"者。其中,"毋以有己"即生空、法空的"无我","骄气"为"我慢"而呈露的"态色","多欲"为"我爱"而流衍的"淫志",这些都根源于末那识妄执阿赖耶识而生虚幻之我相。故去"骄气"与"多欲"则"我慢""我爱"因而遣除,了悟"我"为幻相而非实相之理,破人我执、法我执而亲证"无我",与"毋以有己"同义。由此,据老子所传授给孔子的成德工夫来修养身心,可进入"无我"善境;据孔子所传授给颜回的成德工夫来修养身心,可达致"克己"境界。如此说来,"克己"既是工夫,亦可谓形而上道体,正所谓工夫所至即其本体,故曰:"孔颜之乐,就在无我、克己。"[②]章氏还特别指出,"欲立立人,欲达达人"的忠恕也是一种"欲",但与"我爱"之"多欲"不同,不必去之,并非所有的欲望都要去除,合乎情理的自然欲望应该

---

① 章太炎:《菿汉昌言》,《章太炎全集》第七册,上海人民出版社,2018年,第78页。
② 章太炎说:"孔颜之乐,由于无我克己,则常变不足论。"(章太炎:《菿汉昌言》,《章太炎全集》第七册,上海人民出版社,2018年,第84页)

得到尊重和满足。

既然"态色"和"淫志"是由我慢、我爱所生的烦恼障，那么，去我慢、我爱的克己工夫就有断尽烦恼障和所知障的意思。如章太炎说："克己有二：断人我见，则烦恼障尽；……断法我见，则所知障尽。"[1]断人我见、法我见而悟生空、法空，破烦恼障、所知障而入圆成、涅槃，由克己工夫可至无我善境。

然则，克己工夫是用何种修行方法来排遣一切妄执的呢？章氏说：

> 佛家本以六度四无量为至行，……域中贤者，子路得其四，颜渊得其六。……颜渊又过之：愿无伐善，无施劳，此行施度也；非礼勿视，非礼勿听，非礼勿言，非礼勿动，此行戒度也；犯而不校，此行忍度也；吾见其进，未见其止，此行精进度也；心斋，此行禅度也；坐忘，此行智度也。……夫一日克己而天下归仁，自非上圣，何以得此？[2]

章太炎以《论语》《庄子》记载的颜回言行比附佛家的施、戒、忍、精进、禅和智等六度，六度成了克己工夫的六种修行方法，或称道德原则、道德律令。佛家由身体之六度而修炼成四无量的同情心和慈悲心，由身心交相养而达涅槃，故由克己工夫而臻至的自然为"圆成实自性"的无我善境，由此而实现的"天下归仁"，则是一个众生自性

---

① 章太炎：《菿汉昌言》，《章太炎全集》第七册，上海人民出版社，2018年，第79页。
② 章太炎：《菿汉昌言》，《章太炎全集》第七册，上海人民出版社，2018年，第87页。

具足的清净世界。

引文中，章太炎提到心斋、坐忘是克己工夫的修行方法，他曾说心斋与克己相应，坐忘而离形去知，使人我、法我同尽，斯谓"克己"，三者异名同实[1]。章氏还说：

> 依何修习而能无意无我？颜回自说坐忘之境，仲尼曰："同则无好也，化则无常也。"一切众生本无差别，是之谓同。知同，故能无好；能无好，而我爱遣除矣。结生流注本是递嬗，是之谓化。知化，故达无常；达无常，而我见我痴遣除矣。……初晓颜回，但以"克己复礼"见端耳。凡人皆有我慢，我慢所见，壹意胜人，而终未能胜己，以是自反则为自胜。自胜之谓"克己"，慢与慢消，故云"复礼"。我与我尽平等，性智见前，此所以"为仁"也。[2]

那么，"无我"道体表现为何种修行工夫？答案是：坐忘、克己复礼。由坐忘而了悟众生平等，然后能无所偏好，我爱因而遣除，进而通达诸法无常之理，遣除我见、我痴，这与孔子晓示颜回的"克己复礼"，意思一致。因我慢与我爱、我见、我痴等相依，由克己复礼的成德工夫遣除胜人之心的我慢，则无人我执，见众生平等，自性与智慧呈现眼前，这种"为仁"的境界，实乃无我善境。故谓：

---

[1] 章太炎：《菿汉昌言》，《章太炎全集》第七册，上海人民出版社，2018年，第80页。

[2] 章太炎：《菿汉微言》，《章太炎全集》第七册，上海人民出版社，2018年，第32—33页。

有分别智此谓智，无分别智此谓仁。人心本仁，徒以我相人相隔之，则彼此不相喻。一日克己，则彼此之心通而为一，自见天下皆归于仁，亦如释迦成佛而知众生本来是佛也。①

章氏对智与仁作了区别，智是尚有分别心，执着于主观、客观相，未曾证得生空、法空；仁则无分别心，舍离主观、客观相，无我相、人相之隔碍，缘一切法之真如，达平等之般若智慧。如天下人都能用克己工夫来充实天生的仁心（无善无恶的至善性体），世间必无主客、人我相之碍隔，彼此精神相喻而心通为一，天下归于仁，皆如释迦一般地成佛，进入"圆成实自性"的无我境地。

"坐忘之境"一词还暗示了，坐忘是修行工夫，亦可谓道德本体，心斋也是如此。那么，心斋、坐忘之境又用何种工夫来修持呢？章太炎说："庄周始言心斋、坐忘，……故知，静坐乃礼家恒教，何容咤为异术。"②心斋、坐忘离不开健康、宁静的身心。静坐能够调和生命气息，澄清精神思虑，从而保持身心的灵敏与祥和，使"知与恬交相养"③，经由恬静的身心，晓悟般若智慧。这样，我们就能理解何以章

---

① 章太炎：《菿汉昌言》，《章太炎全集》第七册，上海人民出版社，2018年，第85页。
② 章太炎：《菿汉昌言》，《章太炎全集》第七册，上海人民出版社，2018年，第81页。章太炎说："颜李之流，以晏坐寂静为忌，云古圣不为是。宁知无意无我，动止皆定，固与修习者殊。若夫心斋、坐忘之说，载在庄书，彼则以为异端也。"（章太炎：《菿汉微言》，《章太炎全集》第七册，上海人民出版社，2018年，第46页）这里也以"静坐"为心斋、坐忘的修行方法。
③ 章太炎：《菿汉昌言》，《章太炎全集》第七册，上海人民出版社，2018年，第81页。

氏会说："艮为道心"①，因《易》的"艮"犹佛家的"止观""静坐"和庄子的"心斋""坐忘"，如斯之"艮"，"生空观成，无我无人"②，已入"圆成实自性"，清净无记，必然为道心。

其三，"绝四"的工夫论。前文讨论忠恕工夫时，引用"孔子唯绝四，故能证生空法空"一语，由"绝四"可证得一切皆空之理，破种种妄执，趣入"圆成实自性"。"绝四"原是孔子的一家言，为建立"四玄"的一贯学脉，章太炎将其与文王的《周易》相关联。他说："文王尚不见道，何有于人我见？《周易》皆说阿赖耶识与意根，而用九艮卦独舍是，此文王所以为圣也。孔子绝四：无意，无必，无固，无我。"③文王与道相冥而忘道，无分别智而破法执，又何况人我执呢？必已断尽。《周易》所说义理，虽大多不离恒审思量的意根和清净杂染的阿赖耶识，然乾元用九和艮卦爻辞已具备三乘，超脱意根和阿赖耶识，断人我见与法我见，契合"圆成实自性"的无我道体。孔子的"绝四"能证生空、法空，与用九、艮卦同义，故"文王、孔子所明一也"。

章太炎指出，近世西洋哲学少证验，偏向外在的经验世界，不注重灵明觉知之心性的修持，他要用孔子的"绝四"来纠正这种缺失。那么，"绝四"究竟如何而能内证于心？他说：

---

① 章太炎：《菿汉昌言》，《章太炎全集》第七册，上海人民出版社，2018年，第82页。

② 章太炎：《菿汉昌言》，《章太炎全集》第七册，上海人民出版社，2018年，第85页。

③ 章太炎：《菿汉昌言》，《章太炎全集》第七册，上海人民出版社，2018年，第82页。章太炎《王文成公全书题辞》："孔子绝四，无意、无必、无固、无我，教颜渊克己，称生生之谓易，而又言易无体，曷尝以我为当在，生为真体耶？"（《章太炎全集》第九册，上海人民出版社，2018年，第111页）此段文献可与引文相参。

> 子绝四：无意，即末那不见；无必，即恒审思量不见；
> 无固，即法执、我执不见；无我，即人我、法我不见。意
> 根、末那，我见之本也。恒审思量，思此我也。一切固执，
> 执此我也。是故，意为必固所依，我为意之所见。绝四则因
> 果依持，皆已排遣。[1]

意者，意根也，即末那识；无意则意根消泯，末那识因而灭尽。必者，定也，常也，无必即无定、无常，了悟一切诸法生灭不定、变异无常，乃知世上并无恒常的确定性，那些以此为理想而对一切事理进行审察、思虑和量度的工作，终究难得亲近道体。"固"指固执，"无固"则不固执，一切人我执、法我执皆断除。"我"是俄顷之谓，"言其念念生灭如灯中焰炷"[2]，俄顷即逝，凡意识计度对境而生的人我相，或依托因缘而起的法我相，不过迷情所现的妄执罢了，明白这一道理而趣入无我，则人我见、法我见归于寂灭。所以章太炎解释道，意根和末那识是人我见、法我见的本源，恒审思量是把虚幻之我相当作拥有自性的实体来念念思度，一切固执不过是执着于意根缘生的我

---

[1] 章太炎：《菿汉微言》，《章太炎全集》第七册，上海人民出版社，2018年，第31页。章太炎《诸子略说》："修己、治人，不求超出人格；孔子自得之言，盖有超出人格者矣。'子绝四：毋意，毋必，毋固，毋我。'毋意者，意非意识之意，乃佛法之意根也。有生之本，佛说谓之阿赖耶识。阿赖耶无分彼我，意根执之以为我，而其作用在恒审思量。有意根即有我，有我即堕入生死。颠狂之人，事事不记，唯不忘我。常人作止语默，绝不自问谁行谁说，此即意根之力。欲除我见，必先断意根。毋必者，必即恒审思量之审。毋固者，固即意根之念念执著。无恒审思量，无念念执著，斯无我见矣。然则绝四即是超出三界之说。"(《章太炎全集》第十五册，上海人民出版社，2018年，第980页) 此段文献可与引文相参。
[2] 章太炎：《菿汉昌言》，《章太炎全集》第七册，上海人民出版社，2018年，第82页。

相而已。故和意为必、固的依止者,我由意之妄执而生,四者互为因果、彼此依持,"绝四"则将意必固我及其因果关系悉皆排遣。末那意根既已断除,"八识将全舍"[①],证得生空、法空,一切缘此而生的我见、我执、无明烦恼等,都将解脱,趣入"圆成实自性"的无我善境。

所谓"工夫所至即其本体","绝四"既为成德工夫,又是道德本体。前文论"克己"时引证的"依何修习而能无意无我"一段,章太炎就把"绝四"中的"无意""无我"当本体看待,要用坐忘、克己的工夫来修持。论"忠恕"时,我们曾说忠恕和绝四同为身观、亲证的方法,同是"无我"的无善无恶道体,二者义旨相近。如此看,正如前文提示的,忠恕、克己、心斋、坐忘、绝四等即本体即工夫的道德范畴,并非独立不相关,实则因果依持、相辅相成诸范畴的相通性绾合了"四圣""四玄"的一贯性。

道德与宗教存在因果依持的关系,这当然不是章太炎的一家言。那些虔诚的宗教家,或者那些信仰天道的思想家,他们把存在论的基础和道德的形而上学建筑在神或天的意志上,基督教伦理属神意志论的,先秦的思孟讲"天命之谓性",同样赋予了道德心性以超自然的先验性格。那种追求神人相契或天人合一的道德情怀,及其道德修养工夫,以神秘经验为身心修养的法门,又以神秘境界或神秘的精神体验,如万物一体、天人冥契等,为道德尽善尽美的最高境界,因而透显出浓厚的神秘主义色彩。出世的宗教自然如此,入世的宋明理学在

---

① 章太炎:《菿汉微言》,《章太炎全集》第七册,上海人民出版社,2018年,第33页。

成德成圣的工夫论上，也有一个长远的神秘主义传统。宋明儒以静坐的工夫，摒除心中的念虑，观未发的气象，这样地寻求心体的呈露，即纯粹意识的呈现，的确近于"内在的神秘经验"[1]。当章太炎说，康德、肖宾开尔（叔本华）的哲学虽精微而证验少时，他主张哲学智慧应能通过身观、亲证的方式，冥绝心行而内证于心、付诸于行，从而体验"心之本体何如？我与物质之有无何如？"[2]用虚寂的工夫去朗现纯粹的心体，去体知人与道、人与宇宙的纯粹的同一。在他看来，程朱的证验方法不足道，阳明的良知虽进一层，亦仅知自证分，尚有泥滞，知不住涅槃而未知不住生死。若罗洪先称："当极静时，恍然觉吾此心中虚无物，旁通无窒，有如长空，云气流行，无有止极；有如大海，鱼龙变化，无有间隔。无内外可指，无动静可分，上下四方，往古来今，浑成一片。"[3]如此可谓神秘，章氏以为仅见心相，只验得阿赖耶识而已，终究未能亲证无善无恶的"无我"道体，可见他是以神秘经验为其成德工夫的目标和境界。如心斋、坐忘，诚然显露了某种神秘主义的意向。

不过，忠恕、克己、绝四作为儒家的道德工夫论范畴[4]，其中内

---

[1] 陈来：《心学传统中的神秘主义问题》，氏著《有无之境：王阳明哲学的精神》，生活·读书·新知三联书店，2009年，第440—471页。杨儒宾有相似看法，见《理学家与悟——从冥契主义的观点探讨》一文，刘述先编：《中国思潮与外来文化：第三届国际汉学会议论文集（思想组）》，台北中央研究院文哲所，2002年。

[2] 章太炎：《与吴承仕书》，《章太炎全集》第十二册，上海人民出版社，2018年，第413页。

[3] 章太炎：《与吴承仕书》，《章太炎全集》第十二册，上海人民出版社，2018年，第413页。章氏所引罗洪先的语录也参见此信。

[4] 章太炎曾表示，要"以孔子之道为修身之大本"，这或许是他主要地采用《论语》的忠恕、克己、绝四等道德范畴的原因。（章太炎：《在孔子诞辰纪念会上的演说》，《章太炎全集》第十五册，上海人民出版社，2018年，第616页）

涵的尽己、推己、复礼等身心活动，本来就在人与人、人与物的具体的关系域中展开。换言之，这些成德工夫的践行就是一种生活方式或生活本身，一点也不抽象，更没有分毫的神秘主义。章太炎虽然为忠恕、克己和绝四等建立了"圆成实自性"的"无我"道体——这一源自法相唯识学的道德形而上学，论述了诸范畴如何破人我、法我的修养过程，又如何证验生空、法空的目标。但他也强调道德工夫与真实物事、现象生活的密切关系，如他说："以法施人，恕之事也；以财及无畏施人，忠之事也。"[①]忠恕是在人际交往中，在一个情感真实的世界里，互相地施设、彼此地给予中完成的。又如，章太炎用佛家的六度解释克己，所谓施、戒、忍、精进、禅、智等，相当于六种道德原则，至于如何地施、戒、忍、精进、禅、智，则可建筑在生活基础上，将其细化为各种具体的普遍的道德律令。所以，忠恕等成德工夫决非直指宇宙天道而漠视现实生活，而是始终保持着温情脉脉的生活关怀，具体性和真实性才是其本质。

王夫之说，理在势中，势之必然处见理。思想史的发展和社会史一般，是由理势相乘来驱动的。"理"指经由系统的逻辑论证而形成的理论体系，"势"指社会环境、时代精神及由此形成的社会运动或文化思潮。就章太炎的"四玄"经书系统而言，其"无我"的一贯道体和忠恕、克己、绝四等道德修养工夫论就是"理"，而"四玄"之所以未能引起当时及后来学者的注意，乃因其缺乏一个思想或思潮之"势"。因五四运动之后，文化的激进主义演变为西化思潮，文化的保

---

① 章太炎：《菿汉微言》，《章太炎全集》第七册，上海人民出版社，2018年，第31页。

守主义又持守儒家传统。前者假"整理国故"之名，宣称国故为无用之学，自然不可能接受章氏的"四玄"系统；后者受二千年来经学与儒学信仰之文化心理的熏染，也不会赞成章氏"改子为经"而将经书与子书融通为一体的经书系统。再者，民国是学术自由争鸣、思想多元纷呈的时代，学者信守精神独立、思想自由的理念，逍遥于自我耕耘的"一亩三分地"，不愿"为他人做嫁衣裳"，因而也就不理会章太炎的四玄学。总之，民国学术思想之"势"正与"四玄"之"理"相背离，这与魏晋"三玄"之"理"恰好与当时社会之"势"相契不同。

当代国学思潮方兴未艾，"回归原典"的呼声引起了一些学者的响应。但正如有人指出的，当代国学的发展态势有一个突出的倾向："就是尝试把学术性的'国学'转换为'儒学'式的'国学'。"[①]站在"儒学式的国学"的立场，其所要回归的原典就限定在六经、经解类传记和儒家类子书的范围，而不愿接纳其余部类的子书，甚或史书和集书。郭沂的"五经七典"和梁涛的"新四书"即是如此，这两个经书系统中的典籍全属经部和子部儒家类[②]。相比而言，饶宗颐先生提出"新经书"构想时，他说："儒、道两家是中国本有文化的二大宗教思想基础，儒、道不相抵触，可以互补，各有它的优越性，应予兼

---

① 张志强：《经学何谓？经学何为？——当前经学研究的趋向与"经学重建"的难局》，中国社会科学院哲学研究所编：《中国哲学年鉴 2013》，中国社会科学出版社，2013 年，第 96 页。
② 参见郭沂：《当代儒学范式——一个初步的儒学改革方案》，单纯编：《国际儒学研究》（第十六辑），九州出版社，2008 年。郭沂：《五经七典——儒家核心经典系统之重构》，《人民政协报》2006 年 12 月 18 日、2007 年 1 月 15 日连载。梁涛：《回到"子思"去——儒家道统论的检讨与重构》，氏著《郭店楚简与思孟学派》，中国人民大学出版社，2008 年。

容并包。《老子》《庄子》等书原已被前人确认为经，自当列入新的经书体系之内，作为一重要成员。"[1]承认老、庄的经书名分，这是博学鸿儒的通达之见，与章太炎的理念相一致。故章太炎的"四玄"经书系统及其"新经学"给予我们的启示是，新经书系统可以是经书与子书，或经书与子书、史书、集书等融通为一体的。而新经书系统的成立应符合三个条件：一是阐述系统的一贯之道，二是证明新系统具有文化的典范价值，三是说明新系统中传统与现代的关系，即一贯性、典范性与现代性。

---

[1]　饶宗颐：《新经学的提出——预期的文艺复兴工作》，《饶宗颐二十世纪学术文集》卷四《经术·礼乐》，中国人民大学出版社，2009年，第6—7页。

熊十力"原儒"及其
经子关系论

　　儒与儒学的溯源问题，关系到如何界定中国文化思想的本源及其宗脉。现代学者围绕原儒、说儒展开的讨论，是在消解了儒和儒学的常道性及其信仰系统后，将其还原为历史性的存在，通过考究儒的本原义，据此说明儒者的最初身份和儒学的原始要义，进而论证儒学与孔子及六经的关联，辨析儒学与先秦诸子的源流关系。语文学的考索注重客观实证，给予人一种历史演变的视域，如章太炎的《原儒》使我们知道"题号由古今异"，[①] 亦如胡适自许《说儒》"可以使中国古史研究起一个革命"。[②] 这种"革命"的意义，在一定程度上，是否定晚清今文学家的"即道原儒"，确认道不统摄于儒学，儒学亦不始

---

① 章太炎：《国故论衡·原儒》（校定本），《章太炎全集》第五册，上海人民出版社，2018 年，第 286 页。
② 胡适：《一九三四年的回忆》，季羡林主编：《胡适全集》第 32 卷，安徽教育出版社，2003 年，第 407 页。

于孔子，六经也不代表常道，且非儒家所私有。"儒"原是指称巫史阶层，儒学乃至中国文化思想的本源是巫史文化，而非三代圣王和孔孟所授受不绝的道统。

语文学的考证也许较为切近历史情实，但"原儒"不是单纯的学术问题，还是一个关乎信仰与价值认同的思想议题。如何界定儒学的起源，及其与孔子、六经的关系，这在正统儒家看来，就是如何安顿国人的精神，以及如何维系中华文化的学脉。熊十力的《原儒》一书，开章便是《原学统》，首要是推原孔子赓续泰古圣王之绪而集大成，创立内圣外王一贯之道，为中国学术思想奠定宏基。然后是论定晚周诸子百家及宋学、佛学的要旨，而折中于孔子和六经。再从审辨六经的真伪，进而排遣今古文之聚讼、汉宋学之嚣争及东西学之论辩，而以孔学为根柢，将古今东西文化融会贯通于一体。如此，熊十力的"原儒"不囿限于考究"儒"的字源义，而是在探寻儒学的本源时，挺立中国文化数千年相传的学统，即由还原孔子及六经的真面目，辨析六经与诸子学及汉宋学的关系，并参证西方传来的各种新学，重估孔子和儒学的现代性价值。这体现了熊十力对后"五四"时代思想危机的自觉反思。①

《原儒》代表了熊十力的晚年定论，但一方面是熊氏的弟子不甚认同其晚年思想，另一方面是国内的保守主义或西化论派亦多持否定态度，因熊氏对儒学的溯源既打破了汉宋以来的学统或道统，且表现出较为强烈的复古主义倾向和民族主义情感，他采用的"即道原儒"

---

① 杜维明将熊十力视作"后五四时代"的一员，认为熊氏思想是对"后五四时代"思想危机的自觉反映。参见杜维明：《探究真实的存在：略论熊十力》，许纪霖编选：《现代中国思想史论（下）》，上海人民出版社，2014年，第816页。

的方法，又迥异于语文学和思想史的研究路径，故学者在梳理近百年的"原儒"时，几乎无法将其视为实证性研究的范例，以致相关的讨论并未充分展开。我们是把熊十力的"原儒"置于其晚年哲学体系的建构中，阐述他所体认的中国文化之大本大源，论证他在儒家学统的理念下，如何界定儒学（经学）与诸子学的关系，借此观照他对"中国文化向何处去"的哲人之思。

第一节 儒家源流与学统重建

近代的"原儒"命题及其研究，内含破坏与建设的双重义谛。章太炎、胡适应用的语文学方法，虽然打破了宋明儒建构的心性学道统，但章氏称良史之孔子"为保民开化之宗"，[①]胡适将"悬记"之孔子类比于中兴基督教的耶稣，他们在"祛魅"中透露出"尊孔"的观念，[②]并分别以史学或儒教为归趋，尝试重建中国文化的思想谱系。熊十力的"原儒"同样如此。其《原学统》篇是对儒学之"流"的还

---

① 章太炎：《驳建立孔教义》，《章太炎全集》第八册，上海人民出版社，2018年，第203页。

② 鲁迅说，章太炎晚年"粹然成为儒宗"，他由早年的诋毁孔子，转向尊崇孔子和六经。章太炎称孔子为良史，因其认史学为中国文化之正宗。那么，孔子就是中国文化的宗主。贺麟说，在《说儒》之后，胡适"似又退回到尊孔态度"。（贺麟：《五十年来的中国哲学》，上海人民出版社，2019年，第33页）冯友兰也认为，胡适"在'说儒'里，他又把孔子恢复到'至圣先师'底地位。……一切光荣归于孔子。……把孔子的地位抬高，把老子的地位降低，把孔子恢复到哲学史中的正统底地位。"（冯友兰：《哲学史与政治——论胡适哲学史工作和他底反动的政治路线底联系》，《哲学研究》1955年第1期，第79、81页）如时人所言，章、胡原儒表现出"尊孔"的意思，以及复兴民族文化的意愿。

原,《原外王》和《原内圣》两篇是对儒学之"源"的还原。① 前者在追溯儒学的流变时,推翻了三代道统、治统相承的传统观念,而在以正统儒学是非评判诸子百家以逮宋明道学及佛学中,重建儒学的源流谱系。后者是阐述新学统所包通的内圣外王之道,以此作为儒学之统宗,作为中国文化的大本大源及其走向现代的道脉。只是,章、胡的"原儒"更具解构意味,极大地消解了孔子和六经的神圣性与权威性,熊十力则通过重建"四经"系统,据此阐明儒家的新学统,将儒学塑造成一种兼具超越性、普世性和现代性的思想,故其相对地淡化了实证方法,主要以体认的方式而成就其新儒学体系。

在溯源问题上,熊十力没有采用语文学方法,他不甚关心"儒"之名始于何时及其本原含义,② 他也不考察"儒"的原始身份为何,及最初的"儒"是如何转变成作为思想流派的儒家。同时,熊十力虽是应用"即道原儒"的方法,但他又不似康有为那样,将儒、儒家与儒教等概念等同起来,他尤其不赞成把儒学定义为宗教。相较于晚清公羊学者以孔子为儒教的开山祖师,认"儒"之名为孔子首创,熊十力还是表现出一定的历史意识,尝试从中国文化思想发展的内在理路来寻绎儒学的源流。

---

① 参见顾士敏:《儒学的"还原"——评熊十力的〈原儒〉》,《孔学研究》1995 年第 1 期。
② 熊十力曾在《答马格里尼》一文中提到:"儒之名,亦不始于孔。"(氏著《十力语要》,上海古籍出版社,2019 年,第 157 页)这大概是认同章太炎、胡适应用语言学方法考究"儒"之名,但熊氏没有说明"儒"之名始于何时,也没有分析"儒"的本原义究竟为何,在这些问题上,他是否接受章太炎或胡适的说法,因其并未述及,我们很难确证。但可以肯定的是,熊十力曾留意章、胡的相关论著,他在《与友人论六经》中采纳了胡适以《易·需卦》为"儒卦"的观点,这是又一例证。

> 中国学术导源鸿古，至春秋时代，孔子集众圣之大成，
> 巍然为儒学定宏基。……孔子之学，殆为鸿古时期两派思想
> 之会通。两派者：一、尧、舜至文、武之政教等载籍足以垂
> 范后世者，可称为实用派。二、伏羲初画八卦，是为穷神知
> 化，与辩证法之导源，可称为哲理派。孔子五十岁以前之学
> 大概专精于实用派。①

> 自五十学《易》，而后其思想界别开一新天地，从此上
> 探羲皇八卦，而大阐哲理，是其思想之一大突变也。②

孔子是圣学的集大成者，他赓续上古思想文化，阐扬哲理而别开新天
地，为儒学奠定宏基。宋明的道统论把尧舜至文武及至孔孟等视为一
脉相承，代表儒学及中国文化思想的正统。熊十力则将上古时期的思
想分成两派，一是尧舜至文武所代表的实用派，一是伏羲易学所代表
的哲理派。前者以政治教化为中心，就学问旨趣言，属于外王之治
统；后者以宇宙本体为骨髓，就思想性质言，属于内圣之道统（含摄
外王学）。熊氏又以孔子五十岁为界，将其思想界定为早晚两期，分
别对应于前述两派。孔子自五十学《易》后，大阐哲理，为中国文化
思想开创新天地，"哲理"即是儒学的正脉。

由此看来，熊十力溯源的儒学显然和"儒"之名的本原义无关，
所以他不用语文学考据法。他看似注重思想源流的探寻，但从他原学
统而明圣道看，他的"原儒"实则预设了先在的立场，毕竟不同于

---

① 熊十力：《原儒》，上海古籍出版社，2019年，第17页。
② 熊十力：《原儒》，上海古籍出版社，2019年，第22—23页。

相对客观的思想史考索方法。故就方法而言，熊十力和晚清公羊学家一样，均是"即道原儒"，即以自我体认的"道"来追溯儒学的本源。如此，"原儒"也就成了证道。区别于康有为的"原儒"，在熊十力的语境中，"儒"不是孔子立教之名，儒学更不是倡导出世间的宗教学，而是一种主张即世间的哲理学。熊氏指出，孔子创立哲理化的儒学，含摄内圣外王的一贯之道，其核心精髓是体用不二。本体与功用虽有分而相即，由是义故，一方面是区别于科学的执用迷体，因如俗谛所谓科学真理，只留心现象界事物及其实用价值，迷失了对宇宙本体的追求，实则未免流于支离破碎的工夫，无法解释宇宙万化之本和天理性命之源。另一方面是区别于宗教的离用求体，在超脱万物、遗弃现实世界中别寻真宰，这种超越于吾人而独在的造物主，必然形成绝对无上的权威，既与人道、人心相隔，甚且对宇宙万象具有主宰义，也就否定了本心是刚健的、永恒的、能动的、可显为无穷大用的本体，无益于宇宙人生诸大问题的解决。相对于体用二分的科学和宗教而言，孔子哲理化的儒学之本体论，"不是僵死的、机械的、纯粹客观的、外在的'自然本体'，而是生生不已、刚健自动、主客内外合一的'生命本体'；不是外在于宇宙万象和人类生活的所谓'超绝本体'，而是合天地万物于一体，将宇宙人生打成一片的、动态的有机整体。同时，它又是内在的'道德自我'即'道德主体'。人的生命创造活动、道德自我完善的活动，体现了人的最高本质，涵盖了天地万物，主导着自然宇宙"。[①] 这一本体论是由穷理而归本尽性，它不仅探讨宇宙的根源及其生生不已的创化过程，尤其关怀人生的归宿

---

① 郭齐勇：《熊十力哲学研究》，人民出版社，2011 年，第 26 页。

和人性的全面发展，关怀人存在的意义、价值和功能，以及宇宙万物如何达致和谐一体的本体境界等问题。熊十力因而相信，孔子的儒学必然是当下及未来人类身心性命之系托。

因此，"儒学即哲学"是熊十力在溯源时，对儒学的知识性质的界定。20世纪初，因应西方哲学的冲击，中国学者提出"子学即哲学"的命题。[①]熊十力把儒学界定为哲理学，这本来是"子学即哲学"命题的题中之义。当然，熊氏极力证成儒学即哲学，且反复比较儒家哲学与科学及宗教的殊异性，这显然不是简单地套用时人的知识观念，其中蕴含多重的意义。我们知道，康有为、胡适的"原儒"都把孔子塑造成教主，赋予儒学以宗教的性质。章太炎的"原儒"把孔子和儒家还原为诸子之一，章氏持守"六经皆史"观，他还淡化了孔子的神圣性，将其还原为如司马迁、班固一般的良史，六经及其经学（即熊十力所谓的儒学，详下文）遂成了被消解形上性质的史学。熊十力多次批评康氏的儒教论和章氏的经史观，他自然不能赞成他们对孔子和儒学的界说，他强调儒学即哲学，既是出于他对儒学的独特体认，也是针对康、章、胡等人的"原儒"而发。[②]熊氏认为，儒学包通内圣与外王、成己与成物之道，其乾元性海的本体是超越而内在的，吾人以精进力显发自性固有的无穷德用，则能裁成天地，辅相万物，引导群生共同臻至太平世间。因此，儒学既非提倡出世而反人生的宗教学，亦非纯然关注经验现象而迷失形上本体的历史学。儒学是

---

① 参见黄燕强：《近代诸子学研究的义理转向》，《光明日报》2021年1月9日11版。
② 需要说明的是，章太炎曾提出"子学即哲学"的命题，作为诸子学的儒家，自然也是哲学。但熊十力所谓的"儒学"，不仅指作为诸子学的儒家，还包括经学。熊氏认为，经学也是哲学，这与章氏的"经学即史学"说相异。

归本尽性、至命，且周通万物之理的哲学。

儒学即哲学的观念还包含儒学创立于孔子的意思。熊十力把儒学的历史渊源追溯至羲皇八卦，但他认为伏羲的易卦尚存神道、术数之学，孔子作《易》而阐明哲理之义，晚年又因《大易》哲理而创作六经，由是奠定儒学之宏基，巍然而为儒学之宗师。[①]"故儒学成为独立之一家派，实自孔子创作六经。"[②]那么，就哲理化的儒学言，其创始人自然是孔子，而非伏羲，更不是章太炎、胡适说的老子或道家，亦非刘师培、刘咸炘等所谓的源自史官文化。[③]熊十力多次表示，作《道德经》的老聃并非孔子所问礼者，老聃年岁后于孔子，绝非孔子的老师。相反的是，《道德经》的义理源自《大易》，可谓孔子儒学的别支，乃至先秦诸子百家皆为儒学的支流余裔（详下文）。确认孔子为儒学的开山始祖，这又表明熊十力在"原儒"时，自觉地区分儒和

① 熊十力《六经是孔子晚年定论》说："凡推吉凶之术，皆出自神异感，此古代各种术数之概况也。术数当兴于伏羲八卦之前，为伏羲画卦之所资始，及八卦既出，虽为格物穷理之伟绩，而亦未脱尽术数之窠臼。（汉《易》犹存其根柢。）要至孔子作《周易》，（周者，普遍义。《易》之道，无所不在也。）始断绝术数而纯为哲学大典，此从现存《易经》深玩分明可见。"（熊十力：《原儒》，上海古籍出版社，2019年，第347页）类似表述，见《乾坤衍》《答刘公纯》等著述。
② 熊十力：《乾坤衍》，上海古籍出版社，2019年，第59页。
③ 今人大多以章太炎《原儒》为近代"原儒"的开篇，鲍国顺首提"刘师培实是近代学术史上原儒论的创始人。（鲍国顺：《刘师培的儒学观》，载《龙宇纯先生七秩晋五寿庆论文集》，台北学生书局，2002年，第520页）刘师培的《古学出于史官论》把儒家的本源确定为史官文化，其《周末学术史序》说："近人多以中国为孔教，而南海康氏有保教之说，钱塘夏氏有攻教之说，不知孔子非特倡一教，乃沿袭古教者也。"又谓："百家诸子咸杂宗教家言"，包括儒家一派，"乃宗教而兼哲学，非纯全之宗教家也。"（刘师培：《周末学术史序》，载《刘申叔遗书》，江苏古籍出版社，1997年，第508页）刘氏将儒家的性质界定于宗教和哲学之间，其渊源则为史官文化。张尔田的《原儒》《原史》，还有江瑔的《读子卮言》、刘咸炘的《子疏》《中书》等，都是较早论证"九流出于史"的文章。关于晚清民初的"原儒"说，参见尤小立《胡适之〈说儒〉内外——学术史和思想史的研究》第二章（北京大学出版社，2018年）。

儒学的概念。"儒"之名虽不始于孔子,"儒"最初可能是一种相礼的职业,孔子未必是"儒"的创始者,但在熊十力看来,"原儒"的首要工作是区别"儒"与"儒学",不论"儒"起于何时,"儒学"的本源或与"儒"存在关联,但作为思想流派的"儒学",其理论、宗旨、方法和问题域等均由孔子所提出和创构,所以说"儒学成家毕竟自孔子始"。[①]孔子创立规模宏博、精义深邃的儒学,遂成为中国学术思想的正统。无论"儒"的本义如何,及其最初身份是什么,它和孔子的儒学并无必然联系,"原儒"也就不必追溯"儒"的字源义。这实际上否定了章、胡等人从语文学的角度"原儒",直接从孔子与儒学的关系来溯源,将"儒"发展至"儒学"的思想线索虚无化了,透露出熊氏乃胡适所谓的儒家信仰者。

同时,熊十力以哲学界定儒学,其中一大深意是,哲学在古希腊是知识的总汇,是全部学科之母,科学本来含摄于哲学之中。儒学与哲学相类,赅摄一切学术思想,是中国文化思想的本源和正统。不仅晚周诸子百家是儒学的支与流裔,而且从知识和学科的发展演化说,孔子所哲理化的儒学其实包含格物之科学。针对时人批评孔子反智,称儒学疏于自然科学的探究,熊十力辩解说:"圣人本不反智,不废思辨,然穷理至万化根源,即由万殊以会入一本处,决非仅恃理智思辨可获证解。"[②]儒家的格物穷理即在探究科学知识,中国古代的科学不发达,未能如西方发展出现代科学理论体系,是因儒学及其经典被战国和两汉的小康之儒所改窜,致令其重智的传统湮没不彰。同时,

---

① 熊十力:《六经是孔子晚年定论》,氏著《原儒》,上海古籍出版社,2019年,第342页。
② 熊十力:《原儒》,上海古籍出版社,2019年,第25页。

科学重在探究经验世界的物质现象及其规律，而不大关心宇宙本体及人类的道德心性，智慧的探寻当由分析现象而至究明本体。明体是求知的极诣，儒学优胜于科学者在此。

儒学即哲学的另一重深意是，以哲学绾合儒学与经学之异同。在《汉书·艺文志》中，经学属六艺略，儒学属诸子略，二者分属不同的知识门类，元代以前的正史《艺文志》大多沿用这一体例。传统知识分类遵循"以道相从"的原则，常道曰经，述经曰传，儒学虽"游文于六经之中""于道最为高"（《汉书·艺文志》），但六经代表常道，传记或各种经典注疏是诠释常道的作品，其于道又较儒学为高。熊十力特别讲究经传正名，要将十三经中除了六经之外的典籍还原为解经类传记和儒家类子书。不过，在儒学与经学的异同问题上，他有意地等同了两者的名实。

> 有宗经之儒，虽宗依经旨，而实自有创发，自成一家之学。宗经之儒，在今日当谓之哲学家。发明经学，唯此是赖。注疏之业，只为治经工具而已。不可以此名经学也。[1]

宗经之儒指宋明理（心）学家，其创发的经学即是哲理化的理（心）学。两宋以来，经学的理学化或理学的经学化混淆了经学与理学的名实。思想范式的转向改变了人们的知识观念，一方面是体现在治统上，元代延佑年间开始将程朱理学确立为官学，就经典诠释而言，理学突破了汉唐经典注疏的体例，相对于汉学家的考文释音，宋明儒自

---

[1] 熊十力：《读经示要》，上海古籍出版社，2019年，第201页。

信其诠释的义理最能呈现经书的道体。另一方面是反映在目录分类中，明代官修的《文渊阁书目》开始在经部设立"四书"类，其后如《千顷堂书目》《内阁藏书目录》《百川书志》《晁氏宝文堂书目》等基本依循这一体例。《文渊阁书目》还在经部设立性理类，《百川书志》将"性理"之名改为"道学"。可见，明代儒者因尊"四书"和性理之学，而在目录书的经部设立"四书"类和性理类，从而将其归入经学的范畴。不过，并非所有明代学者皆作如是观。孙能传、张萱代表官方编撰的《内阁藏书目录》并未将"理学"类列入经部，也未归入子部儒家类，而是单独成为一大类。黄虞稷的《千顷堂书目》则是将《性理大全》列入子部儒家类，体现了"理学即儒学"的观念。清代汉学家因反对理（心）学，他们不仅在知识性质和方法论上辨析经学与理学，其目录著作也是如此。《四库全书总目》就没有完全依循明代目录书的体例，其中虽保留了"四书"类，但基本上只收录注疏类作品，同时又删除了"性理"和"理学"等类目，凡宋明儒谈天理性命之书均列入子部儒家类。这明显是将"理学"视为儒学，从而区别于考文释音的经学。志在宗经而诠释哲理的熊十力，他更认同宋明儒的"理学即经学"观，而他绾合两者的方法是，将其等同于哲学。故就知识性质言，经学和儒学都是明体释理的哲学，在此意义上的"原儒"即是"原经"。如此，儒学的溯源亦是探寻经学的本源，理应审辨六经的真伪，及其文本和义理的授受源流。熊十力将儒学确定为周秦诸子百家的渊源，即如《汉志》所谓"诸子乃六经的支与流裔"说，所以他的"原儒"包含其对经学与子学关系的认识。

近代以来，批儒反孔寖兴而演变为思潮，儒学成了游魂，六经及其经学的权威逐渐失落。熊十力曾慨叹："经学既衰绝，古人成己成物之体要，不复可窥见。"① 殊异于西化派，熊氏怀抱继往圣之绝学的心志，他用哲学界定儒学，意在为儒学的现代转型开示新路径。如何从哲学的视域转化传统儒学，在讨论这一问题之前，首先要追问的是，儒学是否具有现代性价值。作为儒学的信仰者，熊十力自然不能赞成儒学必须被请进历史博物馆的意见；作为理性的哲学家，熊氏又无法完全忽略时人对儒学的批评。他需要论证的是，儒家性命之学的现代性价值是什么，内圣学如何开出民主、科学等外王学，这种现代性的内圣外王之道，在孔子之后的传承、演变及其所以断绝的原因何在？汉学与宋学是否赓续孔子的真儒学？现今又该如何接着讲孔子的真儒学？凡此种种问题，归结起来就是如何重建儒家的学统，这是熊十力"原儒"的题中之义，故其开章即为《原学统》。

如前所述，章太炎、胡适的"原儒"打破了汉宋的学统和道统。在熊十力看来，汉学非但未见道体，甚且窜改六经，遮蔽了孔子的大同之道，沉湎于拥护帝制的小康礼教。宋明儒于内圣学有所发明，但"宋儒识量殊隘，只高谈心性，而不知心性乃非离身、家、国、天下与万物而独存"。② 宋学的精神只专注于人伦日用间存养心性，全无博文经世之功，令体和用、心和物离析为二，未能发明孔子的格物学。所以，宋明儒亦未见道之全体，其所谓道统论自然是不能成立的。《原儒》通过辨伪和正名，将十三经中除六经外的典籍还原为传记或儒书，这不仅意味着"四书"的圣经名义被消解了，也表明宋儒依托"四书"建构的道统亦随之被瓦解。熊十力晚年反复申论，六经

---

① 熊十力：《读经示要》，上海古籍出版社，2019 年，第 15 页。
② 熊十力：《原儒》，上海古籍出版社，2019 年，第 93 页。

是孔子所作，非三代先王相传的经典，三代治统均属小康礼教，孔子早年祖述尧舜，宪章文武，晚年写作六经，创明天下为公的大同之道，已然是在上古圣贤之外自立道统。可惜，曾、孟、荀等宣扬忠孝论，背离真孔学的大同道理，汉宋儒者承其遗绪，致令孔子的大道沉霾千载。可见，熊十力的"原儒"内含打破汉宋学统和道统之意。[①]但破坏不是熊氏的目的，重建学统才是其"原儒"的根本宗旨，《原学统》篇的本意即在于此。熊十力希望通过建构新学统以指示"中国文化向何处去"的方向。

《原儒》宣称：孔子"集古圣之大成，开万世之学统"。[②]那么，学统的"活的精神"和"本来面目"，及其传承谱系如何？熊氏说：

> 中国学术思想当上追晚周，儒家为正统派，孔子则儒家之大祖也。六经虽窜乱或全亡，而《易经》大体无改。汉人以术数家之说窜入者确不少，兹不及论。《春秋》经传虽亡失，而以纬书、何休《公羊注》及他经相参证，其大意尚可寻也。《周官经》不能无改易，而大体犹可识，此与《春秋》之思想为一贯。今文家无知之排斥，只是历史上无聊故事，后人不当为其所惑。墨翟、惠施、农家，或为科学之先导，或为社会主义之开山，皆儒家之羽翼，不可不延续其精神也。法家书罕存。《管子》可略考。道家有极深远处，亦

---

① 熊十力："如《原儒》之书，若不从贬天子、退诸侯、讨大夫与三世等大义发挥，而学汉宋诸儒，尊尚孟氏之宗法思想，则孔子适足为后人所唾耳。"[熊十力：《复钟泰》，载《熊十力论学书札（增订本）》，上海古籍出版社，2019年，第230页]
② 熊十力：《原儒》，上海古籍出版社，2019年，第12页。

有极不好处，取长舍短，不容绝也。[①]

综括熊十力的论述，儒家创建于孔子，儒学是中国学术思想的本源，无论是传统或现代中国社会，儒学都是国学的正统。儒学源自孔子的六经，但六经已被战国和两汉儒者改窜，宋儒亦未明察而传小康礼教，以致真儒学湮没不彰。六经虽伪阙不全，幸而孔子的内圣外王之道具存于《大易》《春秋》《周官》和《礼运》等四经，将其融会贯通，"犹见圣人数往知来，为万世开太平之道"。[②]熊十力表彰四经，如宋儒旌扬"四书"，"四经"即是圣学之渊薮。他依据"四经"而建构新经学体系，旨在超越宋儒的道统论，重建一种融贯古今东西文化，即具备现代性价值，依然能够通经致用的新学统。这就是他在《原内圣》和《原外王》中论述的乾元性海本体论和民主、科学、平均、联比等致太平之道。

那么，学统的传承谱系如何？前文述及，熊十力把孔子思想厘定为早晚两期，五十以前承续三代先王的治统，归宗于小康礼教；五十以后学《易》，重新撰写六经，归本于大同的内圣外王之道。孔学的传承因而有大道派和小康派之分，那么，这两派在先秦的传承如何？熊氏认为，韩非根本不通儒学，他的"儒分八派"说"只可谓之小取、小舍"，大道、小康两派方可谓之大取、大舍。

一则全盘承受孔子晚年大道之论，而于其早年好古出于

---

① 熊十力：《原儒》，上海古籍出版社，2019年，第101页。
② 熊十力：《原儒·序》，上海古籍出版社，2019年，第1页。

一时之意趣者，则全舍之；一则全盘承受孔子早年帝王之业，而于其晚年定论，拒而弗承也。①

孔门三千之徒，总分为大道、小康两派。②大道派完全赓续孔子晚年定论，同时又完全舍弃孔子早年所服膺的帝王小康礼教，所以是大取、大舍；小康派则笃守孔子早年传习的古帝王之礼教，且完全反对孔子晚年的大同之道，因而也是大取、大舍。儒学必以孔子晚年思想为正统，两派虽然都源自儒学，但因其在取舍上的根本差异，"大道学派绍承孔子正统"，小康学派"实自堕于复古之迷途，乃孔子之罪人也"。③六国小儒始改窜六经，包括孟子、荀卿均固守小康之壁垒，汉儒承其遗绪，利用小康礼教拥护帝制，宋明儒亦采取小康派的宗法思想，故汉学和宋学皆属小康学派，大道之学由是寝衰。

大道派传承儒家正宗的学统，其"宗主孔子六经而推衍其广大深远之蕴，著作特多，故经传有千万数也"。④从正名的角度说，六艺经传的名实有别，"孔子所创作者为宗本，弟子所推演发挥者为羽翼"，⑤前者指常道之经，后者指述经之传或记等。大道学说在当时流行极盛，由于小康之儒变改六经的真髓，窜乱六经的文本，致令千万数传记湮没阙佚。"孔门大道学派，今可考者只游、夏二人。"⑥子游传《礼运》，子夏传《春秋》，他们意趣不一，学有专长。熊十力比较

① 熊十力：《乾坤衍》，上海古籍出版社，2019年，第55页。
② 熊十力：《乾坤衍》，上海古籍出版社，2019年，第55页。
③ 熊十力：《乾坤衍》，上海古籍出版社，2019年，第69页。
④ 熊十力：《乾坤衍》，上海古籍出版社，2019年，第59页。
⑤ 熊十力：《乾坤衍》，上海古籍出版社，2019年，第60页。
⑥ 熊十力：《乾坤衍》，上海古籍出版社，2019年，第57页。

了子游和子夏的教育方法之异同，以此证明孔门弟子在传习大道之学时，表现出开放性和多元化的倾向，而且归本于明究心性、本体的宗旨。游、夏等大道派留存的传记残缺伪佚，如要考见孔子的大道之学，唯有求诸孔子撰写的《大易》《春秋》《周官》《礼运》等四经。据此概述大道的要义，一是消灭统治阶级和剥削，建立全世界人类共同生活的民主制度；二是全人类一律平等、自由，彼此互相和爱、扶助；三是提倡格物之科学，应用科学知识改造社会和改造自然，实现富邦国、养万民、生百物的目的；四是倡导政治革命、社会革命、生产革命，通过革命的方式推翻小康社会，建立天下为公的大同世界。凡此皆属孔子外王学的思想体系，"从《礼运》之改造社会思想，《周官》之领导生产建设，方信《春秋经》自消灭统治以达到太平世，裁成天地、辅相万物之盛，步步皆脚踏实地，（实事求是）不是空想的社会主义也"。① 《大易》是这三部经书的本源，"四经"之道一以贯之，包通内圣外王，游夏之徒即承受于此。大道派的千万数传记毁于秦火及小康之儒，六经又遭改窜，儒家的真学统遂湮绝千年，至今方得以彰明，熊十力显然是以赓续学统自居的。

值得注意的是，熊十力在溯源儒家学统时，特别论及墨家、名家、法家、农家等皆为儒学的羽翼，其著述和学说犹如大道派的千万数传记。在经传阙佚的情况下，如要阐明孔子的真儒学，赓续其学统，除了诉诸"四经"，还应求之诸子百家，延续其思想和精神。

墨翟、惠施、农家，或为科学之先导，或为社会主义之

---

① 熊十力：《乾坤衍》，上海古籍出版社，2019 年，第 91 页。

开山，皆儒家之羽翼，不可不延续其精神也。法家书罕存。《管子》可略考。道家有极深远处，亦有极不好处，取长舍短，不容绝也。①

熊十力并未如古代正统儒家一般，斥诸子为异端，在他看来，诸子源出儒学，其学说并非完全与儒学立异，不可简单地将其拒斥于新学统之外。熊氏指出，儒学创明大道之根本，诸子沿其流而有所发挥，诸子阐发的民主、科学、平等、联比等理论，可与儒学相参证。而且，相较于改窜六经、拥护帝制的小康之儒，诸子百家可能更为忠实地承续和阐扬儒家的学统。所以，如果能够修习四经的道术，并通观诸子百家的学说，然后舍短取长，融会经子，则可以恢复大道派的学统。可见，熊十力的学统观是比较开放、多元的，并不像汉宋儒者般排斥诸子学。

总之，熊十力的"原儒"把儒学溯源和学统重建相统一。这种通过思想探源来界定某种思想的性质及其谱系，古今学者均有尝试，典型例证就是韩愈的"原道"。韩愈是在回应佛学的冲击下，建构儒家仁义及性命之学的道统，其"原道"实则为"原儒"。熊十力则在经学信仰失落的背景下，重建"四经"系统及其思想体系，以此作为儒家的正宗学统，彰明儒学的现代性价值。所以他放弃了语文学的考证方法，也没有客观地考究儒家思想的发展线索，而是采用"即道原儒"的方法，依据他从"四经"中体认的内圣外王之道，来界定儒学的本源、性质及其传承谱系。因此，儒和儒学的本源必然要追溯至孔

———

① 熊十力：《原儒》，上海古籍出版社，2019年，第101页。

子及其六经，儒就成了孔子开创的儒家学派之私名，儒学不是源自巫史或老子，儒家也不是一种相礼助丧的职业，而是孔子六经的传习者。尤其是大道派的儒家，其怀抱刚健、进取的精神，绝非文弱迂缓的师儒而已。儒学的根本原则是体用不二、心物不二，即内圣与外王一贯，它是即世间的，非出世间的，无须如康有为、胡适等以宗教界定儒学的性质。儒学通贯形上之道与形下之器，其宇宙本体是超越而内在的，其外王治道是经验而具体的，不可如章太炎、刘师培等以史学规限儒学（经学）的性质。熊十力认为，儒学是中国学术思想的本源，犹如哲学是一切科学之母，"儒学即哲学"是最为贴切的命题。这样的"原儒"自然不是实事求是的，相比于语文学的溯源方法，它未必能如胡适所谓"可以使中国古史研究起一个革命"，但熊十力在溯源儒学时，于破坏中建构了一种新经书系统和新学统，开启了儒学（经学）革命化的转型之路。其结果是否会像韩愈"原道"而导宋学之先河，即由"四经"及其经学思想体系，而为思想界开一新天地，这在未来的文艺复兴思潮中，也许是可以期待的。

第二节　儒学与民族文化认同

自20世纪90年代始，杜维明等海外新儒家提出"文化中国与儒家传统"的命题，其中包含的"三个意义世界"及其各自代表的族群和区域有差异，然其核心归趋是对中国文化的认同，儒家传统则是文化中国之中极为重要的思想资源。在中国传统社会与文化结构中，孔子是最具代表性的文化符号，儒学是最为核心的文化精神，故"原儒"的目的不仅在于重新界定孔子和儒学的文化意义，还包含中国学术思想溯源的意思。正统儒者认定孔子和儒学为民族文化的本源，深受进化史观和疑古史观影响的现代学者将此视为必须重新检讨的问题。由此，"原儒"又是"信古"与"疑古"之争的继续。"信古"者如康有为、熊十力等，他们是围绕孔子和儒学重构中国文化谱系；"疑古"者如胡适，他是要根据新理论、新观念来重写中国文化史、宗教史和思想史，他的《说儒》就内含一种重建民族文化与精神的愿望。[①] 从文化史的宏大视域看熊十力的"原学统"，其"学统"范畴就不仅指儒家的学术系统，更是指称中国学术思想的正宗及其一以贯之的统系。这一学统的本源与精髓，自然是归宗于孔子和儒学。

"原儒"问题始于秦汉，古代儒者应用"即道原儒"方法，强调道体赅摄于六经，儒学的本源乃如《汉志》所谓"游文于六经之中"，因而是"于道最为高"。近代学者的"原儒"是在儒经信仰失落的背景下展开，西学的冲击和今古文经学的论争，这些极大地消解了六经的权威性与神圣性，依经释义的儒学也就不代表确定性常道。晚清天主教会创办的《益闻报》刊发《古儒真训多失传说》说："六经称载道之书，所述大都陈迹。……大抵时人伪撰，……世人一得自矜，诩诩满志，以为儒学之外，别无义理可求者，亦不思之甚矣。"[②] 另一篇《今儒论》称："今之书，非古之书也。六经为儒教之本，阙略衍文，不胜枚举。"作者认为，教义因书而传，经书既已伪阙，汉宋儒者的

---

① 胡适说："可是我却认为我那篇《说儒》却提出一个新的理论。根据这个新理论可将公元前一千年的中国文化史从头改写。……我个人深信，这几篇文章实在可以引导我们对公元前一千年中［自殷商末年至西汉末年］的中国文化、宗教和政治史的研究，走向一个新方向。"（胡适口述，唐德刚译注：《胡适口述自传》，《胡适全集》第18卷，安徽教育出版社，2003年，第430—431页）

② 佚名：《古儒真训多失传说》，《益闻录》第380期，1884年8月2日，第356页。

训解必与经书的原初教义不相吻合，故"吾不知古儒真教，果何寄也"。[①] 这是质疑六经和儒学作为常道的合法性，也是针对康有为等公羊学者的儒教论。如果六经不是圣典，乃是伪书，儒学就失去了神圣的渊源，其作为信仰系统和价值系统的意义便随之坍塌，以西学取代中学就成了理所当然之事。文化危机加深了民族存亡的忧患意识，康有为、熊十力之所以表彰科学知识，却又不采用语文学的考证法，依然坚守"即道原儒"的传统，其宗旨即在维护中国学术思想的合理性，及其作为价值信仰的正当性，借此护持中华民族与文化的一统体系。

　　华夏文明的认同感是建立在大一统的民族观念基础上，《春秋经》大一统观包含民族与文化共同体的意涵。民族共同体的观念完成于司马迁《史记·五帝本纪》，文化共同体的观念则完成于宋明儒的道统论。前者把一个族群多元的地理之中国，构筑成一个血统与政治相融合的华夏民族；后者将一个文化多样的历史之中国，凝聚为一个伦理与精神相贯通的文明国家。[②] 这两者共同成就了一个作为神性概念的中国，即一个不断开放、生长而至大无外，且趋向天下大同的中国概

---

① 佚名：《今儒论》，《益闻报》第 388 期，1884 年 8 月 30 日，第 403—404 页。
② 1920 年，罗素在上海讲演时指出："中国实为一文化体而非国家。"（参见《梁漱溟全集》第 3 卷，山东人民出版社，1993 年，第 25 页）葛兰言的《中国文明》（1929 年）把古代中国看作一种文明实体，列文森、白鲁恂等西方汉学家也将中国视为文明国家。熊十力认同"文明国家"的说法，见正文。另外，被胡适称为"开山之作"的柳诒徵的《中国文化史》，也是从文明国家的角度去分析中国古代社会。钱穆亦认为，中国的"民族与国家都只是为文化而存在"。（钱穆：《中国文化史导论》，商务印书馆，1994 年，第 23 页）当然，"中国"是一个文明共同体，还是一个政治共同体，抑或是一个种族共同体，或者是兼而有之，这些都是可以讨论的问题，但宋儒的道统论的确是要把"中国"建构为一个文明共同体。

念。① 随着近代中国政治与社会革命思潮的兴起，民族主义和民族问题引起了学者的研究兴趣；又因东渐之西学在知识进化观的助力下，逐渐由最初的器用之术取替了中体，华夏反而成了一个文明尚处于前现代的国家。

王国维的名作《殷周制度论》最早提出殷周是两个民族系统和文化系统，这直接启发了傅斯年的"东西夷夏论"，② 进而影响了胡适对上古民族和阶层的划分及描述，成为《说儒》有关殷周是两个民族、两种文化的立论基础。这种说法表面上是把民族和文化一分为二，实质上则如周予同所言："三代王统道统相承之传统的观念到此已完全由动摇而推翻了。"③ 因此，当胡适把殷周民族和文化等议题带进来后，"原儒"就从一个信仰问题，变成了一个民族问题，它不仅关系到中国学术思想的溯源，还涉及民族的文化传统及族群认同，熊十力对这些问题的思考和论证，明显是和胡适不同调的。

近代的民族问题起初是与反清的政治革命运动相联系，革命党以"驱除鞑虏"相号召，把满人判作"非我族类"。熊十力早年参加革命，不免有分别满汉之见。民国成立以后，基于大一统的理念，民族主义政策淡化了种族革命的情绪，突出了五大民族共和、平等、统一的内容。熊十力特别从学理上论证了五族同源、文化同流的事实。结合传世文献和考古发现，熊氏指出，中华民族是神州大地的土著，不是从

---

① "神性中国"的概念来自赵汀阳，参见其《惠此中国：作为一个神性概念的中国》一书（中信出版社，2016 年）。

② 参见王汎森：《一个新学术观点的形成——从王国维的〈殷周制度论〉到傅斯年的〈夷夏东西说〉》，氏著《中国近代思想与学术的系谱》，吉林出版集团有限责任公司，2011 年，第 307—322 页。

③ 周予同：《五十年来中国之新史学》，《学林》第 4 辑，1941 年 2 月，第 28 页。

其他地方迁徙而来。华族的远古祖先就是周口店出土的北京人种。

> 此北京人之子孙，一支留于神州本部者，即今所谓汉族是也。亦支蕃衍于东北者，即今所谓满族、古之东胡等是也。一支蕃衍于朔北，内外蒙古等地域，即今所谓蒙古之匈奴等是也。一支蕃衍于西北甘、新诸省，并蔓延于中亚细亚等地域，即今所谓回族、古之氐族是也。一支蕃衍于西藏、青海等地域，即今所谓藏族、古之西羌是也。自考古学家发现北京人，而后知吾五族本自同源。易言之，即五族血统，同出于北京人。[1]

远古时期的北京人是来自非洲，还是西伯利亚，抑或是原住民，这可能存在争议。熊十力将其判定为中夏之土著，华族之祖宗，批评时人妄倡中国人种源自西方的说法，这在学理上容或可商。不过，熊氏旨在维护《春秋》大一统的观念，他对中华民族的分派情形言之凿凿，就是要证明"中国民族（赅五族言）是一元的，是同根的"。[2]五族中又以汉族为本，汉族是三皇五帝的子孙，其他四族是汉族的苗裔，"四族之始，皆为夏人，自中原流徙于边塞。本支百世，不忘亲爱"。[3]自三代以还，各民族在分流、争战、杂处、交际中继续融合，

---

① 熊十力：《种族推原》，氏著《中国历史讲话（外三种）》，上海古籍出版社，2019年，第 15 页。
② 熊十力：《种族推原》，氏著《中国历史讲话（外三种）》，上海古籍出版社，2019年，第 25 页。
③ 熊十力：《种族推原》，氏著《中国历史讲话（外三种）》，上海古籍出版社，2019年，第 17 页。

始终趋向政治、伦理、文化的大一统格局。

中华民族的融合不只体现在血统上，还表现出文化同源的一体性。中国作为民族多样的国家，历来是在文化同源的理念下，构建民族与文化的共同体。罗素曾把中国称为"文明国家"，熊十力赞成此说，他曾表示："我听说英国罗素先生曾有一句话。他说，中国并不是一个现代国家，而是最高的文化团体。（不知此语有忆错否，但意思却是如此。这话说得好，用不着多敷说。）我国人向来爱和平、贵礼让，不肯使用凶蛮手段。无阶级于内，无抢夺于外，就因为他常有维持最高文化团体的观念。这便是他的国家观念。由中国人这种观念扩充出去，人类都依着至诚、至信、至公、至善的方向去努力，可使全世界成一个最高的文化团体。岂不大美？岂不大乐？"①熊氏不仅接受"文明国家"的说法，肯定五族共和而成一文化团体；他还相信这种国家观念具有包容性和普遍性，不似西洋列强的国家观念，展现出极大的狭隘性和侵略性，故为中华民族的生命计，为宇宙真理计，为全人类谋幸福计，我们都要保全固有的高尚文化，而且应该将其推扩于全世界，作为全人类的共同存在方式。

熊十力所谓中国固有的高尚文化，始于庖牺氏画八卦，中国的文字、算数（科学）、哲学等由此肇端。"自伏羲至唐、虞，科学思想便甚发达。"②先民在天文、算数、音律、医药等知识方面开化甚早，在同时期的世界民族中，其成就堪称绝伦。"至于政治和社会方面，种

---

① 熊十力：《关于修中国通史的意见》，氏著《中国历史讲话（外三种）》，上海古籍出版社，2019年，第28页。
② 熊十力：《关于修中国通史的意见》，氏著《中国历史讲话（外三种）》，上海古籍出版社，2019年，第44页。

种制度的创造，由伏羲而至尧舜，便已大备。"[1] 其后，夏商周三代沿袭上古政俗，文明程度愈加进步。熊十力引用《礼记·表记》论夏商周三代文明演变之势，他特别说明，殷商已开西周之风，殷周文明乃一脉相承。这有别于胡适《说儒》将殷周判作两个民族、两种文化。上古文明发展至孔子而弘扬光大，"孔子之政治思想以伦理为本，实导源于尧、舜"。[2] 如熊氏《原儒》称孔子赓续泰古以来圣贤之绪而集大成，开内圣外王一贯之鸿宗。孔子在宇宙论上发明力用刚健的本体，宇宙万化无穷，万变不息，万象昭著，都是源自这个刚健的力量。这种宇宙本体观应用到人类生活上，每一道德主体和宇宙是同一大生命，即凡应事接物，必能生生化化、自强不息。宇宙既是充满人性的创生实体，吾人道德的本源便非寄托于某种客观而外在的超越存在，而是以自家天性为本源。又因吾人天性同源，吾族血统同源，同质的文化基因和血统基因容易生出"民胞物与"之念。中国哲学的内在超越特质，使熊十力相信，它是优胜于西洋哲学的文化形态。熊氏认为，中华民族之所以在不断分化后，始终能够完成内部的大一统，即是由于这种固有的高深文化，它深植于中华民族的血脉和精神之中，令民族的团结变得自然而然。熊氏相信，中华民族在现时代的存续与否，既有赖于吸收西洋的科学，更当阐扬吾族固有的哲学文化，尤其是孔子的思想，以为做人的根本，立国的精神。

熊十力谈中国通史的写作体例时，可谓最重视民族和文化问题。

---

① 熊十力：《关于修中国通史的意见》，氏著《中国历史讲话（外三种）》，上海古籍出版社，2019年，第44页。
② 熊十力：《关于修中国通史的意见》，氏著《中国历史讲话（外三种）》，上海古籍出版社，2019年，第38页。

其于民族问题是强调五族同出一源，于文化问题则不仅注重其同源性，还特别突出孔子思想的正统地位。他说："孔子哲学，自来在吾国学术思想界，号为正统派。"① 先秦诸子百家皆为孔学的支流，诸子提倡个人主义、国家主义、世界主义、社会主义和科学、民主、自由、平均、法治等理论及价值观念，凡此均可在孔学中找到渊源。由是，中国通史或文化史的写作，须将上古累圣明德相传的高深文化表而彰著之，更要阐扬孔子创立的儒学，以作为今日中国哲学的中心思想，从而护持固有的学术思想和道德信条，维系中华民族的团结和统一。

尽管熊氏晚年放弃了上古三代道统、治统相承的观念，称孔子在三代小康礼教之外，创立太平、大同之义，别开大道学派之新学统。但熊氏所谓孔子的晚年定论，并非与五族同源、文化同源的说法相歧。他始终认为，中国文化自上古至孔子是一脉相承的，殷周的学术思想当是如此，不得视为两个文化系统。唯须承认的是，殷周文化尚且存有宗教性的神道色彩，殷人率民以尊神事鬼，周人崇尚礼乐，事鬼敬神而远之，然在熊十力看来，周文王本事天之学而演《易》垂教，其义仍属宗教性质。熊氏并不否认三代文化存在宗教传统，他要强调的是，孔子破除宗教、创明哲理，建立以天地万物一体为宗，以成己成物为用的内圣学，和以天下为公为本，以人代天工为用的外王学。前者指乾元性海的宇宙本体，在哲理层面论证道德底形而上学；后者指器物制度的利用厚生，在实用层面阐扬民主、科学的理论。儒学的鸿基在于此，中国学术思想的宗脉也在于此。

---

① 熊十力：《关于修中国通史的意见》，氏著《中国历史讲话（外三种）》，上海古籍出版社，2019 年，第 57 页。

　　思想溯源的方法内含一种进步的历史观。人们接受达尔文进化论，并将其应用于知识与文化领域，认为思想文化的发展遵循单线直进的规律，如梁启超所谓进化是"德慧智术演变之公例"。学者根据知识进化的观念，将人类文明的发展线索描述为由宗教而至哲学，再进化为科学。胡适等将巫史文化确立为中国学术思想之源，巫史文化实则含摄宗教神学。熊十力深受进化论的影响，他并不完全否定知识进化观，从文化人类学的角度看，他深信中国学术思想的起源处，亦充满神道、术数之学。但他指出，伏羲八卦采自占卜家，却不只是宗教而已，还是哲学思想之深源。伏羲的易象已寓含哲理的意义，至孔子作《周易》，始完全断绝术数，而纯为哲学思想的大宝藏。故以《周易》为根柢的儒学，不属于历史学，也不属于宗教学，而是属于哲学。就此而言，儒学固然是孔子依经释义所创，如再向前追溯，则为伏羲的八卦之理。但儒学自本自根绝非宗教，儒学的基础和规模亦非伏羲易理所能囿限，乃是奠基于孔子创作的六经。熊十力说："中国学术导源鸿古，至春秋时代，孔子集众圣之大成，巍然为儒学定宏基。春秋战国之际，诸子百家蜂起，……而儒学实为正统派。"[①]孔子为儒家大祖，儒学非但不是出自老子或道家，反而是诸子百家的根源。当然，孔子的儒学集上古思想文化之大成，并非中国学术思想的最初源头即是儒学，但儒学为诸子百家肇开端绪，又塑造了汉以后的学术形态及其内容，于中国学术思想可谓有导源开化之功。

　　在雅斯贝尔斯的轴心时代理论中，"哲学的突破"是轴心期文明的一大特征。熊十力未必了解雅氏的学说，或许是东西哲人心同理

---

① 熊十力：《原儒》，上海古籍出版社，2019年，第17页。

同，他的"原儒"在某种意义上，即是论证孔子创立的儒学实现了"哲学的突破"，开启了轴心时代的华夏文明历程。这种导源性的工作体现为内圣外王之道，而内圣是外王之本。熊十力从两个层面论证孔子的内圣学，一是本体论中的天人不二义，二是宇宙论中的心物不二义。就天人关系言，"天"具有多重意涵，或用以指称宗教之上帝，孔子儒学中的"天"是和"道"一样，同为本体之名，犹《易》之乾元、太极，《春秋》之元，《论语》之仁，《中庸》之诚，王阳明之良知等概念。①

天道统摄万德万理，德和理是人道的大纲，本体之天肇始万化而成就万事万物，天却非外在超越的实体，必即人道而征验之，故是人之所以为人的内自本因。天道刚健，生生，恒常，天道之实现于己身，则能成就智仁勇的道德主体。这种"天人不二"论的意义，一方面是确认人与天地万物同本同源，彼此间无所谓界域等级的差别，更不存在如宗教家所谓外在超越而具主宰性的实体，不致由宗教不平等因之宇宙观，生出人与人、人与物之间的等级义；另一方面，人与万物的存在根源皆在内自本因，要待吾人以自力开辟，以自力创造，以自力发展，勉力精进而刚健、进步不已。洞彻天人之际的道德主体绝非柔弱迂缓之人。针对章太炎、胡适等以"濡"释"儒"，且引《儒行》为证，说儒者原是筋柔力弱的懦夫。熊十力自然不能同意，他说《儒行》十五儒中的"忧思之儒"，"是孔门狂简高才之后裔，大道学派之儒也"。②如果说儒家中有柔弱者，那是指拥护帝制的小康之儒，

① 关于天、道等概念的诠解，参见熊十力：《原儒》，上海古籍出版社，2019年，第189—196页。
② 熊十力：《乾坤衍》，上海古籍出版社，2019年，第42页。

大道派之儒倡导革命，具有博大的同情心和坚强的意志力，已然将天道内化于本心，而转化为官天地、府万物、司化育的权能，其道德清净、健动、活泼、真实、圆满、日新，焉有所谓柔软懦弱之态。

就心物关系论，熊十力以心为体，以物为用，他依据《周易》发明心物、体用不二之理。《易》云：乾元资始，坤元资生。在熊十力的解释中，乾为生命、心灵，坤为物质、能力，乾坤的两种势用为翕辟。翕势摄聚而成物，因此翕即是物；辟势恒开发而不失其本体之刚健阳明，因此辟即是心。翕辟恒相俱转，无一先一后的次第，心物也是同体，无先后可分。所以，心物皆因本体之翕辟而同时俱起，同具本体之刚健诸德，"穷理"或"究体"必于心物之中一并探寻，如说理即心或理在物，唯在心体上明理，或执着于物之理，则不但是分心物为二，亦且不能由此而明理见体。根据"心物不二"义，熊十力指出中国哲学的主流不是唯心论或唯物论，并不以精神为宇宙本体，或以物质为宇宙本体，从无唯心与唯物的偏颇。心物既是不二，心指具备本体意义的本心，物乃本心所生，故不存在外在超越的主宰，全无宗教迷执。同时，即物穷理有助于认识本心，究明本体，儒家对"物"的态度，既非逐物而不反，亦非遗物而穷神，心不是被物所异化，心不仅能够认识体察物，还能化裁改造物。从认知上说，儒家不反智，而注重穷理的科学探索；从化裁上言，儒家反对物化，主张挺立人的主体性，相对于物而得大自在。

总之，心物、天人不二即是体用不二，中国哲学的开端在此，其精髓在此，民主、科学、均平等现代性价值亦蕴含于此。熊十力相信，中国在先秦时期已实现"哲学的突破"，其代表性事件是孔子创立儒家哲学，由此开启先秦诸子百家争鸣的时代，奠定了中国的轴心文明。儒家的天人与心物不二之论，兼具普遍性和现代性的内圣与外王之道。相较于西洋哲学而言，熊氏认为："欧西人日趋于凝固、卑隘，无刚大宏放之气概，无包通万有之睿智，无与人类休戚之情怀，其哲学之贫乏由来久矣。"[①] 中国哲学则与此相对，尤其是儒家哲学崇尚刚健、生生、清净的道德，包通天人、心物之睿智，关怀人间世的公平与正义，因而充满活泼泼的生机。

当我们结合熊十力关于中华民族与文化的探源来讨论其"原儒"时，那么，他对儒家哲学的溯源，也就是探寻中国学术思想的源流，由此贞定孔子和儒学在中国学术思想史上的地位。熊氏透过"儒学即哲学"的命题，说明哲学是中国固有的高深文化，中国哲学的发源即如古希腊哲学的兴起，在其本源处即蕴含一种具有普遍性的人类意识的觉醒，现代性的种种价值观念及理论，均能在孔子的儒学中找到思想基因。熊十力所在的时代，西方思想界关于人类文明发展的种种理论，通常表现出两大特点，一是欧洲中心主义，以欧洲文明作为人类文明的正宗；二是知识进化观念，以为欧洲文明是唯一具备普适性和现代性的文化形态，欧化是世界上其他地区及其文化的必然演变之路。雅斯贝尔斯的轴心时代理论打破了欧洲中心主义，熊十力确认孔子创立的儒学犹如古希腊哲学，这是从比较文化视域触及了轴心时代的议题，呼应了两次世界大战之后，人类对欧洲现代文明的反思运动。熊氏反复申说，中国哲学表现出内在超越的特质，不至如种种唯神论、唯心论、唯物论等造成内圣与外王之间的偏失。中国哲学归本于穷理、尽性、至命之道，尤其注重内证于心而外形于体，这区别于

---

① 熊十力：《原儒》，上海古籍出版社，2019 年，第 206 页。

西学之重分析和思辨，故熊十力相信，儒家知行合一的性理之学将指引人类走出当下的存在困境，为人类未来的太平世界点亮明灯。所以，他始终反对"欧化"是"中国文化向何处去""中国向何处去"的唯一路径，他认为知识不必然是进化的，至少知识进化的链条并非如西化论者所谓以科学代替哲学，或以西学取代中学。熊十力主张回归原典，重建新的经书系统，即其所谓"四经"，据此阐发最具本源性的儒家哲学，以作为中国文化走向现代的宗脉和根柢。

第三节 《易》为中国学术思想之源

熊十力以"哲学"界定儒学，他的"原儒"在某种意义上，既是对儒学的溯源，也是探索中国哲学之起源。熊氏反复申述，中国哲学的本源与正统是儒学，儒学肇端于《易》，《易经》是一切学术思想之源。然而，中国有无哲学？中国哲学源于史官，还是道家，抑或儒学？《易》是卜筮之书，还是哲学经典？《易经》与先秦诸子的关系如何？凡此种种问题的解答，学者意见不一，聚讼纷纭，熊十力在"原儒"中提出了其"独断之见"。[①]

"哲学"概念和哲学学科来自西方的文化传统，中国是否有哲学，中国哲学的起源、特质及其合法性何在？这是百年来存在争议的问题，并延伸到"原儒"的讨论中。熊十力是一个文化保守主义者，但他并不排斥西洋舶来的"哲学"概念及其理论体系，他不像梁漱溟、

---

① 章学诚《文史通义·答客问中》："高明者多独断之学，沉潜者尚考索之功，天下之学术不能不具此二途。"章氏所谓"独断之学"，不是指排他、封闭的学问，乃如熊十力说宗经之儒自造思想体系。

刘咸炘等反对以"哲学"界定儒学和经学。在熊十力的思想语境中，哲学是人们关于宇宙、社会、人生的本源、存在、发展之过程、律则及其意义、价值等根本问题的体验与探求。[①]轴心时代的各大种族、族群因生存环境、生存体验等差异，对宇宙实体、存在方式、生命样态、理想世界等问题的认知，以及对这些问题的表述和论证方式，呈现出相似而又不尽相同的理解和期许。这就决定了世界上有共通的哲学意识和哲学问题，而由于各大轴心文明具有特殊的思考方法和观念体系，使得问题的解答导向了不同的进路，从而产生形态别异的哲学类型。换言之，"哲学"是一个普遍性与特殊性共存的概念。熊十力认为儒学开启了中国轴心期的"哲学的突破"，那么，"中国有哲学"就是一个毋庸置疑的问题。问题在于，儒学为中国哲学奠定的特质如何？他在《原儒》中说，中国哲学讲究本体现象不二、道器不二、天人不二、心物不二、理欲不二、动静不二、知行不二、德慧知识不二、成己成物不二等，[②]归结起来即是体用不二，因而没有唯心和唯物的一元论，以区别于西方哲学传统中的绝对唯心论和唯物论。针对时人批评中国哲学毫无系统，熊十力指出："凡成系统之理论，其含义便尽于其所持之论，更无余蕴，而六十四卦之妙直是无尽藏，此意难为不知者言，呜乎深微乎！"[③]所谓"系统"，并非指形式或结构上的首尾一贯而已，乃是指义理或内容的宏博精要，如冯友兰说的"实质上的系统"。[④]就儒学而论，熊氏说晚周儒家的六艺经传有千万数，

---

① 这是郭齐勇为"哲学"概念下的定义，适合于熊十力对"哲学"的理解。参见郭齐勇编著：《中国哲学史·导言》，高等教育出版社，2006年，第1页。
② 熊十力：《原儒·序》，上海古籍出版社，2019年，第2页。
③ 熊十力：《原儒》，上海古籍出版社，2019年，第15页。
④ 冯友兰：《中国哲学史（上）》，中华书局，2014年，第21—22页。

可谓宏博；同时，儒家穷天道性命之源，"六艺以格物备物、化裁变通乎万物为用"，此乃其精要。熊氏以《易经》为例，一则说《易》"六十四卦含藏万有，摄无量义"，再则说《易》之道广大悉备而归本穷理尽性至命，故易学是"博而有要"，[①] 具备内在一贯的系统。《原儒》《乾坤衍》等著作即是要寻出易学，乃至中国哲学的实质的系统。

"中国有哲学"是一个毋庸置疑的问题，中国哲学从何说起，则是一个可以商议的问题。胡适起初研究中国哲学史，有意做东西哲学的比较研究。他写作《说儒》时，转而认为中国有思想而无哲学，于是从比较宗教学的角度来审定原初的儒学，而非从比较哲学的角度来诠释儒学。大概是因为观念的变化，胡适《中国哲学史大纲》采取"截断众流"的方法，并接受章太炎《原儒》的观点，以老子为中国第一位哲学家，最早创立形而上学和思辨哲学。这种认识体现在《说儒》中，是以儒学的本源为巫史文化，老子是先于孔子的"老儒"，他对巫文化做了人文理性的转化，作为一种思想流派的儒学，实则是对老子思想的继承和发挥。熊十力没有写过"中国哲学史"之类的著作，但《原儒》在一定意义上似可视为其梳理先秦哲学史的作品。他在此书中寻绎中国哲学的起源，探讨六经与诸子、儒学与诸子学的源流关系。如前所述，他把儒学确定为中国哲学的本源和正宗，周秦诸子学皆导源于此。需要进而追问的是，儒学"游文于六经之中"，那么，六经又以哪部经书为本？《汉书·艺文志》称《易》为五经之原"，熊十力极为服膺此论，反复申述其义，意在论证《易》是中国哲学最原初的文本，《易》该摄内圣外王之道，是一切学术思想的根源。

---

① 熊十力：《原儒》，上海古籍出版社，2019 年，第 15—16 页。

关于六经的排序，汉世以前存在两种不同的说法，一是以今文经学家为代表的"诗书礼乐易春秋"说，二是以古文经学家为代表的"易书诗礼乐春秋"说。周予同认为，后一种序列体现的是历史演进意识，即从思想发展先后来安排六经的次序，而《易》是最古老的经典。[①]熊十力的看法与此相似，他说：

> 余谓孔子五十岁以前，其学盖本于尧、舜、文、武诸圣政教之宝录，所谓《诗》《书》、艺、《礼》，（今称实用派。）……自五十学《易》，而后其思想界别开一新天地，从此上探羲皇八卦，而大阐哲理，是其思想之一大突变也。[②]
>
> 孟子称孔子集大成，（见《孟子·万章篇》。）则孔子所承于古代者，当不止尧、舜、文、武一派之绪。伏羲远出尧、舜以前而为《大易》之开山，孔子五十学《易》既有明征。[③]

熊十力把孔子思想分成前后两期，前期指五十岁以前效法尧舜文武的政教，其代表性典籍是《诗》《书》《礼》、艺；五十岁以后师法伏羲的《大易》八卦，阐发哲学义理。伏羲生活的年代远在尧舜之前，《大易》的写作年代也就早于《诗》《书》《礼》、艺。这是就六经的原初文本的产生时间先后言。六经既是三代相传的典籍，又经过孔子的

---

① 朱维铮编：《周予同经学史论著选集（增订版）》，上海人民出版社，1996年，第6页

② 熊十力：《原儒》，上海古籍出版社，2019年，第22—23页。

③ 熊十力：《原儒》，上海古籍出版社，2019年，第27页。

改写和再创作，故就六经之在孔子思想的轻重及先后论，《易》同样是五经之源。

> 孔子晚而作《易》，其作《春秋》与《礼运》《周官》更在《易》后。①
>
> 《易》为五经之原，《春秋》仅次于《易》，以视他经，则又独尊焉。……《礼运》《周官》二经皆继《春秋》而作。《乐经》与《礼运》《周官》相辅而行。《诗》《书》经传当作于二礼之后。……五十学《易》而后，思想大变，观察世变益深，于是作《易》《春秋》、新礼诸经。（新礼谓《礼运》《周官》。）此其后，必将重理早岁《诗》《书》故业，予以改造。……由孔子早年思想言之，《诗》《书》为最先，（先者，着重之意。下仿此。）由孔子晚年定论言之，《易》《春秋》为最先。②

类似言论常见于《原儒》一书。孟子称"孔子晚而作《春秋》"，《汉志》将《春秋》序次于六经之末，大概是以其作于礼乐之后。熊氏因尊崇《春秋》，将其写作时间定于礼乐之前。熊氏还以小康、大道界定孔子前后期的思想内容，尧舜文武相传的《诗》《书》原属小康之教，《易》《春秋》《礼运》《周官》等"四经"属于大道之学，故在孔

---

① 熊十力：《六经是孔子晚年定论》，氏著《原儒》，上海古籍出版社，2019 年，第 340 页。
② 熊十力：《六经是孔子晚年定论》，氏著《原儒》，上海古籍出版社，2019 年，第 345—346 页。

子思想中,《易》《春秋》最为重要。《易》包通内圣外王之道,其他经书则详于外王学,于内圣学则略焉。因此,无论从写作时间上说,还是从义理源流上看,《易》堪当为群经之原,可谓是儒学之本,乃至是中国学术思想的根柢。

诚然,熊十力的论断缺乏客观、实证的依据,他说:"中国一切学术思想,其根源都在《大易》",[①] 这是儒学史和经学史的一贯见解,而现代哲学史的写作注重文献材料之真伪的考证,熊氏之说未必能使人信服。因在现代疑古思潮的冲击下,从前被尊崇为孔子创作的常道之经,其成书时间和内容性质,如今都成了有待考辨的问题。如《易》是卜筮之书,还是哲学经典,学者的意见不一。从《易经》诠释史看,汉代易学主象数,宋代易学主义理,然无论汉宋,易学是象数与义理并存的。现代学者依据进化史观,从知识和思想线索的演进逻辑考辨《易经》,往往将其视为一部层累地形成的作品,卦画和卦爻辞等是最原初的内容,其功能主要用以占卜和筮问吉凶。即便是阐发义理的《易传》"十翼",许多学者亦否定其与孔子的关系,审定其属战国或两汉儒家所编撰。如此,《易》虽然保存了远古时代的文化基因,但《易》的内容从"天文之学"转向"人文之学",或者说从术数之学转向义理之学,是发生在战国时代而完成于西汉初年,并非中国哲学史上的第一部典范性文本。

熊十力既疑古,又信古,他是在疑信之间采取释古的态度。就《易》的成书时间和内容性质言,熊氏接受疑古学者的意见,认为古《易》创始于远古时代的伏羲,卦画和卦爻辞尚未脱尽宗教术数的窠

---

① 熊十力:《新唯识论(语体文删定本)》,上海古籍出版社,2019 年,第 125 页。

曰；他又强调，伏羲初画八卦的意旨是要穷究宇宙本体的神化妙用，为辩证法之导源，蕴含精奥的哲理，非唯神道设教而已。熊氏还采纳今文经学家的"孔子作《易》"说，称孔子五十学《易》，上探伏羲八卦，依卦爻辞阐明天地宇宙运行不息和万化万物变动无穷之理，尽扫天帝、神异之迷信，归宗于宇宙本体及其神化妙用之探究。概括言之："易学始于羲皇之八卦，为中国学术思想之大源。孔子以前之《易》大概为术数与哲理二者交杂之仓库。"[1]伏羲随顺初民的信念，以天帝为万物之本原，孔子始建乾元以统天，明示天帝不得为万物主。[2]故经孔子改作以后，《易》的"本体论则废除上帝，于心物问题则主张神与气本不二而亦有分"，体用不二之义既明，辩证逻辑之理始定，而《易》纯然"为哲学界之根本大典矣"。[3]如上所述，熊氏还信守古文经学家的"《易》为五经之原"说，群经和诸子皆是演绎《易》之理，《易》就是中国哲学史上首部典范之作，乃中国哲学的大本大源。熊十力此论综合了古今诸学派的说法，显然是针对胡适《中国哲学史大纲》"截断众流"的写法及其《说儒》称老子先于孔子的观点。

《易》因何是中国哲学之原？这一问题的解答涉及"中国哲学史"的叙述方式。其实，在哲学史的研究中，学者关注的紧要问题，一是形而上学的存废，二是唯心与唯物的分派，三是哲学与科学的关系。首先，关于形而上学的存废及其在中国哲学的表现形态。因受西方哲学诸流派的影响，国内学者或主张废除形而上学，或建议将形而上学科学化。这就决定了他们对本土的形而上学传统的评判态度，或

---

① 熊十力：《原儒》，上海古籍出版社，2019年，第225页。
② 熊十力：《原儒》，上海古籍出版社，2019年，第233页。
③ 熊十力：《原儒》，上海古籍出版社，2019年，第80页。

宣称中国完全没有西方哲学史意义上的形而上学，或以为中国的形而上学缺乏逻辑实证的特质。人们采用"中世纪"的概念来描述中国哲学（思想）史，把儒学类比于西方的宗教神学，亦有否定儒家的形而上学之意。熊十力明确表示："哲学之本务，要在穷究宇宙基源"，[①] 即探讨宇宙本体之究竟。新派如胡适、傅斯年等，旧派如梁漱溟、吕澂等，均反对应用西方哲学的宇宙论、本体论来诠释儒学。熊十力则以"明体""究体"为哲学的第一要务，着意吸收西方哲学之长，结合《易经》"乾元统天"之意，以建构其体用不二的宇宙本体论。他说："古《易》实以天帝为万物之原，其言天复分体用，穹窿之形是天之体，刚健而运行不息是天之用。"[②] 中国哲学的宇宙本体论始于《易经》，其中包含体用不二的原理。所以说："古《易》体用之分，遂为中国哲学立定宏规，确与西洋异轨。"[③] 中国哲学源自《易经》，且自其本源处已表现出超越于西洋哲学的特质。孔子创发哲理，破除宗教，"其于《易》著乾元统天之义，而上帝遂为乌有先生"。[④] 在熊十力的理解中，孔子的乾元性海本体之所以区别于西方的本体论，因其"不是僵死的、机械的、纯粹客观的、外在的'自然本体'，而是生生不已、刚健自动、主客内外合一的'生命本体'；不是自外于宇宙万象和人类生活的所谓'超绝本体'，而是合天地万物于一体，将宇宙人生打成一片的、动态的有机整体。同时，它又是内在的'道德自我'即'道德主体'"。这样的本体既是超越的，又内在于人的生

---

① 熊十力：《原儒》，上海古籍出版社，2019 年，第 233 页。
② 熊十力：《原儒》，上海古籍出版社，2019 年，第 227 页。
③ 熊十力：《原儒》，上海古籍出版社，2019 年，第 233 页。
④ 熊十力：《原儒》，上海古籍出版社，2019 年，第 224 页。

命，"体现了人的最高本质，涵盖了天地万物，主导着自然宇宙"。^①熊十力还特别指出，老子的生卒年代后于孔子，"道家之学本出于孔子《易经》"。^②老子的宇宙本体论以主一开宗，用"象帝之先"界定"道"的内涵，即明上帝不足为万物之主，其反宗教的本体论就是源自《易经》。可见，熊十力尝试从思想发展的源流论定孔子早于老子、儒家先于道家，他反对章太炎、胡适的"原儒"称儒家是道家的流裔。

其次，关于唯心与唯物的分派。东西哲学史上的宇宙本体论表现为多种形态，论其大要则不外是唯心论与唯物论。范寿康、张岱年和侯外庐等较早应用唯心与唯物相对的框架来撰写"中国哲学（思想）史"，20 世纪 50 年代以来，人们习惯采用这种二元对立的叙述方式。熊十力的《原儒》正是创作于上述写作范式流行的时代，他在书中评述此现象：

> 是故以西学唯心、唯物分裂之情形，而考核中国哲学，则显然可见者，自伏羲始开学术思想之源，下逮晚周，诸子百家发展极盛，而哲学界始终无有如西学以唯心、唯物分裂宇宙之异论，此中国古学特殊处也。^③

中国学术思想源自伏羲画八卦，卦象蕴含体用不二之理，同时讲究心物不二之义。伏羲首辨体用、心物问题，孔子修正上古以天帝为宇宙主宰之失，将本体收摄于吾人本心。本心是无对之全体，本心的澄明

---

① 郭齐勇：《熊十力哲学研究》，人民出版社，2011 年，第 26 页。
② 熊十力：《原儒》，上海古籍出版社，2019 年，第 38 页。
③ 熊十力：《原儒》，上海古籍出版社，2019 年，第 243 页。

可与宇宙大心相合。故孔子所谓"心"者，非只就其主乎吾身而言，乃是"通万物而言其统体"，^①万物即是心体之发用、流行。从伏羲到孔子，乃至诸子百家，无不讲求心物不二的原理，而无偏执精神或物质为本体者，故从未发生唯心或唯物的一元宇宙本体论。西学则是知有用而不知有体，因而发生一元唯心或一元唯物的偏见。熊十力指出："如以精神为本体，固是执现象为本体，易言之，即有以用为体之过。以物质为本体者，亦是执现象而莫睹其真。有用无体，云何应理？"^②心物原是本体流行的两方面，将心物分成二元，实乃只见现象而不知本原，固执于用而丧失其体，如此必不能真切地解悟体用，也不可能深切地澄明本心和穷究物理。因此，"自伏羲发明《易》道而后，中国哲学界不唯无一元的唯心论，亦无一元的唯物论"，^③《易经》的体用、心物不二论奠定了中国哲学宇宙本体论的基本形态，从先秦诸子到宋明的张载、王阳明等，皆谨守此一道理而建构其哲学体系，如用唯心与唯心二元对立的框架叙述"中国哲学史"，则其诠释通常是不得要领。

其三，关于哲学与科学的关系。哲学与科学是人类认识世界和解释世界的两种基本形式。按照传统的约定，哲学主要指形而上学、知识论、逻辑学等，科学是关于自然的探究。这种区分最初是由柏拉图、亚里士多德所做出的界定，然在古希腊思想传统中，哲学与科学的边界是相对模糊的，人们认为"哲学是科学之母"。把哲学与科学看成是迥然不同的、实际上几乎是截然对立的两种知识类型，进而把

① 熊十力：《新唯识论（语体文删定本）》，上海古籍出版社，2019年，第288页。
② 熊十力：《原儒》，上海古籍出版社，2019年，第234页。
③ 熊十力：《原儒》，上海古籍出版社，2019年，第235页。

哲学与科学分属不同的知识领域和学科体系，是西方 18 世纪启蒙运动之后的事。现代自然科学的诞生及其发展，不仅因其所提供的世界图景深化了我们对世界的认识，而且因其表现出强大的认识世界和解释世界的能力，从而改变了我们的知识观念，重塑了哲学与科学的关系，人们宣称"科学等同于真理"，哲学如果要真切地认识世界及人类自身，必须应用科学方法来论证，经过科学化的改造。近代以来，中国哲学的研究和"中国哲学史"的书写是在哲学与科学的关系命题下展开的。正如"科玄论战"围绕人生观问题展开的争鸣分为两派，"中国哲学史"的创作在回答中国哲学与科学的关系，中国哲学的特质及其价值等问题时，同样分成科学派与玄学派。前者崇尚科学精神与科学方法，后者肯定中国哲学所注重的道德伦理学和生命境界论。当然，这两派未必是截然对立的，多数学者都想调和中国哲学与科学的冲突，或者说都希望从中国哲学转出科学精神。这样做的目的，旨在使中国哲学充分地科学化，让科学精神与科学方法在中国哲学传统中安身扎根，从而实现中国哲学与文化的现代转型。

熊十力不排斥科学，也不赞成哲学的科学化。他说："现世学术复杂，科学重要不待言。而综会各种科学思想，以深穷宇宙实相，（实相犹言实体。）人生真性，不能不有赖于哲学。"[1]科学帮助人们认识事物的律则，指导人们利用和改造自然世界，其重要性不容置疑。但"科学成功，却是要致力于支离破碎……所以于科学外，必有建本立极之形而上学，才是哲学之极诣"。[2]科学分析万物之理，至精至

---

[1] 熊十力：《读经示要》，上海古籍出版社，2019 年，第 209 页。
[2] 此语出自熊十力门人所记，而经熊氏审定。参见《印行十力丛书记》，萧萐父主编：《熊十力全集》第四卷，湖北教育出版社，2001 年，第 5 页。

细，然其研究对象止于现象界，而对宇宙全体的认识，却是不该不遍，陷于一曲。它既无法解释宇宙万化的起源，也不懂得人类生命之源，不能说明道德主体如何通过自觉的实践体验，上升或达到人与宇宙统一、与万物和谐一体的本体境界。所以，"科学的真理"如庄子所谓道术之分裂，并不能体察天地宇宙之全，"哲学的真理"方可备天地之美，称神明之容，包通内圣外王之道。这种穷究本源的真理，就是前文叙述的形而上学，导源于伏羲和孔子的《易经》。熊十力还指出："古代哲人学术，有包罗万象之概。"①《易经》就是兼备哲学与科学的元典，孔子"作《易》阐明万有万物万事之普遍原理"，②故"倡导科学之理论，莫盛于《大易》"。③孔子尊重知识，绝不反智，他提倡格物之学，肯定人类具有无限潜能的认知能力，还有发展知识的爱好，能够周遍地体察万物之理，这是主智的观念、科学的精神。

寻绎中国哲学思想史，"从帝尧人代天工之训，至孔子以逮荀卿，倡导科学之精神后先一贯"。④先秦诸子如墨翟、惠施、黄缭、公输子等，皆以科学名家，且均导源于《易》。因"古《易》首发明辩证法"，⑤"孔子作《易》，首以阴阳成变解决宇宙论中之心物问题，盖本其所观测于万物万事万化者，莫不由乎辩证法"。⑥再明白言之，"孔子于

---

① 熊十力：《读经示要》，上海古籍出版社，2019年，第209页。
② 熊十力：《体用论（外一种）》，上海古籍出版社，2019年，第217页。
③ 熊十力：《原儒》，上海古籍出版社，2019年，第112页。类似话语，常见于熊十力《乾坤衍》，如："《易大传》倡导科学之论，实以科学技术为社会生产建设之基本。孔子倡导社会革命思想，……纯以科学实事求是之精神与方法，拟定实行计划。"（熊十力：《乾坤衍》，上海古籍出版社，2019年，第269页）
④ 熊十力：《原儒》，上海古籍出版社，2019年，第120页。
⑤ 熊十力：《原儒》，上海古籍出版社，2019年，第234页。
⑥ 熊十力：《原儒》，上海古籍出版社，2019年，第222—223页。

《易》之《复卦》首明小辨术"。①熊十力说，小辨术就是西方的逻辑分析方法，先秦诸子称之为"名学"，这是格物学的利器。天地间的物理繁赜至极，须用逻辑分析法考察其同中之异和异中之同，然后能由表以入里，由粗而致精，究明万物间的因果关系。《复卦》所言尚简略，《易经》传记又多亡佚，犹幸《大戴礼》有《小辨》篇尚存鳞爪，其称孔子对鲁哀公问忠信云："内思毕心曰知中，中以应实曰知恕。"（今《大戴礼记·三朝记》）根据熊十力的解释，"内思毕心"指内心具有思维的功用，而人的思维能够依据感觉摄入的万物万象，即所谓感性材料，反复地分析与综合其特性，据此构造无数抽象的概念，以表述万物内在的理则，从而构成重重无尽的理法界。②所以，孔子《易经》的格物学是以实测术为基础，以辩证法为工具，而归本于化裁天地、开物成务，即开发自然界无限物资，满足人类生活的需要。中国现代学者常说，《道德经》最先发明对立统一的矛盾原理。在熊十力看来，老子的辩证法是窃取于《易经》，先秦名家之学莫非导源于此。故哲学史或名学史的写作，应该从《易经》说起，而非老子。

以上阐述熊十力从哲学的本体论、科学的方法论及中国哲学无唯心与唯物二元对立的特质等方面，论证《易》为中国学术思想之源。这一本源肇端于伏羲画卦，其宏基则奠定于孔子作《易》。显然，熊十力是依据西方哲学关注的问题域，而将《汉志》的"《易》为五经之原"说，推演发挥而愈广大精微。《汉志》称儒家"宗师仲尼，游文于六经之中，留意于仁义之间，于道最为高"，熊十力是赞同的。

① 熊十力：《原儒》，上海古籍出版社，2019 年，第 117 页。
② 参见熊十力：《原儒》，上海古籍出版社，2019 年，第 117 页。

《汉志》说儒家"祖述尧舜，宪章文武"，熊氏则未必同意。他认为尧舜文武开创的政统属小康礼教，他们皆未曾赞《易》或作《易》，孔子的《易经》是宗主伏羲。由此可见，熊十力对儒学起源的审定，乃至对中国学术思想源流的认识，又与《汉志》是同中有异。《易经》的哲理化同时开启了儒家哲学，儒学自其起源处即已扫尽宗教色彩，为中国哲学确立人文理性主义的典范。现代学者的"原儒"常以宗教界定儒学，诸如康有为的儒教说，胡适的悬记说，牟宗三的人文宗教或道德宗教说，凡此皆与熊十力的观点不同调。儒学是否为宗教，这是见仁见智的问题。然《易经》原属卜筮之书，这似为确凿的事实。而孔子曾否作《易》，或《易经》中哪些内容出自孔子，这实在难以确证。熊十力的论证看似言之凿凿，实乃哲人之思，可谓独断之学，却非科学见解。

第四节　诸子为儒家之流裔

"即道原儒"方法预设的前提是，儒学代表确定性常道。熊十力说，经为常道，宗经的儒学是千古学统之道脉。[①]那么，常道是否为儒学之所私？诸子百家是否有得于道体之一端？这些问题的解答反映出如何认定经子关系。熊十力既将儒学视为中国学术思想的本源和正统，诸子自然是儒学（代指"经学"，下同。）的支与流裔。熊氏的思想体系融贯经子、会通儒释道，他认为诸子皆有得于六经道体之一

---

① 需要说明的是，"儒学"概念的意涵，如熊十力所谓宗经申义、上酬先圣的学问，他实际上是把"儒学"等同于"经学"。

端，不仅持之有故而言之成理，且在赓续中有所发挥和创造，可与儒学相印证，乃至补充儒学之所未尽者。因此，他的《原儒》注重论述儒学（经学）与诸子学的源流关系，以呈现周秦哲学史中经子之间的互动互渗现象，进而阐述中国哲学的特质及其现代转型之路。

康有为编撰"两考"时，传统经学还维持着最后的荣光。熊十力写作《原儒》时，六经及其经学的权威性与神圣性已然瓦解，诸子学的研究则方兴未艾。从当时学界的主流认识看，经与子的势位完全颠覆了古代儒者所谓正统与异端对立的情势，人们宣称经学的研究应该结束，中国哲学的未来则冀望于诸子学的复兴。熊十力要为往圣继绝学，他表彰六经是包天地、通古今的常道，但他不排斥诸子。他说："六经、诸子皆哲学大典。"[1]中国哲学在现代的创造性转化和创新性发展，不仅要诉诸经学的阐扬，还要求之于诸子学的发展。六经虽是常道，但不能固守六经以言道，诸子百家发明的道体，其实可与六经互证互补。熊十力对此有完全的自觉，他说：

> 宇宙真理无穷无尽，非一家之学所能测，譬如大洋水非一人之腹所能饮。然复须知，凡成家之学，其于无穷无尽之真理本不能见其大全，而决非绝无所见，若绝无所见，即不得成为学术。故每一家之学，即就其所见到处逐渐推广求精求详，然其推广之领域终属有限。易言之，凡成一家之学者，即是自辟一天地，而亦自囿于其天地之内。[2]

---

[1] 熊十力：《原儒》，上海古籍出版社，2019 年，第 226 页。
[2] 熊十力：《原儒》，上海古籍出版社，2019 年，第 48 页。

宇宙真理之大全非儒家所能私，诸子也能成一家之学，自辟思想天地，阐明宇宙真理的大概。无论从常道或真理的发现看，还是从中国哲学的未来说，熊十力并不拘囿于六经，他是博采诸子之长，以建构其思想体系，《原儒》重建的学统就涵括了诸子学。所以他说："《原儒》言《易》，明明宗孔子，老、庄皆以神气生于太虚，《原儒》亦言之。"[1]老庄之学与《易》的关系如何？熊氏的论述体现了他对经子关系的思考。

　　熊十力肯定诸子学的思想价值，是基于其"诸子源出于儒"的认识。《汉书·艺文志》称诸子为"六经之支与流裔"，康有为的"原儒"认同此论，熊十力也是如此。他说："春秋、战国之际哲学派别，其最伟大者当推六家：曰儒，曰墨，曰道，曰名，曰农，曰法。儒家宗孔子，为正统派，自余五家其源皆出于儒。"[2]因此，熊氏反复申论：儒家是"华夏学术思想界之正统，诸子百家靡不为其枝流余裔。"[3]儒家是正统，然诸子不是异端，因其源出于儒，故诸子学与儒学是同质的，共同分享常道或宇宙真理之大全。民国以来，许多学者考辨诸子学与六经的关系，及老子与孔子的年岁先后问题，或主张六经成书于战国，孔子确曾问礼于老子。那么，《汉志》所谓经与子是源流关系，其实未必能成立。这体现在多种哲学思想史的叙述中，老子和道家成了中国学术思想的本源，诸子学成为周秦哲学史的大宗。胡适的《说儒》及其《中国哲学史大纲》即是典型例证。熊十力确信

---

[1]　熊十力：《致刘静窗》（1958年2月2日），载《熊十力论学书札（增订本）》，上海古籍出版社，2019年，第239页。

[2]　熊十力：《原儒》，上海古籍出版社，2019年，第28页。

[3]　熊十力：《原儒》，上海古籍出版社，2019年，第28页。写作于《原儒》之前的《读经示要》就说："诸子之学，其根底皆在经也。"（熊十力：《读经示要》，上海古籍出版社，2019年，第9页）类似言论，常见于熊十力的各种著述。

"经为常道"，儒家是中国学术思想之源。他也接受"子学即哲学"的命题，以"哲学"确认经与子是同质及源流关系。哲学史的研究既要探源，也要溯流，其本源为六经，其流裔是诸子，源与流之间的内在演进理路，反映出经与子的互动及周秦哲学史的发展脉络。

　　那么，经与子的源流关系如何？或者说，儒学与诸子学的源流关系究竟怎样？《汉志》没有细致地辨析，章学诚的《文史通义·诗教上》曾有说明，他是以阴阳、天地、五行、法制、刑名等传统概念来论述诸子与六经的源流关系。① 然熊十力并不赞成章氏的"六经皆史"说，他也未采纳章氏的经子源流论，而是结合现代学术话语和东渐之西学，以心物、科学、民主、平等等概念来论证诸子学如何承续六经，并强调《易》为中国学术思想之源，故从根本上说，诸子学皆源出于《易》。

　　　　《春秋》正辞之学，归本辨物。后来荀卿乃至墨翟等家
　　皆演《春秋》之绪，以切近于群理治道，实事求是为归。②
　　　　道家之学原本《大易》，孔子之枝流也。③
　　　　故《春秋》经主张天下一家，建立人类共同生活之规
　　制，即天下之财公之于天下之人人，则社会上厚藏之阶级必

① 章学诚《文史通义·诗教上》云："《老子》说本阴阳，《庄》《列》寓言假象，《易》教也。邹衍侈言天地，关尹推衍五行，《书》教也。管、商法制，义存政典，《礼》教也。申、韩刑名，旨归赏罚，《春秋》教也。其他杨、墨、尹文之言，苏、张、孙、吴之术，辨其源委，挹其旨趣，九流之所分部，《七录》之所叙论，皆于物曲人官，得其一致，而不自知为六典之遗也。"（章学诚著，叶瑛校注：《文史通义校注》卷一《诗教上》，中华书局，1985年，第60页）
② 熊十力：《原儒》，上海古籍出版社，2019年，第4页。熊十力说："《墨子·大取》等篇，名学甚精，其源出于《春秋》尚可考也。"（熊十力：《原儒》，上海古籍出版社，2019年，第28页）
③ 熊十力：《原儒》，上海古籍出版社，2019年，第29页。

先夷灭务尽，而后全人类皆无不足之患。老云"无藏也，故有余"，正符斯旨。①

名家之学，其源出于《易》《春秋》。②

《诗》亡然后《春秋》作。农家思想亦出于《诗》，固《春秋》之旁支也。③

《管子》之书虽后人所造，然必齐、鲁间儒生感礼让为治，不可起衰救敝，于是变而崇法，创成学说，托为管子之所著书。自其书行，而后法家学派始张矣。④

概括而言，墨家的名学出于《春秋》，道家、名家皆原本《大易》《春秋》，⑤农家出于《诗》《春秋》，法家创自齐鲁间儒生。⑥诸家的渊源中尤以《易》《春秋》为重，《易》乃是中国学术思想之源，《春秋》

---

① 熊十力：《原儒》，上海古籍出版社，2019 年，第 37 页。
② 熊十力：《原儒》，上海古籍出版社，2019 年，第 41 页。
③ 熊十力：《原儒》，上海古籍出版社，2019 年，第 91 页。
④ 熊十力：《原儒》，上海古籍出版社，2019 年，第 45 页。
⑤ 熊十力指出，墨子及其后学别墨皆是名家大师，名家源于《易》《春秋》，墨家只说出自《春秋》，因熊氏认为："墨子好格物之学，犹秉儒术，而其非攻则与《大易》昌言革命之旨相违反。"（熊十力：《原儒》，上海古籍出版社，2019 年，第 55 页）
⑥ 关于诸子与六经的关系，熊十力在多种著作中均有论述。《读经示要》言之颇详："诸子之学，皆原本六经。名家者流，自《易》《春秋》出。名家，发明思维术，示人以如何去观察与判断事物，而能得其理，无有迷谬。《易》《春秋》二经，皆深于名理，为后来名家导其源，此无可疑者。墨家者流，自《春秋》《尚书》出。墨子尚贤、尚同、兼爱、兼利等思想，皆本《春秋》太平世义，而推演之。其《天志》等篇，则本《尚书》。……法家者流，自《礼》与《春秋》出。……法家之学，盖通《春秋》升平，与《周官》之旨，将使人类离据乱之陋，而相习于法治。……道家者流，自《大易》出，老子言一生二，二生三，即本《易》之每卦三画，而疏释之也。……农家者流，自《诗》出。《三百篇》讽刺社会与乱政之诗甚多，此农家革命思想所由兴。……凡此数大学派，皆出于六经。诸家思想脉络，的然可寻。"（熊十力：《读经示要》，上海古籍出版社，2019 年，第 154—155 页）

则仅次于《易》，^①二者为群经所宗，^②亦为诸子所本。因此，"晚周六大学派，儒为正统，墨、道、名、农、法，同出于儒而各自成家，各辟天地，猗欤盛矣！"^③但熊氏特别说明，诸子未必如儒家之信奉六经、宗经申义，大多是通过攻击儒家，标新立异，自创一家之学，而与儒家共同成就了中国轴心时代的"哲学的突破"。

首先，以心物问题论道家与《易经》的关系。哲学是西方的舶来品，以此谈论中学的前提，首要是界定其涵义。熊十力指出，哲学是以解决宇宙人生根本问题为其主要任务。^④这与胡适《中国哲学史大纲》的定义相近。不同的是，对于宇宙人生问题的解决方法，胡适诉诸科学理论，熊十力则认为科学的发达不能彻底解决宇宙人生的问题，而要有待宇宙本体论的探究。谈宇宙论须辨明体用、心物问题，伏羲八卦已涉及体用之义，至孔子作《易》，然后体用、心物之理乃昭如日月。伏羲犹随顺先民的上帝观，以上帝为有形体的超越者，孔子则破除宗教，以乾元为万物实体。它是万理之原、万德之端、万化之始，是无形相的、绝对的、永恒的、清净的、刚健的，具有超越性、真常性、能动性、创造性、变易性和无穷无尽的大用。这样的本体不是超绝于万事万物之上的人格神或造物主，乃是与天道相合的人的本心。^⑤

---

① 熊十力：《六经是孔子晚年定论》，氏著《原儒》，上海古籍出版社，2019 年，第 346 页。
② 熊十力：《原儒》，上海古籍出版社，2019 年，第 4 页。
③ 熊十力：《原儒》，上海古籍出版社，2019 年，第 48 页。
④ 熊十力：《原儒》，上海古籍出版社，2019 年，第 278 页。
⑤ 关于本体的规定性，熊十力说有四义："一、本体是万理之原、万德之端、万化之始。（始，犹本也。）二、本体即无对即有对，即有对即无对。三、本体是无始无终。四、本体显为无穷无尽的大用，应说是变易的。然大用流行毕竟不曾改易其本体固有生生、健动，乃至种种德性，应说是不变易的.'"（熊十力：《体用论》，萧萐父主编：《熊十力全集》第七卷，湖北教育出版社，2001 年，第 14 页）熊氏在《新唯识论·转变章》概括为六义，可参见。

熊十力基本上是根据《易经》来谈体用、心物问题。

> 乾坤为万变万化万物万事所由出也。乾为神,(神者,
> 精神,犹言心也,非谓上帝或幽灵。)坤为质。(此言物质,
> 亦包含能力在内。斯义后详。)……神质本相反也,然乾以
> 刚健中正之德统治坤,坤以永贞之德顺承乾,此乾坤所以由
> 对峙而卒归统一也。(……心能认识物,解析物,体察物,
> 改造物,变化裁成乎万物,此心以刚健中正之德统治物也。
> 物顺从心,而发展其德用,此物之永贞也。)①

乾与坤犹心与物,皆是本体流行的两方面,乾坤相对而统一,心物亦相依而不二。由此知,本体不在心之外,一切事物也不在心之外,吾人与天地万物为一体,人与宇宙自然和谐一致,内心与外境浑然而统一。

熊十力是从上述诸义评述道家与《易经》的关联。熊氏指出,老子所谓复然无对、寂然无象的"道",就是本体之名,万物的本源,而心物是道的功用。老子用常无、常有界说"道"的规定性,熊氏以心物来说明,如常无指"心斡运物而无有形",常有指"物含缊心而显其质"。微妙无形的心是真常的、永恒的、绝对的、清净的,能够永葆其本体清虚之性;粗拙有形的物是暂住的、变化的、有对的、浑浊的,一旦由道凝聚而成质,则可能违背其本体之自性。《老子·四十二章》说:"万物负阴而抱阳,冲气以为和。"熊十力以"神质"解释,阴为质,阳为神,质是以凝聚万物为功,神则斡运、主

---

① 熊十力:《原儒》,上海古籍出版社,2019 年,第281—282 页。

领、开发乎质的功能，故老子说阴阳范畴犹《易》论乾坤、心物，阴阳冲和乃如乾元资生、坤元资始的势用，万物得之而各遂其性，由阴阳相依乃证成心物不二之理。且在熊氏看来，老子的阴阳冲和之语涵括宇宙论、人生论的意义。就宇宙论而言，本体的流行及其化成天地时，阴阳一齐俱有，其间虽有矛盾，亦有和谐，阴阳的对立统一构成了宇宙自然运行不息的动力。就人生论而言，《易传》说"继之者善也"，吾人继承阴阳冲和之气，以凝聚为性命，如是而人性无有不善。如此看来，"老氏于此处确实取诸《大易》，故于心物问题完全接受儒学，无有丝微争论"。[①]

儒道的差异在于，儒家的乾元本体是刚健的、超越的、内在的，老子的"常无"则是以虚无为本体。熊氏指出，老子所谓本体之"道"，是虚、神、质的混成，神与质皆自虚而生，故老子是以虚无立本。如果一意崇尚虚无，以创造实物实事为戒，万物可能遂性而至冲和之境，也将导致废除万物之用，令体用离析为二。孔子《易经》讲体用不二，主张在于万物万化的变动及其大用中认识本体，因而注重裁成天地、辅相万物，称体起用而使万物皆得其所，然后再由上达工夫，而发扬精神、灵性生活。所以，熊十力批评道家是"摄用归体"，而迥异于儒家的"摄体归用"。

从人生论的角度说，离用以求体则将超脱万物，遗弃现实世界而别寻真宰，这可能使人只求证会本体，皈依本体，对本体产生一种外在超越的感受，而于无意中忘却了本体是吾人的自性，未能体悟本体的无穷德用即是吾人自性的德用。其消极的影响是，将本体从吾人自

---

① 熊十力：《原儒》，上海古籍出版社，2019 年，第 222 页。

身推向外界，以为本体是外界独存的，是具有主宰力的、变化无穷的人格神或造物主，而吾人与万物皆是其变化所成，如此则人与物皆无自性，不过是偶然的、转瞬即灭的存在，宇宙人生譬如虚幻的空华。熊氏认为，庄子的"万物皆出于机"说，就是惊叹有外在的、唯一的造化之力，人与万物只是造化的玩具，人生无一毫自主自动的能力，也就无一毫意义，无一毫价值。人非但不可能弘道，也无弘道的必要，唯求独善自利、守弱自全而已，这就违背了儒家以仁为宗，推己及人的忠恕之道。当然，这是道家的短处，也是其良苦用心所在。因返归虚无之极，乃不失性命之正，众人将自化而呈现本来的清净自性，复归本心而能与万物一体，如此仍未悖反心物不二之理。

其次，以科学问题论墨家、名家与《易》《春秋》的关系。中国古代有无科学思想，中国近代科学的发展因何落后于西方？人们通常从传统哲学文化层面来追溯缘由，说先秦儒学及诸子百家均无关于科学知识的典籍，因而无西方文化传统意义上的科学思想。熊十力《原儒》特别予以辨正，他接受西方的知识观念，把数学视为各门学科知识的基础，从伏羲画八卦到汉人言象数、撰《九章算术》等，表明中国古代数学渊源甚远、造诣精深。其他如天文学、物理学、生物学、地理学、化学、医学、水利、机械等，或有载籍传述，或有实物遗存，足征中国古代原有科学思想。其起源即在伏羲的八卦，孔子不反智，极注重科学，其《易经》发扬"人代天工"的科学精神，所以说："倡导科学之理论，莫盛于《大易》。"[1]《春秋》本与《大易》相发明，书中详记各种灾异现象，一般儒者以为是神道设教，在熊十力

---

[1]　熊十力：《原儒》，上海古籍出版社，2019年，第112页。

看来，经书记载日食、星陨、水旱等变化，意在敦促人审察物理，认识自然规律，改造自然世界，兴修天文、水利等工程，以满足和改善民众的生活需要。可见，"《大易》《春秋》皆倡导格物之学"，[1] 墨家、名家的科学思想便受此启发。

熊十力称赞墨子、惠施、黄缭等是名辨学家，也是天才的科学家。名家思想宗主《春秋》，其要旨是"正辞必先辨物"。[2] 就正辞而言，是对概念、命题、推理的研究，相当于探讨思维形式、规律和方法的逻辑学。《易经》的小辨术和《春秋》的正名说包含逻辑分析方法，《墨经》、惠施、公孙龙等人的坚白、小大、异同之辨等承袭二经，并拓展了逻辑学研究的问题域。然如司马谈所言：诸子"皆务为治者"，名学不仅是以"实事求是为归"，通过逻辑推理而追求客观、实证的学问，还"以切近于群理治道"为目的。这就涉及明是非的价值判断，以及审治乱的伦常纲纪，也就是人生哲学和政治哲学的问题。只是，熊十力认为墨子、惠施都是知有仁，不知有义，他对墨家哲学的评价不高，而称赞惠施善名理、精哲学，并根据《庄子·天下》篇称述惠施的学说，论证其心物、神质不二的理论与儒学相通。就辨物而言，指辨析万物之理，掌握自然规律，并利用其改造自然世界。熊氏说，墨子和惠施不只是名家而已，且深通格物之学，《墨子·备城门》诸篇即是明证。从惠施的"遍为万物说"看，他既能研究自然科学，对物理世界的探索甚为深入，更难得的是，他富于求知欲，充满好奇心，向大自然里努力追求，希冀以一己的智力，穷尽宇

---

① 熊十力：《原儒》，上海古籍出版社，2019 年，第 119 页。
② 熊十力：《原儒》，上海古籍出版社，2019 年，第 4 页。

宙所有的秘密。故其识量宏伟，乐于分享知识，必与墨家一般，曾著书立说，可惜其科学典籍遗佚不传。所以，墨子、惠施等人的名学可与儒学相互补。

其三，以民主问题论法家与儒家的关系。现代学者批评儒家、法家拥护君统，依附帝制，即便是表彰自由的道家，也未尝昌言民主。中国古代有无民主思想，或中国古代的民主政制因何未能建立？熊十力对此问题的回答是，孔子思想有早晚两期，儒学因而有小康学派和大道学派之分，前者承续三代政教而存帝王制度，后者破除统治阶级而主天下为公。因六经被战国及两汉小儒窜改，天下为公的大同思想湮绝沉霾，致令民主学说未能转化为政治体制。所以，孔子及儒家原有民主思想，《礼运》的大同之道就是明证，《春秋》《周官》则主张废除绝对王权，实行民主政治，并且建构了虚君的民主共和制。那么，法家是否有民主思想？熊十力认为，晚周的哲学思想发展兴盛，法家当如其他学派一般，内部分派必定众多，其中应有人倡导民主学说，如《淮南子·主术训》记载的"法籍礼义者，所以禁君，使无擅断也。……法生于义，义行于众适，众适合于人心，此治之要也。……法者，非天堕，非地生，发于人间而反以自正"等语，就是采自法家中的民主论派。熊氏从三个层面来解说，一是根据"法生于义，义行于众"，称法家主张"废君而行民主之制"，因立法的最终依据在于天下民意，体现了民众互相扶助、互相制约的法理精神。二是进而认为，依据群众公意确定法制，这是民主政治的基础，而法籍、礼义等具有限制君权的功能，反映的是君主宪政的理论。三是从思想源流的角度指出，"晚周法家民主论派必由儒者首创"，因为"儒学本有民主思想，其变儒而为法亦甚易"，而且其中强调法籍、礼义并重，不是纯粹以

"法"为主。如谓"法者发于人间，而反以自正"，包含推己及人的恕道，实得真儒学的骨髓。[①]可见，"法家民主派，儒家气味深"。[②]

　　其四，以平等问题论农家与《诗经》《春秋》的关系。熊十力梳理平等思想的渊源说，上古三代政治体制均注重等级，由天子、诸侯、大夫构成了三层统治阶级，以少数人控制和剥削天下最大多数人，令天下多数民众成为无产阶级，他们劳苦力田而出纳赋税，以供养上层阶级。孔子哀怜悲悯下层民众，于是作《易》而表明与民众同吉凶、共患难的意志，又作《春秋》而彰扬贬天子、退诸侯、讨大夫的正义，再删定《诗经》而保存当时民众呻吟穷困的生活状态，故融会于诸经的一贯之道中，包括宣扬人格、机会、权利皆同等的平等观。熊十力说："农家之学，当出于《诗经》。"[③]农家未必源自一种职业，可能是学者同情《诗经》所描述的穷苦民众，乃因农事而号召君民并耕，据此推论立说，自成一家言。熊氏根据《孟子·滕文公上》记载陈相的言论，将农家思想概括为：一者，君臣与天下民众并耕而食，不许有统治阶级存在。二者，废止君统，破除上下等级制度，旨在使人类皆平等互助，而建立共同生活的制度。熊十力特别称道此"是真能实践《春秋》之道者"，[④]可作为太平世界的最高准则。三者，不分劳心者与劳力者，天下民众既共同耕作，又共同直接地处理政事，不需选举行使权力的人民代表，这近似无政府主义的绝对平等观。这样的农家思想既与儒家天下为公的大同之道相合，又与当时主

---

① 此段论法家民主派的观点和引文，参见熊十力：《原儒》，上海古籍出版社，2019年，第47—48页。
② 熊十力：《原儒》，上海古籍出版社，2019年，第243页。
③ 熊十力：《原儒》，上海古籍出版社，2019年，第45页。
④ 熊十力：《原儒》，上海古籍出版社，2019年，第177页。

流的社会主义理论和制度相契，熊氏给予高度的评价。

诸子学源自儒家，然诸子毕竟不像儒者那般宗经申义，往往是在采纳中批评儒学，由此推论演绎而成一家之言。用熊十力的话说，诸子百家虽源出于儒，然各持异论，各自开宗，而与儒家相抗衡，乃至是争立为正统。熊氏尊儒学为宗脉，从他的立场来看，诸子与儒学相异者，表明其既未探儒家内圣学的真髓，亦未悟儒家外王学的新义，故诸子百家思想纷歧的现象，反而阻碍了孔子新学说的发展，其中尤以道家、墨家、法家为甚。两汉以后，孔子新学说又受小康之儒的窜乱，致使真儒学沉霾不彰，且令中国哲学思想自此凝滞、无变化、无进步者两千数百年。这种正统说显示了某种程度的独断意识。不过，熊十力阐述儒学与诸子学的相通时，在一定意义上肯定了诸子学的思想价值，称道其可以补儒学之所不足。他说："墨翟、惠施、农家，或为科学之先导，或为社会主义之开山，皆儒家之羽翼，不可不延续其精神也。法家书罕存。《管子》可略考。道家有极深远处，亦有极不好处，取长舍短，不容绝也。"①这番表述与《汉书·艺文志》"诸子略"的结语相近，其意在以子证经（儒）、释经（儒），从而融贯经子。

上述诸问题的论证中，熊十力的陈述是否客观、实证，这是可以商榷的。熊氏曾慨叹，墨子、惠施的科学专著皆已散佚不传，法家民主论派的典籍和农家书也一字无存，然诸家是否如其所言，撰写了相关专著，唯有期待新文献出土，方能令人信服。由于文献不足征，熊氏对诸家的科学、民主、平等之思想的阐发，基本上是根据第二手材料，有些文字是否真实地出自所论对象，仍是存疑而值得讨论的问

---

① 熊十力：《原儒》，上海古籍出版社，2019年，第101页。

题。如熊氏引《淮南子·主术训》的话语，称其代表了法家民主论派的学说，这其实很难确证。同时，在心物问题上，如果依照思想发展线索由略而详、粗而精的现象看，把道家置于儒学之前，也许更为切近情理。当然，"宗经申义"是熊十力《原儒》的主旨，他以心物、科学、民主、平等诸问题论证六经（儒家）与道、墨、名、法、农的渊源关系，至少提示我们，经子关系命题源起于先秦，因六经与诸子都是哲学大典，故对此命题的探究，也就是绅绎先秦哲学思想史的发展源流，探寻中国哲学的特质及其内在更新机制。而且，熊十力放弃阴阳、天地、五行、法制、刑名等传统术语，采用科学、民主、平等等现代概念，通过这样的方式来探讨经子关系命题，借此促成中国传统哲学的创造性转化和创新性发展。

《原儒》作为熊十力的晚年定论，体现了他对"中国文化向何处去""中国向何处去"等时代问题的省思。探寻儒学的起源是本书的主脉，围绕此中心议题而展开的，一是以西方传来的"哲学"概念界定儒学的性质，说明儒学开启了中国轴心时代的"哲学的突破"序幕；二是通过阐明儒学与诸子学的源流关系，确认儒学为中国学术思想的本源，梳理先秦哲学思想史的发展变化；三是从现代学术视野和学术话语论证儒学和诸子学中包含科学、民主、平等的思想，回应时人对中国哲学与文化的批判；四是超越今古文之聚讼、汉宋学之嚣争，回归周秦儒学和诸子学，以儒学为正统，融会诸子学与西方哲学，重建中国学术思想的传衍谱系，强调"学统"既含摄德性之学，又包括知性之学，由此可以开出现代性的内圣外王之道。道体或学统的阐扬与赓续需要经典的承载，所以《原儒》以"回归原典"的方式，重建了"四经"系统，据此建构了新的经学思想体系。

"四经"：熊十力的新经学思想

"走出经学时代"是 20 世纪中国学界流行的口号。人们将晚清视为经学时代的终结篇，宣称经学到了山穷水尽的地步，经学时代已经结束，经学史的研究才刚刚开始。①经学在现代中国是否瓦解，这是值得讨论的问题。因为，建构的思想史与思想史之真实状况仍可能存在疏离。一方面是现代学者受各种思潮或主义的影响，往往先在地预设了某种立场，如以为经学已然失去现代性价值，六经必须束之高阁，通经致用的话语应弃置而勿言道，故其自然不再留意同时代的经学研究，由此而宣告经学之终结，这是一种立场的宣示，并非实事求是的科学研究态度。另一方面，经学的价值与存续体现在两个层面，即学术与政治。传统经学作为意识形态之学，是社会政治与文化道德

---

① 冯友兰《中国哲学史》所谓"经学时代"，指西汉至晚清的时段。范文澜说："经学已经到了山穷水尽的地步。"周予同说："经学时代已经结束，经学史的研究才刚刚开始。"

秩序的终极规范，这种规范性效应在现代中国正逐渐瓦解。如果从政治或今文经学立场衡论 20 世纪的经学，人们可能得出经学瓦解的结论。但是，这种化约论忽略了经学传统的多元化，以及现代学者对经学转型的探索，未必能反映当时经学研究之情实。因在学术研究的层面，依然有人持守"经为常道"的信念，而致思于传统经学的现代性转型。林庆彰主编的《民国时期经学丛书》全六辑，收录著作达千种，就其内容与方法而言，或继承汉学传统，或赓续宋学道统，或运用政治学、民俗学、社会学、心理学等现代学科和知识诠释经典，或应用实证主义、三民主义、马克思主义等理论阐明经旨，这展示了现代经学研究的多元化现象。多元化是经学典范失序的表现，也是经学典范转型和价值系统重构的应然过程，且预示了经学在危机中孕育着新典范，而非单纯地走向瓦解。

那么，如何建构新的经学典范？新典范的形态如何？这是一个见仁见智的问题。作为现代新儒学的开创者，熊十力因见清世拘泥于文字、音韵的考据，民初的新文化运动又号召"打倒孔家店"，科学主义的盛行则给了文化自信心以致命一击，所以他曾慨叹："经学既衰绝，古人成己成物之体要，不复可窥见。"[1]这种危机促使熊十力对传统经学进行反思与批判，但他并不赞成全盘否定的论调，而是以兴微继绝为己任，开坛授徒而讲演六经大义，旗帜鲜明地宣扬"经为常道"的信条，意在融汇古今中西的基础上，从孔子及其所代表的经书中开出体用兼备的内圣外王之道。

熊十力的经学思想原有前后之变，《读经示要》是其中年的代表

---

① 熊十力：《读经示要》，上海古籍出版社，2019 年，第 15 页。

作，晚年的著述主要为《原儒》《论六经》《体用论》《乾坤衍》等。
诚然，《读经示要》创作于废经、烧经的文化激进时代，旨在"解救
儒家经学于生死存亡之际"，通过折中、调和汉学与宋学，探索传统
经学的现代转型之路。但是，如果说熊十力"开创了经学革命化的
先河"，^①就其以"革命"一词诠释六经，以及熊氏对汉宋之学的批判
与贬抑，乃至他对经学典范的解构与重建而言，《原儒》等更具有革
命性意义。因熊氏晚年对经学转型的沉思乃是通过"回归原典"的方
式，从周秦儒家的经传中选择四部代表性典籍——《周易》《春秋》
《礼运》和《周官》，论证其为孔子所撰述的常道之经，据此建构新的
经书系统，此即熊十力所谓"四经"。

"四经"是熊十力经学思想的晚年定论，是他对如何回归和赓续
经学传统，以及对"中国文化向何处去""中国向何处去"等时代性
问题的省思。尽管梁漱溟及熊氏的亲炙弟子徐复观、唐君毅、牟宗三
等均对其"四经"持有异议，历来研究者虽曾措意，但针对"四经"
的专题性研究仍付阙如。^②本章将结合近代以来的"回归原典"运

① 刘小枫：《共和与经纶：熊十力〈论六经〉〈正韩〉辨正》，生活·读书·新知三联
书店，2012年，第56页。
② 林安梧较早肯认熊十力对"四经"的融会贯通，但没有深入分析其思想体系（林
安梧：《熊十力先生的孤怀弘诣及其〈原儒〉的义理规模》，《鹅湖月刊》1988年12月
第162期）。岛田虔次称熊十力对"四经"的解说是"汪洋恣肆"，即非基于学术史的
客观求是之论（岛田虔次著，徐水生译：《熊十力与新儒家哲学》，萧萐父主编：《熊十
力全集 附卷下》，湖北教育出版社，2001年，第970页）。刘小枫《共和与经纶：熊十
力〈论六经〉〈正韩〉辨正》（生活·读书·新知三联书店，2012年）主要关注熊十力
的《周官》学及其共和理念。聂民玉《体用不二——熊十力经学思想》（人民出版社，
2015年）探讨熊十力经学思想的前后之变，围绕体用不二、内圣外王、方法论等议题
而展开，甚少论及熊氏的"四经"，亦无专门章节阐发其中的思想体系。李祥俊《〈原
儒〉的裂变——熊十力晚年外王学体系新建构探析》（《孔子研究》2012年第1期）重
点论述"四经"的外王之学，其乾元性海的内圣学则付阙如。另如郭齐勇、（转下页）

动，且在与康有为的"六经五记"、章太炎的"四玄"等经书系统相比较的同时，阐发熊十力围绕"四经"而创构的新经学思想。

第一节 孔子与六经正名

儒家的经书是复数，十三经中的部分典籍由传记而升格为经，这是因尊经而并及经之支与流裔，其结果是混同了经传的名与实。乾嘉以降，章学诚、龚自珍以正名的方式，主张将十三经中除六经之外的典籍还原为传记和儒书，从而分别经传，使经与传记皆名实相副。晚清的康有为和章太炎在建构新经书系统时，首先是为六经正名，肯认六经为中华文明的大本大原，传记则是六经的支裔，甚或是真假杂糅的伪书。至于孔子与六经的关系如何，学者因立场不同而持论有异。今文经学家宣称六经是孔子所制作，古文经学家虽不以为然，但相信孔子曾以取义的方式纂述六经。然而，晚清今文学家对古文经传的辨伪既打破了十三经系统，消解了儒经的神圣性与权威性，也开启了民国时期的疑经辨伪思潮。许多学者在考辨经传的同时，进而否定孔子与六经的关系，宣称孔子既未作六经，孔子的"述"亦不过是整理文献而已。

熊十力信守"经为常道"的理念，以"斯文在兹"自期许，发愿要阐扬六经的内圣外王之道。如此，六经的本原何在，其与孔子的关系如何？这是熊十力所关心者，他通过正名的方式来解答这些问题。熊氏谓:孔子"手定六经，悉因旧籍，而寓以一己之新意，名述而实创。"①

（接上页）景海峰、程志华等着重围绕本体论、宇宙论、心性论、认识论等议题来阐明熊十力的哲学思想，既非专门探讨熊氏的经学，也就很少留意于"四经"。
① 熊十力:《读经示要》，上海古籍出版社，2019 年，第 152 页。

他赞成孔子作六经的说法，反对"六经皆史"的观点。但熊十力和古文学家具有同样的历史意识，他应用考据法梳理六经文本的形成和演变过程，如称孔子赓续伏羲的《易》，早年则祖述三代相传的《诗》《书》《礼》《乐》等。这表明熊氏并非完全接受今文学家的主张，对于"孔子以前，不得有经"的论断，他是持保留意见的。同时，熊十力颇受康有为和疑古思潮的影响，以为经书义理的诠释，其前提是先辨别伪书，因"孔子《六经》皆为小儒所改窜、变乱，汉儒传至今日之《五经》，皆非孔子原本"，[①] 故须正名，还六经与孔子之本真。《原儒》中的《原学统》篇即着重于"审定六经真伪"，《乾坤衍》亦包括两部分，先是辨伪，然后广义。辨伪是正名的一种方式，以此"求复孔子真面目，而儒学之统始定"。[②] 在经传的真伪问题上，熊十力甚至比廖平、康有为更加激进，他不仅认为经传中存在伪书，且断言六经已遭窜乱，而"改窜之祸，非独不始于汉初，亦不始于吕秦之世，盖始于六经之儒"。[③] 这是将造伪之人从刘歆上溯至战国儒家。可见，熊十力的正名说综合了晚清今文经学、古文经学及民国疑古史学的方法和观点。

　　熊十力的哲学思想以"体用不二"立宗，体是常，用是变，体用不二即是常与变相统一。他的经学思想也是如此，虽前后之间存在变化，但亦有其一贯之道，即以归宗孔子和六经而明体达用。相对于时人否定孔子与六经的关系，熊十力始终相信孔子承三代圣王之宝典和学脉而结集六经。至于六经文本及其义理的授受源流，熊氏中年讲论

---

① 熊十力：《乾坤衍·自序》，上海古籍出版社，2019年，第4页。
② 熊十力：《原儒·序》，上海古籍出版社，2019年，第1页。
③ 熊十力：《乾坤衍》，上海古籍出版社，2019年，第10页。

《读经示要》，大体上沿袭传统的说法，以为六经"上明天道，下详人事、物理"，赅摄一切穷理、尽性、至命之学。"孔子没后，七十子后学，发明经义，各有创获。"[1]战国儒家传授六经的文本，阐扬六经的常道，大小《戴》所载传记之文，实与六经相表里，盖"皆孔子微言大义，而七十子后学展转传述"。[2]两汉的今文学和古文学于六经之旨，各有所体认，亦有所背离。宋明诸大儒乃赓续六经道统，将天人性命之学与内圣外王之道发扬而光大之。如此，六经文本既未阙佚，六经义理传衍不息，故其全体大用无不明矣。值得注意的是，熊十力在勉仁书院讲学时，便以《大易》《春秋》《周官》三经教授生徒，而《读经示要》于六经中尤其尊尚《易》和《春秋》，还特别表彰《礼运》和《周官》，只是尚未揭橥"四经"名目而已。

在熊十力的晚年定论中，对于六经文本及其义理的授受源流，他几乎颠覆了《读经示要》的说法，这体现在他的《原儒》《论六经》《体用论》《乾坤衍》等著述中。首先，从文本的角度说，熊十力称六经皆被改易，并非孔子所作之原本。廖平、康有为等考辨经传，不过是将古文学家传述的典籍判作"伪经"，把篡伪之人追溯至西汉末年的刘歆，且极力证明六经未因秦火而亡缺，汉世今文学家隶定的六经，即是孔子的原本，今文传记便是阐明其微言大义。晚清的正统儒者已惊骇于廖、康之言，熊十力乃提出更为激进的说法。

　　孔子六经，七十子后学必稍有改窜，当未敢大乱其真，
及至汉初，群儒拥护帝制，自不得不窜乱孔子六经以为忠君

---

① 熊十力：《读经示要》，上海古籍出版社，2019年，第160页。
② 熊十力：《读经示要》，上海古籍出版社，2019年，第20页。

思想树立强大根据。诸儒大概采用孟轲、荀卿一派所传承之经本，而复有窜乱，此种推索决不远离事实。①

汉武与董仲舒定孔子为一尊，实则其所尊者非真孔学，乃以禄利诱一世之儒生，尽力发扬封建思想与拥护君主统治之邪说，而托于孔子以便号召，故汉儒所弘宣之六艺经传实非孔门真本。易言之，孔门真本汉廷必废弃之，方可售其伪也。朝臣与博士之徒既如此，则草野之士揣摩风会，欲其钻研真孔学必不可得也。晚周一切故籍无不灭绝，职此之由。②

类似言论常见于熊氏的晚年著述。他历数六经之厄：一是为七十子后学改窜，再是遭秦火焚毁，三是被汉儒窜乱，故篡伪者非唯刘歆而已，还有战国儒家及汉代的今文学家。③此种论断犹如今文学家的非常异义可怪之谈。熊十力也承认这是一种"推索"，尽管他尝试应用考据方法来确证，但他的考证亦如康有为之预先存了"成见"，其结论自然难以使人信服。

不过，熊十力志在成为创造思想的"宗经之儒"，而非追求客观

① 熊十力：《原儒》，上海古籍出版社，2019年，第59页。
② 熊十力：《原儒》，上海古籍出版社，2019年，第14页。
③ 熊十力《乾坤衍》说："古籍经秦火后，丧亡殆尽。此一厄也。晚周六国小康之儒，反对大道学派，而复将孔子五十以后之六经思想完全遮掩。汉初儒生拥护皇帝，承六国小儒之故技，必欲绝大道学派之遗迹。此又一厄也。前一厄，儒家经传之受害犹小，秦火不能烧尽民间之私藏也。后一厄，则小儒宗主古代帝王小康礼教。而藉口于孔子早年所常为门人传授，又共闻孔子自称'述而不作，信而好古'。于是小儒悍然改窜孔子晚年创明大道之六经，使其一变而为古帝王小康礼教之复活。小儒自以为有本师早年之教可依据，故毁弃六经而无忌惮也。"（熊十力：《乾坤衍》，上海古籍出版社，2019年，第22页）

实证的"释经之儒"。他曾表示:"余非敢以己意说经,实以所悟,证之于经而无不合。"①此乃陆象山所谓"六经注我"。因而,熊十力所论或非情实,然值得寻味的是,他如此立论的本意何在?那就是为孔子与六经开脱专制之罪,同时肯定孔子与六经内含民主、科学等现代性价值。新文化运动时期,西化论者套用孔德的社会发展阶段论,并根据社会形态来定义中国传统文化的性质,宣判孔子代表的六经及其道德伦常造成了两千年的封建专制社会,属于"丑恶病态的东方文明"(吴稚晖语),不具有现代性价值和向现代转化的可能。熊十力痛切于时人"妄为一切破坏之谈",且以攻击"经籍与孔子"和"打倒孔家店"相号召,②他立志要兴微继绝,阐扬六经的内圣外王之道,发明其中的民主、科学之理,首要的是回应世俗的非议。除了像多数的文化保守主义者一般,从六经中寻找契合现代性的思想资源,熊十力区别于众人的回应方式是"正名"。他指出,封建思想和君主统治是汉廷与今文学家共谋的结果,他们所利用的六艺经传已经不是孔子的真本,实乃窜改后的伪书。汉儒据此讲论忠君观念,以此维护封建帝制,所以中国古代社会的政治与纲常专制之罪,理应由伪经承受咎责,绝非孔子和六经。

其次,从义理的角度说,熊十力晚年认为,孔子及其六经的根本宗旨是大同思想,但无论是汉儒或宋儒,他们依据伪造的六艺经传而传授的是小康学说,由此建立的是君主专制的小康社会,并非孔子与六经所憧憬的大同世界。熊氏谓:

---

① 熊十力:《读经示要》,上海古籍出版社,2019年,第6页。
② 熊十力:《读经示要》,上海古籍出版社,2019年,第15页。

> 自吕政以焚坑之毒，摧残孔子儒学，大道学派无人继
> 承。汉兴，鉴吕政之败，遂利用小康之儒拥护帝制。诸小
> 儒奋起而寻求六国时小康学者之遗绪，亦事势之所不容
> 已也。[1]

秦汉以来的儒家承续战国儒家的小康之学，一则是摧残了孔子的真儒
学，再则是造成了两千年来的封建帝制。至于小康之儒拥护帝制的教
义，熊十力说：

> 余探汉学之源，发见其三论：第一纲常论，亦可云孝治
> 论，此从曾子门下传至孟轲，而汉人始专主之。次及第三，
> 天人感应与阴阳五行论，则导源战国时阴阳家，而汉人大推
> 演之。综观汉世儒生为拥护帝制计，而倡三论，实以曾、孟
> 孝治思想与阴阳家之术数互相结合，而饰其名曰孔子六经之
> 道也。自两汉迄清世，二千数百年儒生，疏释群经，皆以三
> 论为骨子，可谓不约而同。所谓朝廷之教令，社会之风习，
> 无不本于三论之旨意者。宋儒名为反对汉学，实则宋学之异
> 于汉者，只是存养心性工夫。而天人感应与阴阳五行之论，
> 宋、明理家始终夹杂其间，未能解其蔽也，唯象山、阳明于

---

[1] 熊十力：《乾坤衍》，上海古籍出版社，2019 年，第 63 页。另参见熊十力《与友人
论六经》："吕政禁绝学术，诸子百家一切废弃，不唯毁灭儒学而已。其说倡自韩非，
而吕政、李斯采用之。刘季祖孙承吕政之策而变其术，伪儒学既定为一尊，诸子坠绪，
百家遗业，不待历禁而自绝。六经原本既窜乱，诸儒注经又皆以护持帝制为本，中国
学术思想绝于秦、汉，至可痛也！社会停滞于封建之局，帝制延绵千年而不变，岂偶然
乎？"［熊十力：《中国历史讲话（外三种）》，上海古籍出版社，2019 年，第 249 页］

此存而不论。曾、孟之孝治思想则宋学派奉持之严，宣扬之力，视汉学派且有过之，无不及也。[1]

所谓三纲五常、天人感应、阴阳五行等学说，倡导"新文化"的学者称其为帝制的护符，熊十力也以为然。但他特别指出，天人感应论和阴阳五行说皆本于阴阳家之术，即便是倡自曾、孟的孝治思想，亦非孔子六经之道。熊氏对孝道及三纲五常的批判，是从现代社会崇尚的自由、平等、独立等精神立论，而且将汉学与宋学同时排遣。因在他看来，"朱子与周、程诸大师谈礼制或治道处则完全承汉儒奴化，或且变本加厉焉"。[2] 这与时人批评程朱的"存天理灭人欲"说相近。熊氏晚年对于宋学确有不少针砭之语，然与全盘否定传统文化的论调相异，熊氏的批评旨在为孔子与六经正名，通过辨析六经之道与汉宋之学的区别，证明孔子与六经反对帝制，而主张民主共和的政体。

作为现代新儒学的开创者，熊十力中年以前甚为推崇宋学，[3] 其新心学体系是在融摄唯识胜义和西洋哲学后，归宗于陆王心学。如前

---

[1] 熊十力：《原儒》，上海古籍出版社，2019 年，第 61 页。

[2] 熊十力：《与友人论六经》，氏著《中国历史讲话（外三种）》，上海古籍出版社，2019 年，第 247 页。

[3] 熊十力中年以前推崇宋学，主张分别汉宋。他说："汉代诸经师，守六籍（《诗》《书》《礼》《乐》《易》《春秋》，所谓六经是也。）而专言训诂，于经书中之名、物、度、数，详为考核，而于所谓义理或思想则不之及也。虽解圣人之书，而于圣人之道昏如也。此所谓守文之学也，经生之业也。及两宋诸儒出，专精义理，始发挥孔孟之哲学思想，以反对印度佛家思想。其为学也，注重于人伦日用践履之间，身体力行，起居言动与酬酢万变之际，务使无一不合于道而中于礼。其胸怀清洁纯明，超出于万物之表。故于宇宙真理、人生本原，脱然神悟，而真参实悟默契孔门之旨，有以深造自得。与汉儒考据之学，区以别矣。程朱诸老导其先，后之哲士多秉其流。世乃有宋学之称，以与汉学相别云。"［熊十力：《中国历史纲要》，氏著《中国历史讲话（外三种）》，上海古籍出版社，2019 年，第 110 页］

引文，在传统政制和伦常的问题上，熊氏批评宋明理学家时，仍然维护象山和阳明。在心物和体用的关系问题上，熊氏也是如此。他说："宋学严于治心，自不得不疏于治物。"①心与物因而分成两截。由此看，"宋儒识量殊隘，只高谈心性，而不知心性非离身、家、国、天下与万物而独存"。②宋儒治学的精神只专注在人伦日用间存养工夫，却疏于道问学的博文工夫，违背了心物不二、体用不二的原理，故缺乏探究自然现象之公则的科学知识。针对时人以唯物哲学诠解张载的气论，熊氏说："太虚是气之本体，气是太虚之功用，何尝以气为元乎？即体非用之体，而用亦非体之用，是其体用互相离异无可救也。"③在他看来，张载及宋代诸儒均非唯物论者，不甚留心于自然物理，致令体与用、心与物皆离析为二。阳明学"则心物本来俱有，而不可相无。心无形而体物，物凝质而从心。涵受乎心者物，引发乎心者物，从心之化裁而与之俱转者亦物。心则默运乎物，主领乎物，认识体察乎物，化裁改造乎物。二者相需以成用，不可相无"。④熊十力强调，阳明赓续《大易》乾坤之奥义，发明心物、体用不二的道理，并非纯以心识或精神为本体的唯心论。

熊十力谈心物关系，其实关涉科学与哲学的异同问题。他说科学是以物质宇宙为研究对象，而不过问物质的终极本体，然以孔子六经及阳明学为代表的中国哲学，既专精于格物穷理，明察万物的翕辟成变，且穷究万物之源的形上本体，因而在哲学中蕴含科学之义，由此

---

① 熊十力：《原儒》，上海古籍出版社，2019 年，第 92 页。
② 熊十力：《原儒》，上海古籍出版社，2019 年，第 93 页。
③ 熊十力：《原儒》，上海古籍出版社，2019 年，第 243 页。
④ 熊十力：《原儒》，上海古籍出版社，2019 年，第 245 页。

可以开出现代的自然科学。于是通过正名的方式，熊十力从政制与心物的角度，为孔子与六经开脱了专制之名，并论证了其中蕴含民主、自由、平等、科学等现代性价值观念和思想理论。

再次，分别六经与传记。所谓"常道曰经，述经曰传"（《文心雕龙·总术》），经是圣人所制作，寓含确定性的常道；传是经师诠释六经的作品，是常道的演绎，未必代表常道。唐宋以来，传记被升格为经书，以致混淆了经与传记的名实。乾嘉以降，章学诚、龚自珍主张为六经正名，要把十三经中除六经之外的典籍还原为解经类传记或儒家类子书，将经之名与实归还于六经。晚清的康有为、章太炎都赞成为六经正名，从而分别经书与传记。但各家的说法略有差别，熊十力的正名说也和诸人有所不同。比较而言，章学诚和章太炎持守"六经皆史"说，他们从历史视角考察六经的创作及其演变过程，以为六经是"先王之政典"，记载三代以来的典章制度，并非孔子所独立创作。龚自珍虽是今文学家，但他在为六经正名时，亦未明确指出孔子曾作六经，反而称六经为周史之宗子。康有为在正名时，乃断言孔子作六经，孔门弟子所述谓之传记，七十子后学所口传谓之说，故六经与传记及经说等不得混淆。熊十力早年就说六经是孔子所作，他晚年撰写《六经是孔子晚年定论》一文，说孔子五十以后"始作六经以昭后世，是为其晚年定论"。[①] 至于孔子作六经的宗旨，熊氏云：

> 夫圣人作六经，（……圣人删定，自有取义，且必为传，以发其义，是乃以述为作。）创发天下为公之道，废除统治

---

① 熊十力：《六经是孔子晚年定论》，氏著《原儒》，上海古籍出版社，2019年，第331页。

阶层及私有制，而极乎天下一家之盛。《春秋经》虽亡，董生
私语马迁曰：贬天子，退诸侯，讨大夫。《礼运篇》尚存倡大
同、斥小康诸义，《周官经》明明为民主与社会主义导先路，
《诗》存下民之哀吟，《书》为帝者所阴毁，《乐经》导人以
和，太平之原，实在乎是。皇皇五经，同出《大易》。[1]

一言以蔽之，六经之道归宗于天下为公的大同思想。而六经的所指，
熊氏反复论证，《仪礼》创始周公，汉儒当有附益，故"不容淆乱六
经"，[2]孔子撰写的礼经指《礼运》和《周官》，《书经》指出于孔壁的
《古文尚书》，《乐经》虽亡而略存于《周官》，其余三经与古代经生所
论无异。这似是折中于晚清的今古文经学之间。

可是，经过康有为及疑古史学派的辨伪后，现代学者基本不信孔
子曾作六经。针对熊氏的说法，谢幼伟指出："独有一事，足为是书
（按：《读经示要》）之病者，即是者必欲以六经为孔子所作，或必为
孔子之思想，而所提证据又不甚充足。"[3]这一批评同样适用于《原儒》
《论六经》等。非唯六经而已，熊氏晚年说《礼运》《周官》均出自孔
子，这可谓是发千古之所未言者，如此惊世骇俗的论断，既缺乏确凿
的证据，自然得不到时流的支持。熊氏未尝不知，他晚年将儒家者流
分为"宗经"与"释经"两派，是要明白宣示，他意不在考据，亦无
所谓实事求是与否，其目的在于挺立中国文化的精神，为中国哲学思

---

① 熊十力：《六经是孔子晚年定论》，氏著《原儒》，上海古籍出版社，2019年，第
336页。
② 熊十力：《原儒》，上海古籍出版社，2019年，第64页。
③ 谢幼伟：《熊著〈读经示要〉》，萧萐父主编：《熊十力全集（附卷上）》，湖北教育
出版社，2001年，第713页。

想指点一个未来的方向。所以他极力反对时人诋毁经书，而执着地表彰孔子和六经，以此作为中国文化之根系和命脉，及其返本开新的渊薮。

相较于孔子的六经，传记是七十子及其后学诠释经书的作品。此等言论多见于《原儒》。

> 孔子六经亦名六艺。六经者，《易经》《春秋经》《诗经》《书经》《礼经》《乐经》。司马谈所云六艺，盖专指六经。凡经有孔子亲作者，有孔子口说、而弟子记之者亦名为经。……六艺，专指孔子六经。……传者，弟子依据经义而推广之是名传。①

> 两《戴记》与《荀子》俱宜删定为传，附《周官》以行，但原本皆不可废。②

> 宋、明诸老先生倡理学，探源孔门，而宗四子，不可谓无见。然《论语》皆圣人应机之谈，孰为酬大机语？孰为酬劣机语？若不能分辨，非善学圣人也。《学》《庸》为七十子后学所记，其文字颇有脱落与搀杂。孟子有特长处，短处亦不少。倘抉择未精，学之何能无病？诸老先生皆杂染禅法、《道论》(《老子》之书，古称《道论》)，究非尼山嫡嗣也。③

---

① 熊十力：《原儒》，上海古籍出版社，2019年，第12页。类似话语见于《体用论》："经，则孔子所作，或孔子口说而弟子记之，亦称经。传，则弟子承师说而推演者为多。"〔熊十力：《体用论（外一种）》，上海古籍出版社，2019年，第179页〕
② 熊十力：《原儒》，上海古籍出版社，2019年，第68页。
③ 熊十力：《原儒》，上海古籍出版社，2019年，第93页。

概括而言，六经是孔子所制作，代表确定性的常道；七十子及其后学所述的传记，乃"所以解释经旨也"。[①]不仅是两《戴记》和《春秋》三传，推崇阳明学的熊十力还主张取消"四书"的经书名义，将其还原为解经类传记和儒家类子书。如此分别经书与传记，从而为六经正名，其持论与康有为、章太炎等相近。

就正名的原因而论，康有为、章太炎分别以其今古文经学立场而排斥对方崇尚的经传，熊十力之所以要正名，目的是将常道之名实归之孔子与六经，而其直接的导因是，熊氏认为经传皆被改窜，必须"从汉人所传来之六经，穷治其窜乱，严核其流变，求复孔子真面目，而儒学之统始定"。[②]正名的第一步是辨伪，如此才可能恢复孔子与六经的真貌，进而溯源经学和儒学的正宗学统。熊氏所谓六经，指《易经》《古文尚书》(出于孔壁)《诗经》《礼经》(包括《周官》《礼运》)《乐经》《春秋》，这涵括了今文经学和古文经学的文本及其传统，体现出某种调和今古文经学的意向。每部经书的改窜和存佚情况是：

> 《诗》《书》二经，一依古史删定，一依古诗删定，皆孔子雅言。惜乎《书》之经与传都亡，《诗》则三百篇尚存，而孔子之传，汉初人已无授者。《乐经》有《周官·大司乐章》可信，或别有专经无可考矣。[③]

---

① 熊十力：《六经是孔子晚年定论》，氏著《原儒》，上海古籍出版社，2019年，第340页。
② 熊十力：《原儒·序》，上海古籍出版社，2019年，第1页。
③ 熊十力：《原儒》，上海古籍出版社，2019年，第75页。

> 六经虽窜乱或全亡，而《易经》大体无改。汉人以术数
> 家之说窜入者确不少，兹不及论。《春秋》经传虽亡失，而
> 以纬书、何休《公羊注》及他经相参证，其大意尚可寻也。
> 《周官经》不能无改易，而大体犹可识，此与《春秋》之思
> 想为一贯。①

孔壁《古文尚书》和《春秋》经传皆已亡佚，《乐经》仅存《周官》中
的《大司乐章》，②《诗经》尚存而其传散佚，《礼运》仅篇首大同小康两
段是原文，唯《易经》和《周官》大体无改而犹可识。③熊十力多次
提及司马谈称"六艺经传以千万数"，他相信孔子对于六经必有解说之
"传"，"然可惜者，孔门群籍虽自汉兴多献于朝，而汉朝固任其废弃莫
肯护惜"，④《汉书·艺文志》亦未著录，以致孔门真本亡失殆尽。如此，
六艺经传已残缺不全，孔子的大同思想遂沉霾而不得其传。因而，必
须通过正名的方式，确认六艺经传的真本，然后据此阐扬真孔学。

通过辨伪和正名，十三经已被还原为六经，这不仅意味着"四

---

① 熊十力：《原儒》，上海古籍出版社，2019 年，第 101 页。

② 熊十力《乾坤衍》："《周官·大司乐章》不足以当《乐记》。《礼记》中之《乐记》，
更非《乐经》。……故《乐经》全亡。"（熊十力：《乾坤衍》，上海古籍出版社，2019
年，第 25 页）《大司乐章》只是略存《乐经》之意，并非即是《乐经》。

③ 熊十力《乾坤衍》："《周易》上下篇，本是孔子作。而《艺文志》承刘歆，则称
为文王作。歆实本之于六国之儒也。然自西汉传来之《周易》上下篇，却是经六国小
儒改窜之伪经，非孔子原本也。"（熊十力：《乾坤衍》，上海古籍出版社，2019 年，第
73—74 页）《原儒》尚称《周易》大体上保存完帙，《乾坤衍》则称之为伪经。在辨伪
问题上，《乾坤衍》较之《原儒》更加激进和彻底，宣称六经均被改窜。

④ 熊十力：《原儒》，上海古籍出版社，2019 年，第 13 页。熊十力《乾坤衍》："孔子
《六经》之制作，其体裁特妙。每一经皆分为经和传。经提纲要，其文字简括（简者，
简而不繁。括者，包括多义）。传者，依经而作，详说其义，期无遗漏。"（熊十力：
《乾坤衍》，上海古籍出版社，2019 年，第 20 页）

书"的圣经名义被取消了,也表明宋儒依托"四书"而建构的道统亦随之被瓦解。道统说滥觞于孟子,发皇于韩愈,完成于朱熹。尽管陆王心学一系还有不同的意见,然诸家论述的道统谱系中,对于先秦代表性圣贤的看法,基本上是一致的。熊十力的晚年著述则不以为然。一方面是从经书文本的授受源流看,熊氏认为六经是孔子所作,孔子固然依托的是上古相传的经典,但六经未必曾经上古圣贤编纂、述作或诠释。如《易》为五经之原,汉儒及程颐、朱熹等肯定文王重卦之事,熊氏的《读经示要》亦相信其事,《原儒》则称重卦出自伏羲,卦象寓涵哲理的意义,文王演《易》犹解说《易》,并未作卦辞、爻辞,且文王本事天之学而演《易》垂教,义属宗教思想,孔子则破除宗教、创明哲理。故熊氏谓:"《周易》完全为孔子创作,本与文王无干",又说:"孔子作《周易》宗伏羲,非宗文王"。[1]另如《诗》《书》《礼》《乐》四部,熊氏以为其中记录了尧、舜、禹、汤、文、武等领导先民、肇开华夏的一切经验和政教或道艺,孔子五十以前的修己与教人,是以此四部之学为根据。然孔子五十学《易》后,思想大变,于是作《易》《春秋》,并"重理早岁《诗》《书》故业,予以改造",[2]已非上古圣贤之原本。至于《春秋》《礼运》《周官》等,完全是孔子手定的作品,与上古圣贤无关。

另一方面是从经书义理的授受源流看,熊氏将孔子思想判分为早晚两期,早年祖述尧舜,宪章文武,传授小康礼教,晚年写作六经,

---

① 熊十力:《原儒》,上海古籍出版社,2019年,第231页。类似表述,参见熊十力:《乾坤衍》,上海古籍出版社,2019年,第72—74页。
② 熊十力:《六经是孔子晚年定论》,氏著《原儒》,上海古籍出版社,2019年,第346页。

创明天下为公的大同之道，已然是在上古圣贤之外自立道统。至于孔子道统的授受源流，在先秦有大道学派传衍之，如子夏传《春秋》，子游传《礼运》，他们撰写诸多传记以发明大道之学。①汉儒废学叛道，毁灭大道学派之千万数的经和传，致令斯文丧失殆尽。宋明儒根据"四子书"建构道统谱系，然在熊十力看来，真本《大学》《中庸》确为六经之宗要，可惜这两部经典被小康之儒改窜，今所见者已非原本。熊氏谓：今本《中庸》"确为六国时小儒治礼者所作。其本旨在表章古帝王之礼教，以反对孔子《礼运》《周官》二经之新礼学"。②其内容违背大同之道，而极端赞美帝王之道，极端弘扬宗法思想，极端拥护统治。曾、孟、荀等人的忠孝论亦属小康礼教，背离真孔学的大同道统。因此，汉宋儒者皆传小康，不明大同，致令孔子的大道沉霾千载。③在熊十力的语境中，他既有打破宋学道统之意，且有千载之下而承续孔学道统之心。

章学诚、龚自珍的"六经正名"说已然打破了十三经系统，同时取消了"四书"的圣经名分，褫夺了宋明理学和心学的道统名义。晚清康有为考辨新学伪经，但依然确信西汉今文家完整地保存了六经文本。熊十力的"正名"不仅主张分别六经与传记，而且怀疑传记的真

① 熊十力：《乾坤衍》，上海古籍出版社，2019 年，第 65 页。
② 熊十力：《乾坤衍》，上海古籍出版社，2019 年，第 66 页。熊十力指出："《中庸》篇之作者，当是六国之季世，齐、鲁或郑、卫间小儒，游仕于秦。"（熊十力：《乾坤衍》，上海古籍出版社，2019 年，第 66 页）在《原儒》一书中，熊氏还说《大学》《中庸》是六经之宗要，《乾坤衍》则判学、庸为伪书。
③ 熊十力曾说："《原儒》言《易》，明明宗孔子，……道家与宋、明儒皆非孔子之《易》也。余言《易》直宗孔子，道与宋、明与吾何干？"（熊十力：《致刘静窗》，载《熊十力论学书札（增订本）》，上海古籍出版社，2019 年，第 239 页）此明示《原儒》及其"四经"学非接续宋明道统，乃直接赓续孔学。

实性，乃至宣称六经皆被改窜，六艺经传的真本已残缺不全。这是对六经与经学传统的一大革命。诚如当年朱一新忧虑康氏的辨伪将令"学术转歧""人心转惑"，梁漱溟也用"荒唐"一词指摘熊氏"比及暮年则意气自雄，时有差错，藐视一切，不惜诋斥昔贤"。① 因在时人看来，以辨伪为前提的正名，其中蕴含激进的破坏主义倾向，必将扩大经学的危机，以致六经的信仰从此失落。当然，纯粹的破坏不是熊十力的目的，正名其实寓含建构的意思。一是以辨伪而打破经学史上的学统和道统，二是以正名而肯定孔子与六经的关系及其神圣性，三是以回归原典的方式而重建新经书系统。既然六艺经传皆被改窜，如果要重新确立孔子的权威和经书的信仰，并发明孔子及其经书的内圣外王之道，以实现经学的现代性转型；那么，与其回到已被时人所废弃的六经，不如从先秦经传中选择若干典范性作品，据此建构新的经书系统，然后阐发新的经学思想，此即熊十力所谓"四经"。

第二节 "四经"经书系统

通观经学历史，自有盛衰之期。在经学中衰的时代，纾解危机的方式大概有两种。一是回归六艺经传，应用新的方法和思想资源，诠释经传中的微言大义；二是回归先秦的解经类传记和儒家类子书，从中选择若干代表性典籍，重建新的经书系统与经学范式。前者如唐代的注疏之学及清代考据学，后者如宋明的"四书"及其道学。熊十力

---

① 梁漱溟：《忆熊十力先生》，《梁漱溟全集》第 7 卷，山东人民出版社，1993 年，第 523 页。

早年自觉赓续阳明心学，中年讲演《读经示要》，还是主张回到六经和"四书"，由此阐发圣人的内圣外王之道。晚年由辨伪而正名后，因见六经有所阙佚或被改窜，"四书"及宋明理学和心学又未能完全承续真孔学，于是"以《大易》《春秋》《礼运》《周官》四经，融会贯穿，犹见圣人数往知来，为万世开太平之道"，[①] 冀以恢复孔学的真面目，确立经学的新典范。

那么，熊十力因何选择这四部经典？"四经"与孔子的关系如何？其相互间存在何种关联？"四经"与康有为"六经五记"及章太炎"四玄"的区别何在？熊十力是如何论证"四经"内在的一贯性、典范性和现代性的？凡此种种问题的寻绎，反映了熊十力思想的晚年定论。

尽管康有为和章太炎曾为六经正名，分别经书与传记，但作为今古文经学的两位殿军，他们在思考经学的现代转型时，并未单纯地回归六经的传统，而是根据时义建构了新的经书系统。熊十力也是如此，他的正名说确认了孔子作六经，但又提出"四经"以襄辅六经，借以开出现代性的内圣外王之道。[②] 其中缘由，一是如前所述，熊氏以为六经皆被改窜，周秦儒生已背叛孔子晚年的六经而专宗小康礼

---

① 熊十力：《原儒·序》，上海古籍出版社，2019年，第1页。
② 1943年，熊十力致函何芸樵，已表示《大易》《春秋》《周官》为时下中国文化与社会发展之津要。他说："居今之时而言孔学，将绍宋、明诸师《四子》之遗规乎？抑通举六经乎？吾以为六经、《四子》并是根本，无一可忽，但所为选择者，示有宗旨，庶几治群经或群书皆归宿于是；易言之，皆不离此宗旨。吾平生所以自修而教学者，常以三经为本，曰《大易》，曰《春秋》，曰《周礼》。今略撮三经旨要，分述如后，明吾所以宗之之意。……"［熊十力：《研究孔学宜注重〈易〉〈春秋〉〈周礼〉三经》，载《熊十力论学书札（增订本）》，上海古籍出版社，2019年，第284页］熊氏增益《礼运》，构成"四经"系统，其晚年经学思想即归宗"四经"，而非六经或"四书"。

教，汉儒完全是小康派，无论今古文经学之儒，于大同太平之道几无体会，反而以忠孝节义等纲常遮蔽之。故回归六经的难处在于，经书的阙佚导致了经义的遗失，小康礼教为汉学和宋学所发扬，其强大传统又可能妨碍六经大义的彰显。二者，熊氏以为六经皆有传，如司马谈所谓"六艺经传以千万数"，六经的传记或是孔子所作，或是七十子绍述的真孔学，然"七十子据师说而推演之经与传有千万数之多，而皆毁绝无余"，[①]《汉书·艺文志》著录的"诸传记又多出汉世老师或博士手"，[②]演绎的是小康礼教，而非大同之道。三者，不仅因孔子手作的《诗传》和孔壁《古文尚书》已失传，且因"《诗》《书》二经，一依古史删定，一依古诗删定，皆孔子平生雅言"，[③]是祖述尧舜、宪章文武的作品，保存了三代圣王之古义，并非尽是孔子新造的义理。故"由孔子早年思想言之，《诗》《书》为最先，由孔子晚年定论言之，《易》《春秋》为最先"。[④]熊氏多次表示，最能发明《大易》和《春秋》之道者，乃是《周官经》和《礼运经》，而非《诗》《书》。申言之："《易》为五经之原，《乾卦》总结六爻，创发'群龙无首'之鸿论。自是而有《春秋经》，张三世；有《周官经》，领导作动民众，勠力新建设；有《礼运经》，归本天下一家。"[⑤]此"四经"道在一贯，规模弘广，包通《诗》《书》义理。基于以上种种认识，熊十力的晚年定论是从六经转向了"四经"。

---

① 熊十力：《原儒》，上海古籍出版社，2019年，第75页。
② 熊十力：《原儒》，上海古籍出版社，2019年，第13页。
③ 熊十力：《原儒》，上海古籍出版社，2019年，第75页。
④ 熊十力：《六经是孔子晚年定论》，氏著《原儒》，上海古籍出版社，2019年，第346页。
⑤ 熊十力：《乾坤衍》，上海古籍出版社，2019年，第267页。

　　《易》为五经之原，《春秋》是孔子的取义之作，无论经学立场如何，汉宋儒者常称二经为六艺之管籥。但将《周官》《礼运》升格为经，用以配《易》和《春秋》，便不免招来世人的质疑。如《周官》，关于其作者、真伪、成书年代等聚讼纷纭，历代相传是周公所作，康有为说是刘歆伪造，现代学者在考辨中提出多种说法，但几乎没有人明确说《周官》是孔子的典籍。又如《礼运》，这是《礼记》中的一篇，应属七十子或其后学的作品。康有为表彰《礼运》，但仍沿袭旧说，称其作者为子游。从熊十力的经传正名看，《礼运》应属传记，而非经书，且可能被汉儒改窜，故尊《礼运》为经，自然要招致非议。为了论证"四经"的合法性，熊十力必须回应人们对《周官》和《礼运》的种种疑义。如今文学家所谓礼经，专指《仪礼》，古来相传其出自孔子。熊十力则断定："《仪礼》创始周公，后王当有附益。……《礼经》之为孔子创作者，唯《礼运》《周官》二经。"[1]《原儒》多次明言，"《仪礼》非孔子所定，盖始制自周公"。[2]同时又往复推究孔子作《周官》《礼运》，二经互相发明，举拨乱开治之要，立大同世界之基，完全和《易》《春秋》的思想一以贯之。

　　先说《周官经》。晚清民初，尽管《周官》的经书名分遭受诸多质疑和批判，熊十力完全不受此影响，始终尊信《周官》为圣经。他中年讲演《读经示要》时，已明确表示："《周官》一书，大抵明升平之治。"[3]晚年又反复强调，《周官》是孔子托古改制之作，继《春秋》

---

① 熊十力：《六经是孔子晚年定论》，氏著《原儒》，上海古籍出版社，2019 年，第332 页。
② 熊十力：《原儒》，上海古籍出版社，2019 年，第 63 页。
③ 熊十力：《读经示要》，上海古籍出版社，2019 年，第 154 页。

424

而阐明升平世的治道，所以为太平大同之世奠立根基。

> 《周官》一经盖孔子于《春秋》外，更发明升平世之治
> 道，以为太平开基。其书以职官为经，以事为纬，而广大深
> 密之义旨，则隐寓于条文里面。书之结构与《大易》《春秋》
> 颇相类。……《周官》本孔子所作，以为《春秋》羽翼。①

《周官》并不空谈义理，也不是虚悬理想世界的著作，乃是即事而明
理，建立了升平世的职官制度。针对古今学者的伪书说，熊十力极力
予以辩解。一者，熊氏认为《周官》囊括宇宙，经纬万端，足以裁成
天地，辅相万物，参赞化育，如此无所不备的圣典，必非六国小康之
儒和古文学家刘歆所能创制。二者，熊氏从思想发展的线索考察，认
为六国诸子所论治道，无非是以孟子为代表的儒家孝治派，及以法家
为代表的新霸术，凡此皆是因应天下即将一统的帝制而立，《周官》
则提倡革命改制的道理，故非六国诸子所能梦想。三者，《周官》的
高远理想及其完备体系，必非西周初期的周公所能创制，因"周公生
长商、周之际，远不如孔子当春秋时代，群俗大变，学术思想大盛，
可引发灵思也"。②四者，《周官》多用古字和古官名，这是因孔子托
古改制而参用之，不得因此而判为西周人所作。总之，汉以来儒者因
拥护帝制，宣扬小康礼教，避讳革命之事，所以诋毁《周官》，乃至
欲绝灭之。

---

① 熊十力：《原儒》，上海古籍出版社，2019 年，第 64 页。
② 熊十力：《原儒》，上海古籍出版社，2019 年，第 66 页。

以上四端，熊十力辩之凿凿，看似实证之言，却不免臆断之辞，未必能够使人信服。熊氏不仅反对汉儒丑诋《周官》，他甚至以为《周官·冬官》一篇的阙佚，可能是汉儒有意为之。

> 《冬官》亡，而圣人为万世制法之精意不可见，汉人以《考工记》补之，于义无当。……今观《天官冢宰》之篇，明定冬官事职，曰富邦国，养万志，生百物，幸此数语犹存，可以想见《周官》之经济理想，专注在科学技术与工业生产，其高远宏深之识，直是包通大宇，远瞩万世，不惊叹不得也。而汉以来二千数百年，从无发觉此数语者，岂不惜哉！余从富邦国，养万民，生百物数语，推想《冬官》一篇必有提倡科学技术之理论，暨工厂、矿业，各种生产部门之创制，及其与地官等之联事，其规模当极广大，否则富邦国养万民云云，只是全无内容之胡说白道，圣人何至出此？……孔子于《大易》导扬科学，于《周官经》特建掌百工之冬官，专主发展工业，以是为富邦国、养万民、生百物之唯一途径。此在今日，似为人人皆备之常识，然在二千数百年前有此远见，非上圣其能若是哉？[1]

诚然，《周官》的经济理想在于富国、养民和生化万物，但由此推论《周官》专注于科学技术和工业生产，进而谓"汉人重农，或诸博士有意毁绝此篇"，[2] 这就有过度诠释之嫌了。《冬官》亡佚，无从考见，

---

[1] 熊十力：《原儒》，上海古籍出版社，2019 年，第 166—167 页。
[2] 熊十力：《原儒》，上海古籍出版社，2019 年，第 67 页。

熊十力生长于现代，深知科技决定了国家之间的强弱态势，于是推想《冬官》有提倡科学技术的理论，如此臆测之辞，其实难以确证。熊氏批评康有为妄毁《周官》，不知《周官》与《春秋》为一贯，而他的考辨却如康氏一样地预设了成见。章太炎虽不赞成《周官》为六国阴谋之书或刘歆的伪作，但也不信其出自孔子，直认《周官》为孔子的作品，这在现代学者中恐唯熊十力一人而已。

次论《礼运经》。前文论熊十力的正名说，他主张分别六经与传记，然"四经"包括原属传记体的《礼运》，这似乎存在矛盾。其实不然，熊氏的正名既确认了六经是孔子所作，还指出"经"的数目不限于"六"。他说："凡经有孔子亲作者，有孔子口说而弟子记之者亦名为经。"① 所谓"孔子亲作者"是指六经，《礼运》则是"孔子口说而弟子记之者"，故熊氏称"此篇是七十子之徒记述孔子之说"，②虽然不是孔子写定，但真实地记录了孔子的大同思想，因而可称之为《礼运经》。在尊经的时代，儒家经书受到的尊崇远在解经类传记之上，仅就文本形式言，经书通常是以单行本的形式出现，如人们在追溯《大学》《中庸》的升经历程时，便将学、庸的单行本视为其地位升格的标志。关于《礼运》，熊氏特别指出："此篇元来决是单行本"，③ 只是"后仓、小戴师弟取《礼运》原本而削改之，因辑入《礼

---

① 熊十力：《原儒》，上海古籍出版社，2019 年，第 12—13 页。凡是孔子所亲作或口说者，无论是一篇，或是一章，皆是常道之"经"。不仅《礼运》是如此，《大学》首章亦如是。朱熹审定《大学》首章为孔子之言，尊之为"经"，熊十力信从此言，说："孔子既作《六经》，别为《大学》一章，总括《六经》纲要。"（熊十力：《体用论（外一种）》，上海古籍出版社，2019 年，第 185 页）
② 熊十力：《原儒》，上海古籍出版社，2019 年，第 103 页。
③ 熊十力：《原儒》，上海古籍出版社，2019 年，第 104 页。

记》中，不复为单行本"。① 这在熊氏看来，就是降"经"为"记"，或混淆经书与传记，《礼运》的天下为公之道乃因而湮没沉霾。及至康有为撰《礼运注》，表彰其中的大同思想，于是再次出现单行本。但康氏沿袭子游作《礼运》的旧说，熊十力乃断定其为孔子的作品，尊其为常道之经。

在《礼运》文本的完阙问题上，熊十力的看法也迥异于康有为，他甚至比怀有"成见"而考辨伪经的康有为更激进，认为现存的《礼运》中，仅有大同、小康两段是孔子的原本，其余篇幅已被汉儒所窜乱。

> 盖汉人改窜《礼运经》，虽篇首尚存大同、小康两段，而《礼记》之编辑者实以小康礼教为天经地义，孔子天下为公之新礼教，则彼所深恶而痛绝也。②

熊氏在《原儒》中明言，改窜者是传授和编纂《礼记》的后仓和戴圣，他们窜改的依据是孟子和荀子的学说。因"孟、荀虽并言革命，而只谓暴君可革，却不言君主制度可废，非真正革命论也"。③《礼运》讲"天下为公，选贤与能"，旨在消灭统治阶级和私有制，这是革命之真义，却是汉儒所不敢言者。在义理方面，熊氏还批评康有为只讲大同，不提小康，在他看来，小康是反封建的先声，唯有颠覆了封建帝制，才能为太平世奠定根基。否则，大同思想将是凭空幻想，

---

① 熊十力：《原儒》，上海古籍出版社，2019 年，第 105 页。
② 熊十力：《六经是孔子晚年定论》，氏著《原儒》，上海古籍出版社，2019 年，第333 页。
③ 熊十力：《原儒》，上海古籍出版社，2019 年，第 105 页。

无有来由，永不能臻至。①在政治立场上，康有为是维新派，熊十力是革命派。从《礼运》的诠释看，他们的学术态度也表现出维新与革命的差异。熊十力把"革命"带入其经典诠释中，这不仅表现在他极力从经书中寻找革命论，还反映在他的辨伪和正名等研究方法上。"革命"观念蕴含强烈的激进主义和破坏主义，这与儒家的中庸主义很难相融，熊氏以此为方法而辨伪经传，打破汉宋的学统和道统，乃至诋斥孟子、荀子等先贤，确实令其挚友和及门弟子难以接受。但熊十力自诩为思想创造的"宗经之儒"，其意原不在训诂考据之业，亦非唯以革命而行破坏而已，思想革命的目的乃在于重建新经书系统。

相对于《周官》和《礼运》而言，熊十力称《春秋》经传全亡佚，且遭汉儒的小康礼教所曲解和遮蔽，如今唯有以纬书、何休《公羊注》及他经相参证，方能寻绎其三世之义。《易经》大体上保存了原本，不过也有汉代术数家之说窜入其中。熊氏向来主张"经学即哲学"，"哲学以上达天德为究竟，其工夫要在思修交尽"。②所谓"天德"，是指本体，由上达本体而归于人伦日用。熊氏晚年将《易经》哲学概括为"摄体归用"，他说：

> 摄体归用，则现象真实，万物真实，人生真实，世界真实。人生一切皆得自主自在，一切皆得自创自造。……唯孔子《周易》摄体归用，即将实体收入于万物与吾人身上来。

---

① 熊十力：《六经是孔子晚年定论》，氏著《原儒》，上海古籍出版社，2019 年，第333 页。
② 熊十力：《新唯识论（语体文删定本）》，氏著《新唯识论》，上海古籍出版社，2019 年，第 142 页。

> 万物、人生才是真实，不空虚，不幻妄。人生更无可自甘降
>
> 低而作雾自迷，妄兴皈依。[1]

本体与现象皆是真实无妄的，凡阴阳五行、符瑞灾异等虚妄之事，皆非《周易》的本旨。术数家穿凿附会于乾坤二卦之象，言天尊地卑之势，定君臣贵贱之位，违背人生自主自在之理，这在熊氏看来，绝非孔子的本意。孔子承袭伏羲的六十四卦画，撰写卦辞、爻辞和《十翼》等，完全摒弃阴阳术数之说，旨在究明广大宇宙中无穷无尽的道理，诸如万化大原、人生本性和道德根底，还有开物成务的格致之学等。显然，熊十力之所以批评象数易学，是因其违背了现代民主、科学等价值和理论。

六经中每部经书的地位并非完全平等，不同的时代或经学家可能有所侧重。那么，"四经"相互间的关系如何？在熊十力的论说里，相较于《礼运》和《周官》，"四经"中最重要的典籍实为《大易》和《春秋》。熊氏多次强调：

> 《易》《春秋》为群经所宗。而《易》尤尊于《春秋》。[2]
>
> 《大易》为《春秋》之原，……《周官》《礼运》皆于《春秋》为一贯。[3]
>
> 《易》为五经之原，《春秋》仅次于《易》，以视他经，则又独尊焉。……孔子晚年，列国混乱日甚，民间不得以怨

---

① 熊十力：《乾坤衍》，上海古籍出版社，2019 年，第 195—196 页。

② 熊十力：《原儒》，上海古籍出版社，2019 年，第 4 页。

③ 熊十力：《原儒》，上海古籍出版社，2019 年，第 110 页。

声上达，故谓《诗》亡，于是有废除统治之思而作《春秋》，
《礼运》《周官》二经皆继《春秋》而作。《乐经》与《礼运》
《周官》相辅而行。《诗》《书》经传当作于二礼之后。孔子
早年雅言《诗》《书》，……五十学《易》而后，思想大变，
观察世变益深，于是作《易》《春秋》、新礼诸经。……由孔
子晚年定论言之，《易》《春秋》为最先。①

深念孔子六经是内圣外王一贯之道。治《易》，而不遍
通群经，何可悟《易》乎！《易经》以外，《春秋》最要。②

《春秋》《礼运》《周官》之理论与制度，皆自《易》出。③

《易》道广大悉备，包通内圣与外王，熊十力的经学思想宗主于
《易》，故"尤以《易经》为基，阐发内圣外王之道，实为我国哲学
主流，不为佛染，不被西风，而是回到了儒学，非旧囊新酒之比于
是"。④熊氏晚年发明的内圣外王之道，实未囿限于《易》，乃是依托
于"四经"，然其余诸经的义理皆本原《易》。这体现在成书的年代
上，熊氏以为，群经是孔子的晚年定论，然群经的制作有先后，孔子
首先作《易》，再作《春秋》，然后是《礼运》《周官》，最后乃根据
群经新义，重新整理、改造《诗》《书》等，故群经理均可溯源于
《易》道，而六经可含摄于"四经"之中。康有为同样最为重视《易》

---

① 熊十力：《六经是孔子晚年定论》，氏著《原儒》，上海古籍出版社，2019年，第
346页。
② 熊十力：《乾坤衍》，上海古籍出版社，2019年，第13页。
③ 熊十力：《体用论（外一种）》，上海古籍出版社，2019年，第128页。
④ 陈荣捷："纪念熊十力先生诞辰一百周年学术讨论会贺函"，转引自郭齐勇《"为
学，苦事也，亦乐事也"——熊十力的人格风范与哲学智慧》，《光明日报》2017年2
月20日16版。

和《春秋》，并强调二经之间的一贯性。但比较而言，康氏是以《春秋》统摄群经，而非《大易》。熊十力因而批评康氏"于《大易》全无所究，空揭《春秋》三世名目"，[1]其实不能深察物理人事变迁之始终，自然不可能明了事变而造起大业，以致变法和复辟之事均以失败告终。可见，熊十力的经学研究蕴含政治关怀，且自觉地以康有为做论敌。

"四经"虽有源流之别，但前引文献表明，熊十力强调"四经"之道是一以贯之的。一贯性是经书系统所以成立的前提，也是新学统所呈现的思想体系。熊氏的《原儒》开篇即是《原学统》，其对学统的溯源包含破与立的双重意向。一方面是以辨伪和正名的方式，在审定六经真伪的同时，平议今古文之聚讼及汉宋之嚣争，打破汉宋的学统或道统；另一方面是回到孔子及其经传，选择四部经典而重建新的经书系统，并通过论证"四经"的一贯之道，进而阐扬经典的现代性价值，以护持"经为常道"和通经致用的信念。故熊氏开宗明义：

> 《原外王篇》以《大易》《春秋》《礼运》《周官》四经，融会贯穿，犹见圣人数往知来，为万世开太平之大道。格物之学所以究治化之具，仁义礼乐所以端治化之原。《春秋》崇仁义以通三世之变，《周官经》以礼乐为法制之原，《易大传》以知物、备物、成物、化裁变通乎万物，为大道所由济。夫物理不明，则无由开物成务。《礼运》演《春秋》大道之旨，

---

① 熊十力：《原儒》，上海古籍出版社，2019 年，第 63 页。

与《易大传》知周乎万物诸义，须合参始得。圣学，道器一贯，大本大用具备，诚哉万世永赖，无可弃也！①

"四经"的一贯之道是为万世开太平的大同思想，包罗内圣的仁义礼乐和外王的格物之学。然每部经书承担的功能有别，《大易》兼备内圣外王之道，其余三经则详于外王学，如《春秋》发挥三世变化之理，《周官》阐明升平世的礼乐法制，《礼运》宣扬天下为公的大同要义。"四经"相互参合印证，然后圣人道器一贯、体用不二的宗旨，乃得以彰著而开物成务。通过论证《大易》《春秋》《礼运》和《周官》的典范性及其一贯性，也就说明了"四经"的合法性，从而建构了新的经书系统。

值得注意的是，熊十力早年宣扬六经为常道，晚年依然持守这一信念，他没有主张回归六经，是因六经多有窜乱和亡佚，但他重建新的经书系统，并不以否定六经为前提，而是把六经融摄于"四经"之中。因此，熊氏的重建方法如康有为、章太炎一般，均是维新式的，而非革命式的。他们的差异在于，康有为是选择五部解经类传记和儒家类子书，然后以传统的注疏体式，重新撰写新注。章太炎则于六经中仅选取《周易》，并配之以《论语》和道家类的《老子》《庄子》，再应用法相唯识学来诠释"四玄"，而使儒释道融贯为一体。熊十力曾发愿撰写《大易广传》《周官疏辨》等新注，因年老病衰和政治环境所囿而未果，但他始终标举宗经征圣的旗帜，反复申明孔子与"四经"的正统名分，似又近于原教旨主义，不容释道的教义杂糅其中。

---

① 熊十力：《原儒·序》，上海古籍出版社，2019年，第1—2页。

如果我们尊重思想史的情实，《礼运》原属传记类作品，亦可谓"自六经以外立说"的子书。在此意义上，"四经"和"六经五记""四玄"均属"经子一体"的系统。

颇具意味的是，"四经"的命运亦与"六经五记""四玄"相似，终究未获学界的重视。在激进主义流行的时代，这种以"回归原典"的方式而重建新经书系统，藉此而为经学续命，必然被讥刺为不识时务的保守者。即便在文化保守主义者看来，熊十力、康有为和章太炎的治学成见太深，他们对经传的辨伪和正名，无疑具有革命和破坏的倾向，几乎颠覆了两千年的经学传统，然孔子与经书的权威性和神圣性，又岂是在失落之后，即能于朝夕间重新确立。梁漱溟就满怀着忧虑，他肯定熊十力的"四经"是"颇有以自成其说"，亦批评其"说得太远去，说得太死煞"，[1] 如此尊经乃适所以诋毁圣经，反遭时人所非笑。熊十力早年因发表《新唯识论》，曾凭一己之智，力辩释教群英，他又何惧世俗之非议。值得我们思考的是，熊氏晚年捐弃平生之学，另造新义，意欲何以？其及门弟子牟宗三指出："他的意义不在建立客观学术，也不在提供解决现实问题之道，而在把中国哲学的精神由时流挺拔出来，为思想指点了一个未来的方向。"[2] 熊十力是希望从"四经"中寻求解决现实问题之道的，他也希望为"中国文化向何处去""中国向何处去"等指点一个未来的方向。至于他所开示的路径，无论人们赞成与否，"四经"作为熊氏的晚年定论，仍然值得我

---

[1] 梁漱溟：《读熊著各书书后》，《梁漱溟全集》第 7 卷，山东人民出版社，1993 年，第 744 页。

[2] 杜守素：《略论〈新唯识论〉的本体论》，萧萐父主编：《熊十力全集（附卷上）》，湖北教育出版社，2001 年，第 702 页。

们探究其思想体系，以见其在破坏之后，如何统贯天人，囊括古今，由赞述"四经"而独造名理。

第三节 乾元性海之内圣学

"内圣外王"是中国哲学的核心要旨，《庄子·天下》篇首先揭橥此义，称其为天地之纯及上古道术之大全。古往今来，诚如冯友兰所言："在中国哲学中，无论哪一派哪一家，都自以为讲'内圣外王之道'。"[1] 只是各家各派或有所侧重，儒家则始终致思于如何圆融而统一之。[2] 现代新儒家仍自觉地以"内圣外王"作为新道统论的核心，通过建构道德底形上学，由良知的坎陷而开出外王之诸法门。但他们面临的困境，一是逻辑实证主义对形上学和本体论的消解，二是文化激进主义对儒家纲常伦理的否定，三是实用或功利主义对通经致用的怀疑。由此，宇宙论与本体论的重建，人生与人性的贞定，以及如何从儒家经典中发掘科学、民主、平等等现代性价值和理论，这是现代新儒家必须回应的中心议题。

作为现代新儒学的开创者，熊十力接受《庄子·天下》篇的说法，称孔子与儒学之广大及其骨髓，即在内圣外王之道。[3] 他明确表

---

[1] 冯友兰：《中国哲学之精神·绪论》，《三松堂全集》第五卷，河南人民出版社，1986年，第8页。

[2] 梁启超说："儒家哲学……其学问最高目的，可以《庄子》'内圣外王'一语括之。……人格锻炼到精纯，便是内圣；人格扩大到普遍，便是外王。儒家千言万语，各种法门，都不外归结到这一点。"（梁启超：《儒家哲学》，汤志钧、汤仁泽编：《梁启超全集》第十六册，中国人民大学出版社，2018年，第428页。）

[3] 熊十力说："《庄子·天下篇》以内圣外王称孔子，却是囊括大宇。孔子与儒学之广大在此。"（熊十力：《原儒》，上海古籍出版社，2019年，第26页）又谓：（转下页）

示："一切学术，一切知识，必归本内圣外王，始遵王路，余不信此学遂为过去已陈刍狗也。"[①]他确信，内圣外王的古老命题仍是中国现代文化哲学重建的理想形态，就像他相信，困境可能令经学陷入危机，但新经书系统及其思想体系的建构，将使"通经致用"的命题再现活泼泼的生机。关键问题在于，如何重新贞定内圣与外王的内涵而已。

由此，"返本开新"是熊十力为"中国文化向何处去"开示的路径。"本"是指孔子及其经书所代表的内圣学，"新"是以民主、科学为核心的外王学。熊氏中年由佛归儒，将孔学确立为中国文化的正统道脉。他说："孔子为儒学大祖，其道内圣外王，数千年来，在吾国学术思想界恒居正统之地位。"[②]"儒"的出现或在孔子以前，但作为一种思想形态的儒学，乃是孔子所创始，儒家的内圣外王之道奠定了中国学术思想的基本形态，故熊十力尊之为正统。在《读经示要》中，他用《大学》的"八条目"来说明内圣与外王的关系。修身是根本，统合内外交修之道，格物、致知、诚意、正心是内修的德目，属于内圣学；齐家、治国、平天下是外修的纲目，属于外王学。熊氏从"体用不二"的理论说，"内圣外王不二"，即两者并重和互为因果。熊氏明确指出："六经为内圣外王之学"，[③]从思想演变的源流看：

（接上页）"六经以《易》《春秋》为要，孔子所亲制作也。庄生以内圣外王之学称孔子，《易》明内圣而外王赅焉，《春秋》明外王而内圣赅焉。"（熊十力：《研究孔学宜注重〈易〉〈春秋〉〈周礼〉三经》，氏著《熊十力论学书札（增订本）》，上海古籍出版社，2019 年，第 285 页）

① 熊十力：《原儒》，上海古籍出版社，2019 年，第 54 页。

② 熊十力：《中国哲学与西洋哲学》，氏著《中国历史讲话（外三种）》，上海古籍出版社，2019 年，第 147 页。

③ 熊十力：《原儒》，上海古籍出版社，2019 年，第 112 页。

孔子之内圣学源出《诗》《书》《礼》《乐》，至五十学《易》而后，始集大成。①

《原外王篇》以《大易》《春秋》《礼运》《周官》四经，融会贯穿，犹见圣人数往知来，为万世开太平之大道。②

孔子六经虽遭窜乱，然由《大易》《春秋》《周官》三经，参以《礼记》诸经，谨于抉择，犹可窥见内圣外王之大体。③

以上引文明示，孔子的内圣外王之道荟萃于六经和"四经"之中。唯《大易》通内圣外王而一贯，其余诸经则侧重于内圣或外王。所以《原儒》分《原外王》篇和《原内圣》篇，前者是根据《大易》《春秋》《礼运》《周官》而铺陈，后者是依托《诗》《书》《礼》《乐》《易》而敷论。由此可见，熊十力是以维新的方式建构"四经"系统，并未因此而否定六经。只是因六经已遭窜乱，《诗》《书》《礼》《乐》等阙佚不全，只能考索其大义，配之以"四经"，藉此阐扬内圣外王之体要。

那么，何谓"内圣外王"？如何返本开新？面对时流的强烈质疑，熊十力其实是从体用不二、天人不二、心物不二等维度立论的。他指出："孔子内圣之学，只是一个仁字为根本；外王之学，只是一个均字为根本。"④仁与均究竟何谓？如何实现？熊氏明言："内圣则以天地万物一体为宗，以成己成物为用；外王则以天下为公为宗，以

① 熊十力：《原儒》，上海古籍出版社，2019年，第189页。
② 熊十力：《原儒·序》，上海古籍出版社，2019年，第1页。
③ 熊十力：《原儒》，上海古籍出版社，2019年，第16页。
④ 熊十力：《孔子内圣外王之学》，氏著《熊十力论学书札（增订本）》，上海古籍出版社，2019年，第173页。

人代天工为用。"[1] 前者讲宇宙本体，在哲理层面论证道德底形而上学；后者讲利用厚生，在实用层面发扬民主与科学的理论。

> 内圣者，深穷宇宙人生根本问题，求得正确解决，笃实践履，健以成己，是为内圣学。外王者，王犹往也，孔子倡明大道，以天下为公，立开物成务之本，以天下一家，谋人类生活之安。此皆依于大道而起作为，乃至裁成天地辅相万物，人道之隆，可谓极矣。此非偶然可至。浩浩宇宙，芸芸万类，共同戮力，向往大道，见诸行动实践。实践不力，何能成物？王之义为往，富哉斯义！外王立名，取义在一往直前，深可味也。[2]

儒家的道德学不能等同于规范伦理学，它不只是具体的行为规范，在天人不二的理论模式中，道德是超乎经验的纯粹形式。道德的普适性源自宇宙本体，道德的内修即是成己，道德的推扩可以成就天地万物。人与万物原是一体而相感通，成物亦是成己，本无内外之分。在此意义上，内圣学兼备体和用、天和人、心和物，相互间圆融合一。外王根本于内圣，即合天地万物为一体，将宇宙人生打成一片动态、刚健的有机整体，由此成就天下为公的太平世界。宋明理（心）学大概是这么主张的，肯定人先天地具备道德理性，冀望人人遵循道德律令而内修成己，如此则满街都是圣贤，世界大同乃应然可期。将外王

---

[1] 熊十力：《原儒》，上海古籍出版社，2019年，第112页。
[2] 熊十力：《乾坤衍》，上海古籍出版社，2019年，第6—7页。

的理想完全建立在心性道德之内圣学的基础上，这种理论模式被称为"泛道德主义"，其有效性又因近代中国的积贫积弱而备受质疑。所以，熊十力讲体用不二、心物不二的内圣学，由内圣开出外王的过程中，熊氏特别提点"人代天工"一词，意在强调外王实现过程中的人的实践性、能动性和创造性。践履的功夫不完全指向内在心性，也指向对象化的天地万物，引导人能动地探索和认识物质世界，由此创发开物成务的科学思想，进而为世界创构"天下为公"的民主政治。

如前文提示，熊十力的思想前后变化甚巨，在由佛归儒后，其中晚年的经学思想虽可用"内圣外王"一以贯之，但对内圣学与外王学的贞定，及内圣如何开出新外王等问题，相比于中年时期《读经示要》的论说，他的晚年定论还是表现出诸多差异。研究者通常是将熊十力的前后期思想混杂叙述，既不注重其晚年追溯学统的幽思，忽略他在原学统时对汉宋经学的批评与修正，尤其是不能理解他何以要建构"四经"系统，他依托"四经"所阐明的内圣外王之道，自然就隐而不彰。还要说明的是，熊十力讲："外王骨髓在内圣"，[①]又说："内圣实为外王之本"。[②]内圣本来就含摄外王，下文即就熊氏晚年著述及其"四经"系统，先论熊氏的内圣学，次说其外王学。

现代学者通常称中国文化表现出伦理本位和泛道德主义的形态，由此而论儒家的内圣学，似只是伦理学或道德学，而不必谓之哲学或玄学。同时，传统四部之学向七科之学转变的过程中，人们又将经学散入文史哲等不同的学科，这不仅瓦解了儒经及其经学的完整体系，

---

① 熊十力：《原儒》，上海古籍出版社，2019年，第26页。
② 熊十力：《原儒》，上海古籍出版社，2019年，第188页。

乃至取消了儒经及其经学的同质性和确定性。针对这两种意见，熊十力在思考经学的现代转型时，既未固执传统经学的思想形态和解经范式，也反对将儒经及其经学割裂而散入不同的学科。他依然持守"经为常道"的理念，并谓："道者道术，今之哲学。"①孔子及其经书归宗于内圣外王之道，熊十力因而提出"经学即哲学"的命题。这一命题确认了经学与哲学的同质性，也强调了经学具有形而上学的特质。所以，诸如中国有无哲学，中国哲学在何种意义上是成立的，凡此关系所谓"合法性"的问题，熊十力以为是不辨自明的。因在他看来，哲学本是中国固有之学，"六经、诸子皆哲学大典"。②唯需证明的是，东西哲学的差异及中国哲学的特质究竟为何，而熊十力直接从本体的维度来辨析此等问题。

尽管现代逻辑实证主义主张取消形而上学和本体论，且如吕澂、梁漱溟等文化保守主义者未必接受实证哲学，但也不认为中国文化的现代转型必须重建形而上学和本体论。吕澂说："玄哲学、本体论、宇宙论等云云，不过西欧学人据其所有者分判，逾此范围，宁即无学可以自存，而必推孔、佛之言入其陷阱，此发轫即错者也。"③梁漱溟也指出，熊十力的文化重建工作之所以失败，"就为他癖好哲学这把戏。……这意在吸收西方哲学之长，以建立其本体论、宇宙论等等"，④如此反而背离了中国文化之反躬向内、践形尽性的根本。熊十力则不以为然，他说："学人厌闻实体之谈，此是大谬。宇宙无根

① 熊十力：《原儒》，上海古籍出版社，2019年，第175页。
② 熊十力：《原儒》，上海古籍出版社，2019年，第226页。
③ 吕澂、熊十力：《辨佛学根本问题》，《中国哲学》第11辑，人民出版社，1984年。
④ 梁漱溟：《读熊著各书书后》，《梁漱溟全集》第7卷，山东人民出版社，1993年，第744页。

源,人生无根源,断无此理。孔子作《周易》,肯定有实体。"①宇宙必定有实体,"明体"之学就在孔子及其经书中。根据"经学即哲学"的命题,他一面强调:"圣学归本尽性至命",②这是圣学与世俗哲学的根本区别处。一面指出:"道者,本原之学,今云哲学是。智慧与道德之涵养须有道学。"③性智之学的现代化应当采用"哲学"形态。"哲学之本务,要在穷究宇宙基源。(基源为本体之代词,亦可说为本体之形容词。)"④因此,"究体""见体"就是"四经"学的第一要务。

本体的探究是要彻见真实的存在,东西哲学对于终极存在的认识,其呈现的差异正是两种哲学传统所别具的特质。相对于西方哲学的一元本体论,在熊十力看来,以儒家经学为正宗的中国哲学,乃如张东荪所指出:"其道德观念即其宇宙见解,其宇宙见解即其本体主张,三者实为一事,不分先后。"⑤也就是说,宇宙论、本体论和人生论是圆融统一的,"宇宙本体不是超越于人类而独在的,吾人之真性遍为天地万物本体,天地万物之本体即是吾人真性。由此观之,这一本体论不仅讨论宇宙生化的过程和根源,尤其关怀人性及其全面发

---

① 熊十力:《乾坤衍》,上海古籍出版社,2019年,第179页。熊十力特别回应了吕澂、梁漱溟等对他的责难:"宇宙论、人生论等名词,谈古学者多不喜用,实则晚周故籍沦亡,汉以后学人务考核,而不尚思辨,学术名词永不发达,无可讳言。外来之名词,通行非一日矣,欲独弃之何可得乎?《易》:'辞也者,各指其所之。'思想所之,非无方域,宇宙论、人生论等词未可弃也。"(熊十力:《原儒》,上海古籍出版社,2019年,第278页)另见熊十力:《与梁漱溟》,氏著《熊十力论学书札(增订本)》,上海古籍出版社,2019年,第242—244页。
② 熊十力:《原儒》,上海古籍出版社,2019年,第27页。
③ 熊十力:《原儒》,上海古籍出版社,2019年,第111页。
④ 熊十力:《原儒》,上海古籍出版社,2019年,第233页。
⑤ 这是张东荪致熊十力书信中的话,收入《十力语要》卷二,上海古籍出版社,2019年,第116页。

展，关怀人存在的意义、价值和功能的问题。本体的追寻乃在彰显人类文化与宇宙之生生不息的终极根源"。[①]这种一元而含摄诸法的本体，既在万物之中，又不在自心之外，它兼具客观普遍性与主体能动性、超越性和内在性，又是绝对的、恒常的、刚健的、创生的实体，熊十力称之为"乾元性海"，且说："《大易》以乾坤二卦阐明乾元实体"，[②]他依据乾坤的卦义解析孔子内圣学的精要道理。

"乾元性海"一词首见于黄宗羲《明儒学案》中的《泰州学案一》，管志道用以辨析儒释的同异。[③]在其语境中，"乾元"与"性海"是两个意涵相近的概念，熊十力则将二者统合成意义圆融的范畴。在熊氏的论说中，"乾元性海"一词由三个基本概念组成，即来自儒家的"乾""元"和释教的"性海"。《乾·彖》云："大哉乾元，万物资始，乃统天。"这里的"乾元"是一个概念，指终极根源之"天"的功能，也指称宇宙实体。释教的"性海"是譬喻真如之理性，深广如海，此就道德主体的性智言。经由熊十力的诠释，"乾元性海"是一个统摄宇宙论、本体论、人生论、道德论和知识论的实体。如此博大的体系足见"他对乾元性海的体证举世无匹"。[④]

---

① 郭齐勇：《熊十力哲学研究》，人民出版社，2011 年，第 28 页。
② 熊十力：《体用论（外一种）》，上海古籍出版社，2019 年，第 145 页。
③ 黄宗羲《明儒学案》卷三十二《泰州学案一》记载："东溟受业于耿天台，著书数十万言，大抵鸠合儒释，浩汗而不可方坳。谓：'乾元无首之旨，与《华严》性海浑无差别，《易》道与天地准，故不期与佛老之祖合而自合。孔教与二教峙，故不期佛老之徒争而自争。教理不得不圆，教体不得不方，以仲尼之圆，圆宋儒之方，而使儒不碍释、释不碍儒；以仲尼之方，方近儒之圆，而使儒不滥释、释不滥儒。唐宋以来，儒者不主孔奴释，则崇释卑孔，皆于乾元性海中自起藩篱，故以乾元统天，一案两破之也。'"（黄宗羲：《明儒学案》全二册，中华书局，1985 年，第 708 页）
④ 刘述先：《对于熊十力先生晚年思想的再反思》，《鹅湖月刊》1992 年 3 月第 201 期。

需要辨明的是，"乾"和"元"是两个概念。熊十力曾说："乾即是元，故曰乾元。"[1]这两字的意涵似乎一致，但又不尽然。熊氏说：

> 元者，原也，宇宙实体之称。乾，为生命和心灵诸现象。坤，为质和能诸现象。……乾元一词，当释以三义：一、乾不即是元。二、乾必有元。不可说乾是从空无中幻现故。三、元者，乾之所由成。元成为乾，即为乾之实体，不可说乾以外，有超然独存于外界之元。夫唯乾以外，无有独存的元，故于乾而知其即是元。所以说乾元。[2]

根据熊十力的分梳，结合其《乾坤衍》对本体的界说，[3]"元"是本原之义，指称无始无终的宇宙实体，是万理之原、万德之端和万化之始，具有能动性、创造性和变易性。本体不是超越于一切行为或现象之上的外在物事，熊氏在"境论"中，"直指本心，说为宇宙实体"，这一超越的、生生不已的实体就是人内在的本心。实体与本心之间的转化枢纽是"乾"，《易经》乾卦象传云："乾道变化，各正性命。""乾"体现了本体之"元"的能动性、创造性和变易性，这一刚健、能动的"乾"将超越的实体内化为天地万物之德性，演化出无量数的生命和心灵诸现象。只是，万物资生的"乾"本之宇宙实体而分

---

[1] 熊十力：《读经示要》，上海古籍出版社，2019 年，第 304 页。

[2] 熊十力：《乾坤衍》，上海古籍出版社，2019 年，第 172 页。

[3] 熊十力《体用论》："'有问本体具何等义？'答曰：略说四义。一、本体是万理之原、万德之端、万化之始。（始，犹本也。）二、本体即无对即有对，即有对即无对。三、本体是无始无终。四、本体显为无穷无尽德大用，应说是变易的。然大用流行毕竟不曾改易其本体固有生生、健动、乃至种种德性，应说是不变易的。"［熊十力：《体用论（外一种）》，上海古籍出版社，2019 年，第 13 页］

化出无量数小粒子，即物质的最初形态，然无量数的小粒子逐渐合成大物，最终形成物质宇宙，则有待于资生万物的"坤"。熊氏说："坤乃承乾而成物，于是有万物以形相生之事。"[1] 坤之所以能成就万物，因坤必有元，元是坤之实体，这种关系表明"坤"具有与"乾"一样的刚健、能动之德，能使万物由微而著，由粗而精，由旧类型而演化为新类型，乃至由无机物而发展为最高最灵之人类或人类中之圣哲。[2]

《易经》讲乾元、坤元是万物资始、资生的动力因，然其如何生化万物，其动力与过程的究竟，《易经》所论如《老子》云"道生万物"相类，均为抽象的概说而缺乏具体的描述。宋明儒讲理本体和心本体，强调"理"和"心"的形而上属性，相对忽视的议题是，形而上之道如何开显出形而下的器物。熊十力晚年批评宋学的一大缘由，即因其割裂了体与用、心与物。熊氏描述乾元和坤元生化万物的动力和过程时，他把万物的最初形态界定为小粒子和无机物，又把人视为万物演化的最高形态，这显然借鉴了达尔文的生物进化论，还可能受到了西方近代原子论的影响。不过，在其本体论视域下讲生物进化，人由无机物、动物演变而来，但人不即是动物，人的本性不等于动物属性，熊氏强调人禽之辨，把人确立为万物之最灵最尊者，[3] 人的本心即是宇宙实体，人将超越的实体转化为内在心性，人在本质上是道德的主体，而非纯粹是生物学意义上的存在。申言之，人虽是从细微之物演化而来，然人的本心即为实体，具备生生、健动、创造等种种

---

① 熊十力：《乾坤衍》，上海古籍出版社，2019 年，第 175 页。
② 参见熊十力：《原儒》，上海古籍出版社，2019 年，第 321—322 页。
③ 熊十力：《乾坤衍》："宇宙、人生，根源一也。人者，宇宙发展之最高级。"（熊十力：《乾坤衍》，上海古籍出版社，2019 年，第 179 页）

德性，因而又是万物的根源，如此则心与物是不二的，心不从属于物，人的本性亦非表现为如生物的无知无德之性。可见，熊十力对进化论的接受中隐含着深刻的反思。

就本体之名而言，有乾元、坤元的称谓。不过，熊十力特别指出："乾元、坤元，唯是一元，不可误作二元。"[1] 宇宙实体是"一元"，它是自身的自根自源，也是万物的真实自体，万物以外无有超然独存的实体。熊十力常用海水与众沤的例子，来说明实体与万物之间的关系。这个"一元"的本体论，既非唯神一元论，亦非唯心一元论，也不是唯物一元论。

> 宗教家迷信天帝生万物，创世界，即以万物为天帝随便造作之玩具。万物自身无生命，莫能自主，不获自在。庄子所谓以我为鼠肝，以我为虫臂，则亦任天帝之所为而已。哲学家运用推论，成立实体，以说明万物所由生。其结果自然不得不太高实体，降低万物。如庄子之天地精神，黑格尔之绝对精神，即唯心一元论者之实体也。此与天帝有何甚大不同乎？余以为哲学任务，在解决宇宙人生诸大问题。而实体之穷究，自不得不视为急务。[2]
>
> 精神物质分明是现象，而西学一元唯心论者直将精神当作本原，一元唯物论者直将物质当作本原，实则此二宗者皆是无元之论。易言之，皆是无体论。余据《大易》衡之，故

---

[1] 熊十力：《乾坤衍》，上海古籍出版社，2019年，第173页。
[2] 熊十力：《乾坤衍》，上海古籍出版社，2019年，第178页。

　　说精神物质都是本体之功用。①

　　无论是宗教家所谓的上帝，还是唯心论者讲的绝对精神，抑或是唯物论者认物质为根源，这些观点在熊十力看来，无非是在人之外寻求本体。这种外在于人而具有宰制性权威的本体，将遮蔽人作为自身存在的意义，消解人的主体性及个性自由，无助于宇宙人生诸大问题的解决。因其将体和用割裂为二，造成本体与现象之"两重世界"，世间诸现象与本体之关系如何，超越的本体如何开显其大用于人的生命和心灵，人心如何透悟宇宙本体而亲证于吾人之"真性"，凡此问题唯在体用不二的原理中，方能得到圆满的解答。所以，熊十力强调："实体具有物质、生命、心灵等复杂性"，②不可把实体单纯地确认为物质或心灵，而主唯物与唯心。针对时人套用唯心、唯物的概念和理论诠解中国哲学，如谓老子、庄子、张载等是唯物论者，称陆象山、王阳明等是唯心论者，或以唯物论解说中国古代的气论哲学，以唯心论诠释宋明的心学，乃至以唯物、唯心之争作为中国哲学史的叙述框架，熊十力反复地施以针砭，着重强调中国哲学自孔子创立体用不二的原理，"晚周迄宋明诸子，都无持一元唯心或一元唯物之论者"，③

---

① 熊十力:《原儒》，上海古籍出版社，2019 年，第 323 页。
② 熊十力:《体用论（外一种）》，上海古籍出版社，2019 年，第 147 页。
③ 熊十力:《原儒》，上海古籍出版社，2019 年，第 327—328 页。熊十力于建国初曾致函郭沫若讨论中国文化与中国哲学，他表示："中国虽有唯心之论，要未尝以为唯独有心而无物。……中国虽有唯物论，如立气为元者是。然未尝以为唯独有物而无心。……中国哲学史上谈到万化根源（犹云宇宙根源），从来无唯心唯物之争，决非智不及此，亦决不是偶然之事。中国人于此盖自有一种见地。"［熊十力:《与郭沫若》，载《熊十力论学书札（增订本）》，上海古籍出版社，2019 年，第 206 页］此是针对时人以唯心论和唯物论分梳中国哲学史而言。类似言论，常见于熊氏的晚年著述。

故从未发生唯心与唯物之争。当然，排遣唯心论与唯物论，并非要取消精神的能动性，也不是要否定物质的实在性，而是把精神与物质统摄于乾元性海之本体，此即心物不二之义。

在"乾元性海"的概念中，"乾元"既如上述，"性海"则具有双重义谛。一方面，"海"是形容"乾元"本体至大无外，至高无极，其德用盛大，周流而不屈，故本体不是虚无空寂的东西，乃是极生动的、活泼泼的，蕴含生生化化、流行不息的势能和创造性；另一方面，"性"是"生生不息之理"，[①]即是含摄万善万德的万物之本原，这个"性"是"乾元"所固有的，也是人的本心所含藏的，因"人生之本性即是乾元实体"。[②]熊十力说：

> 乾元性海实乃固有此万德万理之端，其肇始万化而成万物万事者，何处不是其理之散著，德之攸凝。唯人也，能即物以穷理，反己以据德，以实现天道于己身，而成人道，立人极。[③]

乾元性海统合了宇宙论、人生论和物质论，天道与人道、宇宙与人生、超越与内在、本体与现象等因而获得了圆融的统一。郭齐勇指出，这一本体"是生生不息的宇宙大生命，随着创生的天道贯注于吾人的生命，内化为人之性。天体、道体离不开心体、性体，尤其是人

---

① 熊十力：《解孟子口之于味章》，氏著《十力语要》，上海古籍出版社，2019 年，第195 页。
② 熊十力：《体用论（外一种）》，上海古籍出版社，2019 年，第 166 页。
③ 熊十力：《原儒》，上海古籍出版社，2019 年，第 197 页。

的道德的本体、道德的主体和道德的实践。客观的'天体''道体'与道德的'心体''性体'冥合为一体"。[①] 所以，乾元性海是道德的与形而上的本体。

当然，乾元性海不是纯粹指向内在道德的本体，同时作为外在之物及其理则的本源。王阳明主张心外无物、心物相即，熊十力进而讲"心物不二"论。心物相即就是以心为体，以物为用，体不能不表现于用，心亦不能不表现为物，体用是一如的，心物也是同构的。那么，道德的心性本体必然开出存在界之天地万物，而作为道德本体的乾元性海，就是天地万物存在的根据，含摄万物之德和理。如此，熊十力所谓"究体""见体"，其目的就不完全是对吾人心性及精神现象的体知，还包括对物自身及一切物质现象之理的认识。正是在此意义上，乾元性海含摄万德万理之端，为万事万物之始，明德可以成人道、立人极，由改造自我而至圣贤的境界；明理而知物之条理及其构造原理，人类乃具备官天地、府万物的权能，如此则勇于改造宇宙而司化育。前者属涵养进德而成己的内圣学，后者属人代天工而成物的外王学，内圣与外王亦因心物、体用之不二而融摄一贯。

熊十力以心为体，以物为用，乾元性海体现于心则为德，其体现于物则为理，德与理之间犹心与物的体用关系。故就其本源说，熊十力指出："德理皆源于天"，[②] 即源于固有万德万理的乾元性海。就其分殊言，人以德立，物以理成。不过，"德"并非纯粹为伦理概念，"德必与理通"，[③] 德兼备万物之理，因就"德"之全体言，可以归结

---

① 郭齐勇：《熊十力哲学研究》，人民出版社，2011年，第39页。
② 熊十力：《原儒》，上海古籍出版社，2019年，第203页。
③ 熊十力：《原儒》，上海古籍出版社，2019年，第202页。

为"一理"，这个"一理"就是作为本体的乾元性海，故德"含有真与善及智慧等义"，进德、立德不仅指向内在心性道德之修养，还包括即物穷理之知识。相对而言，"理不必通于德"，[①] 理是指万物内在的条理及其运行的原理，明理的方法是"由分殊的理会归于普遍的理，更由普遍的理会归于至极无外之普遍的理"。[②] 如应用科学方法发现自然规律，然人类对宇宙的探究，不能停留于考察自然事物之理，因为"科学成功，却是要致力于支离破碎……所以于科学之外，必有建本立极之形而上学，才是哲学之极诣"。[③] 所谓"至极无外之普遍的理"，就是属于形上学的本体论。科学知识的发现将助力于人类改造自然、利用自然，实现《易经》"曲成万物"的理想。然在熊十力看来，"科学之所探究者，毕竟止于现象界，若乃万化根源，要非科学之术所可达也"。[④] 求知不能限于考察现象界所呈现的理，更要"究体""见体"，探求现象界之根源性的本体，这就不能完全依赖科学方法。

由德与理的辨析，一方面是区分了"哲学的真理"与"科学的真理"，熊十力反对科学主义，反对人们把知识的探究局限于物之理，反对时人以物之理来统摄人之德，主张把求知的范围扩展至宇宙万化之源或生命本体，在本体论的意义上实现真善美之知识的统一。这回应了20世纪初的科玄论辩。另一方面，体用不二、心物不二乃意味着内圣与外王是一贯的，熊十力强调："夫内圣之学，不离用以求体。

① 熊十力：《原儒》，上海古籍出版社，2019 年，第 202 页。
② 熊十力：《原儒》，上海古籍出版社，2019 年，第 203 页。
③ 此语出自熊十力门人所记，而经熊氏审定。参见《印行十力丛书记》，萧萐父主编：《熊十力全集》第四卷，湖北教育出版社，2001 年，第 5 页。
④ 熊十力：《原儒》，上海古籍出版社，2019 年，第 53 页。

（体者，宇宙本体之省称。用者，谓现象界。……）亦不至执用而迷其体。"[1] 现象是本体的呈现，本体真实不虚，因而现象是真实的，万物是真实的，人生是真实的，世界也是真实的。熊十力早年演绎新唯识论，主张"摄用归体""遣相证体"，这可能否定了心物万象的客观实在性；其晚年根据"四经"阐扬内圣外王之道，转而提倡"摄体归用""原体显用"，这就肯定了心物万象的真实性，明心见性自然是必要的，即物穷理当然也是必要的，在求知的内容与方法上，哲学与科学应相互为用，以发明整全的内圣外王之道。[2]

在程朱理学中，"理"是一个具有形上性、根源性、绝对性的本体概念，是先天地而存在的、宇宙万物的本原。戴震把"理"训解为自然之分理和事物之条理、腠理、文理等，熊十力大概受此启发，提出"理不必通于德"的说法，从而消解了"理"的形上性、根源性和绝对性，将其还原为心物诸现象的条理、分理或情理。[3] 在阳明心学中，"物"是心体所变现的现象性存在，物不在心之外，故不具备客

---

[1] 熊十力：《原儒》，上海古籍出版社，2019 年，第 53 页。

[2] 关于熊十力"摄用归体"与"摄体归用"的讨论颇多，陈赟指出："回归现实的生活世界，就是摄体归用的真实含义，而摄用归体则是一种'出世'，也即脱离现实生活世界的形式。熊十力从早期的摄用归体到晚年摄体归用的思想变化，从否定现象的实在性到肯定现象真实、肯定实体就是现象的自身，其主要的意义就在于，熊十力把回归真实的存在不再看作是与某种超越的实体的同一的存在经验的获得，而是视为回归现实生活世界的过程。"（陈斌贝：《在通向真实存在的道路上——晚期熊十力的本体论转变》，载《玄圃论学续集——熊十力与中国传统文化国际学术研讨会论文集》，湖北教育出版社，2003 年，第 180—181 页）不过，熊氏早年的"摄用归体"说，也是一种入世的哲学，只是相对地忽略了体之用，即注重心体的证悟，而较少阐发科学、民主等实用的外学王，但并不脱离现实的生活世界。

[3] 熊十力有时也用"天理"的概念表示本体，如他说："天理亦本体之名，《易》云乾元是也。本体涵备万理，故以天理名之。心物万象，皆天理之散著者也。"（熊十力：《原儒》，上海古籍出版社，2019 年，第 262 页）理或天理是和道、气、心、真如等一样的本体概念，熊十力有时会因语境的需要而混杂使用。

观实在性。王阳明虽讲心物一体，但其格竹子的事件表明，致知的目的落在吾心之良知，而非事物诸现象的条理。对于"心外无物"说，熊十力曾指出：

> 阳明之说，未尝不成，而必曰事亲便为一物，则单言亲，而不得名以物乎？如此推去，乃以视听言动为物，而不以声色等境名物，则几于否认物界之存在矣。此非《大易》及群经之旨也。夫不承认有物，即不为科学留地位。此阳明学之缺点也。①

在"物界"之上悬设一个"理世界"，这就可能否定物的实在性，从而割裂本体与万物一体的关系，也就消解了实证科学研究的必要性。熊十力的"心物不二"论是阳明心学的转进，其转益的紧要处是，熊氏肯定了物的实在性，并强化了科学认知的重要性。这样的"心物不二"论，才可能真正地达致体用一如、内圣外王一贯。所以，熊十力指出："阳明说理即心，伊川说理在物，各执一端，皆未是。"②他认为："理即心，亦即物。"③不能只在心或物之上明理，应在体认心之理时，也注重探求物之理。宋明诸先生在本体论上的偏执，根本上导致了体与用、心与物、内圣与外王的相互分离。

同时，熊十力又以"翕辟"范畴来说明心物不二。翕辟是乾坤的

---

① 熊十力：《读经示要》，上海古籍出版社，2019年，第91—92页。
② 熊十力：《原儒》，上海古籍出版社，2019年，第262页。
③ 熊十力：《原儒》，上海古籍出版社，2019年，第262—263页。

两种势用，如其"乾坤二卦，以表翕辟"之谓。[1] 翕指摄聚成物的功能，因其积极凝敛万物，使物由简单而益趋复杂，由重浊而益趋微妙，最终"使物界之组织由粗大而益趋分化"，[2] 进而创化出宇宙间的物质世界；辟是与翕同时俱起，且主宰翕的一种势用，其刚健清净，精进向上，能复反翕势之消极向下而不致物化，使本体的刚健诸德流行于翕所凝聚的万物之中，故一翕一辟的相反相成表诠着本体的流行不息。熊十力说，乾为生命、心灵，坤为物质、能力，[3] 而乾坤的翕辟势用亦指称心物关系。翕势摄聚而成物，因此翕即是物；辟势恒开发而不失其本体之刚健阳明，因此辟即是心。翕辟恒相俱转，无一先一后的次第，心物也是同体，无先后可分。为了说明这种同体关系，熊十力特别论及时间与空间相缘相融的问题，心物之间亦无时间和空间之先后，也无知识论之先后，无心理认识上之先后，甚至无逻辑上之先后。如果必以先后论，心相对于物而言，大概只有形上之先，此即心之于物的主宰义。所以，心物皆因本体之翕辟而同时俱起，同具本体之刚健诸德，"穷理"或"究体"必于心物之中一并探寻，如说理即心或理在物，唯在心体上明理，或执着于物之理，则不但是分心物为二，亦且不能由此而明理见体。

因而，熊十力在论证心物不二的观点，及阐扬中国古代的科学思想与方法时，并非完全诉诸宋明理学和心学的传统，同时还回溯于先秦诸子哲学。如关于心物问题，熊十力承袭王阳明的良知说，但他认

---

① 熊十力：《新唯识论（语体文删定本）》，氏著《新唯识论》，上海古籍出版社，2019 年，第 250 页。
② 熊十力：《乾坤衍》，上海古籍出版社，2019 年，第 17 页。
③ 熊十力：《乾坤衍》，上海古籍出版社，2019 年，第 151 页。

为王阳明"反对格物，失孔子之本旨"，因孔子是"格物而主以致良知"，^①故熊氏将格物论含摄于良知本体中。如此，良知是心体，也是天理，既能凝质化裁而成物，又能体察认识而格物，致良知是令心感通乎天地万物，由澄明天理之本心，进而洞明事物之规律，以此彻悟心物同体的道理。

基于这种认识，熊十力以周秦诸子哲学为例，来说明其心物不二论。如他批评老子的本体论是"以虚为本"，这导向的是消极的人生观。值得肯定的是，虚无本体不同于只认物质为唯一实在的唯物论，也不同于只认精神为唯一实在的唯心论，因虚无本体含藏神质，神为阳而生生不息，质为阴而以凝聚成物为功，由神质、阴阳的相互为用，万物遂得以自然地畅遂其性，即万物自性无亏缺。老子的本体概念虽名"虚无"，然"虚含神质，即体非无用之体"，^②心物之端其实同为虚无本体所固有，心物也潜含着本体的神和质，这是本体所内含的相反相成的两种性相，非有外在超越本体而成就神与质。那么，成己与成物就是自身内在因素所发生的作用，而非外在超越的本体之作用使然，这是老子所谓无为而万物自然自成。熊氏还考察了庄子哲学，说："庄子对于心物问题，仍主神质统一，不异老子"，^③而老庄的心物论源自《易经》，"故于心物问题完全接受儒学，无有丝微争论"。^④同时，"名家惠子其言神质，犹近乎儒学"，^⑤惠施于心物问题亦无违逆《易经》之义。总之，在心物问题上，无论是王阳明的立

① 熊十力：《体用论（外一种）》，上海古籍出版社，2019年，第219页。
② 熊十力：《原儒》，上海古籍出版社，2019年，第221页。
③ 熊十力：《原儒》，上海古籍出版社，2019年，第241页。
④ 熊十力：《原儒》，上海古籍出版社，2019年，第222页。
⑤ 熊十力：《原儒》，上海古籍出版社，2019年，第243页。

说，还是老庄惠的立论，皆是演绎《周易》的内圣外王之道。

关于科学思想和方法的问题，受东西方现代科学思潮的影响，熊十力一方面是认同科学的价值，另一方面是注重辨析科学与哲学的别异。从心物的角度说，哲学旨在洞明形而上的心体，科学的研究对象主要是指向与本心相对的物，引导人们如何探究天地万物的内在原理及其运行规律，在认识自然世界的基础上，应用科学知识来征服和改造自然世界，这是属于成物的外王学。中国近代的科学技术落后于西方，人们因怀疑中国古代有无科学思想和方法，进而将其不发达的缘由归咎于中国哲学，尤其是孔子所代表的经学和儒学。熊十力早年熟闻此说，引为同调，晚年则称此为毫无事实根据的妄论。他反复申述，中国古代的科学思想导源于《易经》，孔子祖述之，极重科学，[1]于"四经"中发明人代天工而成物的科学思想，指导人们穷究天地万物之理，由格物、致知而求得精确系统的知识。这样的知识"必由乎客观的方法，征验事物而得"，[2]也就是客观实证的科学方法。就科学的传统言，可与孔子及其经书相参证的是先秦诸子。

> 《大易》《春秋》皆倡导格物之学。……是故从帝尧人代天工之训，至孔子以逮荀卿，倡导科学之精神后先一贯。晚周科学名家，虽因故籍沦亡鲜可考，然墨翟、惠施、黄缭、公输子之徒，其姓字犹未尽湮没，惜其书亡耳。（墨子为著

---

[1] 如熊十力说："倡导科学之理论，莫盛于《大易》。……信任知之权能，尊重知之价值，发展求知之爱好，此乃孔子与儒学伟大处，科学精神在是也。"（熊十力：《原儒》，上海古籍出版社，2019年，第112—114页）
[2] 熊十力：《乾坤衍》，上海古籍出版社，2019年，第236页。

名科学家，后世多称之。惠施，《汉·艺文志》列在名家。
然《庄子·天下篇》称南方之畸人黄缭与惠子问难者，皆自
然科学上之问题。惠子乃遍为万物说，说而不休云云。足征
黄、惠皆科学家也。公输子以机械之巧，见称孟子。）若非
吕秦灭学，中国科学发展何至后于西洋哉？[①]

熊十力在此，一是称中国的科学思想有古老渊源；二是说孔子作《大
易》《春秋》，倡导格物的科学知识与精神；三是表彰墨翟、惠施、黄
缭、公输子等在自然科学上的成就，说他们是继承孔子确立的科学传
统；四是把中国科学发展滞后于西洋的原因，归咎于吕秦的灭学。熊
十力从先秦诸子典籍中发见科学思想和方法，大概是受胡适《先秦名
学史》（或《中国哲学大纲》）的启发，但他不认同"哲学科学化"的
观点。论及科学方法的渊源时，熊氏说是孔子和《易经》，胡适指为
老子和《道德经》，一则是经学，一则为子学，于此可见两人治学路
径的差异。

以上围绕体用、心物、德理、翕辟等范畴，阐明熊十力的乾元
性海之本体论。这一形而上的本体论统摄了宇宙论、人生论、道德
论、知识论、治化论等，它为生命与心灵、精神与物质诸现象建立了
根源，指引人们体察宇宙生生之本，在人与宇宙的和谐感通中把握吾
人本性，体悟人存在的意义、价值和功能等，在有限性的生活世界中
诉诸道德实践，经由自觉的践履工夫和自我完善，通达道德主体自我

[①] 熊十力：《原儒》，上海古籍出版社，2019 年，第 119—120 页。参见熊十力：《体用
论（外一种）》，上海古籍出版社，2019 年，第 179—180 页。

内在的无限超越性。同时，乾元性海不仅包含成己的内圣学，内圣实为外王之本，综观宇宙之大全，洞彻万物之根源，一是解决宇宙人生的诸大问题，卓然树立人极、弘大人道而成己；一是遵循公平正义的法则，建立人类共同的生活制度，并因循自然造化及万物的本性，以人代天工的权能，裁成万物和成就万物自然地生长，此谓成物的外王学。因此，熊十力的乾元性海本体论，既澄明宇宙生生不息及生命道德刚健阳明的终极根源，也彰显了天地万物生化变易的动力因，及认知万物的内在原理及其运行规律的重要性。前者诉诸以性智而证会本体的哲学，后者有待以量智而考辨事物的科学，故内圣外王的一贯助成了哲学与科学的统一。

熊十力的本体论蕴含诸多精义，其门人弟子、后学及学界同道亦有充分的研究，本章的论述是概要性的，我们着重关注熊氏的晚年思想，又主要围绕其"四经"中的《易经》，而概述其乾元性海的本体论及其内圣学。熊十力早年讲论唯识学，中年由佛归儒后，开启了现代新儒学中的心学一脉，人们探讨熊氏的本体论时，通常结合其《新唯识论》而分析他对孔孟之道及宋明心学传统的承袭和转进，《新唯识论》构成了其思想体系的根柢。熊氏晚年并未完全背离其唯识胜义，但他的确对佛学、宋明心学，乃至先秦的思孟学，都予以颇激烈的针砭和批评，而其致力于建构的思想形态，也从此前的佛学、儒学转向了经学，他在回归经学的同时，通过正名和原学统的方式，又解构了十三经系统，打破汉唐的经学学统和宋明的"四书"道统，然后重建了"四经"的经书系统，据此演绎其乾元性海的本体论。从经学的视域看，如前文所述，熊十力对心物、科学思想与方法等问题的论证，并非完全诉诸儒学，他甚至认为儒学中缺乏相关资源，需要从先秦诸子哲学中寻求参证，这是一种"以子证经"的思维和方法，迥异于传统经学家之斥诸子为异端邪说，而透显出融贯经子的理念。

第四节 大同公正之外王学

传统经学是以治道为中心，始终遵循通经致用的经世理想，并"沿着'内圣'和'外王'两个方向朝前发展，二千余年，此伏彼起，却不绝如缕"。[①]熊十力经学思想的核心要义是体用不二，由明体而达用，摄体而归用，使内圣与外王融通一贯。熊氏晚年根据《易经》建构其乾元性海之内圣学，又依托《春秋》《礼运》和《周礼》创立了大同公正之外王学，这是其"四经"系统的精髓所在。

然而，通经致用的传统在现代中国遭受了根本性质疑。因国家贫弱衰败的现实，人们把中国社会与政治的改造，寄望于新文化、新思想的重建，其中的激进主义者乃彻底摒弃"中体西用"的理念，转而批判"中体"之学，尤其是儒家的经学，旗帜鲜明地主张向西方寻求救亡之道。即便是所谓的文化保守主义者，如康有为等在表彰"中体"时，依旧持守明清以来的观点，认为清谈理学和心学，非但不能保国保教，适足以亡国灭族。晚清士大夫面对国势之衰微，皆以经世之学相号召，曾国藩在姚鼐"义理、考据、辞章"之外，特别举出"经济"一科，康有为则变"经济"为"经世"，称孔学宏博而总该此四学目。他在讲学中引用和发挥其师朱次琦之言云：

①　冯天瑜：《中华元典精神》，上海人民出版社，1994年，第279页。

孔子之学，有义理，有经世。"宋学"本于《论语》，而《小戴》之《大学》、《中庸》及《孟子》佐之，朱子为之嫡嗣，凡宋、明以来之学，皆其所统。宋、元、明及国朝《学案》，其众子孙也，多于义理者也。"汉学"则本于《春秋》之《公羊》、《谷梁》，而《小戴》之《王制》及《荀子》辅之，而以董仲舒为《公羊》嫡嗣，刘向为《谷梁》嫡嗣。凡"汉学"皆其所统，《史记》、两汉君臣政议，其支脉也，近于经世者也。①

这是把孔学分成义理与经世等两种类型，其对应的是宋学与汉学等两大传统。在康有为看来，汉学追求经世致用，宋学探究形上道体，宋学可以增进道德而成己，但如要救亡图存而成物，此则有待于汉学的复兴。中国现代学者也经常将程朱理学与陈亮、叶适代表的事功派相比较，或批评王阳明及其后学以主静、主敬为工夫，纯是讲求心性义理的内圣学，不注重经世致用的外王学。由是，内圣是否能开出外王，也就成了一大问题。

熊十力原是革命家，为挽救中国社会与政治，他毅然选择以革命方式进行社会与政治的改造；为赓续中国文化与思想，他依然诉诸革命，学统与经书系统的重建就蕴含某种革命意识。他后来弃武从

---

① 康有为：《长兴学记》，《康有为全集》第一集，中国人民大学出版社，2007年，第347—348页。钱穆《汉学与宋学》："汉学派的精神在'通经致用'，宋学派的精神在'明体达用'，两派学者均注重在'用'字。由经学上去求实用，去研究修、齐、治、平的学问。"（钱穆：《中国学术思想史论丛》八，九州出版社，2011年，第533页）钱穆的说法与康有为不尽相同。在如何明体达用的问题上，熊十力的看法又与钱穆存在差异。

文,是冀望文化与思想的重建能助推社会与政治的改造。因此,经世致用的观念贯穿于熊十力思想之始终。他强调:"内圣之学,不离用以求体",内圣学包含体与用的双重义谛。他说:"儒者内圣学,体用不二",[1] 既不执用而迷体,使宇宙人生无根柢;又不离用以求体,令本体超脱万物,使人遗弃现实世界而别寻真宰。实际上,本体与功用是相对的范畴,无本体则功用无由生,然本体如不能完全呈现而成为功用,此是宗教家之所谓外在超越的真宰,其对宇宙人生是毫无助益的。唯不离用求体,然后无出世的迷执,这种内在于宇宙人生之中的本体,自然涵括成己和成物之学,因而是体与用、道与器、内圣与外王一贯的。

不过,针对时人对"通经致用"的质疑,熊十力没有为中国古代哲学思想作整体性的辩护,他承认:"自晚周道家以外诸子,乃至宋、明诸老先生,其学或宗儒,或宗道,或杂于儒道之间,皆于《大易》体用不二义未能彻悟。"[2] 先秦诸子和宋明道学家或执用而迷体,或离用以求体,《大易》的体用不二之义遂被遮蔽、障翳。正因如此,熊氏晚年以还原学统的方式,激烈地针砭先秦诸子学、汉学和宋学,将常道之正统完全归诸孔子及其"四经"。孔子继承伏羲《大易》的体用范畴,改正上古以天帝当作宇宙本体之失,始以体用不二立宗。熊氏说:孔子"五十学《易》,穷彻乾元性海"的宇宙本体,又"五十学《易》而后,弘阐格物之功用"。[3] 体用一如之义具见于《大易》,其乾元性海的本体已如上述,而其周通万物之功用乃载诸"四经"。

---

① 熊十力:《原儒》,上海古籍出版社,2019年,第53页。
② 熊十力:《原儒》,上海古籍出版社,2019年,第328页。
③ 熊十力:《原儒》,上海古籍出版社,2019年,第255页。

因孔子"五十学《易》后，始作《易》《春秋》《礼运》《周官》诸经，创明天下为公之大道"。[1] 所以，由内圣而开出的外王学，即是天下为公的大同之道。

大同和小康的学说略见于《礼记·礼运》，康有为特别表彰此篇，他糅合现代的进化、民主、科学、人道等思想，描述了一个文明发达、自由平等、个性解放的世界大同美好愿景。然在康有为的救国方案中，大同并非当日中国和世界之所急，他早期将《大同书》秘而不宣，并根据三世进化的历史哲学，宣扬君主共和的小康礼教。熊十力的大同说显然受了康氏的影响，但正如他选择民主共和的政制，而非如康氏之坚持君主立宪，在大同思想的论证上，他同样以康氏为论敌，极力批判小康礼教，而宣扬天下为公的大同之道。一方面，熊氏将孔子思想分成前后两期，"孔子早岁固服膺小康礼教，晚而作六经，则君臣一伦不得不废"。[2] 孔子五十学《易》后，思想大变，于是有废除统治和私有制等主张，因而创作《易》《春秋》和新礼诸经，并重新删定《诗》《书》《乐》等。因此，小康礼教是孔子自觉废弃的学说，殊非孔子的真学问，战国及秦汉以来的儒者都是弘阐小康礼教，弃置孔子的大同之道。谭嗣同曾说，中国两千年之学皆荀学、皆乡愿也。套用此语，中国两千年之制皆小康制、君主制也。当下中国的救亡正途，自然是在政治与社会领域颠覆小康礼教和君主政体，在文化与思想上回归真孔学，阐扬孔子的大同教义，据此建立天下为公、

---

① 熊十力：《原儒》，上海古籍出版社，2019年，第256页。
② 熊十力：《六经是孔子晚年定论》，氏著《原儒》，上海古籍出版社，2019年，第342页。

民主共和的太平世间。^①另一方面，熊氏称汉人曾改窜《礼运经》，"《礼记》之编辑者实以小康礼教为天经地义，孔子天下为公之新礼教，则彼所深恶痛绝也"。^②熊氏相信，《礼运》原来记载的、真正的小康社会，是以宗法思想为主干，痛斥土地私有制度，可谓反封建的先声。经汉儒窜乱后，小康礼教成了拥护帝制的伪学。所以，孔子的小康说属于反私有、反专制的新礼教，绝非如康有为所理解的、拥护帝制的旧礼教，但它毕竟不是大道之行、天下为公的礼教，故必以达至天下一家、中国一人，方可谓太平世礼教的最高法则。

由于康有为的解读，也因为时人的批判，在阐扬大同思想之前，熊十力孜孜以辩解的问题是，孔子外王学的真相究竟如何？是拥护君主统治阶级与私有制的小康说，还是同情天下劳苦小民，荡平阶级、实行民主以臻天下一家的太平说？熊氏指出，汉以来的朝廷所宣扬和儒者所推演的，皆以六经的外王学属于前一类型，近代革命党人诋毁孔子为帝制的护符，原因即在于此。熊氏则由六经及《礼运》等书被改窜，而判定孔子的外王学属于后一类型。因"王者，往也"，天下黎民及至万物皆向往太平，而其愿望和功力无有止境，必将臻达而后

---

① 刘仁航说："孔子真圣人也。此新潮又起，'社会主义'大昌，一时主改造者，咸集矢孔孟，甚或以孔子与进化不相容，颇动一时之听，余初疑焉。后证之各经真义，乃知孔子固有真，唯自汉武'罢黜百家'，尽弃孔子大同富教均平之实教，而代之以空名为教，于是两千年来中国与罗马中世纪同一教权黑暗。"（刘仁航：《东方大同学案·孔孟大同小康学案序第一》，上海书店，1991 年，第 1 页）20 世纪初，新思潮和新文化运动的主将抱持知识进化的观念，他们将"适者生存"的法则引入文化领域，以此宣判孔子为拥护帝制的封建文化，必须毁弃、淘汰。刘仁航则以为，中国两千年来实行的名教、礼教，并非真孔学，孔学的真正本原是大同富教均平之说，大同是今日中国和世界之急务。刘氏之说在前，熊十力或受此启发。
② 熊十力：《六经是孔子晚年定论》，氏著《原儒》，上海古籍出版社，2019 年，第 333 页。

止。这仍是以辨伪和正名的方式，为孔子的外王学作辩护。

那么，孔子的大同之道究竟如何？人类如何可能通达太平世界？熊十力探寻此等紧要问题时，并非单纯地回到六经，而是诉诸他晚年建构的"四经"。

> 《原外王篇》以《大易》《春秋》《礼运》《周官》四经，融会贯穿，犹见圣人数往知来，为万世开太平之大道。格物之学所以究治化之具，仁义礼乐所以端治化之原。（天地万物同体之爱，仁也。博爱有所不能通，则必因物随事而制其宜，宜之谓义。义者，仁之权也，权而得宜，方是义。义不违于仁也。……乐本和，仁也；礼主序，义也。）《春秋》崇仁义以通三世之变，《周官经》以礼乐为法制之原，《易大传》以知物、备物、成物、化裁变通乎万物，为大道所由济。夫物理不明，则无由开物成务。《礼运》演《春秋》大道之旨，与《易大传》知周乎万物诸义，须合参始得。圣学，道器一贯，大本大用具备，诚哉万世永赖，无可弃也！[①]

---

① 熊十力：《原儒·序》，上海古籍出版社，2019年，第1—2页。熊十力《乾坤衍》说："《易经》广大，虽内外皆备，而内圣为宗，（宗，犹主也。）《五经》同出于斯。（斯，指《易经》。）《春秋经》继《易》而作，成万物者王道，虽以圣学立本，（王道，谓外王之业。圣学，谓内圣之功。）而王道特详，《礼》《乐》《诗》《书》四经皆《春秋经》之羽翼也。（《周官经》与《礼运经》此皆《礼经》。……《书经》出于孔壁者，……孔子之《书经》必是主张消灭统治，……《春秋经》主张领导革命，消灭统治，以薪进乎天下一家之盛。……何休所述三世，确是孔子《春秋》之三世义。以《易》《春秋》《周官》《礼运》诸经互相发明，义证确然。"（参见熊十力：《乾坤衍》，上海古籍出版社，2019年，第7—9页）这里指出，"四经"具备内圣外王的一贯之道，可与引文相证。

"四经"是圣人为万世创立的法度，备载太平大同之道。其中，《大易》涵括内圣与外王，其内圣学是以乾元性海之本体为核心，其外王学则以认知万物、成就万物和变化改造万物为宗。《春秋》崇尚仁义之理，明通三世之变，而归趋于大同世界。《周官》创立升平世法制，而一切法则制度的本原，须归宗于孔子的礼乐思想。《礼运》演绎《春秋》的太平之道，构建人类共同生活的规制。"四经"所代表的圣人之学，含摄形而上的道体与形而下的器用，因而是道器一贯、体用兼备，奠定了万世永赖的宏基，足可为当下中国所效法。

概括而言，"四经"之外王学的精髓是仁义礼乐和开物成务。这些是中国古代哲学，尤其是儒学传统的惯常话语，熊十力引入科学、民主、平等、公正、法治等现代性价值和理论，对这些老生常谈的概念做出了创造性的诠释，从而建构了体系完备的外王学。具体而论，熊十力说："孔子天下为公之理想与制度，今当就《大易》《春秋》《礼运》《周官》四经，而分别提控其要最，叙述如次。"①熊氏依循"四经"的次序，叙述每部经书中的外王学。如《大易》的格物学和社会发展论，《春秋》废除统治阶级与私有制，《礼运》演绎《春秋》倾覆统治阶级之义，《周官》包含科学、民主、平等的社会理想。虽然各经的侧重点不尽相同，但彼此间亦有交叉重叠的议题，所以我们的论述将以思想主题为中心。

首先是格物学，即科学。"格物"是来自《大学》的概念，朱熹解为"即物穷理"，王阳明释为"致良知于事事物物"，其宗旨虽有别，但都涉及心物、体用的关系。因阳明取消了物的实在性，故熊

---

① 熊十力:《原儒》，上海古籍出版社，2019年，第112页。

十力肯定朱子的训解，称"即物穷理"之说可启科学知识之风。[①] 时人批评中国哲学缺乏科学思想，熊十力亦不以为然。他说："孔子尊知，故倡导格物之学。"[②] 孔子"作《易》阐明万有万物万事之普遍原理"，[③] 所以"倡导科学之理论，莫盛于《大易》"。[④] 如《易传》云："知周乎万物，而道济天下。"万物之理，深广而无穷尽，人类的认知能力也是无限的，能够周遍地体知物理，这体现了孔子对知识的尊重，以及对人类认知能力的自信，还有对发展求知的爱好，这是主智的观念、科学的精神。又《易传》云："《复》，小而辨于物。"所谓"小辨"，即是注重科学实证的逻辑分析方法。《大戴礼》的《小辨》篇记载孔子对鲁哀公问"忠信"，云："内思毕心曰知中，中以应实曰知恕。"熊十力指出，前者是讲本心的功用，人依据感觉而兴起思维能力，思维又根据感性材料而构造概念，然后经过反复地分析与综合，成为重重无尽的理法界，即从具体的经验世界中抽象出普遍性原理。后者是遮拨唯理论和唯心论，承认万物的实在性，而概念是以感性材料为依据，思维则是源于客观存在的物质，所以要即物以穷理，格物之学不是只在心上寻求，须建立在实践经验的基础上。[⑤] 熊氏应用逻辑学诠释忠恕之道，意在回应时人批评儒家缺乏科学方法的传

① 关于熊十力的"格物"论，参见刘元青：《熊十力"致知格物"新训及其意义——以〈读经示要〉为中心》一文（《孔子研究》2020 年第 6 期）。不过，熊十力晚年的《原儒》一书，又认为阳明的"良知"说可以开出科学。
② 熊十力：《体用论（外一种）》，上海古籍出版社，2019 年，第 214 页。
③ 熊十力：《体用论（外一种）》，上海古籍出版社，2019 年，第 217 页。
④ 熊十力：《原儒》，上海古籍出版社，2019 年，第 112 页。类似话语，常见于熊十力《乾坤衍》，如："《易大传》倡导科学之论，实以科学技术为社会生产建设之基本。孔子倡导社会革命思想，……纯以科学实事求是之精神与方法，拟定实行计划。"（熊十力：《乾坤衍》，上海古籍出版社，2019 年，第 269 页）
⑤ 熊十力：《原儒》，上海古籍出版社，2019 年，第 117 页。

统。①"忠恕"原是道德哲学的范畴, 熊氏的新解并未完全取消其中的道德内涵, 而有闻见之知须建立在德性之知基础上的意思。他在贞定道德与科学的关系时, 就强调即物穷理的科学探索乃是道德良知的大用发皇, 道德良知也可以在科学探索的精神中呈现出来。这种新解还透露了熊十力会通中西文化的意旨, "这一中西会通实际上又是通过对朱子的即物穷理与阳明的致良知思想相会通的基础上实现的。这一返本性的会通, 既坚持了道德良知的基础与主导地位, 同时又始终贯彻着即物穷理之科学认知与科学研究的面向。通过道德良知与科学认识的会通, 熊十力不仅重新调整了朱子与阳明的关系, 而且对中国的传统道德与现代社会所需要的科学知识以及中西不同性质的文化, 也找到了一条由嫁接、启发进而融合的通道。对传统道德而言, 这固然是一种推陈出新, 并且也是作为科学认知的前提基础与精神动力出现的; 但对西方的科学认知思想来说, 也就等于找到了中国传统的思想文化基础"。② 所以他说: "圣人本不反理智, 不废思辨, 然穷理至万化根源, 即由万殊以会入一本处, 决非仅恃理智思辨可获证解。"③良知是心体, 又是宇宙实体, 熊十力讨论道德良知与科学认知的关系, 实则是辨明探究本体论之哲学是科学认知及其方法的根柢, 由此防范科学万能论的种种弊端, 尤其是警示科学主义及所谓科学人生观将障碍吾人的清净本性。

---

① 据笔者的考察, 章太炎最早应用逻辑学诠释忠恕之道, 经过胡适的发挥后, 曾在中国现代学界引起辩论。梁漱溟、冯友兰反对章、胡之说, 认为忠恕之道就是讲人生哲学, 实与逻辑方法无关。有意思的是, 作为现代新儒家的熊十力竟是赞成章、胡之说。参见黄燕强:《身观与心证:〈庄子〉忠恕之道发微》,《现代哲学》2022 年第 2 期。
② 丁为祥:《熊十力的科学观》,《光明日报》2009 年 8 月 24 日第 12 版。
③ 熊十力:《原儒》, 上海古籍出版社, 2019 年, 第 25 页。

《易传》说周知万物的目的是道济天下，即科学知识具有开物成务的功用。《道德经》说："绝圣弃智，民利百倍。"老子的反知论否定了知识的实用价值。熊十力以为不然，他从人类文明发展史的角度指出，人生而有求知的欲望，实乃自然之理。知识可以进德，也可能助长邪伪和恶念，但不能因此锢蔽智慧，应以礼乐来培养仁义敬信等道德，内心和敬则浑然与万物同体，必能克除一己之私欲，不敢轻侮他者及万物，邪伪、恶念自然不生。"而后斯人开物之知，富有日新，有德以为之帅，其功用无有不善。官天地、府万物、弘济之道无穷，圣学所以俟百世而不惑也。"[1]道德与智慧是相辅相成的，德性将助人增益智慧，智慧亦将有助于增进吾人道德，熊氏的"性智"概念和"转识成智"说就是发挥这一道理。同时，道德与智慧能否得以独立、自由地表现，这需要天下为公的制度保障。在废除世袭之礼和私有制度，以及荡平统治阶级的民主、平等社会中，"天下之人人皆化私为公，戒涣散而务合群，则智慧超脱于小己利害之外"，[2]彼此间群策群力，既互相扶持、勉励，又互相规制、约束，使公私平衡、相济，必能成就天下一家之制。而且，科学愈昌明，人类认识世界、改造世界的能力愈强劲。《易传》云："夫《易》开物成务，冒天下之道，如斯而已者也。"熊十力解释道："开发自然界无限物资，满足人群之需要，是谓开物。成务者，人群当时时创成其已往所未曾发起之事务。"[3]人具有认知能力和主观能动的创造力，既可以认识物的内在属性及其运行规律，也可以发挥人的能动性而化裁万物，使其满足人

① 熊十力：《原儒》，上海古籍出版社，2019年，第115页。
② 熊十力：《原儒》，上海古籍出版社，2019年，第116页。
③ 熊十力：《原儒》，上海古籍出版社，2019年，第116页。

类的生活所需，推动人类社会的发展。圣人提倡格物学，所以为万世开太平。熊十力特别述及《春秋》、荀子和墨翟、惠施等先秦名家学者均倡导科学精神，中国近代科学发展落后于西洋，是因秦朝毁灭孔学所致，并非孔学中缺乏科学精神与科学方法。熊氏的说法容或可商，但他的目的是值得同情与理解的。他虽不尽认同时人以科学改造哲学的观点，而他苦心孤诣地将孔学，乃至中国哲学推向科学的领域，这隐含的理念是，哲学可以含摄科学，两者不是对立的关系。表彰科学在改造自然世界方面的重要性，这不仅表明熊十力尽心综合德性之知与闻见之知，也反映出其超越于宋明儒的理欲观，即肯定人的自然欲望与需求，把人还原为一个兼具灵性（精神）与物欲的真实存在。

其次是民主思想。《原儒》一书的《绪言》开宗明义说，时人谓中国古代无民主思想，这是毫无根据的臆断，《原外王》篇即在正其迷谬，称"民主"是外王学的题中之义。熊十力不仅反对中国无民主思想的说法，且如同论证中国古代原有科学思想一般，他将民主思想的源头追溯至孔子。熊氏说："孔子破除阶级，宣导民主，与创明天下一家之治纲，远在三千年前。"[1]文化思想是社会存在的反映，孔子见古代社会有天子、诸侯、大夫等三层统治阶级，以少数人控制和剥削天下最大多数人，造成社会的极大不公正，乃因鲁史而作《春秋》，着意于贬天子、退诸侯、讨大夫，必将废除统治阶级，建立民主平等的新制度。《周官》演绎《春秋》大义，所以"《周官》之政治主张在取消王权，期于达到《春秋》废除三层统治之目的，而实行民主政

---

[1] 熊十力：《原儒》，上海古籍出版社，2019年，第126页。

治"。① 民主政治的核心原理是主权在民，这见于经书：

> 政权操之人民，则群众协力合作，谋公共事业之发展，无利不兴，无害不去。……孔子《春秋》对于民治规模当有所拟议。②
>
> 《周官经》言治道，蟠际天地，经纬万端，而实由人民为主。③

孔子确立了主权在民的政治原则，国家权力来之于人民，人民是国家的真正主人，人民协力合作而授权产生合法性政府，政府遵从人民的意愿谋划和发展公共事业。《春秋》理应拟定了民主政治的规制和模式，但因其被汉儒改窜而不传，幸而具存于《周官》。

那么，《周官》的民主政治体制究竟如何？一是虚君。"《外王篇》言《周官经》之王为虚君。盖革命之初创开民主之治，其行政首长暂仍王者之名号，但实质则根本改变，非犹夫昔之所谓大君也。"④ 经书中的"王"，如同民主共和国的行政首长，他不掌握绝对的生杀予夺之权，中央政府的权力由《周官》所谓冢宰和六官共同分享，犹民主共和国的首相和各部委首长。所以，"《周官经》之所谓王，必询于万民而后立，且无政权"，⑤ 国家的政治权力不是专属于王，而是在于人民，王必须经由人民的选举和授权，才拥有行使政权的合法性。二是

---

① 熊十力：《原儒》，上海古籍出版社，2019年，第157—158页。
② 熊十力：《原儒》，上海古籍出版社，2019年，第144页。
③ 熊十力：《原儒》，上海古籍出版社，2019年，第144页。
④ 熊十力：《原儒》，上海古籍出版社，2019年，第179页。
⑤ 熊十力：《原儒》，上海古籍出版社，2019年，第180页。

选举。《周官》为民主之制，不独朝野百官皆自民选，即其拥有王号之虚君亦必由全国人民公选。秋官小司寇掌外朝之政，以至万民而询焉。"[1]不只是行政首长（王）和中央官员（冢宰、六官），乃至外朝和地方的大小官员，都来自民主选举。但凡遭遇国危、国迁、立君，以及立法、举三公、选冢宰等重大政事，必须咨询人民的意见，遵从少数服从多数的民主原则，同时保护少数群体的基本权利。三是立法。"国有大法及普通法，与一切政令教法，通名为法。民主之制，其人民必养成尊法守法之习惯，然后其一举一动共循于万物之规矩而莫或叛。拨乱之初，法度创立，故读法之会必须常举，使人民对于一切法了解深而持守严，则法行而治可成矣。"[2]民主政治奠定在健全法制的基础上，制订法度和宣传法律的举措要同时并举，《周官》记载的乡遂读法即是此意，由立法和司法程序及其形式的正义，而保证法律制度的公正平等。当然，良善的治道应以道德、礼乐为主，以法制、刑罚为辅，如此方能既满足人类的物质需要，且能提高人类的灵性（精神）生活。四是地方自治。"严密地方基层之组织，使人民得表现其力量，以固民主之基。"[3]"地方制度严密，是民主之本也。"[4]《周官》建立了乡、遂、州、党、族、闾等地方基层社会组织形式，地方行政首长和各级官员由人民选举而来，且地方社会拥有相对独立的行政职权，地方民众相互助、相和亲，协同合作承担一切政事。"民主之治在化私为公，易散为群，故乡、遂之制必使民众互相联系，

---

① 熊十力：《原儒》，上海古籍出版社，2019 年，第 163 页。
② 熊十力：《原儒》，上海古籍出版社，2019 年，第 164 页。
③ 熊十力：《原儒》，上海古籍出版社，2019 年，第 158 页。
④ 熊十力：《原儒》，上海古籍出版社，2019 年，第 158 页。

将以进于天下一家之盛。"① 乡遂制度确保了社会的凝聚性、团结性和公正性，为太平世界奠定了社会与政治的基础。这似乎透露了，在国家政治制度的选择上，熊十力倾向于美式的联邦共和制。② 五是人民代表制。熊氏特别提道："今之新民主政治，任何部分领导者，皆必慎重群众或人民公意，与之结合一致。"③ 他还指出："《周官》以乡老代表民众参决王朝及地方官之治教，此制甚有意义。"④ 这其实就是新中国所确立的人民代表大会制度，体现了人民当家作主的宗旨。熊十力彰扬人的自由、自主的权利，是要挺立人的主体性精神，他认为唯有具备精进、健动的生命力，才可能拯救心性的迷失，进而挽救民族生命和文化慧命。

孔子既然创立了民主政治思想，因何从未得以实行。一方面，孔子的新学说在六国社会不能发生影响，是因"墨、道、名、法四大学派，俱挟宏大势力，以对抗儒家"。⑤ 如法家提倡君主专政，悖逆《春秋》贬天子、退诸侯、讨大夫之义。名家（惠施）言泛爱万物、天地一体，这是知有仁而不知有义，知忍受而不知革命和公正。道家在六国昏乱之时，传播遗世独立的思想，这将离散社群及人民自主的反抗力量，使其不能同心协力地戡平战乱。墨家宣扬非攻而与《大

---

① 熊十力：《原儒》，上海古籍出版社，2019 年，第 164 页。
② 熊十力说："《周官》于国家之组织取联邦制，……其所谓王国，实由列邦联合而成之。……《周官》建国之理想在成立社会主义之民主国，以工农为主体。"（熊十力：《中国历史讲话（外三种）》，上海古籍出版社，2019 年，第 220—221 页）熊氏认为，《周官》以乡遂合而成各邦，又由各邦联合而成王国。乡遂中人人具有民主、平等的权利，犹西方的联邦共和国制度。
③ 熊十力：《原儒》，上海古籍出版社，2019 年，第 259 页。
④ 熊十力：《原儒》，上海古籍出版社，2019 年，第 161 页。
⑤ 熊十力：《原儒》，上海古籍出版社，2019 年，第 55 页。

易》昌言革命的义旨相反，其非乐亦将妨碍太平世的文明发展。另一方面，"孔子确有民主思想，却被汉、宋群儒埋没太久"，[①]民主革命的传统被遮蔽，以致晚清革命思潮从外输入后，在本土竟未能找到相应的思想资源，以消化外来的民主理论。[②]尽管孔子的民主思想未曾落实为社会与政治制度，但也不是完全湮没而无承传，就像科学思想一样，犹散见于先秦诸子的学说中。熊氏说："贬天子、退诸侯、讨大夫，是为孔子创发之新义，而晚周诸子除农家外，余皆不悟。"[③]因农家之学，出于《诗经》，其主张天下人人皆并耕而食，不许有统治阶级的存在，必要废除君主专制，打破上下等级秩序，使人类皆平等互惠，而建立共同生活的制度，故农家"是真能实践《春秋》之道者"。[④]此外，道家的自然无为说表现在政治领域，也属于反对君权的理论。法家思想与黄老道家关系至深，古今学者以为法家提倡君主专政，实不知法家中还有民主论派。熊十力根据《淮南子·主术训》"法生于义，义行于众"等语，推定此为法家民主论派的学说，内含废除君权而实行民主制度的意思。法家"本群众公意制法以限制君权"，这是以法典、礼义为"民主之始基"，体现的是"君宪之制"，也就是君主立宪制度。[⑤]熊十力如此为法家辩护，显然是因现代民主社会崇尚法制，法律是宪政国家的基础。孔子民主思想中的礼义，本

① 熊十力：《原儒》，上海古籍出版社，2019年，第100页。
② 如熊十力指出："清季革命思潮从外方输入，自己没有根芽。当时革命党人，其潜意识还是从君主制度下所养成之一套思想，与其外面所吸收之新理论，犹不相应。不独太炎如此，诸名流皆然。"（熊十力：《原儒》，上海古籍出版社，2019年，第100—101页）
③ 熊十力：《原儒》，上海古籍出版社，2019年，第56页。
④ 熊十力：《原儒》，上海古籍出版社，2019年，第177页。
⑤ 熊十力：《原儒》，上海古籍出版社，2019年，第47—48页。

来就包含法的理论，所以熊氏指出："晚周法家民主论派必由儒者首创"，[1]农家也是出自孔子，但这两家的典籍均被汉儒毁弃，其民主学说亦被湮没。及至"晚明顾亭林、王船山、黄宗羲，由治史而发生民主与民族思想"，可惜又被清人所斩灭而不传。[2]由此看，熊氏颇受三民主义的影响，他以法家、农家来印证孔子的民主思想，亦如其以墨翟、惠施等考证孔子的科学思想一般，都是"以子证经"的方法，反映的是其融通经子的观念。

其三是废除统治阶级与私有制。民主社会中大道流行、人人平等，必不许少数人掌握生杀予夺的威权，以统治天下最大多数人，故大同世界必然废除统治阶级，并毁弃妨碍社会公平、正义的私有制。唯有消灭阶级，破除私有制，产业、货财、用度等一切公有，社会方可能建立养老与慈幼的机构，然后人人平等互助，以天下为己念，而不必怀有一己之私意。熊十力以为："孔子之社会政治思想始希小康，终乃创发天下为公之大道。"[3]孔子五十学《易》后，撰写"四经"而发明此等理想。故熊氏谓："洪唯孔子创作《春秋》《礼运》《周官》诸经，废统治与私有制，而倡天下为公与天下一家之大道。"[4]《易》为群经之原，诸经义理皆根本于《易》。熊氏复详论之：

> 《易》言"群龙无首"，《春秋》"贬天子，退诸侯，讨大夫"，《礼运》反对"大人世及以为礼"，皆主消灭统治也。

---

① 熊十力：《原儒》，上海古籍出版社，2019年，第48页。
② 熊十力：《原儒》，上海古籍出版社，2019年，第62页。
③ 熊十力：《原儒》，上海古籍出版社，2019年，第260页。
④ 熊十力：《原儒》，上海古籍出版社，2019年，第262页。

私有制亦随统治而倾覆。《周官经》遂以土地国有，及国营
生产事业等等新制度，皆有明文在。[1]

引文中凡《易》《春秋》《礼运》所言，即是主张消灭统治阶级，私有
制亦随之颠覆，因民主社会的经济制度是将土地收归国有，实行国营
的生产模式，一切生产资料归人民共同所有，这便为消灭剥削奠定了
基础。凡此学说虽被战国儒者及汉儒所窜改，但犹散存于农家、道家
及法家民主论派中，诸子典籍尚能印证"四经"的义理，故须"以子
证经"而阐明孔子的大同思想。

那么，如何消灭统治阶级，又如何破除私有制？就前者而言，熊
十力根据其亲历、亲见的经验，极力提倡社会革命。他说：

> 世间本矛盾重重，唯以礼导天下人，共由于敬慎之中，
> 则一般矛盾不难即事以精其义。正义伸而彼此各抑其私，则
> 矛盾可化除矣，若乃非常巨大之矛盾，（如庶民对于君主及
> 贵族统治阶级，无产阶级对于剥削阶级，弱国对于帝国主义
> 国家。）自不得不革命之事。[2]

革命将给社会带来巨大的破坏，也对精神产生莫大的伤害，社会中的
种种矛盾，如能用礼义而宣导之，使归于平和，这固然是最为理想的
结果。可是，某些结构性的社会矛盾是和平方式所未能解决的，如

---

[1] 熊十力：《原儒》，上海古籍出版社，2019 年，第 275 页。
[2] 熊十力：《原儒》，上海古籍出版社，2019 年，第 20 页。

消灭统治阶级、破除私有制、反对帝国主义等，这就唯有诉诸武力，行之以革命的方式。"六国昏乱，唯儒家有革命一派，能继述孔子之志。"① 孔子的革命学说著明于《大易·革卦》，而"《春秋》言拨乱，即革命之谓"，②《周官》也是拨乱改制的经典，故"奋起革命而开升平之道"，③ 又《礼运》言"天下为公，选贤与能，而深嫉夫当时之大人世及以为礼，此乃革命真义"。④ 可见，"《春秋》《礼运》《周官》三经，据乱之世，首倡革命，荡平统治阶级"。⑤ 即领导人民革故鼎新、拨乱反正，颠覆君主帝制，建立天下为公的民主政权，为万世太平奠定根基。

熊十力青年时代便投身反清革命运动，亲见维新改良派的失败，及革命党人成功地建立了民主共和国，他特别抉发"四经"中的革命论，显然是和自身经历相关，此中暗含一种"六经注我"的意思。熊氏倡导社会与政治的革命运动，这自然是迥异于其论敌康有为之坚持维新，然以"革命"论《春秋》三世变迁之势，犹是何休公羊学之要义。可见，熊氏虽与康有为在政治和思想立场上旨趣相逆，但他的"四经"学的确与今文经学渊源颇深。如果我们接受经学史的事实，把《周官》归为古文经典；那么，我们大概可以说，熊十力的"四经"学综合了两汉的今古文经学，以此建构孔子的外王学体系，而其内圣学乃是以阳明心学为根柢，故其所论内圣与外王之道，已然融会汉学与宋学，这是晚清调和汉宋思潮的继续。我们也可以说，熊十

---

① 熊十力：《原儒》，上海古籍出版社，2019 年，第 56 页。
② 熊十力：《原儒》，上海古籍出版社，2019 年，第 135 页。
③ 熊十力：《原儒》，上海古籍出版社，2019 年，第 157 页。
④ 熊十力：《原儒》，上海古籍出版社，2019 年，第 105 页。
⑤ 熊十力：《乾坤衍》，上海古籍出版社，2019 年，第 58 页。

力是立足于"四经"系统，以此衡论古今东西文化。如景海峰指出：
"其强烈的民族主义情感和重智主义倾向弥漫在对传统的美好形塑和
对未来中国文化前途充满自信的遐想中。"① 但情感的认同可能遮蔽了
理性的呈现，从而导向与崇尚西学相对的复古主义。这不仅招致时人
的非议，亦未必能够真正地接合古今东西之学。

再就私有制而论，这违背了人类社会的公道，即违反公平正义的
原则，在天下一家的太平世，其社会组织和经济制度皆崇尚公有。熊
十力特别对《礼运》"大同"章逐句地做疏解，阐发其中废除私有制
的含义。消灭私有制后，一切事业归诸国营，《周官》为此制定了三
大制度。

> 其消灭私有制者，寻其策划略说以三：一曰土地国有，
> 二曰生产事业，其大者皆国营，乃至全地万国亦逐渐合谋平
> 等互助，以为将来世进大同，国际公营事业之基础。（大同
> 时，旧有国界必须消灭，当将全地分为无数小国，而此小国
> 之意义与其组织，亦决不同前，只是文化团体而已。参考
> 前谈《礼运》中。）三曰金融机关与货物之聚散皆由国营。
> （二三两项政策实行，即无有私人得成资本家者。）②

概括而言，即是土地国有、经济国营、生产资料的占有与分配皆为公
有制。熊十力描述的景象类似于 20 世纪五六十年代的中国社会，他

---

① 景海峰：《熊十力哲学研究》，北京大学出版社，2010 年，第 32 页。
② 熊十力：《原儒》，上海古籍出版社，2019 年，第 168—169 页。

希望通过考古而为时代指引前进方向，在"通经致用"中开示"中国向何处去"的路径。然因应时代环境而产生的认识，可能受时空的囿限，或有助于一时的社会变革，却未必具有普遍性的指导意义。

其四是发展生产力，实现共同富裕。《礼运经》描述的大同世界，在传统社会自然是以农业为本，而现代社会必须注重工商业，发展社会生产力。熊十力批评汉儒"使生产专归农业，排斥工商"，[1]他说《尚书·洪范》"言五行只是古代利用自然，以厚民生之大计"，[2]可惜汉宋群儒完全当作术数看，不向生产意义上解说。他认为，《大易》的外王学包括格物之科学，且注重社会生产力的发展，后者是"以需养为主，资具为先"。所谓"资具"，即是生产工具。《大易》倡导"立成器以为天下利"，"成器"指创作生产工具，其发明层出不穷，将助力于工商业的进步。因此，"乾元用九，天下文明"，发展生产力是现代文明社会的一大标志，也是文明社会不断前进的基础。熊十力指出："《周官经》之社会理想，一方面本诸《大易》格物之精神期于发展工业。一方面逐渐消灭私有制，一切事业归国营，而薪至乎天下一家。"[3]《周官》的社会理想是天下一家的太平世，其实现则有赖于利用科学精神来发展工业，尤其是生产工具，而工业的组织形式是公有制。太平世的理想形态是"富邦国，养万民，生百物"，生化百物是富国养民的前提。

冬官，掌工之官也，其职在生百物，可知其注重发明

① 熊十力：《原儒》，上海古籍出版社，2019年，第60页。
② 熊十力：《原儒》，上海古籍出版社，2019年，第97页。
③ 熊十力：《原儒》，上海古籍出版社，2019年，第166页。

机械与技术。机械技术日益革新，（革故创新，曰革新。）
则吾人可以运用极精利之工具控制与改造大自然，将使万
物之质量与功能俱显神奇之变化，而吾人之乐利可以增大
无量。[1]

《周官·冬官》篇已亡佚，汉儒以《考工记》补之，其详情本无从考
证，熊十力却言之凿凿地说冬官司空掌管工业，其职责在生化百物，
因而注重机械与技术的发明和革新，使人类可以运用精良锐利的生产
工具，来控制和改造大自然，满足人们日益增长的物质需求。工业生
产的规模或大或小，其大者如利用自然界而创造新事物，此由冬官主
办；其小者如农村的粮、畜、山、川、林、泽等产业，则由地官"置
吏以掌其业"。乡遂制度中设立的草人、蹢人、土训、山虞等等，就
是掌管生产的专门职守。乡遂还定期举行奖励生产的大会，教导人民
如何稼穑、耕耨，以及培养人民在工、农、商、矿或诸业的知识技
能。可见，《周官》已为国家工商业的发展，制定了完备的管理制度
和生产模式。而且，一切工业都属于国营、公有，生产资料掌握在人
民手中，这体现了人民是国家的主人，有利于发挥人的主观能动性，
促进生产力及生产资料的发展，消灭贫富不均的现象，实现共同富裕
的太平世界。

其五是平均与联比。自古以来，人类社会始终存在贫富不均、智
愚不均、强弱不均等现象，以致富者侵贫、智者欺愚、强者噬弱，极
大地伤害了社会的公正与道义。有鉴于此，"圣人为万世制法，千条

---

[1]　熊十力：《原儒》，上海古籍出版社，2019 年，第 167 页。

万绪，其要在公、均、平而已矣"。^①公平、正义是社会制度与法理的首要价值，确保了社会基本的善。"四经"宣扬天下一家之义，提倡公道、平均之理，其实行的策略则详载于《周官经》。熊十力在《原儒》中反复申说：

> 圣人作《周官》深知贫富、智慧、强弱种种之不均，为人道之穷也，故其全经之蟠际天地，经纬万端者，一切皆惩不均之穷，而变之以一切皆均。^②

> 读《周官》者，须知其全经根本旨趣，一是均义，一是联义，此两义深远至极，真切至极。处处要行之以均平，处处要互相联系，工业尤然。^③

> 《周官经》全部是一均字。均者平义。平其不平，所以归于公也。^④

> 《周官》之治道，大要以均为体，以联为用。均之为言，平也。平天下之不平，以归于大平，此治化之极则也。^⑤

> 《周官经》首叙天官冢宰，而明其职曰"均邦国"，是其开宗明义，特揭大均之道，以立治体，学者须识此本原而后全经可通。^⑥

> 是故《周官经》之治法在以大地万国为一家，其根本大

---

① 熊十力：《原儒》，上海古籍出版社，2019 年，第 173 页。
② 熊十力：《原儒》，上海古籍出版社，2019 年，第 111 页。
③ 熊十力：《原儒》，上海古籍出版社，2019 年，第 111 页。
④ 熊十力：《原儒》，上海古籍出版社，2019 年，第 148 页。
⑤ 熊十力：《原儒》，上海古籍出版社，2019 年，第 156 页。
⑥ 熊十力：《原儒》，上海古籍出版社，2019 年，第 156 页。

义已见于《大易》《春秋》《礼运》三经，而《周官经》则特
详其实行之策略。①

独立的个体是无所谓"均"的，"均"是处理万物之间的关系。天地
万物皆源自乾元性海，就其本源而论，万物本来具有同质性与一体
性，必然是互相联系、彼此感通的。要实现大均至平之道，必须体认
天地万物浑然一体的道理，根本于正义的人性，使人与人及人与万物
之间结合成互相联比的整体。这就是熊氏所谓"均为体，联为用"，
《周官》一切制度的设计皆遵循均与联的两大原理。

那么，如何能够实现社会的平均和正义？一是"人人在团体生活
中各尽其智力体力，则贫富均矣"，②熊氏所谓"团体"是指国营的、
公共的组织或场所，团体中的职务和地位向所有人开放，根据人的知
能和技术分工，使其各尽其所能地履行职责，且平均地分享生产资
料。这就保证了人人享有平等的机会，以及社会中的财富、荣誉、权
利等有价值的东西的分配正义。二是"学校教以道艺。（道者，本原
之学，今云哲学是。智慧与道德之涵养须有道学。）"③通过哲学教育
增益智慧、提升道德，人人皆积极问学，天天向上，智愚也就均矣。
一个良序社会的建立和运行，需要客观性的权威（如"法"）、整体性
的社团、稳定性的原则等要素，这些外在性的规范或工具，必须以道
德为基础。因为，公平正义是和谐秩序的首要前提，而公平正义并非
纯粹是外在于人的制度和法理，它是一种根植于人内心的意愿，是一

① 熊十力：《原儒》，上海古籍出版社，2019 年，第 170 页。
② 熊十力：《原儒》，上海古籍出版社，2019 年，第 111 页。
③ 熊十力：《原儒》，上海古籍出版社，2019 年，第 111 页。

种以整体利益为中心的道德观念，因而是人的自然德性。公平正义的实现有赖于道德，道德的本源是宇宙实体，德性之知的探寻要诉诸哲学沉思，所以熊十力特别指明，哲学是学校教育的必修课程。三是"通达大地万国人民之志愿，而互相联合为一体，从解决经济问题入手，利害与共，休戚相关，生产统筹，有无互通，一切悉本均平之原理。如此，则强弱均矣"。[①]国家无论大小强弱，民族无论夷夏文野，彼此间应遵循平等互惠的原则，谋求交通与经济上的联系，假使发生矛盾怨恶，理应以外交方式和平处理，不得用霸道欺凌弱国，如帝国主义之所为。在经济与科技上，应当联合各国来统筹生产事宜，弱小的国家如果缺乏生产力和生产工具，先进国家应该给予扶助，确保平均、公正等能够普遍地流行于世界万国。

熊十力描述的经济全球化，以及世界政治的平等化，这虽是超越当时现实的理想，但并非是不切实际的，他是根据 20 世纪 50 年代的中国及世界范围内的社会主义国家阵营，及其所呈现的互助互惠的经济生产模式和政治联盟组织，因而相信民族与国家之间的和平共处，方可能落实大均至平之道，从而使天地皆遵循应然秩序而不混乱，万物皆自然发育而无相残。这是一种普遍的人道主义精神，是儒者感通天地而与万物一体的情怀。[②]

其六是学校教育。上述科学、民主、生产、均联等外王学的实践，是由道德与智慧圆满的主体来参与，而德慧智术的培养是在学校完成的。所以，熊十力在《原外王》的结尾，特别谈到了《周官》

---

① 熊十力：《原儒》，上海古籍出版社，2019 年，第 111 页。
② 以上关于科学思想、民主制度、取消私有制、经济国营、发展生产、平均联比等论述，参见熊十力：《乾坤衍》，上海古籍出版社，2019 年，第 269—275 页。

的学校制度。概括而言，一是教育体制，乡遂州党设立了各种大中小等级的学校，人民普遍平等地享有接受教育的权利。二是教育内容，主要是德行、道、艺并重。德行指五常之德的培养，这须在心上做工夫，故熊十力说这是在课程科目之外的。道学指"究明万物所由成，万变所由贞之学"，[①] 就是探究宇宙论、本体论的哲学，因而"道者道术，今之哲学"。[②] 但"道学"不是专指研究形而上学的知识，而是与自然科学相对的社会学科，所以"古之道学即摄今之所谓哲学与文学等"。[③] 至于"艺"，指格物的知识与一切技能，也就是探究事物原理的自然科学。可见，熊十力接受西方现代知识分类的说法，把一切知识分成哲学与科学等两大门类。三是学术自由与独立，《周官》说师儒以其道德、技艺尊信于民，而其之所以受到尊崇，是因"能保持其学术独立之精神与地位，而以德业系万民之信仰，此教化所由兴也"。[④] 学术独立、思想自由是熊十力及其同时代学者始终追求和持守的精神理念。《周官》论学校教育的片言只语，经过熊十力的诠释后，已然由传统的模式转变成现代的形态，从而将中国文化精神的内核呈现出来。晚清的廖平就说："六经，孔子一人之书；学校，素王特立之政。"[⑤] 熊氏于今文经学颇致微词，然其根据《周官》论述孔子创立的学校制度，实与今文家言若合符节。

---

① 熊十力：《原儒》，上海古籍出版社，2019 年，第 180—181 页。
② 熊十力：《原儒》，上海古籍出版社，2019 年，第 175 页。
③ 熊十力：《原儒》，上海古籍出版社，2019 年，第 181 页。
④ 熊十力：《原儒》，上海古籍出版社，2019 年，第 176 页。
⑤ 廖平：《知圣篇》，蒙默编校：《中国现代学术经典·廖平 蒙文通卷》，河北教育出版社，1996 年，第 140 页。

在熊十力体用不二的理论体系中，外王学的骨髓在内圣，"明内圣之极诣，自以仁为恩，至皆有以养民之理也，本仁义礼乐之意，而辅以崇法、正名与参稽之方，推原于衣食为主，……外王之宏规远模具于此矣"。[①] 仁是乾元生生化化之德，仁心的发用足以生物和养民，故仁是万化根源，含摄义、礼、乐等，并与崇法、正名、参稽等构成外王学的体系。熊十力的《原外王》篇在融会贯穿"四经"义理中，探求圣人为万世开太平之道。他特别指出："格物之学所以究治化之具，仁义礼乐所以端治化之原。"[②] 科学、民主、均联、学校等是治理国家、教化人民的工具，治化的本原乃是仁义礼乐。"《春秋》崇仁义以通三世之变，《周官经》以礼乐为法制之原，《易大传》以知物、备物、成物、化裁变通乎万物，为大道所由济。"[③] 可见，"四经"的一切外王学皆归宗于仁义礼乐。只是尊信科学、民主等，未必能臻至太平世界，唯"崇仁义者，太平之治必天下之人人皆安于仁义，始可常保其泰也"。[④] 乐本和合而忘人我，是为仁；礼主秩序而别异同，是为义，故言仁义即含摄礼乐。

就"仁"而言，仁心即是宇宙实体，是乾元之内化于人性，仁心虚明健动而兼备万物。吾人反己体认本然的仁心，便觉此心与万物无有隔碍，自我与万物浑然一体，因而能够广爱万物，无所不容。就"义"而言，"义"是仁体的功用，为仁体的实行确立权衡。因现象界的事物原有善恶之分，仁道虽是广爱普施，但也要因事物之善

① 熊十力：《原儒》，上海古籍出版社，2019 年，第 52—53 页。
② 熊十力：《原儒·序》，上海古籍出版社，2019 年，第 1 页。
③ 熊十力：《原儒·序》，上海古籍出版社，2019 年，第 1 页。
④ 熊十力：《原儒》，上海古籍出版社，2019 年，第 140 页。

恶而有所变通，非如墨家的兼爱，令仁爱的发用毫无原则，如此反而陷于大不仁的境地。"义"就是为"仁"确立权衡得失与轻重之标准，旨在助成仁民化物之道。所以，儒家论治道，是以德、礼、宽为本，以法、刑、猛为辅，前者即为仁，后者乃是义。仁义并行，成就太平之世。而且，儒家论人生，"仁义以原其生，礼乐以畅其性"，[①]前者是推原吾人之所以生，使人道昭明；后者是发扬人的灵性，与天地万物同体，人道因而得以树立。总之，仁义礼乐将令天地万物互相畅通于大化之中，并使其复归于本来无对的宇宙实体，如此则人道乃精进刚健而不已，故外王学的旨归是化民以仁义礼乐，导民以天下为公。

在传统与现代的转承接合之际，"中国向何处去"是国人孜孜以探寻的重大时代问题，熊十力描述的大同世界是要为此指明路径。"大同"并非熊氏的一家言，但他可能是最为乐观地相信，大同世界是通向未来的，也是指向当下的、现在的。比较而言，康有为的大同世界是一种遥不可及的乌托邦空想，他主张渐进式的改良方案，把当下中国长期地安顿于君主立宪的小康世。孙中山结合了现实和世界发展趋势，他自信"大同"必然可期，却也要循序以进，翘首而待大同之日。熊十力反对君主宪政，赞成民主共和，这种政治理念体现在"四经"学中，是以"大同"为孔子的晚年定论，而20世纪50年代的社会主义改造运动，显然给予了熊十力颇大的信心，以为孔子为万世制定的法度，将能随民主共和国的建设，实践于当下的中国社会与政治，并在不久的将来可实现于寰球世界之中。他说：《周官经》是

---

① 熊十力：《原儒》，上海古籍出版社，2019年，第209页。

革命初步成功后，领导新政建设之大规模。……《礼运经》是改造旧社会思想，庶几新政建设无阻碍。"[1] 此二经将为旧社会的改造与新中国的建设，提供指导性的精神要义，引领中国进入升平世，而为太平世奠定宏基。所以，熊十力苦心孤诣地建构"四经"系统，据此阐发孔子的内圣外王之道，借以指导新中国的现代化建设。正是在此价值与意义的关怀中，熊十力与康有为及其同时代学人的论辩，绝非囿限于汉学与宋学、中学与西学的门户之争，而是对包括个体、族群、国家、文明在内的中华民族，乃至全人类及世界各种族之命运共同体，应当如何有效地维系、有效地凝聚，有效地实现天下大同理想愿景等问题的争鸣。

　　大同理想世界的建设是一个过程，通向大同的指导思想和实践路径，即其内圣外王之道，理应是平实而可行的。熊十力所旌扬的科学、民主、平等的价值观念，是近代以来的中国人所共同追求的，他不过是以传统的经典和话语来诠释，因而显露出保守的形态，充满着民族主义的情感，其思想的本质实则是现代的，内含与时俱进的前瞻

---

① 熊十力：《乾坤衍》，上海古籍出版社，2019年，第16页。类似表述见于《乾坤衍》："孔子之《礼运》《周官》二经，皆与《春秋经》一贯。《春秋经》首明据乱世，（明者，说明。）消灭统治，拨去乱制，反诸正。是为革命初步成功。从此，入升平世，（升，犹进也。离乱世而进于治平之世，曰升平世。）升平世是领导建设时期。据乱世，初破除统治，应当急图新建设。建设大计，首须树立新国家之规模。新国家规模，约分对内对外两方面。（对外者，谓一国与他国之关系。）对内，树对立民主政制。根据天下为公之原理原则，国家主权在全国人民，但须经过一段领导时期。（时期或不必须短。）领导，一方重在改造社会思想，一方重在大力生产。"（熊十力：《乾坤衍》，上海古籍出版社，2019年，第81页）此等话语，明显透露了那个时代的思想印记。熊十力在这样的时候，建构"四经"系统，阐明"四经"的内圣外王之道，是要从孔子及其经书中寻找思想资源，以指导新国家的社会、政治与文化建设。

性，如他所谓"不守其故而新生"。① 但人类通向大同世界的历程并不是一蹴而就的，需要分阶段地进行，如《春秋》三世进化之理所明示。② 因此，科学、民主、平等的思想与制度是太平世之始基，然其确立并不能大跃进式地实现太平世，建设一个理想的新世界需要相对漫长的周期，其中存在的种种结构性和复杂性问题及其解决方法，不能完全诉诸孔子及其经书，应求之于一种开放性的知识体系，熊十力的"以子证经"及其会通东西文化的理念，这是在孔学之一元中，体现了其知识观的实用性与多元化。

余 论

熊十力的思想出入于儒释之间，前期崇信佛学，后期乃归宗儒家。如他指出，孔子思想亦有前后之变，早年讲论小康，晚年演绎大同。熊氏的晚年定论是"四经"及其内圣外王之道，这是他为"中国文化向何处去""中国向何处去"等时代问题所提出的解决方案。尽管是以古典时代的经书系统来呈现，但熊氏据此诠释的新经学思想，含摄现代的科学、民主、平等、自由等理念。他所豁显的"大道之学"乃"务期具有革命及民主的性格，使他能和现今的社会、政治、

① 熊十力：《与友人论六经》，氏著《中国历史讲话（外三种）》，上海古籍出版社，2019年，第261页。史华慈说："保守主义的另一特性即其伴随着民族主义的发展。"（[美]本杰明·史华慈著，林镇国译：《论保守主义》，傅乐诗等著：《近代中国思想人物论：保守主义》，台北时报文化出版事业有限公司，1980年，第25页）熊十力的确是文化保守主义者和民族主义者，这是毋庸讳言的。
② 熊十力认为，从升平世前进至太平世，需要经过一个相当长的发展过程。参见熊十力：《乾坤衍》，上海古籍出版社，2019年，第82—83页。

经济等各方面的学术资源有一会通的可能"，[①] 由此接合传统与现代，这是熊十力为中国文化开示的新路径，也是他为中国社会指示的新理想。可见，崇尚科学、民主的价值观念，追求大同公正的理想世界，这是熊十力及其同时代中国学者共同的学术蕲向。

"四经"学蕴含的体用不二原理，揭示了外王必以内圣为骨髓，科学、民主等理论与制度的确立，须以乾元性海的本体论为基础，理想世界的建构理应关注形而上学，不能完全偏向探讨现象层面或物理世界的知识。同时，宇宙本体论的视域，以及道德工夫论的关怀，熊十力在衡论东西哲学中思考这些问题时，愈加坚定了其归宗儒学的信心。所以他建构"四经"系统及其新经学，并非纯粹是保守而不通世变，或为了抒发尊孔、思古之幽情，乃是基于东西哲学之比较后，对以"体用不二"立宗的儒家哲学，而怀抱的极大自信。熊氏晚年既博采古今东西之学而阐明"四经"要旨，又以"四经"新义而是非衡论古今东西之学，他相信"四经"的内圣外王之道，昭示了中国乃至全人类文明与社会发展的理想愿景。不过，根据"四经"来论证传统经学的现代性，这是熊十力治经的宗旨，其中也透露出其局限。一是"太有立场"，或"前见太深"，对孔子作"四经"的论证未必可信，对前贤的批判亦有矫枉过正之嫌。二是在"以西释中"的中西相互格义时，不免有牵强附会之处。三是大体上属于论证传统经学的现代性，而对民主、科学的理论阐发或推进较少，对现代性的反思及如何对治现代性的流弊似有不足。

---

① 林安梧：《熊十力先生的孤怀弘诣及其〈原儒〉的义理规模》，《鹅湖月刊》1988 年 12 月第 162 期。

总之，"四经"包含破坏与建设的双重义谛，颇具意味的是，熊十力对战国及汉宋之学统或道统的破坏，其新儒家的同道和及门弟子均难以接受；而他建构的新经学思想，在激进主义者看来，不过是给现代思想披上了一袭毫无意义的儒家礼服。这种左右不讨喜的境地，已然注定了"四经"的命运：传授无人，述论乏陈。尽管"四经"学中杂糅了些异议可怪之论，但作为熊氏的晚年定论，他苦心孤诣所建构的"四经"系统，并论证其中的一贯性、典范性和现代性，这自然不仅是希冀"四经"将有益于治道，更是冀望"四经"含摄的内圣外王之道，将成为万世之学统或道统。朱熹当年撰著《四书章句集注》，同样怀抱强烈的道统意识。熊十力原计划为"四经"编纂义疏，写作《大易广传》《周官疏辨》等，终因岁暮病衰及生活处境所迫而未果。[①] 但他还是穷晚年之精思，完成了《体用论》《乾坤衍》等著作，以阐明其"四经"的微言大义。因此，"四经"是熊十力晚年思想的核心，他后期的多种著述皆是围绕"四经"而展开，其"四经"学则是融贯了汉学、宋学、佛学及西学等，由此形成一个庞杂而圆融的思想体系。遗憾的是，他已无法凭个己之思力，撰写类似"四经集注"的集成之作，但他根据"四经"建构了形而上与形而下相统一的内圣外王之道，完成了类似于北宋诸儒为"四书集注"所做的基础性理论，至于"四经集注"果然面世否，唯有希冀来世、俟诸后生矣！

---

① 熊十力说：《春秋》《礼运》《周官》三经一贯。观其会通，方可洞彻圣人外王学之弘阔深远。此意，如广说，别须为书。惜哉吾衰也。"（熊十力：《乾坤衍》，上海古籍出版社，2019年，第85页）不只是三经，熊十力多次表示要为《大易》作"广传"。其所谓"广说"，即是注解经典，撰写"四经集注"是熊十力晚年的愿望。

结　语

　　传统如何向现代嬗变，这是转型时代的思想世界所关注的核心议题。在无论是文化观念上执持保守或偏向激进的学者群里，均表现出言人人殊、方案多元的现象，因而分化为诸多流派和思潮，彼此在古今东西的文化比较视域下展开争鸣。众所周知，本书选择和探究的三位思想家——康有为、章太炎和熊十力，他们各自持守不同的学术立场和文化理想，分别代表着今文经学、古文经学和宋明儒学的传统。面对千年未有之变局，经验世界的不确定性及人类命运互联共通的事实，促使他们将中国置于浩浩汤汤的世界潮流之中，寻思"中国向何处去""中国文化向何处去"等时代问题。我们不妨说，他们都是文化守成主义者，心中都有一个民族复兴、世界大同的理想，然共同的问题意识不一定导向一致的理论形态，而可能相互攻斥和对立。不过，尽管他们应用的思想资源不一，所要护持的学统有别，对历史之起源与目标的见解有异，但在论辩和批驳中也可能相互影响和吸纳，展现了汉宋之学、东西文明及儒释道之间的互动与融通，此可谓"同归而殊途，一致而百虑"。

　　无论是汉学还是宋学，皆曾长时间地处于国家的政治、文化与价值之中心，而在 20 世纪初的转型时代，其作为历史秩序之建构的终极性典范意义系统已然瓦解，逐渐退避到边缘的位置。当人们就一种思想传统而追问其如何从中心降落至边缘，又是否可能从边缘回归中心等问题时，实际上就是对传统之现代性的省思。忧患所带来的压抑感可能指引人们诉诸信仰的力量，康有为、章太炎和熊十力毫不掩饰他们对传统的信仰，且怀着信仰之情来分析传统文化、制度和习俗的合理性，及其对国人社会行为、道德心性的规范作用。他们对传统的赓续与诠释，其初心是如爱德华·希尔斯在《论传统》中所言："现在总处在过去的掌心之中"，[①] 因而他们把传统视为一个民族在历史长河中的创造性想象的沉淀，作为民族代代相传、生生不息的生活方式，传统对有形的社会秩序和无形的心灵秩序皆具有价值规范和道德感召的文化力量。所以他们相信，一个民族或国家的救亡和再造，对其传统不能完全地行诸破坏，理应在尊重传统的基础上进行创造性改良。那种主张一切从头开始或完全代之以新传统的激进论调，透露出某种将民族国家虚无化的倾向。

　　当然，"传统"原封不动地存在于历史之中，历史有时会被虚无化，传统也可能在某种程度上被限制或消解，成为人们精神世界中的一抹乡愁，或是一个憧憬和依恋的对象。列文森就是用"理智—情感"二分模式来说明康有为等文化守成主义者对传统的依恋心态。其

---

① ［美］爱德华·希尔斯著，傅铿、吕乐译：《论传统》，上海人民出版社，2014 年，第 208 页。

实，理智上的认识投射到主观性的情感之中，可能生发出对传统之断灭的忧思，这种文化忧患意识的排解需要理性的逻各斯精神。毫无疑义，康有为、章太炎和熊十力都是崇尚自由、独立的理性主义者，他们也发挥纯粹理性的思辨能力，深刻地省察和反思传统的现代性价值，及其如何与现代接合的问题。因而，他们在表达对传统的同情与理解时，同样蕴含理性的省思，而这种理性有时可能是冷峻的，甚至可能是激进的，表现出某种程度的破坏性。如康有为对古文经传的辨伪，章太炎对宋明儒学的批评，以及熊十力对汉宋儒者改窜六经的指斥。但是，破坏不是他们的目的，他们旨在破坏中寻求重建，如以宗教或哲学来界定儒学，还有从先秦原典中选择若干经传和子书，借此重建新的经书系统而阐发新经学思想。可见，他们的"原儒"和"回归原典"均是破坏与建构共存的，反映了他们的文化观是在常中求变，又在变中守常。

如何实现常与变的统一，传统文化思想中何者为"常"，怎么回应时义而有所变通，这是见仁见智的问题。基于不同的学术立场，康有为、章太炎和熊十力在守常与求变上，对于何谓常道，先秦哪些原典蕴含常道，如何吸纳各种思想资源来诠释常道，常道与现代性的自由、民主、科学等的关系如何，怎么定义历史之起源与目标，及其所追求的理想世界又是怎样的，凡此皆指向"中国向何处去""中国文化向何处去"等时代问题，而他们的思考和解答表现出较大差异。不过，他们的问题意识是相近的，他们解答问题的方法也相仿，即通过"原儒"和"回归原典"的方式，来回应时人对孔子、六经和儒家的批评，并提出其对传统儒学与经学的现代性转型之思。围绕这两大主题而展开论证的是三个核心议题——原道、征圣和宗经，道的本原为何，圣人与道的关系怎样，现代中国是否需要或应当宗法何种经书，他们的思考就体现了常与变的互动、统一。

首先，关于"原道"。在经学时代，"原道"的出现往往是由于经学权威尚未确立或行将式微，因而发生对常道的内涵及其与孔子和儒经之关系的论辩，刘安、韩愈和章学诚的"原道"便是在此背景下提出的。在转型时代，一方面是因世界的剧烈变局导致传统社会结构和纲常名教的渐次瓦解，另一方面是东渐之西学冲击着"中体"的合法性与合理性，尤其是经验主义、科学主义、实证主义等思潮拒斥和消解形而上学，故对初接受"哲学"启蒙的中国学界而言，形而上之道的存废不仅关系"形而上学合法性"的问题，更是关涉中国哲学的学科自觉与"中国哲学合法性"的问题。康有为、章太炎和熊十力是在肯认形而上学之合法性的基础上，论证中国哲学的合法性。他们分享的共同理念是"子学即哲学"，儒学自然是中国哲学的有机组成部分。[①] 只是康有为、熊十力进而以"哲学"界定经学，章太炎则持守"六经皆史"观，视经学为史学之流裔。学术立场的分殊使得他们在回归传统而寻找哲学素材时，表现出一定程度的差异。然哲学的第一要务是寻本究体，重建形而上学，博采东西方思想资源来阐释确定性和普遍性的道体，此乃他们所分享的共识。

至于"道"的内涵为何，又承载于何种经典之中，其与孔子及儒家的关系怎样，康有为、章太炎和熊十力的观点亦无法统一，甚至可

---

① 康有为以"宗教"界定儒学，然如梁启超说："南海先生所言哲学有二端：一曰关于支那者，二曰关于世界者是也。关于支那者，以宗教革命为第一着手；关于世界者，以宗教合统为第一着手。此其大纲也。"（梁启超：《论支那宗教改革》，梁启超著，汤志钧、汤仁泽编：《梁启超全集》第二集，中国人民大学出版社，2018年，第11页）康氏所谓"宗教"大概属于"哲学"门类，而非与"哲学"相对者。

能是对立的。他们选择不同的经典而组成新经书系统，并据此创构内涵与形态各异的形而上学，此即是明证。通过比较分析，我们又能发现，他们在构建形而上之道时，所应用的思维模式、论证方法和名言概念等却是相近的。一者，就思维模式而言，中国古典哲学呈现为一种整体论的生命哲学，其核心要义是追求"天人合一"。康有为、章太炎和熊十力承续这一传统，他们将宇宙视为一整体，形而上学便以宇宙整体为研究对象，应用整体性和关联性思维观照人与宇宙、人与自然、人与人之间的交往互动关系，而非以原子式或机械式的思维来隔断人与宇宙自然的联系。同时，"内圣外王"是中国古典哲学的最高理想，而且规范了诸思想流派的思维模式，其一切哲思及其哲学体系皆围绕此一思维而展开。康有为、章太炎和熊十力同样如此，他们依然持守"体用一如"或"体用不二"的原则，讲求从"内圣"开出"外王"的思维模式，在"内圣"与"外王"相互依存、相互影响的双重维度中运思，从而将心性论、伦理学、政治哲学、历史哲学等含摄于整体而圆融的内圣外王之体系中。

二者，就论证方法来说，冯友兰、张岱年、牟宗三皆曾指出，相对于西方哲学注重归纳与演绎相结合的逻辑实证而言，中国古典形而上学及依此而建立的心性论、工夫论、境界论等，主要诉诸体认、体悟、体知和意象思维等人文主义的直觉方法，贯通着一种由"天人合一"而使内在心性通向无限、超越的直觉精神。康有为的"天元性命"本体、章太炎的"无我"道体和熊十力的"乾元性海"本体之创构，自然不排斥概念的分析、逻辑的推理和严密的论证等，但他们绝非纯粹诉诸纯粹理性的逻辑思辨，亦非以对象性思维来把握和理解形而上的本体世界，将其塑造为一种外在超越的实体。在"天人合一"

的思维模式下，他们强调人在理性之外，还有感性、意志和性灵等，形而上学所阐明的不应是完全客观或外在超越于人的实体，理应是可以通过身体感官而进行"身观"的同时，又能够"心证"而为人之内在超越性提供理论和价值基础。由"心证"而体认形上道体是一种心灵体验过程，也是一种创造性的想象过程，它可能是非概念、非逻辑的，甚至还具有一定的神秘性，因而注重内在生命的体悟，属于"下学而上达"的直觉方法。

三者，就名言概念而论，列文森《儒教中国及其现代命运》认为，佛教对儒家思想的冲击属于"词汇"的变化，而19世纪西方对中国社会与思想的冲击则可称之为"语言"的改变，他从语言现象的角度分析中国古典哲学思想在现代的裂变，以证明其"冲击—回应"的理论模式。诚然，康有为、章太炎和熊十力借用许多西方语言和词汇来描述现代世界和中国社会，也用以构建其哲学体系，然诸如天、道、理、气、乾、坤、仁、义、心、性、才、情、忠、恕、克己、良知、中庸、正名等中国古典哲学的重要概念和范畴，才是构成其哲学体系的核心"语言"。新旧"语言"或"词汇"的互用与互释，乃是他们接合传统与现代的方法。以"道"为例，中国古典哲学的多元与统一表现为语言现象，是以"道"指称所有关于形上本体的知识。"道"不是某一哲学流派所专有的"私名"，而是各家各派所分享的"类名"。语言现象中本体范畴的同一性，似乎表征着中国古典哲学的内在稳定性与连续性。因哲学对于真理、存在、形而上学的思考可能得出一般的、普遍的见解，然哲学关注的根本问题是人的存在，而人的生存和实存的人类社会及其秩序与形态均是历史的。确定性和普遍性道体的探寻可能诉诸新创的概念、范畴、命题等，但其所赖以论证的语言及语言蕴含的语义，均具有一定的历史性，包括积淀于语言文字中的文化观念。所以古今思想家在探究形而上本体，并应用"道"这同一概念及与之相关的概念系统时，彼此间的相互影响与渗透似乎是难以避免的，这在一定程度上保持了"道"之意义系统的稳定性。但是，正因为哲学问题和语言现象既是一般的，又是历史的，皆在具体的经验世界中开展和演绎，所以"道"的阐明往往又在回应新的时代问题，并在应用新语言词汇来疏解时获致新义，"道"的意义系统亦由此而呈现出历史与当下相接合的连续性。此如章学诚《文史通义·原道下》所谓："随时撰述以究大道"，"时"即通向过去、现在与未来的"历史"，这隐示了"道"是常与变、稳定性与连续性的统一。康有为、章太炎和熊十力皆是"随时"以"明道究体"，他们应用本土的思想资源和语言词汇，又博采西方舶来的新学和新语，由此在东西方哲学的相互格义和诠释中，探寻中国哲学如何在常中求变、在变中守常。

其次，关于"征圣"。何谓"圣"？从字源学角度看，《说文》："圣，通也。"《尚书·洪范》："睿作圣"，孔安国《传》曰："于事无不通谓之圣"，这是指耳聪目明、智慧通达之人。作为至高境界的人格典范，"圣人"是儒家和道家对于理想哲人及政治人物形象的寄托，既通明宇宙万物之本，又通达天道性命之理，且通晓治国理政之几，故儒、道都透过对"圣人"形象的描绘建构其形而上学、政治哲学和历史哲学等，展现出高度的人本思想和人文精神，金岳霖称之为"圣人人生观"。自先秦以来，中国古典哲学赋予"圣人"某种神圣的、精英的色彩。牟宗三借用康德"神圣的意志"（der helige Wille）的概念，他认为儒家的圣人具有与天地合德、纯粹而绝对善良的"神圣的意志"。"其本心自身是潜存的神圣，其充尽的体现是朗现的神圣。"[①]
人先天地具备自由自律的纯粹意志，但人又是感性欲望的载体，通过
具体的道德实践达到"神圣的意志"而成为"圣人"，这种理论上的
可能性在现实世界却是极少数人所能臻致的善境。因而，"圣人"常
常被描写成至高至善、难以企及的境界，"两宋程朱学的圣人观的精
英色彩甚浓"，[②] 先秦及汉唐的儒家、道家和道教之圣人观皆是如此。
及至阳明以"致良知"为教，开启"成圣"的易简法门，在消解"圣
人"之神圣性与精英色彩的同时，也衍生出"满街都是尧舜""满街
都是圣人"的流弊，"圣人"形象有时成了嘲讽的对象，孔孟老庄的
神圣性亦可能因而被解构。近代中国流行的达尔文生物进化论把人的
性命之源从神圣之天还原为实存之物，边沁功利主义的绍介又极大地
挑战着儒家的德性伦理观和道家的自然生命观，科学主义的盛行则宣
称要取替一切玄学的人生观，民权思想的倡导又使人认识到自我的自
主权利，令庸愚与圣智同一，凡此彰明人的自由天性，肯定人类基本
欲求的合理性，尊重一定程度的乐利主义的生活方式。从天赋人权的
思想出发，人们开始否定圣人崇拜的权威，消解孔孟老庄的神性色
彩，如严复批判传统的圣人（史）观，谭嗣同呼唤世人"冲决罗网"，
至民初演变为批儒反孔的思潮，时人分享的共识是，打破圣与凡的界
域，确立人人平等的理念。

　　那么，古典思想世界的圣人观在现代有无赓续的必要？康有为、
章太炎和熊十力是如何定义"圣人"，又如何重新解说孔子和老庄的

---

① 牟宗三译注：《康德的道德哲学》案语，台北学生书局，1982 年，第 265 页。
② 张艺曦：《明代阳明画像的流传及其作用——兼及清代的发展》，《思想史》第 5
期，台北联经出版事业公司，2016 年。

神圣性？就前一问题而言，康、章、熊的意见是一致的，他们认为理想化的"圣人"在中国现代社会与哲学中仍具有价值意义。"圣人"形象是其道德哲学和政治哲学的寄托，无论是在内圣的道德层面，还是在外王的政治层面，皆以完美至善的"圣人"为理想，故其哲学体系均表现出强烈的"圣人"观。同时，"圣人"是代表民族精神信仰的符号，是维系民族文化认同的象征，既是国性之所系，又是国粹之所集，康、章、熊推尊孔子或崇尚老庄，不只是基于学术层面的思索，还有出于经世层面的考虑，套用章太炎的话说是：用"圣人"代表的信仰发起信心，增进国民的道德；用"圣人"代表的国粹激动种性，增进爱国的热肠。而且，东西方文明的相遇与碰撞，中华文明如何自立于世界文明之林，康、章、熊强调中国有圣人，宣扬中国本土的圣人而与西方之圣人等量齐观，旨在凸显中华文明的主体性与独特性，或在与西方圣人的比较和互释中，彰显地方性的中华文明与西方文明一般，具有普遍性的人文关怀和普适性的价值理念。

就后一问题而论，诸人基于不同的学术立场而说法略有歧义。康有为从宗教视域界定孔子的名分，跻孔子与耶稣基督同俦。章太炎早年以"良史"定义孔子，晚年称文、孔、老、庄为"域中四圣"，师法韩愈而建立"圣圣相传，其道不改"的传道谱系。熊十力与康氏一般尊崇孔子，然孔子之所以为"至圣"，不在于创立即世间的人文宗教，乃在于将上古宗教性的学问改造为人文性的哲理，开导中国轴心时代"哲学的突破"之先河。可见，他们推崇的圣人或为单数，或为复数，即便同是尊崇孔子，也表现出迥异的理念，如康氏尊孔子为教主，熊氏将孔子塑造为"哲学王"，章氏似乎介于宗教与哲学之间，他把孔子置于思想史的学脉中，应用释家教义和西方哲学来诠释孔子的学说。一方面，圣人之数不一反映了他们对中国哲学与文化之主体的认识不同。康、熊认为，孔子、六经及其经学等自古至今乃至未来，都是中国哲学与文化的主体，诸子百家、释道二教及西方新学乃是支流而已。章太炎平等观待文、孔、老、庄，这四位圣人分别代表儒、道两家，章氏又以唯识胜义诠解"四圣"之学，其宗旨是融会贯通儒释道三家，进而重塑中国哲学与文化之主体。另一方面，他们以不同的思想形态及学统谱系来界定孔子的文化史意义，表明他们对中国哲学与文化之本源的认识有别。康有为断言孔子以前不得有经书和儒学，又称孔子为"文王"，创构中华文明且为世界之大同立法。熊十力较为尊重文化史之事实，承认六经为三代政教与治道的文献，但他极力说明孔子晚年重写六经，创造新义理，从而奠定中国哲学与文化的性格与基源。章太炎主张"六经皆史"，又接受《汉书·艺文志》的"诸子出于王官"论，且反复申说孔子及其儒学源自周室守藏史老子，所以史官文化是中国哲学思想的本源。总之，康、章、熊的圣人观不只是树立内圣外王的理想人格典范而已，还包括对中国哲学与文化之特质及其源流的贞定，以及他们对"中国文化向何处去""中国向何处去"等时代问题的省思。

再次，关于"宗经"。何谓"经"？在古典经学时代，正统儒家视经书、常道和圣人为"三位一体"，奉持"经为常道""经为圣人制作"的信念。在 20 世纪所谓"后经学时代"，伴随传统常道观和圣人观的瓦解，经书的权威性与神圣性也被彻底地解构，成为只具有历史性价值的"线装书"，供整理国故之用而已。当代学者在东西文明比较视域中重新肯认"经"的文化史意义，并参照东西方诸古老文明国家传承原始经典，而阐扬"轴心时代"的六经、诸子典籍和汉传佛经等。或是有意回避使用具有权威色彩的"经"字，而采用"元典"一词来代替，突出经典所蕴含的文明创始之义。其实，一部典籍的经典化及其名分的确立是一个历史过程，即便经典已然形成且被普遍地接受，而其传播、研读和诠释同样是一个历史过程。意大利作家伊塔洛·卡尔维诺在《为什么读经典》一书中指出："经典作品是这样一些书，它们带着先前的气息走向我们，背后拖着它们经过文化或多种文化（或只是多种语言和风格）时留下的足迹。"[①] 因此，经典是一个跨越时空的文化生命体，它所代表的不只是文本自身，更是代表传承其文本的民族或国家的历史、文化和精神之整体。废弃传统的经典，或彻底地否定传统经典的价值，本质上是将民族和国家的历史、文化和精神等一同抛弃，或者说是虚无化了。人们有见于物质环境、技术工具等经验现象层面的变革，同时有感于时间之矢的单线性流向，以为摆脱过去不仅是可能的，而且在现代社会正日渐加速进行。然人类文明历程昭示的是，伟大人文学者的思考通常都是以现存的作品所提供的各种可能为出发点，以过去累积的人文经验为基础。即使是对极具创造性的人物来说，传统也是一个无法回避的行动起始点，而传统的核心精神、形式、语言等皆载诸经典之中，构成我们对民族、国家的集体记忆。

我们知道，经学门的存废之争在民国初年落实为中小学教育体制上的废止读经。经书是否进入现代中小学课堂，或是以何种形式纳入其教材和课程教学中，这在今天仍是值得讨论的问题。然废止读经所

---

① ［意］伊塔洛·卡尔维诺著，黄灿然、李桂蜜译：《为什么读经典》，译林出版社，2006 年，第 4 页。

预设的观念是，经非常道，亦非圣人所制作，其在现代社会已无实用价值，通经非但不能致用，读经反而妨碍现代思想文化、价值体系和民主制度的建构。此种论调流行于20世纪初的中国学界，那种呼唤继续读经的声音自然被新潮先进者讽刺为不通时变，如康有为、章太炎和熊十力等。康氏毕生宣扬"尊孔读经"，研读经书是孔教之所以弘扬光大的法门。章氏不赞成独尊孔子，但明确反对废止读经，他晚年讲演或撰述的文章如《论读经有利而无弊》《再释读经之异议》《与人论读经书》《中学读经分年日程》等，折射出其经学观念已从早年的"六经皆史"转向"通经致用"或"以经应世"。熊氏痛慨于"废经"将令经学衰绝，他终生秉持"经为常道"的信念，认为读经问题是关系到中国哲学与文化之重构的关键问题。当然，他们的经学立场不同，崇尚的儒家经传不一，倡导研读的经书文本自然有差异，但他们分享着一种"共同意识"：传统具有通向过去、现在和未来的持久性，承载传统文化之核心要义的经书亦内含超越时空规限的价值。如此，在康、章、熊看来，读经是我们理解自身民族和国家的历史之起源与目标的有效方式，读经可以发起信心而增进国民的道德，可以激动种性而增进爱国的热肠，或一言蔽之曰：修己治人，即经书中蕴含确定性的内圣外王之道。

"读经"是从传播层面开展文化通识教育，意在维系文化传统和文化认同。"宗经"的另一种表现是注解经书文本或重建经书系统，旨在从思想转型层面来接合传统与现代。如本书所揭橥，康有为的"六经五记"、章太炎的"四玄"和熊十力的"四经"等，凡此皆是以"回归原典"的方式而重建新经学典范。他们打破了"五经四书"的旧范式，将中国现代文艺复兴的希望寄托于新经书系统中。它的形式是古典的，然古典未必即是过去的，也可能是超越时空而普遍、恒常的，如世界上多数民族和国家自古至今始终信奉他们的 Bible，逻辑的、科学的理性主义并不妨碍人们赋予其 Bible 以一种神圣的、形而上的意义，康、章、熊宣扬读经和重建经书系统的行为亦非违逆理性主义精神。他们秉持"经为常道"的信念，把"经"确立为真理的标准，从中探寻历史的起源与目标，时人批评其不通世情，其实他们兼具古今东西的历史与文化之比较视域，由中国与世界的交往互动而通观人类整体，并用笃实的科学理解，努力从经书中诠释出切合时代要义的内容，使人的生活方式、文化精神与自然、宇宙相协调，人与人、人与自然宇宙之间的联系取得和谐的境界。

同时，经书系统的重建虽表现为古典形式，然其内容是革新的，其维新式的方法也蕴含常中求变、变中守常之意。康有为、章太炎、熊十力使用正名的方法打破了十三经系统，也解构了汉、宋儒者的学统观或道统观，但他们不是激进的西化论者，他们的破坏不是完全革命性的，并非彻底地否定六经及其经学的价值，乃是在六经或十三经的基础上进行修正。这种维新式的方法是破坏与建设相统一的，破坏的直接效应是推翻旧范式及其对人文思想之约束，康有为考辨古文经传、章太炎批评今文经学皆是现代思想解放、文艺启蒙之先声。他们博采西方之新学，融会经子之奥义，以成就其建设性的新经学典范，展现了他们对"中国向何处去""中国文化向何处去"的沉思。只是，西方舶来的各种新学汇聚成激进主义思潮，进而演变为"尚新主义"的时代精神，重估一切价值的理念，引导人们全盘地否定所有传统或古典文化的形式和内容，他们思想中蕴含的启蒙因素便显得暗而不彰，他们为中国文艺复兴指示的新路径，也就不为世人所理解。及至 21 世纪初，博学通儒饶宗颐先生讲演"新经学的提出——预期文艺复兴工作"，倡导重塑新经学的时代价值，呼唤国人以"自觉""自尊""自信"的初心，本着"求是""求真""求正"的精神，去追求和推动中国当代的文艺复兴。有意味的是，饶先生重塑"新经学"的方法，不是单纯地回到六经或十三经，而是通过回归原典而建构新的经书系统，如此乃与康、章、熊等遥相呼应，亦可谓殊途同归、百虑一致。

转型时代的狂飙突进并没有彻底打碎国人复兴传统的信心，积极乐观如梁任公曾于百年前发愿，20 世纪东西文明之结合将为中华文明"育宁馨儿以亢我宗也"。文艺复兴的形式可以是多元的，我们需要体认的是，"复兴"是一个蕴含价值理想的词语，是对"重估一切价值"的反拨，其中又透露出对传统的理性反思。我们不妨说，康有为、章太炎和熊十力所致力的是文艺复兴工作，他们的思考给予后来者某些有益的启示：如何"原道"，"常道"的究竟义是什么，今天是否需要"征圣"和"宗经"，我们应该如何定义"圣人"，又该崇尚哪些经书，或重建什么样的经书系统，怎么论证经书系统的一贯性、典范性和现代性，以及创构何种形态与内涵的经学思想体系。凡此种种问题，康、章、熊的解答容或有待商议，但他们经过精思和求索，为后来者贡献了多种可供选择的方案，值得我们予以同情和理解，并进行客观求真地诠释。笔者谨持"如是我闻"的本心，撰述以上文字。

参考文献

一 中文论著

鲍国顺：《刘师培的儒学观》，载《龙宇纯先生七秩晋五寿庆论文集》，台北学生书局，2002年。

蔡尚思、方行编：《谭嗣同全集》下，中华书局，1981年。

常超：《托古改制与"三世进化"——康有为公羊学思想研究》，北京大学出版社，2015年。

陈黻宸：《陈黻宸集》下册，中华书局，1995年。

陈居渊：《十八世纪汉学的建构与转型》，《学术月刊》2009年第2期。

陈来：《说说儒——古今原儒说及其研究之反省》，陈明主编：《原道》第二辑，团结出版社，1995年。

陈来：《古代宗教与伦理——儒家思想的根源》，生活·读书·新知三联书店，1996年。

陈来：《有无之境：王阳明哲学的精神》，生活·读书·新知三联书店，2009 年。

陈平原《中国现代学术之建立：以章太炎、胡适之为中心》，北京大学出版社，2010 年。

陈其泰：《清代公羊学》，上海人民出版社，2011 年。

陈少明：《汉宋学术与现代思想》，广东人民出版社，1995 年。

陈少明：《中国哲学史研究与中国哲学创作》，《学术月刊》2004 年第 3 期。

陈卫平：《器道升替：中国近代进化论的历程》，《学术界》1997 年第 1 期。

陈赟：《在通向真实存在的道路上——晚年熊十力的本体论转变》，《玄圃论学续集——熊十力与中国传统文化国际学术研讨会论文集》，湖北教育出版社，2003 年。

程颢、程颐著，王孝鱼点校：《二程集》，中华书局，2004 年。

程元敏：《先秦经学史》上册，台湾商务印书馆，2013 年。

成中英：《儒家哲学的本体重建》，中国人民大学出版社，2017 年。

崔大华：《庄学研究——中国哲学一个观念渊源的历史考察》，人民出版社，1992 年。

戴名世撰，王树民编校：《戴名世集》，中华书局，1986 年。

戴震撰，杨应芹、诸伟奇主编：《戴震全书（修订本）》，黄山书社，2010 年。

但焘：《学校大法论》，《华国月刊》第二卷第三期，1925 年 1 月。

邓国宏：《戴震章学诚与荀子思想关系研究》，武汉大学哲学学院博士学位论文，2013 年 11 月。

丁纪：《20世纪的原儒工作》,《四川大学学报（哲学社会科学版）》2003年第3期。

丁为祥：《熊十力的科学观》,《光明日报》2009年8月24日第12版。

段玉裁撰，赵航、薛正兴整理：《经韵楼集：附补编·两考》,凤凰出版社，2010年。

方苞著，刘季高校点：《方苞集》,上海古籍出版社，1983年。

方勇：《庄子学史》,人民出版社，2008年。

冯契：《人的自由与真善美》,华东师范大学出版社，2016年。

冯天瑜：《中华元典精神》,上海人民出版社，1994年。

冯友兰：《原儒墨》,《清华大学学报（自然科学版）》1935年第2期。

冯友兰：《哲学史与政治——论胡适哲学史工作和他底反动的政治路线底联系》,《哲学研究》1955年第1期。

冯友兰：《中国哲学史新编》第三册，人民出版社，1985年。

冯友兰：《三松堂全集》第五卷，河南人民出版社，1986年。

冯友兰：《中国哲学史（上）》,中华书局，2014年。

傅斯年：《中国学术思想界之基本谬误》,《新青年》第4卷第4号，1918年4月15日。

傅伟勋：《"文化中国"与中国文化》,台北：东大图书公司，1988年。

干春松：《保教立国：康有为的现代方略》,生活·读书·新知三联书店，2015年。

葛兆光：《孔教、佛教抑或耶教？——1900年前后中国的心理危机与宗教兴趣》，载王汎森等著：《中国近代思想史的转型时代》，台北联经出版事业有限公司，2007年。

龚自珍著，王佩诤校：《龚自珍全集》，上海人民出版社，1975年。

顾颉刚：《古史辨》第一册，上海古籍出版社，1982年。

顾颉刚：《当代中国史学》，上海古籍出版社，2002年。

顾士敏：《儒学的"还原"——评熊十力的〈原儒〉》，《孔学研究》1995年第1期。

顾炎武著，华忱之点校：《顾亭林诗文集》，中华书局，1983年第2版。

郭沫若：《十批判书》，东方出版社，1996年。

郭齐勇编著：《中国哲学史》，高等教育出版社，2006年。

郭齐勇：《中国儒学之精神》，复旦大学出版社，2009年。

郭齐勇：《熊十力哲学研究》，人民出版社，2011年。

郭庆藩撰，王孝鱼点校：《庄子集释》，中华书局，1961年。

郭沂：《五经七典——儒家核心经典系统之重构》，《人民政协报》2006年12月18日、2007年1月15日连载。

韩德民：《荀子与儒家的社会理想》，齐鲁书社，2001年。

郝懿行著，安作璋主编：《郝懿行集》第六册，齐鲁书社，2010年。

韩婴撰，许维遹校释：《韩诗外传集释》，中华书局，1980年。

贺麟：《五十年来的中国哲学》，商务印书馆，2002年。

侯外庐：《近代中国思想学说史》，生活书店，1947年。

侯外庐：《近代中国思想史》，上海书店出版社，1989年。

侯外庐：《中国近代启蒙思想史》，人民出版社，1993年。

《胡适全集》，季羡林主编，安徽教育出版社，2003年。

胡适：《胡适的日记（手稿本）》第八册，台北远流出版公司，1991 年。

胡适：《中国哲学史大纲》，东方出版社，1996 年。

黄文莲：《老子道德经订注自序》，王昶辑：《湖海文传》，上海古籍出版社，2013 年。

黄燕强：《近代中国的知识进化论及其反思》，《武汉大学学报（人文科学版）》2016 年第 3 期。

黄燕强：《道器之间——〈汉书·艺文志〉的知识谱系及其经子关系论》，《诸子学刊》第二十一辑，上海古籍出版社，2020 年 11 月。

黄燕强：《近代诸子学研究的义理转向》，《光明日报》2021 年 1 月 9 日 11 版。

黄燕强：《身观与心证：〈庄子〉忠恕之道发微》，《现代哲学》2022 年第 2 期。

黄宗羲：《明儒学案》全二册，中华书局，1985 年。

江藩著，锺哲整理：《国朝汉学师承记》，中华书局，1983 年。

江瑔：《读子卮言》，华东师范大学出版社，2012 年。

焦循著，刘建臻点校：《焦循诗文集》，广陵书社，2009 年。

景海峰：《熊十力哲学研究》，北京大学出版社，2010 年。

景海峰：《"天人合一"观念的三种诠释模式》，《哲学研究》2014 年第 9 期。

景海峰：《经典解释与"学统"观念之建构》，《哲学研究》2016 年第 4 期。

景海峰：《从经学到经学史——儒家经典诠释展开的一个视角》，《学术月刊》2019 年第 11 期。

《康有为全集》，中国人民大学出版社，2007 年。

劳思光：《新编中国哲学史》第一卷，广西师范大学出版社，2005 年。

李开：《戴震评传》，南京大学出版社，1992 年。

李明友：《叶适的道器观及其对心性之学的批评》，《浙江大学学报（人文社会科学版）》2001 年第 1 期。

李泰棻：《老庄研究》，人民出版社，1958 年。

李天纲：《中国宗教改革的两种版本》，《探索与争鸣》2017 年第 9 期。

李学勤：《国学的核心是儒学，儒学的核心是经学》，《中华读书报》2010 年 8 月 4 日 15 版。

李源澄：《评胡适说儒》，《国风》半月刊，第六卷第三、四合期。

李泽厚：《中国近代思想史论》，人民出版社，1979 年。

李泽厚：《中国古代思想史论》，生活·读书·新知三联书店，2009 年。

梁启超：《梁启超全集》，汤志钧、汤仁泽编，中国人民大学出版社，2018 年。

梁绍杰：《章学诚对龚自珍学术思想的影响衍论》，陈仕华编：《章学诚研究论丛：第四届中国文献学学术研讨会论文集》，台湾学生书局，2005 年。

梁漱溟：《梁漱溟全集》第 7 卷，山东人民出版社，1993 年。

梁涛：《郭店楚简与思孟学派》，中国人民大学出版社，2008 年。

廖名春：《荀子"法后王"说考辨》，《管子学刊》1995 年第 4 期。

林安梧：《熊十力先生的孤怀弘诣及其〈原儒〉的义理规模》，

《鹅湖月刊》1988 年 12 月第 162 期。

林庆彰：《明末清初经学研究的回归原典运动》，《孔子研究》1989 年 2 期。

林庆彰：《中国经学史上的回归原典运动》，《中国文化》2009 年第 2 期。

林少阳：《鼎革以文——清季革命与章太炎"复古"的新文化运动》，上海人民出版社，2018 年。

林毓生：《中国传统的创造性转化》（增订本），生活·读书·新知 三联书店，2011 年。

凌廷堪撰，纪健生校点：《凌廷堪全集》叁，黄山书社，2009 年。

刘宝楠：《念楼集》，台北文海出版社，1975 年。

刘恭冕：《广经室文钞》，《清代诗文集汇编》第 695 册，上海古籍出版社，2010 年。

刘仁航：《东方大同学案》，上海书店，1991 年。

《刘申叔遗书》，江苏古籍出版社，1997 年。

刘师培：《经学教科书》，上海古籍出版社，2006 年。

刘述先：《对于熊十力先生晚年思想的再反思》，《鹅湖月刊》1992 年 3 月第 201 期。

刘述先编：《中国思潮与外来文化：第三届国际汉学会议论文集（思想组）》，台北中央研究院文哲所，2002 年。

刘思禾：《清代老学史稿》，学苑出版社，2017 年。

刘文典撰，冯逸、乔华点校：《淮南鸿烈集解》，中华书局，2017 年。

刘勰撰，范文澜注：《文心雕龙注》，人民文学出版社，1958 年。

刘小枫：《共和与经纶：熊十力〈论六经〉〈正韩〉辨正》，生活·读书·新知三联书店，2012 年。

刘元青：《熊十力"致知格物"新训及其意义——以〈读经示要〉为中心》，《孔子研究》2020 年第 6 期。

刘仲华：《清代诸子学研究》，中国人民大学出版社，2004 年。

卢文弨：《抱经堂文集》，《清代诗文集汇编》第 342 册，上海古籍出版社，2010 年。

《鲁迅全集》第 6 卷，人民文学出版社，2005 年。

陆九渊：《陆九渊集》，中华书局，1980 年。

陆树芝撰，张京华点校：《庄子雪》，华东师范大学出版社，2011 年。

吕绍虞：《中国目录学史稿》，安徽教育出版社，1984 年。

栾调甫：《墨子研究论文集》，人民出版社，1957 年。

罗检秋：《近代诸子学与文化思潮》，中国社会科学出版社，1998 年。

罗检秋：《清代汉学家族研究》，中华书局，2019 年。

罗检秋：《清代思想史上的诸子学》，《安徽史学》2015 年第 3 期。

马积高：《荀学源流》，上海古籍出版社，2000 年。

马永康：《康有为的〈中庸注〉与孔教》，《中山大学学报（社会科学版）》2014 年第 4 期。

马宗霍：《中国经学史》，上海书店出版社，1984 年。

蒙默编校：《中国现代学术经典·廖平 蒙文通卷》，河北教育出版社，1996 年。

孟琢：《卮言之道：论章太炎的语言哲学》，《哲学研究》2021 年第 9 期。

牟宗三：《智的直觉与中国哲学》，台北商务印书馆，1971 年。

牟宗三译注：《康德的道德哲学》，台北学生书局，1982 年。

钱大昕：《十驾斋养新录》，上海书店出版社，1983 年。

钱大昕撰，吕友仁校点：《潜研堂集》，上海古籍出版社，2009 年。

钱穆：《中国文化史导论》，商务印书馆，1994 年。

钱穆：《中国学术思想史论丛（八）》，九州出版社，2011 年。

钱穆：《中国近三百年学术史》，九州出版社，2011 年。

钱谦益著，钱曾笺注，钱仲联点校：《牧斋初学集》，上海古籍出版社，2009 年第 2 版。

欧阳哲生主编：《傅斯年全集》第二卷，湖南教育出版社，2003 年。

饶宗颐：《释儒》，《东方文化》一卷一期。

饶宗颐：《饶宗颐二十世纪学术文集》卷四《经术·礼乐》，中国人民大学出版社，2009 年。

任继愈：《中国哲学史的里程碑——老子的"无"》，《中国哲学史》1997 年第 1 期。

容肇祖：《戴震说的理及求理的方法》，《国学季刊》第二卷第一号。

阮元：《揅经室集》上册，中华书局，1993 年。

阮元：《揅经室集续集》，《清代诗文集汇编》第 477 册，上海古籍出版社，2010 年。

僧佑、道宣：《弘明集 广弘明集》，上海古籍出版社，1991 年。

单纯编：《国际儒学研究》第十六辑，九州出版社，2008 年。

沈粹芬等辑：《清文汇》（下）丁集，北京出版社，1996 年。

沈涛：《十经斋文集》，《清代诗文集汇编》第 578 册，上海古籍出版社，2010 年。

石立善《〈大学〉〈中庸〉重返〈礼记〉的历程及其地位的下降》，

《国学学刊》2012 年第 3 期。

束景南、王晓华：《四书升格运动与宋代四书学的兴起——汉学向宋学转型的经典诠释历程》，《历史研究》2007 年第 5 期。

《四库全书》研究所整理：《钦定四库全书总目》（整理本），中华书局，1997 年。

孙德谦：《诸子通考》，岳麓书社，2013 年。

孙向晨：《论家：个体与亲亲》，华东师范大学出版社，2019 年。

汤斌撰，范志亭，范哲辑校：《汤斌集》卷上《重修苏州府儒学碑记》，中州古籍出版社，2003 年。

汤用彤：《魏晋玄学论稿及其他》，北京大学出版社，2010 年。

汤志钧编：《章太炎年谱长编》（增订本），中华书局，2013 年。

汪荣祖：《康有为论》，中华书局，2006 年。

汪中著，田汉云点校：《新编汪中集》，广陵书社，2005 年。

王弼、韩康伯注，孔颖达等正义：《周易正义》，上海古籍出版社，1990 年。

王昶辑：《湖海文传》，上海古籍出版社，2013 年。

王尔敏：《中国近代思想史论》，社会科学文献出版社，2003 年。

王棻：《柔桥文钞》，《清代诗文集汇编》第 707 册，上海古籍出版社，2010 年。

王汎森：《章太炎的思想及其对儒学传统的冲击》，台北时报出版公司，1985 年。

王汎森：《中国近代思想与学术的系谱》，吉林出版集团有限责任公司，2011 年。

《王国维全集》第十四卷，浙江教育出版社、广东教育出版社，

2010 年。

王韬：《弢园文录外编》，上海书店出版社，2002 年。

王引之：《王文简公遗文（稿本）》，国家图书馆编：《国家图书馆藏钞稿本乾嘉名人别集丛刊》，国家图书馆出版社，2010 年。

王中江：《章太炎的近代祛魅与价值理性——从"自然"、"人性"到人的道德"自立"》，《中山大学学报（社会科学版）》2013 年第 4 期。

韦政通主编：《中国哲学辞典大全》，世界图书出版公司，1989 年。

韦政通：《儒家与现代中国》，上海人民出版社，1990 年。

魏源：《老子本义》，上海书店出版社，1987 年。

伍非百：《中国古名家言》，四川大学出版社，2009 年。

吴根友：《从道器观、公私观——看传统价值的近代性蜕变》，《船山学刊》1996 年第 1 期。

吴根友：《言、心、道——戴震语言哲学的形上学追求及其理论的开放性》，《哲学研究》2004 年第 11 期。

吴根友：《乾嘉时代的"道论"思想及其哲学的形上学追求——以戴震、章学诚、钱大昕为例》，《浙江工商大学学报》2010 年第 5 期。

吴根友：《人文实证主义：乾嘉时代的哲学方法》（上、下），《中国社会科学报》2011 年 2 月 15 日、2011 年 3 月 1 日。

吴根友：《传统学问（知识）分类体系的演变与当代"国学"一级学科建设问题初探》，《学海》2012 年第 4 期。

吴根友：《从经学解释学到经典解释学——戴震的经学解释学及其当代的活化》，《社会科学战线》2019 年第 6 期。

吴根友、黄燕强：《经子关系辨正》，《中国社会科学》2014 年第 7 期。

吴根友、孙邦金等：《戴震、乾嘉学术与中国文化》，福建教育出版社，2015 年。

吴世尚：《庄子解》，《四库全书存目丛书》子部第 257 册，齐鲁书社，1995 年。

萧公权：《康有为思想研究》，汪荣祖译，新星出版社，2005 年。

萧萐父：《吹沙集》，成都：巴蜀书社，2007 年。

萧萐父、许苏民：《明清启蒙学术流变》，辽宁人民出版社，1995 年。

萧萐父主编：《熊十力全集》，湖北教育出版社，2001 年。

熊赐履：《学统》，凤凰出版社，2011 年。

熊十力：《原儒》，上海古籍出版社，2019 年。

熊十力：《乾坤衍》，上海古籍出版社，2019 年。

熊十力：《读经示要》，上海古籍出版社，2019 年

熊十力：《十力语要》，上海古籍出版社，2019 年。

熊十力：《体用论（外一种）》，上海古籍出版社，2019 年。

熊十力：《熊十力论学书札（增订本）》，上海古籍出版社，2019 年。

熊十力：《中国历史讲话（外三种）》，上海古籍出版社，2019 年。

熊十力：《新唯识论（语体文删定本）》，上海古籍出版社，2019 年。

熊十力：《熊十力论学书札（增订本）》，上海古籍出版社，2019 年。

徐大椿：《道德经注 阴符经注》，商务印书馆，2018 年。

徐珂编撰：《清稗类钞》第八册，中华书局，1984 年。

徐复观：《中国人性论史》，华东师范大学出版社，2005 年。

徐一士：《一士类稿·一士谈荟》，书目文献出版社，1984 年。

徐中舒：《徐中舒历史论文选辑》下册，中华书局，1998 年。

许道勋、徐洪兴：《中国经学史》，上海人民出版社，2006 年。

许地山：《原始的儒、儒家与儒教》，《生命》第 3 卷第 10 集，1923 年 6 月 15 日；又见《晨报副刊》第 171—175 号，1923 年 7 月 2—7 日。

许纪霖：《大我的消解：现代中国个人主义思潮的变迁》，《中国社会科学辑刊》2010 年 3 月号。

许纪霖编选：《现代中国思想史论（下）》，上海人民出版社，2014 年。

薛福成：《出使英法义比四国日记》，岳麓书社，1985 年。

严可均：《铁桥漫稿》，《清代诗文集汇编》第 470 册，上海古籍出版社，2010 年。

严寿澂《新子学典范——章太炎思想论纲》，载方勇主编：《诸子学刊》，上海古籍出版社，2013 年 12 月。

杨国荣：《从中西古今之争看中国近代方法论思想的演变》，《福建论坛》1988 年第 1 期。

杨国荣：《科学的形上之维》，华东师范大学出版社，2009 年。

杨国荣：《成己与成物——意义世界的生成》，北京大学出版社，2011 年。

杨国荣：《以人观之、以道观之与以类观之——以先秦为中心看中国文化的认知取向》，《中国社会科学》2014 年第 3 期。

杨海文：《"庄生传颜氏之儒"：章太炎与"庄子即儒家"议题》，《文史哲》2016 年第 2 期。

杨华：《〈孟子微〉在康有为进化思想中的地位》，《华东师范大学学报（哲学社会科学版）》2018 年第 2 期。

杨宽：《古史新探》，中华书局，1965 年。

杨儒宾：《儒门内的庄子》，联经出版事业股份有限公司，2016 年。

杨儒宾：《从〈五经〉到〈新五经〉》，上海古籍出版社，2019 年。

姚奠中、董国炎编：《章太炎学术年谱》，山西古籍出版社，1996 年。

姚名达：《中国目录学史》，上海古籍出版社，2002 年。

姚莹：《东溟文集》，《清代诗文集汇编》第 549 册，上海古籍出版社，2010 年。

叶德辉编：《翼教丛编》，文海出版社，1969 年。

佚名：《古儒真训多失传说》，《益闻录》第 380 期，1884 年 8 月 2 日。

佚名：《今儒论》，《益闻报》第 388 期，1884 年 8 月 30 日。

尤小立：《胡适之〈说儒〉内外：学术史和思想史的研究》，北京大学出版社，2018 年。

余英时：《中国思想传统的现代诠释》，江苏人民出版社，1989 年。

余英时：《士与中国文化》，上海人民出版社，2003 年。

余英时：《重寻胡适历程》，广西师范大学出版社，2004 年。

余英时：《论戴震与章学诚》，生活·读书·新知三联书店，2005 年。

俞樾：《诸子平议》，上海书店，1988 年。

俞樾：《群经平议》，《续修四库全书》影印本，上海古籍出版社，2002 年。

曾国藩：《曾国藩全集·日记一》，岳麓书社，1987 年。

张伯行：《正谊堂续集》，《清代诗文集汇编》第 182 册，上海古籍出版社，2010 年。

张春香：《章太炎主体性道德哲学研究》，中国社会科学出版社，2007 年。

张东荪：《知识与文化》，岳麓书社，2011 年。

张灏：《幽暗意识与民主传统》，新星出版社，2006 年。

张灏：《危机中的中国知识分子：寻求秩序与意义》，高力克、王跃译，毛小林校译，新星出版社，2006 年。

张君劢、丁文江等著：《科学与人生观》，岳麓书社，2012 年。

张寿安：《龚自珍学术思想研究》，台北文史哲出版社，1997 年。

张寿安：《我的清代礼学研究》，中国社会科学院历史所思想史研究室编：《中国思想史研究通讯》第五辑，2005 年。

张寿安：《龚自珍论"六经"与"六艺"——传统学术知识分化的第一步》，《清史研究》2009 年第 3 期。

张寿安：《从"六经"到"二十一经"——十九世纪经学的知识扩张与典范转移》，《学海》2011 年第 1 期。

张寿安：《六经皆史？且听经学家怎么说——章学诚、龚自珍"论学术流辨"》，《国学学刊》2011 年第 4 期。

张舜徽：《清代扬州学记》，上海人民出版社，1962 年。

张舜徽：《清人文集别录》，华中师范大学出版社，2004 年。

张舜徽：《清儒学记》，华中师范大学出版社，2005 年。

张素卿：《"经之义存乎训"的解释观念——惠栋经学管窥》，林庆彰、张寿安主编：《乾嘉学者的义理学》，台北"中央研究院"中国文哲研究所，2003 年。

张霆锋：《经典与诠释的张力——关于经典与诠释之关系的一种诠释学透视》，刊载于 http://www.aisixiang.com/data/37800.html。

张艺曦：《明代阳明画像的流传及其作用——兼及清代的发展》，《思想史》第 5 期，台北联经出版事业公司，2016 年版。

张自牧：《蠡测卮言》，王锡祺辑：《小方壶斋舆地丛钞（七）》十一帙，南清河王氏铸版。

张志强：《经学何谓？经学何为？——当前经学研究的趋向与"经学重建"的难局》，中国社会科学院哲学研究所编：《中国哲学年鉴2013》，中国社会科学出版社，2013年。

章念驰编：《章太炎生平与学术》，生活·读书·新知三联书店，1988年。

章梫：《一山文存》，民国七年吴兴刘氏嘉业堂刊本。

《章太炎全集》，上海人民出版社，2018年。

《章太炎政论选集》上，汤志均编，中华书局，1977年。

章学诚著，仓修良编注：《文史通义新编新注》，浙江古籍出版社，2005年。

章学诚著，叶瑛校注：《文史通义校注》，中华书局，1985年。

章益国：《从"六经皆史"到"四部皆通"——论章学诚的知识分类学》，《学术月刊》2017年第11期。

赵德馨主编：《张之洞全集》第十二册，武汉出版社，2008年。

赵璐：《论康有为的进化思想及社会历史观》，《西安电子科技大学学报（社科版）》2003年第4期。

赵汀阳：《惠此中国：作为一个神性概念的中国》，中信出版社，2016年。

郑观应著，王贻梁评注：《盛世危言》，中州古籍出版社，1998年。

郑杰文：《中国墨学通史》，人民出版社，2006年。

郑樵撰，王树民点校：《通志二十略》，中华书局，1995年。

郑玄注，孔颖达疏：《礼记正义》，北京大学出版社，1999年。

郑玄注，贾公彦疏：《周礼注疏》，北京大学出版社，1999 年。

中华书局编辑部整理、童杨校订：《孙宝瑄日记》，上海古籍出版社，1983 年。

周予同：《五十年来中国之新史学》，《学林》第 4 辑，1941 年 2 月。

周予同：《有关讨论孔子的几点意见》，《学术月刊》1962 年第 7 期。

朱浩：《论〈原儒〉篇与章太炎之"儒者"观》，《政治思想史》2016 年第 3 期。

朱彬：《游道堂集》，《清代诗文集汇编》第 437 册，上海古籍出版社，2010 年。

朱维铮：《求索真文明：晚清学术史论》，上海古籍出版社，1996 年。

朱维铮编：《周予同经学史论著选集（增订版）》，上海人民出版社，1996 年。

朱熹撰：《四书章句集注》，中华书局，1983 年。

《朱子全书》，上海古籍出版社、安徽教育出版社，2002 年。

祝允明著，孙宝点校：《怀星堂集》，西泠印社出版社，2012 年。

左玉河：《从四部之学到七科之学——学术分科与近代中国知识系统之创建》，上海书店出版社，2004 年。

二　西学论著

［德］马克斯·舍勒：《知识社会学问题》，艾彦译，北京联合出版公司，2014 年。

［德］伊曼努尔·康德：《道德形而上学原理》，苗力田译，上海人民出版社，2012 年。

［美］爱德华·希尔斯：《论传统》，傅铿、吕乐译，上海人民出版社，2014 年第 2 版。

［美］本杰明·艾尔曼：《从理学到朴学——中华帝国晚期思想与社会变化面面观》，赵刚译，江苏人民出版社，1995 年。

［美］本杰明·艾尔曼：《再说考据学》，《读书》1997 年第 2 期。

［美］本杰明·史华慈：《论保守主义》，林镇国译，傅乐诗等著：《近代中国思想人物论：保守主义》，台北时报文化出版事业有限公司，1980 年。

［美］Gilbert Harman and Judith Jarvis Thomson. *Moral Relativism and Moral Objectivity*［M］. Oxford: Blackwell, 1996.

［美］伊曼纽尔·沃勒斯坦：《知识的不确定性》，王昺等译，郝名玮等校，山东大学出版社，2006 年。

［美］约翰·杜威：《确定性的寻求：关于知行关系的研究》，傅通先译，上海世纪出版集团，2005 年。

［美］约瑟夫·列文森：《儒教中国及其现代命运》，郑大华、任菁译，中国社会科学出版社，2000 年。

［日］山口久和：《章学诚的知识论》，王标译，上海古籍出版社，2006 年。

［日］狩野直喜：《中国学文薮》，周先民译，中华书局，2011 年。

［意］伊塔洛·卡尔维诺：《为什么读经典》，黄灿然、李桂蜜译，译林出版社，2006 年。

［英］卡尔·波普尔：《开放社会及其敌人》（第二卷），郑一明等译，中国社会科学出版社，2007 年。

［英］L.R. 帕默尔：《语言学概论》，李荣、王菊泉、周流溪、陈

平译，商务印书馆，1983 年。

　　［英］迈克尔·波兰尼:《个人知识——迈向后批判哲学》，许泽民译，陈维政校，贵州人民出版社，2000 年。

后　记

经者，常也。经书是否为常道，知识是确定性的，抑或非确定性的，这是让人纠结的问题。所谓"天不变，道亦不变"的理念，乃建立在前现代的宇宙观基础上，虔诚地相信天行有常，宇称守恒。然现代量子力学揭示了物理世界存在太多盖然性的和非线性的反常规现象，这一再地强化着人们的信念：表面上有序的、稳定的宇宙和自然界，实质上则是一种混沌的非平衡态。犹如上帝掷骰子，没有确定的、规则的运行轨迹，甚至连始点都不可预知，又如何想象终点的位置。历史过程也是如此，时空的不确定性宣告了历史决定论无非是理想主义而已。盖过去、现在和未来均处在混沌的、非对称的系统中，其连续性表现为非周期运动，彼此交叉、纠缠着而缺乏完美的对称性，故由过去难以推演现在，又如何能够确定未来呢？所以，未来不是一个定数，这或许并非确定的真理，但却是生活给予我的启示。

我出生在一个美丽、宁静的乡村，那里的农民自然淳朴，日出而作，日落而息，怡然自乐地过着桃源般的生活，不知有汉，无论魏晋。默念追思，稻香、蛙声、牧笛是我童年的记忆。我时常想起，那些年月和小伙伴们在围楼捉迷藏时，久久地躲在稻草中、谷堆里，既害怕黑暗将自己吞噬，又不希望被发现了身影，那份又惊又喜的心情，至今仿佛仍能听见那心脏扑通扑通地跳动的声音。我也常怀念，那些卷起裤管就跳进小溪、池塘抓泥鳅，到河里拾螺、游泳的日子。这些是我童年全部的乐趣。我曾经天真地以为，普天之下、率土之滨的孩童大都如此，嬉笑玩耍，游戏度日。后来，读朱熹、王阳明的传记，朱子八岁以指画卦象而问天问日，阳明十一岁便树立"学圣贤"的人生理想，这岂止令我称奇，简直使我惊叹而不能语。

对于朱、王，人们会宽慰于心，盖高山只能仰止，小子又何敢自我期许。可是，当我了解渐多，看到古今鸿儒硕学几乎都幼承家学，或少年便得名师启蒙，凡儒经道藏，皆熟然于胸，体悟有道，我唯有惭愧汗颜。联想到我的中小学经历，似乎依稀记得，我也曾跟着老师朗诵过"学而时习之，不亦乐乎""三人行必有我师焉"等文句，也曾耳闻过孔孟和老庄，可我并不明晓其中的微言大义，不知道他们是何方神圣，又承载着何等的文化价值。大学以前，我甚至数不出"五经四书"的所指；大学的时候，我还以为中国传统文化统称曰"文学"。现在，我会解嘲说，假如依照太炎先生《国故论衡·文学总略》中的界定，我那幼稚的理解，或许不算太过荒谬。

我本科的专业是英语，然自拿到教科书那一天起，转专业的念头就开始在我的脑海中盘旋，但"从文"的理想始终萦绕在心，指引我去寻找经典来阅读。在大学三年级时，我开始阅读先秦诸子典籍，之后春秋战国、孔孟老庄的概念才渐渐变得清晰，且激发了我的兴趣，促使我考取中国古代文学硕士。进入华中师范大学一年后，韩维志教授的发蒙启益，使我意识到自己之前对"文学"的概念有所误解，似乎我所钟爱者并不在此也。于是，我的阅读范围从文学作品转向了历史著述，而先秦两汉史尤其令我倾心，这大概是受了《古史辨》的影响。后来决定考博，我所心仪的专业原为秦汉史，然武大历史学院的博士招考规定，不接收跨专业的考生。叹息之余，听闻新近成立国学院，乃尝试报名参考，并幸运地被录取。

回顾过往的生活，我深深地感受到，未来真不是我所能预想和设计的。我从没有想过，童年时那么调皮贪玩，中小学时叛逆得逃课打架，竟然还会在学校读这么多年书。有时跟师友开玩笑说，我是二十岁以后才认识了孔子，没想到现在却与传统文化结缘，而欲托身寄命于兹。坦诚地说，当下的我和我当下的学业都不是我预先规划和决定的。我常常会惊奇，一个人的生活轨迹竟然会如此地出乎意料，又有什么是确定不移的呢？也许我把个人的生活遭际放大为普遍的历史意识，这是非理性的主观主义。但我真心怀疑，所有的历史决定论能否完美地证明必然的因果大法之存在？抑或是盖然的、不确定的运动，才是这个世界不变的常态呢？

不过，我必须承认，在我那不确定的生活历程里，有些人、有些事在有意与无意间，支持和帮助我作出了正确的决定。所以，我要感谢我的导师吴根友教授给我继续读书的机会，感谢老师的栽培、提携，指引我寻找未来的学思之路。本书探讨的经子关系命题，亦多年来受到老师的发蒙启益。同时，如果不是郭齐勇教授为往圣继绝学而创立国学院，我也没有如此美好的环境来读书。郭老师敦厚儒者的人格魅力，永远是我高山景行的典范。还要挚谢高华平教授，在华中师范大学曾聆听高老师讲论先秦诸子，考博时老师欣然命笔为我写推荐函，博论的审稿和答辩又提出诸多宝贵修改意见，丁酉年老师于暨南大学创办哲学研究所，我幸而有机会返粤任教、亲近家乡。数年负笈于珞珈山，幸得李维武教授、储昭华教授、文碧方教授、丁四新教授、孙劲松教授、秦平教授、邓国宏博士、胡栋材博士、薛子燕博士等师友开示、提携和襄助，友直友谅友多闻，受益良多，何其幸也！同时，感谢陈志平教授慨允题赠拙著的书名，感谢责编冯媛女士耐心和认真的编校，他们为拙著的付梓添一增上缘。

最后，每个人的生命中都有一件确定不易的事情，就是父母赐予我们生命，把我们带到这个美丽的世界。子曰："父母在，不远游，游必有方。"十多年来，我游学在外，不能于膝下尽孝，而父母默默地支持，他们那朴实、无私的爱，是我永生报答不尽的！这份内心深处的挚谢也要献给我的爱人和我们的女儿，她们给予了我一种相信未来是确定性的力量，这是一盏充满了希望的明灯，我将倍加呵护、珍惜。

路漫漫，且书巢；言不尽意，是为后记。

黄燕强

2022 年 2 月 10 日于广州暨南花园